『부도지』와 『환단고기』로 새롭게 밝힌

고조선의 오행五行과 역법曆法 연구

단군과 요순의 문화전쟁 ▪ 인류창세 연표

이찬구 편저

한누리미디어

강화 참성단(사적 136호, 강화군청 촬영)

파미르고원 얌춘제단 또는 브랑스투파(가칭 마고제단)

파미르고원 얌춘고성의 암각화

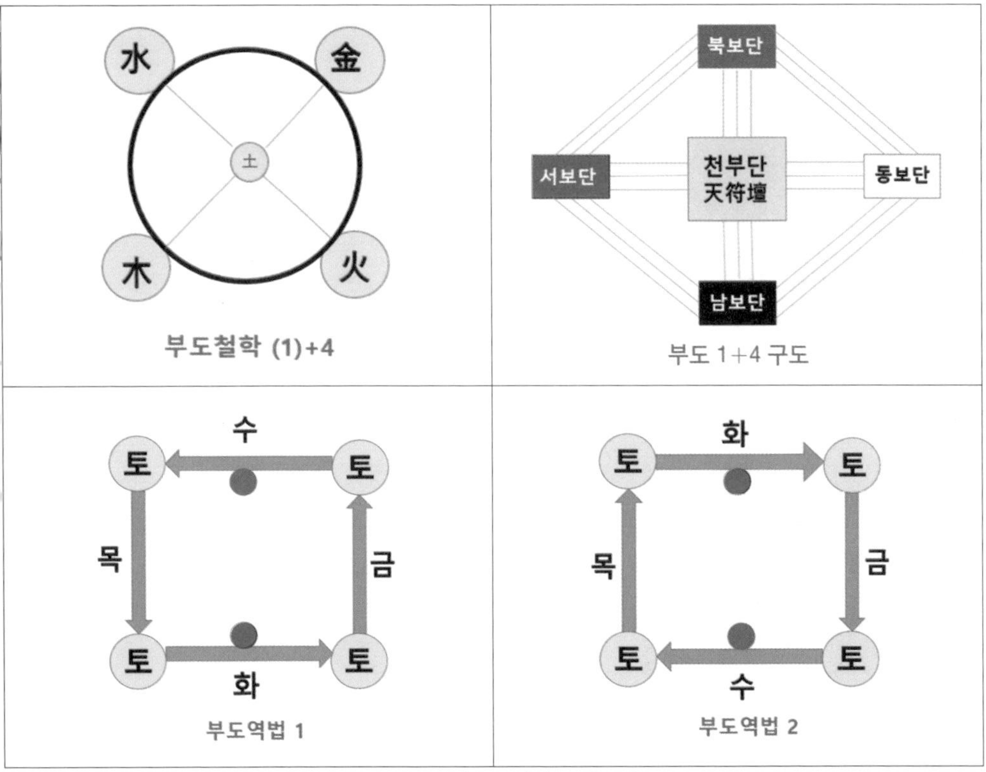

부도의 1+4구도와 부도역법 오행도 : (1)+4

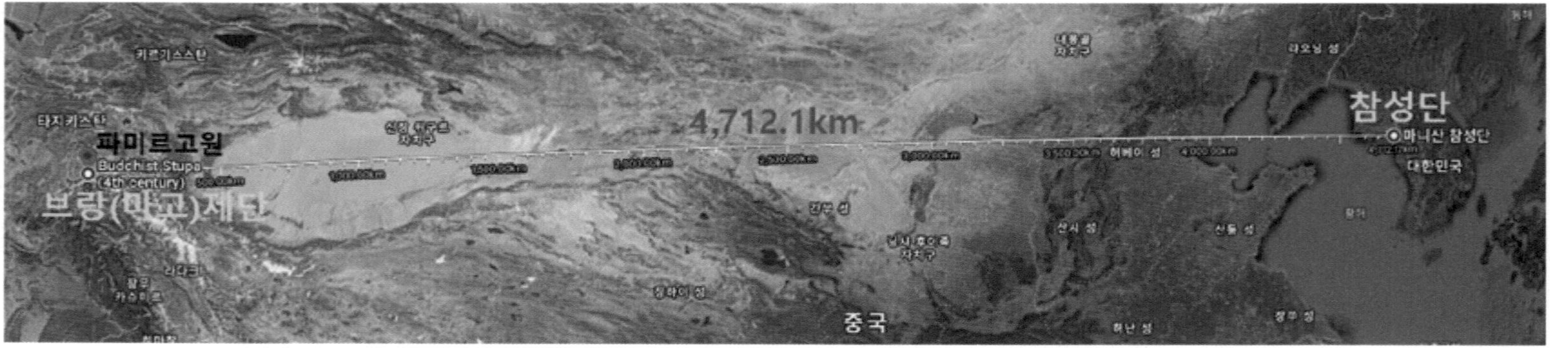

37도 선상에 있는 브랑스투파(가칭 마고제단)에서 강화 참성단까지

고조선문자로 추정되는 원시문자 109자(중국 보정시: 비파형 동검 출토지)

지리산 삼신봉 원시문자 52자

| 머리말 |

제가 그동안 출간한 대부분의 저서들은 직장에 근무하는 동안에 나온 것이었습니다. 그런데 이번에 나온 책은 다릅니다. 작년 연말에 18년 동안 근무하던 직장을 정년하고 나온 첫 번째 책이라는 점에서 저에게는 의미가 깊습니다.

직장을 그만두고 맨 먼저 한 것은 밀린 원고를 정리하는 일이었습니다.

1부 「부도지로 본 마고의 창세~」은 『부도지』를 중심으로 서술한 것입니다. 제가 『부도지』에는 특별한 인연이 있습니다. 『한국민족문화대백과사전』의 '부도지'* 에 대한 표제어를 2,015년에 제가 집필했었습니다. 2,015년에야 학계가 공인했다는 뜻이기도 합니다. 그 뒤에 『부도지』에 늘 애정은 가지고 있었으나 깊이 있는 연구가 이루어지지 못했습니다.

그러던 작년 7월경에 미국에 계신 김상일 교수와의 통화가 『부도지』에 대한 저의 연구를 재촉했습니다. 김 교수 말씀이 "지금 미국에서 마고달력에 대한 책을 쓰고 있는데, 혹시 부도지에 나오는 마고달력을 연구해 본 적이 있는가" 고 물었습니다.

저는 달력과 관계되는 『부도지』 23장부터 다시 읽기 시작했습니다. 『부도지』는 이전에 느끼지 못한 새로운 느낌을 가득 채워주었습니다. 전에는 느끼지 못했던 것을 이제야 느끼는 것이 신기하기도 했고, 한편으로 후회

* http://encykorea.aks.ac.kr/Contents/SearchNavi?keyword=부도지&ridx=0&tot=1

도 되었습니다. 1,980년대에 『환단고기』를 읽고 느낀 충격 이상으로 저를 전율케 했습니다. 마고의 복본(復本) 이야기, 오행과 사행의 대립, 단군과 요순(堯舜)과의 전쟁사 등 어느 것 하나 소홀히 할 수가 없었습니다. 이번에 처음으로 쓴 1부 「부도지로 본 마고의 창세와 단군과 요순우의 전쟁」은 이런 과정 속에서 원고가 완성되었습니다.

이어 2부 「원동중 삼성기 63,182년에 대한 역사이해」의 원고는 이미 2,016년에 회원들 앞에서 발표했던 원고입니다. 솔직히 63,182년이라는 연대는 우리 역사에서 아무 필요가 없을 듯이 보입니다. 그러나 역사에서 어찌 한 글자인들 버릴 수 있겠습니까? 모르면 내가 모르는 것이지 그 책에 잘못이 있는 것은 아닙니다.

"5천 년 역사도 비웃는 판에 무슨 6만 년 역사를 운운한다는 말인가?"라는 말이 귓전에 쟁쟁합니다. 처음에 『환단고기』를 중심으로 63,182년의 역사연표를 작성해 놓고 보니 그 앞과 중간이 너무 허전하였습니다. 연표 사이사이를 설명해 줄 내용물이 부족했다는 것입니다. 이번에 연표의 보완은 『부도지』에 힘입은 바 큽니다. 그만큼 우리 역사가 풍부해졌습니다. 인류창세연표가 상세해졌습니다.

이 책의 제목인 『고조선의 오행과 역법 연구』는 『부도지』에서 제기한 문제들을 새로운 시각에서 조명하였습니다. 오늘날 문화충돌이나 문화전쟁은 무혈전쟁이지만 이 책에서 오행과 역법(曆法)을 놓고 단군이 요순을 상대로 싸운 문화전쟁은 유혈전쟁입니다. 4행이냐 5행이냐? 13월 28일이냐 12월 30일이냐?를 놓고 벌인 동북아의 대전쟁입니다.

여기서 독자들께서 요순에 관해 당혹할 수도 있을 것입니다. 그러나 역사적 측면에서 서술한 것이므로 각자가 가지고 있는 요순에 대한 경건성의 문제는 별개임을 밝힙니다.

이번 책에서는 몇 가지 저의 연구 성과를 반영하였습니다.

1. 『삼성기』 63,182년을 『황극경세』와 비교하여 처음으로 우리의 역사와 인류의 창세연표를 작성하였습니다. 신화는 인간을 신(神)과도 재결합시키지만, 끊임없이 역사와도 재결합시킨다는 사실입니다. 허공 속의 신화가 아닌 우리의 살아있는 역사로 환원할 수 있습니다. 우리는 상원 기년(紀年)이 계해년이고, 중국은 갑자년임을 확인하였으며, '삼신관'을 중심으로 환인 이전의 역사를 확장하여 언급하였습니다.

2. 『부도지』는 마고대성으로부터 출발합니다. 마고성의 실례를 파미르고원내 얌춘(yamchun) 요새 브랑제단(Buddhist stupa, 가칭 마고제단)으로 추정하였습니다. 마고대성을 이해하는 데 생기는 장벽을 허물었습니다.

3. 단군이 마고본성(麻姑本城)을 계승하여 건설한 본부도(本符都) 즉 태백부도가 어디인지를 가능한 범위 내에서 추정해 보았습니다. 또 현재의 강화도 참성단을 동보단(東堡壇)으로 봅니다. 파미르고원의 브랑제단과 강화도 참성단은 북위 37도 상에 있고, 두 지점 간의 거리는 4,712.17km(2,928마일)이며, 약 1만2천 리임을 밝혔습니다. 특별히 참성단이 단군부도의 하나라는 사실을 발견한 것은 의미있는 일이라고 생각합니다.

4. 『부도지』에서 언급된 이론들을 '부도철학'과 '부도역법'이라는 말로 개념화하여 정리했습니다. 우리가 모두 놀랄 일이지만, 당시 단군과 요순우(堯舜禹) 사이에 오행과 역법 문제로 전쟁까지 벌였던 이유와 경과를 상세히 서술하였습니다. 특히 『부도지』와 『사기』의 「하본기」를 비교 대조하며 이런 전쟁 사실을 고증하였습니다. 이 전쟁이 고조선 최초의 전쟁이었습니다.

5. 『사기』(「오제본기」)는 '합부부산(合符釜山)'을 설명하고 있습니다. 그러나 사마천은 부절(符節)문화를 자신들의 것인 양 소개하고 있는데, 중국은 부절(符節)문화가 없기 때문에 역사의 왜곡일 가능성이 높다고 보았습니다. 부절문화는 마고의 천부(天符)로부터 시작되었으며, 고조선에 와서

완성을 보는 우리의 고유문화입니다. 또 중국의 고문자로 알려진 109자의 고문자를 제가 처음으로 소개하는데, 고조선(단군조선이 고조선입니다) 문자로 추정됩니다. 앞으로 연구할 중요한 과제입니다.

한 가지 덧붙이고 싶습니다. 『환단고기』와 『부도지』를 대표하는 63,182와 1328에는 공교롭게도 6을 제외하고 1-3-2-8이 공통으로 다 들어있습니다. 하기는 6의 약수가 1, 2, 3이니까 6도 그 안에 들어있는 것과 같습니다. 틀림없이 두 책은 수리적으로 정신적으로 공통점이 있습니다. 『환단고기』가 현미경이라면, 『부도지』는 망원경과도 같습니다. 『환단고기』가 역사의 사실(史實)과 정체성을 알려주고 있다면, 『부도지』는 역사의 이상(理想)과 사명감을 알려주고 있습니다. 역사의 사실도 알고 이상도 안다면 금상첨화(錦上添花)입니다. 비단 위에 핀 꽃입니다. 그래서 저는 이 감격을 '부도지와 환단고기의 아름다운 만남'이라고 적고 싶습니다.

저는 『환단고기』와 『부도지』의 하나 됨을 위해 '환도(桓-都)운동'을 전개하면 어떨까 제안합니다. 부도(符都)를 다시 밝히자(桓)는 뜻도 가능할 것입니다. 숫자로는 '613'(육일삼)입니다.

끝으로 이 책이 나올 수 있도록 도움을 준 모든 분들께 감사를 드립니다. 미국에서 집필을 독려해 주시고 추천사를 써 주신 김상일 교수님, 원고교정을 도와준 조옥구 박사를 비롯하여 이찬희 박사, 박미서 선생, 이용주 선생께 감사의 인사를 올립니다. 무엇보다도 출판시장이 얼어붙은 이때에 출판을 허락해 주신 김재엽 사장님과 임직원들께 감사드립니다.

강호제현의 질정을 기다립니다.

한력 한기 2년(2021) 4월

이 찬 구 심고

차례

사진자료 · 6
머리말 · 10
일러두기 · 16

제1부
『부도지』로 본 마고의 창세와 단군과 요순우의 전쟁
– 오행과 달력의 문화전쟁, 1328 고조선 부도역법의 진실 –

초장(初章) _ 『부도지』에 대한 저자의 견해 18
1. 단군과 요(堯)시대의 천문인식 23
2. 마고 창세와 고조선 역법의 근원 39
1) 마고의 창세와 인간탄생 39
2) 역수(曆數)의 시작과 4본음(本音) 49
3. 부도 역법의 전개와 오행전쟁 59
1) 고조선 역수와 역법의 기초 59
2) 요순(堯舜)의 등장과 오행전쟁 69
3) 하우(夏禹)의 등장과 대전쟁 88
4. 단군조선 부도철학의 토(土)와 사행(四行) 109
1) 요(堯)의 5토 중앙화에 대한 부정 109
2) 초기 사행론과 부도역법의 기초 122
5. 『부도지』 23장과 1328 고조선 역법 132
1) 동이의 역법과 전욱력 132
2) 23장의 부도역법… 13월 28일과 삼정(三正) 138
6. 부도역법과 부도의 이해를 위한 그림설명 157
7. 단군부도의 종합적 의의 193
1) 단군부도는 어디에 있었는가? 194

2) 고조선문자와 고조선문명 ······ 200
3) 단군의 사해동포주의와 홍익인간 ······ 204
4) 『산해경』의 부도(浮屠)와 부도(符都) ······ 209
5) 요순우(堯舜禹)와의 대전쟁에 대한 종합 ······ 214
6) 동보단인 참성단 보존 – 인류공통의 문화유산 ······ 227
7) 단군조선의 부활과 역사복본 ······ 231
8) 미래의 오행과 달력 ······ 242
부록 : 『부도지』 장별 요약 설명 ······ 245

제2부
원동중 『삼성기』 63,182년에 대한 역사 이해
– 『부도지』와 소강절의 황극연표를 중심으로 –

1. 『삼성기』 63,182년설에 대한 문제제기 ······ 262
2. 『환단고기』의 석유환국(昔有桓國)과 전환국(前桓國) ······ 265
3. 『부도지』의 황궁씨와 7세 7천 년 ······ 269
4. 「삼일신고 봉장기」(「고조선기」) 366갑자에 의한 역년 ······ 279
5. 『황극경세』로 본 천지개벽과 역사연표 ······ 288
6. 『부도지』에 의한 63,182년의 실체적 접근 ······ 298
7. 『삼성기』에 의한 역사연표와 『황극경세』와의 관계 ······ 305
8. 『부도지』 마고대성과 『환단고기』 삼신산의 비교 이해 ······ 319
9. 7만 년 인류창세 연표와 우리의 미래 ······ 334
종장(終章) _ 국사일언(國史一言) ······ 344

저자 소개 · 345
색인 목록 · 348

일러두기

① 여기서 말하는 '고조선'은 단군조선만을 가리킨다. 기자조선, 위만조선은 제외한다. 단군조선이 곧 고조선으로 둘은 동일개념임.

② 연대표기는 BC, AD 대신에 국제적으로 통용되고 있는 BCE(기원 전) CE(기원 후)를 사용하고, 특히 1만년 이상의 연대를 표기해야 하는 경우가 많아 천 단위마다 쉼표(,)를 넣어 시각적으로 이해가 쉽도록 통일하였음.

③ 두 책의 이름표기가 다른 점에 유의하여, 『부도지』에만 나오는 마고, 궁희, 소희, 황궁씨, 유인씨, 유호씨, 유상 등은 그대로 따랐고, 『부도지』와 『환단고기』에도 나오나 동일 인물에 대한 표기가 다를 경우 즉 〈환인씨: 환인〉 〈환웅씨: 환웅〉 〈단군: 임검씨, 단군, 단군왕검, 단군임검씨〉 〈부루씨: 부루〉 〈읍루씨: 읍루, 가륵〉 등은 그때 그때 혼용 또는 병용해서 독자가 혼동을 일으키지 않도록 하였음.

④ 현재 중국 영역에 있는 지명이나 인명인 북경(北京), 서안(西安), 보정(保定), 태백산(太白山), 태원(太原), 산서성(山西省), 요(堯), 순(舜), 우(禹), 계(啓), 양계초(梁啓超), 고힐강(顧頡剛), 곽말약(郭沫若) 등은 관용적으로 한국 발음으로 적었으며, 기타 외국의 경우는 영어 발음으로 적었음.

제 1 부

『부도지』로 본 마고의 창세와 단군과 요순우의 전쟁

– 오행과 달력의 문화전쟁, 1328 고조선 부도역법의 진실 –

초장. 『부도지』에 대한 저자의 견해
1. 단군과 요(堯)시대의 천문인식
2. 마고 창세와 고조선 역법의 근원
3. 부도 역법의 전개와 오행전쟁
4. 단군조선 부도철학의 토(土)와 사행(四行)
5. 『부도지』 23장과 1328 고조선 역법
6. 부도역법과 부도의 이해를 위한 그림설명
7. 단군부도의 종합적 의의

초장. 『부도지』에 대한 저자의 견해

–『부도지』를 처음 보는 독자를 위해

『부도지(符都誌)』는 신라 때 영해 박씨의 시조인 박제상(朴堤上, 363~419)의 저술로 알려진 『징심록(澄心錄)』 안에 있다. 『징심록』에는 「역시지」, 「천웅지」, 「의약지」 등의 15지(誌)가 있는데, 그 가운데 맨 처음에 실린 지(誌)의 이름이 『부도지』이다. 박제상 사후에 박씨 종가에서 필사되어 전해 왔으며, 후에 「금척지」와 「징심록추기」가 추가되어 『징심록』은 모두 17편으로 구성되었다. 조선시대에 김시습이 이를 보고 추기(追記)를 적었다고 한다.

현존하는 『부도지』는 1953년 울산에 살던 영해 박씨 55세손인 박금(朴錦, 1895~?, 본명 박재익)씨가 기억을 되살려 복원한 '원고지 필사본'을 말한다. 박금씨에 의하면 해방 전에 함경남도 문천(금호종합이학원)에서 여러 대에 걸쳐 전수받은 원본 『징심록(澄心錄)』을 보고 공부도 했으나, 분단으로 다시 북한에 돌아갈 수 없는 상황이 되자, 과거의 기억을 토대로 원본에 가깝게 남한에서 복원한 것이라고 밝히고 있다. 박금은 해방 전에 동아일보 기자 재직(1925~1934년) 시에 이를 번역 연재하려다가 내용상 총독부에 저촉될 것이라는 주위의 권고로 무산된 적이 있다.

현재는 1986년 김은수의 번역본이 출간되어 일반에 알려졌다. 여기에는 김상일 교수와의 일화가 있다. 1985년 2월 8일 미국에서 유학을 마치고 귀국하던 김상일 교수가 LA동포 한 분으로부터 『부도지』의 원문을 필사한 원고지 뭉치를 받아 가지고 서울에 왔는데, 얼마 후에 광주에서 교사를 하고 있다는 김은수씨라는 분이 감리교 신학대학 연구실로 찾아와 그 원고지를 건네 전해 주었다고 한다.

그런데 1985년 이전에 어떻게 미국 동포에게 이 원고지 필사본이 입수되었는지 그 과정을 알 수 없는 것이 유감이다. 당시 김상일 교수는 이 원고지를 그 미국 동포가 본인에게 준 것으로 알았는데, 김은수씨가 찾아와 원고지를 달라고 해서 일단 주었고, 얼마 후에 책이 나왔다고 해서 원고지를 되돌려 달라고 찾아가려고 했는데, 그만 그분이 교통사고로 돌아가시어 영 만나지 못했다고 말했다. 요즘 스캔되어 공개된 원고지 필사본은 김상일 교수가 LA에서 처음 받아 김은수씨에게 전달한 그 원고지 필사본과 일치한다고 확인해 주었다. 연구실에서 책을 전달한 후 36년 만에 김 교수는 『부도지 역법과 인류세』를 출간하여 김은수씨가 못다 한 『부도지』의 연구에 새 지평을 열어주었다.

이처럼 문헌의 전수과정 상 우여곡절이 많은 『부도지』이지만 몇 가지 의미있는 가치를 찾을 수 있다는 면에서 저자는 『부도지』를 학술적으로 연구할 필요성이 있다고 본다.

1. 중국 고대의 성왕으로 존숭되는 요순이 전쟁 중에 희생되었다는 요순에 대한 전쟁기록은 저자(박제상)가 자칫 위험을 감수할 수도 있는 것인데, 이를 용기 있게 서술했다는 것이 이 책의 가치를 높여준다. 그 전쟁기록이 가짜라면 자기 목숨을 담보하면서까지 이 책을 쓸 필요가 없었을 것이기 때문이다. 다만 외부적 요인 때문에 오랫동안 가문에 비장되어 온 것이 아쉬울 뿐이다.

2. 하(夏)나라 우(禹)의 아들인 계(啓)와 단군의 신하인 유호씨와의 전쟁기록은 『부도지』와 『사기』의 「하본기」에 동시에 등장하는데, 그 전쟁 대응과정과 심리묘사가 상세하다는 면에서 「하본기」보다도 『부도지』의 사료적 가치를 인정하기에 충분하다고 본다. 최근 나온 양상쥔의 『중국을 말한다 1』에 의하면 『부도지』의 기록과 일치한다.

또 「하본기」에는 전쟁의 이유를 오행을 업신여기고 삼정을 저버렸기(威

侮五行 怠棄三正) 때문이라고 적고 있다. 그런데 「집해」의 정현 주(注)는 "삼정은 천지인의 정도이다(三正天地人之正道)"라고 했다. 그러나 이 말은 추상적인 표현일 뿐 고조선에서 말하는 삼정을 대응할 수 있을 정도로 이론을 갖추고 있는 말이 아니다. 고조선의 삼정(三正)은 147, 258, 369의 수리체계를 성수(性數), 법수(法數), 체수(體數)로 인식하여 달력을 창안한 원리(윤일까지 포함하여)를 말한다. 중국의 후대 사람들은 이 삼정을 또는 삼통(三統)이라고도 하는데, 이는 동중서(董仲舒, BCE 179~104)에 의해 정립된 이론이다. 이는 하, 은, 주 시대별로 정월을 인, 축, 자월에 맞춘 것* 을 의미하는데, 고힐강은 하(夏)대의 일에 왜 후대의 상주(商周)시대를 포괄하여 삼정을 말했는지 의심스럽다고 했다. 또 그는 유호씨에게 하대의 일이 아닌, 일어나지도 않은 상주의 일까지 죄를 묻는 것이 가소로운 일이라고 비난했다.** 이런 측면에서 보면 「하본기」에서 삼정을 저버렸다는 말은 전쟁 명분을 쌓기 위해 궁여지책으로 한 말이거나 후대에 첨가한 말로 보일 뿐, 아무런 논리성도 없다고 지적하지 않을 수 없다. 따라서 「하본기」보다 『부도지』의 삼정 이론은 어느 문헌에도 중복되지 않을 뿐만 아니라, 구체적 수리로 제시했다는 점에서 고조선의 고유개념에서 나왔다는 것을 알 수 있다. 중국에서 정(正)이란 정삭(正朔=1월 1일, 정월)을 정하는 법을 의미하는데 반해 고조선의 정(正)은 1~9수의 배치로 364일, 365일, 366일을 산출하는 방법을 말한다.

3. 어떤 사건의 전개과정이 반복적으로 거듭되면서도 점점 치밀하게 전개되는 과정 서술이 탁월하다는 점이 『부도지』의 특징이다.

---

*김동석, 『고전천문역법 정해』 한국학술정보, 2009, 95쪽. 중국이 쓰는 삼정(三正)은 자, 축, 인 중에서 어느 것을 정월로 하느냐에 따라 달라진다. 즉 주(周)나라가 11월=자월을 세수(歲首)로 삼고, 은(殷)나라가 12월=축월을 세수로 삼고, 하(夏)나라는 현재처럼 1월=인월을 세수로 삼았는데, 이를 중국식 삼정이라고 한다.

**顧頡剛, 『古史辨(第五, 下)』 上海古籍出版社, 1982, 406쪽.

1) 단군의 사자인 유호씨의 전쟁 참여과정이 단계적이다

본문 33장 중에 17장부터 전쟁의 발단이 시작된다. 먼저 17장에서는 단군의 사자인 유호씨가 요(堯)의 잘못된 오행이론과 역법이론을 고발한다. 이어 18장에서는 순(舜)이 미혹되어 단군을 배반하고 요에게 넘어가는 과정을 보고 요와 순을 깨우치도록 설득을 하였으나 듣지 않기 때문에 19장에서 토벌에 나서 수년 동안의 전쟁(본문에서 말하는 1차 전쟁) 중에 요순을 완전히 응징한다. 20장부터는 하(夏)의 우(禹)를 상대로 요의 잘못을 반복하지 말라고 설득하고, 21장에서도 요의 잘못된 오행관을 비판하며, 22장에서는 요의 잘못된 달력에 대해 비판하면서 우(禹)가 이를 답습하지 말도록 설득과 경고를 반복한다. 24장에서 우(禹)가 죽은 후 아들 계(啓)가 계속 저항하므로 고조선과 하(夏)나라 간에 대전쟁(본문에서 말하는 2차 전쟁)이 발발하게 된다. 이런 일련의 과정들은 중국 문헌에도 나타나지 않는데도 『부도지』가 상세하고도 치밀하게 기록하고 있다.

2) 고조선 달력의 창안과정에 대한 서술이 상세하다

본문 33장 중에서 3장과 4장에서부터 역수(曆數)의 이론이 제시되고, 9장에서 지구의 중심이 변하여 윤일이 생기는 이치를 설명하며, 11장에서 환웅이 역법을 제정하고, 17장에서 요(堯)의 30일 달력과 다른 부도의 역법을 설명하고, 22장에서는 요(堯)가 만든 12월 30일의 잘못된 달력은 재앙이 미친다고 경고하며, 23장에서 13월 28일의 364일 부도 달력이 제정되는 원리를 성수, 법수, 체수로써 설명하여 고조선 달력의 수리적 원리를 완성한다. 특히 13월 28일 달력 제정원리 중에 윤일(閏日)을 정하는 법은 세계 어느 문헌에도 없는 전무후무한 사료적 가치가 있다고 본다.

4. 『부도지』의 핵심은 요(堯)가 5중(中)을 이용해 권력을 사유화하려는 것을 비판하는 데 있다. 우리가 알고 있는 오행(五行)에 대한 기본적인 상

식을 부정하고 있다는 면에서 충격적이다. 요(堯)의 5중(中)은 하도와 낙서를 만나 5토중(土中)으로 발전하고 기자의 「홍범」을 만나 5황극론으로 극치를 이룬다. 이 5토중(土中)은 끝내 요순(堯舜)에 의해 수직적 권력화에 악용된다. 단군은 이를 철저히 반대하였다. 왜냐하면 5토중의 중(中)은 극(極)이 아니라, 변(邊)과 극(極)을 조화(調和)하고 중재하는 수평적 관계이며, 토(土) 자신은 오행의 전체이기 때문에 숨어 있다고 보았고, 그 자리는 하늘(天)을 모시는 자리로 여겼다. 이것은 단군의 홍익인간 정신에서 나온 것이다. 고조선의 오행을 '5'라 하지 않고, '(1)+4'라고 쓰는 이유가 오행의 수평적 관계를 강조하려는 데 있는 것임을 알 수 있다.

이런 의미에서 『노자』(72장)의 부자현(不自見), 부자귀(不自貴)사상***과 일치하는 것이다. 이것을 그대로 실현한 단군의 정치는 노자의 무위(無爲)의 천도정치라고 할 수 있다. 또 이것은 그리스의 이오니아 사람들이 말한 '이소노미아(Isonomia)' 즉 '무지배(no rule)'의 원리와도 상통한 점이 있다는 면에서 보편적이면서도 선구적이라 할 수 있다.

이상의 몇 가지를 토대로 저자는 『부도지』가 나름대로 문헌적 가치가 있다고 보아 이 글을 쓰게 되었다.

저자 **이 찬 구**

※ **符都誌(부도지) 한자풀이**

- **符(부)** : 부절, 법도, 부호, 기호, 도장, 들어맞다, 부합하다 등
- **都(도)** : 도읍, 수도, 나라, 성(城), 못(池), 우두머리, 모두, 다, 성하다, 크다, 모으다, 쌓다 등
- **誌(지)** : 기록하다, 기억하다, 알아차리다, 남기다, 기록, 표지, 문체 등

*** 스스로 드러내지 않고, 스스로 귀하게 높이지 않는다는 노자의 사상. 이 사상의 원형이 그대로 고조선의 단군에 있는 것이 아닌가. 『노자』 24장(企者~)은 단군이 요에게 권력을 탐하지 말라고 훈계해 준 말같이 느껴진다.

1. 단군과 요(堯)시대의 천문인식

고대의 천문역법이라는 거대 담론을 전개할 때 새삼스럽게 제기되는 문제는 그 시대 우리 조상들의 천문에 대한 인식도(認識度)가 어느 정도였는가 하는 점이다. 우리가 이 점에 대해 기본적인 인식이나 사전 정보가 없다면 천문역법이라는 거대 담론은 신기루로 끝날 위험성이 없지 않다. 저자가 여기에 단군조선시대의 오성취루와 고인돌, 그리고 요(堯)의 도사유지(陶寺遺址)에 대해 거론함으로써 이런 우려를 다소나마 해소하고자 한다.

최근 김용옥은 『노자』 유튜브 강의 중에 47장 "불출호(不出戶) 지천하(知天下)"를 천문의 관점에서 설명하면서 이렇게 말했다. 녹취한 것이다

> 옛날에 지식의 출처는 천문(天文)이었다고, 여러분, 천문지리(天文地理)라는 말은 다 상식으로 쓰는데, 땅의 이치는 하늘의 문(文)이라는 것은 질서거든, 문양 문(紋)자여요. 그러니까 하늘에는 일정한 문양이 있잖아요. 가고 오는 거를. 이런 것을 옛날 사람들은 다 관측(觀測)을 했거든. 관측을 한 사람들이 전부 뭐냐면은, 곱추야. 곱추들은 밖에 나가지 못하니까. 방안에 가만히 앉아서… 처마 끝에 나가는 기준을 삼아 가지고 하루 종일 이렇게 하늘을 쳐다보고… 운행하는 높낮이를 기록하고… 일식월식을 다 계산해 내고. 이랬던 거란 말야. 동양의 천문학이라는 것은 서양의 천문과는 비교도 할 수 없이 발달된 거여……
>
> 역사를 공부하는 화랑이다… 그런 조직이 있는데… 이사장으로 있는 분이 완전히 그 우리나라 천문학의 대가에요. 이분 얘기로는 우리나라 고대 기록에 대개 천문학 기록들이, 이 사람이 블랙홀의 전문간데, 천문학적으로 고찰해 보면 몇천 년 전 것이라도 정확하게 컴퓨터 돌리면 다 찾아낼 수 있대요. 과학적으로. 대강 들어맞는대.

천문학으로 돌려보면 우리 고대사는 사실과 부합한다

예를 들면 『환단고기』에 있는 것도 대강 돌려서 보면 들어맞는다 이거에요. 그런데 전혀 근거 없는 얘기가 아닌데, 이런 것을 이야기했다 하면 (학계에서) 미친놈이 된대요. "어떻게 우리나라가 그렇게 훌륭할 수가 있는가? 그게 말이 되느냐?" 하고 학계에서 매장된다는 거에요… 이 사람은 우리나라 천문학협회 회장을 지내고 아주 그 모든 천문학의 핵심 논문을 제대로 된 논문을 쓴 세계적인 학자인데… "그렇게 우리에게 훌륭한 천문학이 우리에게 있었다는 것은 쌩 거짓말이다. 우리나라는 모든 게 자기 비하(卑下)를 해야만 대접을 받는 거예요." 자기 비하를 해야만. 이런 빌어먹을 나라가 있냐!… 요새 내가 도올TV에서 고대사 강의를 하니까… 국학(國學) 얘기를 하니까. 국학계열 사람들이 민간에서 숨 못 죽이고 있다가… 요새 많이 편지도 오고, 전화도 오고 그러는지… 나는 절대 노쌩큐데… 공통적으로 가지고 있는 것은 한(恨)이죠. 한(恨). 너무 무시당하고 진정성을 이해를 안 해주고 이 역사가. 그래 가지고 아주 울분에 사로잡혀 있던 차에 도올 선생이 이야기를 했다.

하여튼 앞으로 우리 고대사 문제라던가 여러 가지 이런 것들은 바로잡을 것은 최대한 바로 잡고… 현재 우리 학계의 상식… 국학도 반성할 여지가 너무 많고, 국학을 무조건 깔아뭉개는. 국학이라는 것은 개념적으로 학계의 자료만 가지고 국학이 될 수가 없는 거에요. 민간에서 나오는 모든 자료도 다 수용을 해야죠. 그래 가지고 포괄적으로 봐야 되는데, 어떻게 『삼국사기』 『삼국유사』에만 있는 역사만이 역사냐 말야. 길거리에 있는 돌멩이 하나가 우리 역사인데, 그러니깐 불출호 지천하라는 것은…[1]

---

1) https://www.youtube.com/watch?v=78PBTUXGNcU&t=510s {도올 김용옥 노자 68회, 2021. 1.29} 대한사랑 이사장이 이 글에서 언급하고 있는 박석재 천문학자이다.

도올 김용옥의 강의는 여기서 끝난다.

박창범과 나대일이 단군조선의 오성취루를 증명하다

좀 길어졌지만 오늘 부득이 천문학 얘기를 하려다 보니 어쩔 수 없다. 천문학자인 박창범과 나대일 두 사람은 1,993년에 "5행성이 서로 가까이 모인 시기는 BCE 1,734년 7월 13일 초저녁"[2]이라고 발표했다. 이는 "흘달(단군) 50년(BCE 1,733년, 무진)에 다섯 행성이 루(婁) 별자리에 모였다"라는 오성취루(五星聚婁)로 『단기고사』와 『단군세기』의 사실성을 입증하는 중요한 과학적 검증이었다. 물론 결과는 1년의 오차가 있었지만, 이 오차는 매우 미미한 것이었기 때문에 단군시대 천문 기록의 진보성을 증명하기에 충분했다. 박창범은 1,993년의 논문인 「단군조선시대 천문현상기록의 과학적 검증」에 대해 훗날에 쓴 저작을 통해 다음과 같이 부연 설명하였다.

> 나는 이 기록을 확인하기 위해 BCE 1,733년을 전후로 하여 약 550년 간의 시간 범위에 걸쳐 맨눈으로 볼 수 있는 수성, 금성, 화성, 목성과 토성 등 다섯 행성의 위치를 계산해 보았다. 그 결과 다섯 행성이 하늘에서 매우 가깝게 모이는 때는 ① BCE 1,953년 2월 25일 새벽(2.3° 이내)과 ② BCE 1,734년 7월 13일 초저녁(10° 이내)인 것으로 나타났다. 그중 기록에 나오는 BCE 1,733년의 현상과 시점상 가장 근접한 것은 후자이다. 계산으로 확인된 BCE 1,734년의 행성 결집은 해질녘에 태양으로부터 금성, 목성, 토성, 수성, 화성이 늘어서고 초생달도 함께 모여 장관을 이룬다. 기록에 쓰여 있는 BCE 1,733년과 비교하면 불과 1년 차이로 실제 현상이 있었던 것이다.[3]

---

2) 박창범 · 나대일, 「단군조선시대 천문현상기록의 과학적 검증」 『한국상고사학보』 14, 1993, 98쪽.
3) 박창범, 『하늘에 새긴 우리 역사』 김영사, 2002, 28~29쪽.

박석재가 재현한 오성취루 상상도(BCE 1,734년 7월13일) [4]

그런데 1년이란 차이는 왜 벌어지는 것일까? 이 오차는 조작의 가능성이 거의 없다면서 이렇게 밝혀주고 있다.

지난 4,000년간 다섯 행성들의 위치를 계산해 보면 이들이 10° 이내로 모이는 일은 평균 250년에 한 번 꼴로 일어나는 매우 희귀한 현상이다. 만약 이 기록이 조작을 위해 임의로 책에 삽입되었다면 실제 현상이 있었던 시점과 단 1년 차이로 우연히 가까울 확률은 0.007이 된다. 조작의 가능성이 거의 없다는 뜻이다.[5]

그러나 여기에는 한 가지 문제가 있었다. 오행성이 모이는 위치를 계산

4) 박석재, 『개천혁명』 동아앰엔비, 2017, 16쪽.
5) 박창범, 『하늘에 새긴 우리 역사』 김영사, 2002, 29쪽.

해 보니 루성(양자리)이 아닌 바다뱀자리 근처였다. 행성 결집 위치가 다른 것이다.

그러나 기원전 18세기는 아직 동양에서 28수의 이름이 확정되기 훨씬 이전이다. 따라서 기록에 적힌 오행성의 결집 위치는 후대의 해석으로 볼 수 있다. 후대에 명명되는 과정에서 이름의 혼란이 빚어졌을 가능성이 있다. 따라서 "『단기고사』와 『단군세기』에 나오는 오행성 결집 기록에서 가장 중요한 정보는 행성 결집이라는 사실 자체에 있으며, 결집의 위치는 결집 사실에 비해 가치가 떨어지는 내용"[6]이라는 것이다.

사서(史書)에 단 한 개라도 진실이 있으면 좀 진지하게 쳐다보자

어느 날 KBS 대담 프로그램(「TV 책을 말하다」)에 나갔다.

학자들 간의 대화 중에 박창범은 다음과 같은 답변을 한 적이 있다. 녹취한 것이다.

> ㅇ일단 단군조선은 기록적인 측면에서 연구하기는 굉장히 힘들구요. 지금 제(박창범) 경우에도 가장 주목할 수 있는 경우는 한 가지 자료밖에 없었구요. 그 다음에 그 자료에 대해서 비판하시는 분의 입장은 그 자료가 당시의 기록이라는 증거가 없지 않느냐. 하지만 사실은 그 기록이 후대의 기록이라는 근거도 없거든요. 그런데 제가 보인 것은 당시에 그런 사실이 실제로 있었다. 그 전에 알지 못했던… 또 주목하지 않았던 그 기록이 당시 실재했던 현상하고 아주 일치한다… 하는 것을 보임으로써 이 책에 대해서 시각을 환기시키는 역할을 한 겁니다.
>
> ㅇ저는 반론을 하고자 하는 의도도 없구요. 역사서를 보는 긍정적인 입

6) 박창범, 『하늘에 새긴 우리 역사』 김영사, 2002, 29~30쪽.

장과 부정적인 입장이 있을 수 있다고 생각합니다. 그 역사서에 단 한 개라도 후대에 기록이 첨가되어 있으면 사서를 다 부정하자는 관점도 있었을 거고요. 그 사서(史書)에 단 한 개라도 진실이 있으면 이 사서를 좀 진지하게 쳐다보자는 이런 관점이 있을 겁니다. 저는 후자에 속하는 것 같습니다.[7)]

그러나 이문규는 여기에서 단군조선의 실존 사실을 과학적으로 증명했다는 부분은 저자(박창범)가 지나치게 확대 해석한 것이라고 지적했다. 또 『단기고사』와 『단군세기』에 나오는 'BCE 1,733년에 다섯 행성이 루 별자리에 모였다'는 기록이 실제 발생했던 천문 현상과 부합된다고 해서, 그것이 그 시대에 기록되었다거나 또는 당시의 기록이 잘 전승되어 이 책들에 기록되었다는 것을 보장해 주지는 않는다고 지적한다. 또 이 기록이 조작될 확률을 0.007(오행성 결집)로 본 것에 대하여 조작될 가능성이 거의 없는 기록으로 해석한 것에도 동의하지 않는다고 주장했다.[8)] 또 기경량은 권력에 의한 천문현상의 조작 가능성을 경시한 채, 자연과학에서의 실험 결과 하나로 기존 역사학계의 연구 성과를 뒤집어서는 안 된다고 강조한다.[9)]

단군조선은 천문현상을 기록으로 남길 수 있는, 천문대를 가진 고대 국가다

하지만 『세종실록』(세종3년 7월 2일)에 우리나라에 『천문비기』가 있었다고 했다.

---

7) KBS 1 「TV 책을 말하다」(제127회) 고등과학원, 박창범 저, 『하늘에 새긴 우리 역사』 방송일시: 2004년 7월 1일 목요일 밤 10시

8) 이문규, 「하늘에 새긴 우리 역사를 잘못 읽다」 『고조선연구자료총서』 20, 거산, 2015, 431~432쪽.

9) 기경량, 「단군조선 시기 천문관측기록은 사실인가」 『한국고대사와 사이비역사학』 ㈜역사비평사, 2017, 210~211쪽.

박창범의 주장은 그 후 박석재에 의해 사실로 재입증된 바 있다. 천문학자인 박석재(도올 TV에서 언급된 분)는 박창범의 연구 결과를 '천문학적으로 완벽하게 증명된 것'이라고 평가하고, 실제로 천문 소프트웨어를 이용하면 화성, 수성, 토성, 목성, 금성의 순서로 오성이 늘어서는 것을 누구나 확인할 수 있다(오성취루 상상도 참조)고 거듭 주장하면서, 단군조선은 천문현상을 기록으로 남길 수 있는 조직과 문화를 소유한 천문대를 가진 고대국가라고 밝혔다.[10] 나아가 박석재는 조선의 이순지가 편찬한 『천문류초』[11]에 근거하여 갑인년 갑자월의 오성개합이 BCE 2,470년 9월 초에 일어났다고 처음으로 밝혔다.[12](5장 1절에서 상술함)

단군조선의 고인돌에도 주목한다

그런데 박창범의 연구는 별자리에 그치지 않고, 단군조선의 고인돌에도 주목했다.

세계 지도를 펴 놓고 고인돌의 분포지를 죽 이어 보면 하나의 긴 띠가 만들어진다. 유럽 스칸디나비아 반도를 한쪽 끝으로 하여 지중해 연안, 인도 대륙, 동남아시아를 거쳐 중국 동북지방, 일본 규슈지방과 한반도에서 끝이 난다. 특히 그는 북한의 고인돌에 주목하였다. 평남 증산군 용덕리 고인돌(BCE 30세기경), 평남 평원군 원화리 고인돌(BCE 25세기경), 함남 함주군 지석리 고인돌(BCE 15세기경), 평남 상원군 용곡리 고인돌군(BCE 30~

10) 박석재, 『개천혁명』 동아엠엔비, 2017, 15~16쪽. 박석재 박사는 오성취루를 현대적으로 명칭을 부여한다면 오성취성이 맞다고 했다. 서방 루(婁)는 양자리 β(베타)별이고, 남방 성(星)은 바다뱀자리 α(알파)별 주위라고 했다. α(알파)는 가장 밝은 별.

11) "程子曰 天地真元之氣 奏合在曆數中 則日月如合璧 五星如連珠 所以生聖人也 曆推上古渾元之初歲名焉逢甲攝提格寅, 甲子朔旦 夜半冬至 日月五星皆合在子 有合璧連珠之瑞 以應顓帝建曆之元也"(『천문류초』 오성편).

12) 박석재 · 황보승, 「천문류초의 오성개합 기록 등 오성결집현상 분석」 『세계환단학회 춘계학술대회자료』 2017.6, 10~12쪽.

BCE 1세기) 등 4개의 고인돌을 예로 들고 있다. 이들의 덮개돌에는 인위적으로 파낸 작은 홈들이 있는데, 이 홈들이 민간신앙이나 원시종교의 성혈이나 알 구멍이 아니라, 북두칠성과 같은 대표적 별자리들이라는 보고에 동의하고 있는 것이다.[13]

대개 그 구멍의 깊이가 적잖이 깊고 안쪽 면이 매끄럽게 갈아져 있어 자갈이 빠져 나가거나 침식이 되어 생긴 자연적인 홈과 쉽게 구별된다. 또 홈 내부와 그 모서리, 즉 주변의 암석 표면과의 경계가 자연스레 풍화되어 최근에 판 홈은 판별해 낼 수 있다. 그런데 그 홈들 중 일부는 하늘의 별자리를 새긴 일종의 천문 기록임이 밝혀진 것이다. 고인돌에 새겨진 단군조선인들의 별자리 문양에 대해 박창범은, "별자리 문양은 고대인들의 죽음과 탄생에 대한 관념을 반영한다고 풀이할 수 있다. 또한 무덤 주인의 사회적 신분을 상징하는 것으로도 볼 수 있다"[14]고 판단하고 있다.

평남 증산군 용덕리(룡덕리) 10호 고인돌 별자리는 더 놀랍다

또 박창범은 북한의 다른 유물에도 주목하였다.

서기 전 30세기경의 함남 지석리 고인돌 덮개돌과 서기 6세기 초에 세워진 평양 진파리 4호 무덤 천장의 별들을 대조한 바, 시간적으로 수천 년의 시간차가 벌어지지만, 긴 세월 동안 공통된 인식과 전승이 있었다고 주장하고, 우리나라 천문학은 중국 천문학이 들어오기 전에 이미 고유한 천문지식이 있었으며, 일찍부터 독자적인 천문학이 자라고 있었음을 증언하는 것이라고 밝혔다.[15]

이러한 주장을 뒷받침하기 위해 저자는 단군조선의 천문학 발전상을 실

13) 박창범, 『하늘에 새긴 우리 역사』 김영사, 2002, 99쪽.
14) 박창범, 『하늘에 새긴 우리 역사』 김영사, 2002, 99쪽.
15) 박창범, 『하늘에 새긴 우리 역사』 김영사, 2002, 105쪽.

물로 보여줄 수 있는 귀중한 고인돌을 소개하고자 한다. 박창범이 앞에서 말한 평남 증산군 용덕리(룡덕리) 10호 고인돌 별자리[16]가 그것이다. 이 내용은 북한에서 연구한 결과이다. 이 고인돌 무덤에는 75개의 홈구멍이 있는데, 그 중에 가장 큰 홈구멍은 거북이 등 중심에 있다. 이 홈의 크기는 별의 밝기와 관계 있는데, 가장 큰 1등급이 4개(10~9cm), 가장 작은 5등급이 3~1.5cm로 모두 20개이다. 이런 5등급 크기는 오늘날 6등급으로 별의 크기를 구분하는 것과 같은 이치다.

북한의 김동일은 "용덕리 10호 고인돌 무덤의 별자리에서는 북두칠성의 5번째 별(ε)이 적경 6h에 놓여 있는 상태이다. … 이 때의 연대는 대체로 지금으로부터 4,700년 전 경으로 나타난다. …이처럼 증산군 용덕리 10호 고인돌 무덤은 단군조선 시기의 천문학 발전을 연구하는 데 귀중한 사료의 하나로 된다"[17]고 평가했다. 또 용덕리 10호 고인돌 무덤 홈구멍 직경과 깊이(부분) 등에 대한 조사 자료가 공개되었다.[18]

용(룡)덕리 10호 고인돌 무덤의 별자리

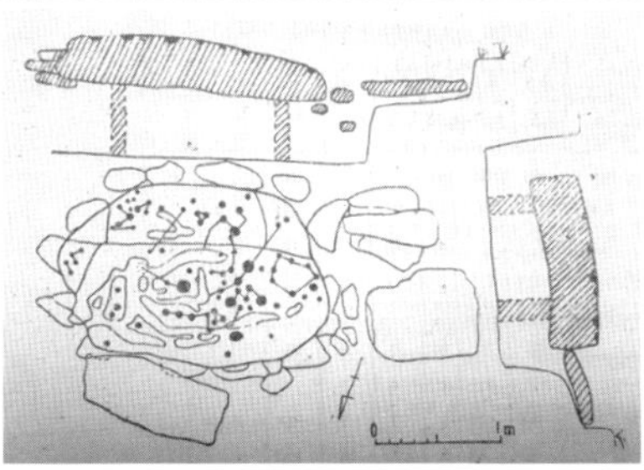

용덕리 10호 고인돌 무덤 홈구멍 직경과 깊이(부분)

직경(x) / 중심xi / 깊이(y) / 중심yi		1.5~3.2	3.3~4.9	5~6.6	6.7~8.3	8.4~10	
		2.35	4.05	5.75	7.5	9.2	ni
0.5~1.2	0.8	20	16	5			41
1.3~2.0	1.65		3	16	3		22
2.1~2.8	2.4			4	4	2	10
2.9~3.6	3.25					1	1
3.7~4.4	4.1					1	1
ni		20	19	25	7	4	75

이와 같이 고인돌 무덤에 새겨진 별 그림의 구성 상태를 보면, 주로 북극 주변의 자미원이나 해길과 달길, 적도 부근의 별자리들을 그려놓았다. 고

16) 김동일, 「증산군 룡덕리 10호 고인돌무덤의 별자리에 대하여」 『조선고고연구』 104, 1997, 3호, 7쪽.
17) 김동일, 「증산군 룡덕리 10호 고인돌무덤의 별자리에 대하여」 『조선고고연구』 104, 1997, 3호, 6~11쪽.
18) 김동일, 「증산군 룡덕리 10호 고인돌무덤의 별자리에 대하여」 『조선고고연구』 104, 1997, 3호, 8쪽.

인돌 무덤의 별자리를 동정하면 별자리 구성을 알 수 있다. 이러한 사실은 단군조선 시기에 이미 북극 투영법에 의한 극자리표를 이용하여 별자리표를 만들었다는 것을 시사해 준다.[19]

중국 요(堯)의 '도사유지'(陶寺遺址)에도 천문관측이 있었다

저자는 단군조선 천문학을 이해할 수 있도록 중국 천문역사를 먼저 알아본다. 중국 요(堯)의 '도사유지'(陶寺遺址, 遺蹟)에 나타난 천문관측을 소개하고자 한다. 왜냐하면 『삼국유사』에는 단군의 단군조선 건국과 요의 건국이 '동시'(與堯同時여요동시)라고 했기 때문에, 이 도사유지를 통해 단군조선의 천문학도 유추할 수 있다고 생각한다.

최근 도사유지는 요의 왕도(王都)로 알려졌다. 이곳은 행정구역상 중국 산서(山西)성 양분(襄汾)현 도사(陶寺)진 도사(陶寺)향 도사(陶寺)촌이다. 발굴된 유적은 용산문화에 속한 도사유형 유적지다. 1,978년~1,985년에 대규모 발굴이 이루어졌다. 우실하는 도사유지를 'BCE 2,400~2,300년경 요임금의 왕궁인 평양'으로 보고, 방국(方國) 혹은 왕국(王國) 단계의 도성 유적이라고 파악했다.[20]

도사유지에서 나온 유물 유적으로는, ㉠ 홍동(紅銅: 청동이 아닌 순동을 말함)으로 만든 중국에서 가장 오래된 방울인 동령(銅鈴)과 동치륜(銅齒輪: 순동으로 만든 톱니가 있는 바퀴), ㉡ 동령을 비롯한 도고(陶鼓), 타고(鼉鼓: 악어 가죽을 덧씌운 북), 석경(石磬), 도훈(陶塤) 등 각종 악기, ㉢ 천단(天壇)을 겸한 최초의 관상대와 남문 밖의 지단(地壇) 등의 제단, ㉣ 조(早)–중(中)–만(晩) 3기의 내성과 외성을 갖춘 거대한 궁성(宮城), 왕릉, ㉤ 신분의 분화에 따른 거주지의 분할, ㉥ 예제(禮制)의 확립, ㉦ 2개의 문

19) 리준걸, 「단군조선 천문학은 우리나라 천문학의 시원」 『단군과 고조선』 살림터, 1999, 561쪽.
20) 우실하, 『고조선문명의 기원과 요하문명』 지식산업사, 2018, 634~635쪽.

자가 새겨진 납작한 토기인 문자편호(文字扁壺) 등이 있다.[21] 이렇게 문자가 발견되고, 석경 같은 악기가 있었다는 것은 요(堯)의 역사에 대한 실증성을 높여주고 있다. 특히 문자의 발견으로 중국의 학계는 들떠 있었다.

두 개의 문자를 발견하다

1984년 봄철, 거주지역 Ⅲ구의 한 도사문화 말기(2조) 재구덩이 H3403내였다.

이곳에서 기물 표면에 붉은 주서(朱書)문자가 있는 편호잔기(扁壺殘器) 1건을 발견하였다. 번호가 H3403: 13인 이 편호는 회색으로 기물 표면은 압연식으로 세밀한 세로된 바구니 무늬가 있었으며 모양은 편호서열에서 7식에 속하는 바 도사문화 말기의 전형적인 기물의 하나이다. 발견된 이 한 건의 파손된 기물은 편호의 아구리 부분이 보존되었으며, 목 부분과 배 부분의 대부분이 보존되었는데 잔존기물의 높이는 27.6cm이다. 비록 이 재구덩이 및 해당 층 부위의 퇴적토에 대해 극히 자세한 선별과 검시(檢視)를 진행하였지만 떨어져 나간 부족한 부분을 찾지 못했다. 다시 자세히 파손 부위를 관찰한 결과 파손된 그루터기 부위 한 바퀴에 붉은 색을 칠한 것이 발견되었다. 이로써 이 기물은 칠을 할 때(혹은 문자를 써넣는 동시에) 편호는 이미 완정(完整)하지 못했다는 것을 짐작할 수 있다. 끊어진 부위를 따라 붉은 색을 칠한 것은 혹 다른 모종의 함의가 있을지도 모른다.[22]

편호(납작주전자) 평면의 문자부호는 상하 두 부분으로 나뉘는데 상하 사이에는 3.2cm의 공백이 있으며 공백 이상 부분과 공백 이하 부분의 구조는 비교적 치밀하다는 것이다. 1,984년 편호 출토 후 붉은 글씨체 필적이 아직 뚜렷하고 산뜻할 때 현장에서 참관하던 고고팀 대원들은 직감으로

---

21) 우실하, 『고조선문명의 기원과 요하문명』 지식산업사, 2018, 635쪽.

22) 앞의 『襄汾陶寺(양분도사): 1978～1985年發掘報告』 3책, 北京: 文物出版社, 2015. 12, 369쪽.

문자 1[23]	문자 2[24]	문자 1, 2 모사본[25]
	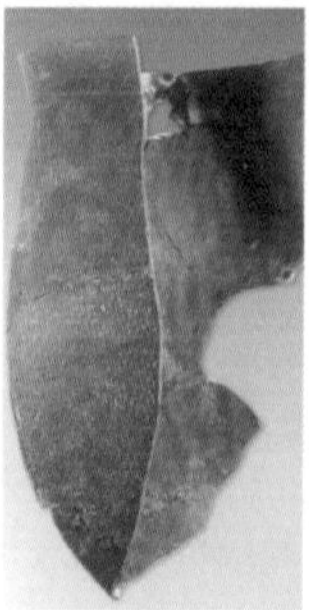	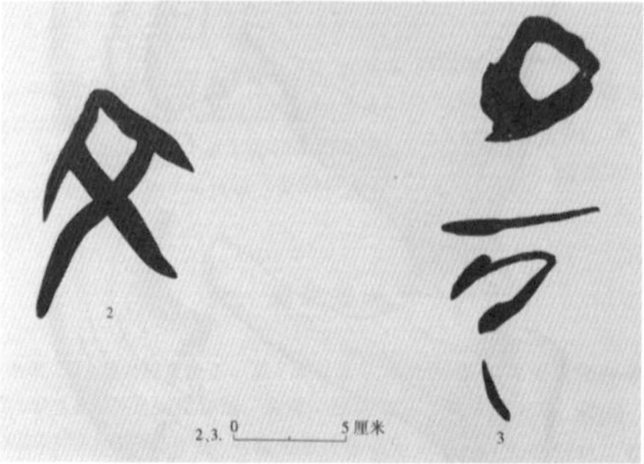

이를 상하 두 부분의 알지 못하는 부호(혹은 문자)라고 보았다. 편호 복부의 불거져 나온 한 면에는 글자 한 자가 쓰여 있었는데 응당 '문(文)'자로 해석되며 갑골문의 같은 글자의 모양과 구조가 매우 비슷하다. 실물 혹은 모사본에 대해 고찰을 한 고고학자들은 누구도 이의를 제기하지 않았다. 글자 쓰는 데 사용된 안료는 주사(朱砂)로써 출토 시 매우 산뜻하고 아름다웠다. 필기구는 응당 붓으로 쓴 것으로 삐침과 파임 필봉이 매우 뚜렷하였다.[26]

'역(昜)', '요(堯)', '읍(邑)'으로 해석된다

특히 '문(文)'자 모양에 이은 또 다른 글자에 대한 논의가 다양하게 이루어졌다. 편호 고복(鼓腹, 볼록배) 일면에 쓰여 있는 '문(文)'자 모양은 갑골문 동일문자의 형체, 구조와 매우 비슷하기에 어느 누구도 이의를 제기하지 않았으나,[27] 편호 평복(平腹)에 있는 일면의 다른 문자부호에 대해서는

23) 中國社會科學院考古硏究所, 山西省臨汾市文物局, 『襄汾陶寺(양분도사): 1978~1985年發掘報告』 4책, 北京: 文物出版社, 2015, 彩板 9번.
24) 앞의 『襄汾陶寺(양분도사): 1978~1985年發掘報告』 4책, 北京: 文物出版社, 2015, 彩板 10번.
25) 앞의 『襄汾陶寺(양분도사): 1978~1985年發掘報告』 3책, 北京: 文物出版社, 2015. 12, 368~369쪽.
26) 앞의 『襄汾陶寺(양분도사): 1978~1985年發掘報告』 1책, 北京: 文物出版社, 2015. 12, 368쪽.

어떻게 예속 규정지을 것인가로 여러 가지 방법이 거론되었는데 영향이 비교적 큰 의견은 세 가지이다.

첫째는 '역(易)'으로 해석한다는 것이고, 둘째는 '요(堯)'로, 셋째는 '읍(邑)'으로 해석한다는 것이다. 고복(鼓服) 일면의 문자와 이어 읽으면 '역문', '문요', 혹은 '문읍'이 된다. 앞 두 가지 해독은 후인들이 요(堯)의 공덕을 추술(追述)하는 것과 연계되며, '문읍'설은 하(夏)왕조와 연계된다.[28]

도사 편호에 주서한 '문'자는 갑골문보다 6~7백 년이나 이르다. 일찍이 장정랑은 "이 글자는 대문구 문화 도기문자, 은허갑골문과 현재 통행하는 한자와 같은 계통에 속한다"고 지적했는데, 이 극히 간결한 한 마디는 지금으로부터 5,000년에 달하는 중국 문자 발전사 및 도사 주서(朱書)문자가 그 사이에서 일으키는 계승발전의 역사적 지위를 개괄했다고 볼 수 있다.[29]

약 4,100년 전의 관상대(觀象臺) 유적을 발견하다

중국 고고학 전문가들이 발견한 곳은 도사진의 신석기시대 도사문화 중기(中期) 성지(城址)이다. 이곳에서 지금으로부터 약 4,100년 전의 관상대(觀象臺) 유적을 발견하였다. 이 유적지는 고성벽의 반원형 달구질 대기(台基) 가까이에 있었는데 원호(圓弧) 상태로 배열된 다진 흙기둥(土柱)이 10여 갈래의 좁다란 관측 틈을 형성하여 사람들이 관측점에 서면 동지와 하지 날에 좁은 관측 틈으로 태양이 숭산(崇山)에서 떠오르는 것을 볼 수 있다. 기타 관측 틈들은 각각 부동한 계절과 대응하고 있다.

이 관상대의 기능은 일출방위를 관측하여 계절을 확정하고, 이것으로 역법(曆法)을 제정한 것이다. 말하자면 천문관측은 '천상을 관측하여 정확한

---

27) 原注 『합집』8592, 『은허문자을편』 3612와 같음.
28) 앞의 『襄汾陶寺(양분도사): 1978~1985年發掘報告』 3책, 北京: 文物出版社, 2015. 12, 1122쪽.
29) 앞의 『襄汾陶寺(양분도사): 1978~1985年發掘報告』 3책, 北京: 文物出版社, 2015. 12, 1127쪽.

시간을 알린다'는 것이다.

이 관상대 유적 발견은 즉시 국내외 학술계의 광범한 주목을 끌었는 바 영국 『Nature』는 2,005년 11월 10일 438기에, 독일천문학잡지 『Astronomie Heute』는 2,006년 1~2월호에 도사 관상대 고고발견 소식을 실었다.[30] 도사 관상대와 유사한 유적의 또 하나의 현저한 구별은 숭산이라는 자연산봉의 배경에 있다. 자연산 봉우리를 뒷받침으로 인공건축과 천연배경이 서로 융합되어 천인합일을 이루었는 바 하나의 거대한 천문 조준(照准)계통을 구성하여 일출방위를 관측하고 이를 역법을 제정하는 데 사용하였다. 일부 원시부락들은 장기간 일출 산봉에 근거하여 계절을 판단하는 풍속을 보존하고 있었는데 일반적으로 고정적 관측점은 없다. 이를테면 아메리카주 토족 호피(霍比: Hopi)인들은 일출산 머리를 관측하는 것으로 동지 의식의 날짜를 확정하였는데 그것이 바로 하나의 증명사례이다. 도사 관상대의 배경산은 숭산(崇山, 塔爾山, 塔儿山)이다.[31]

다음은 도사유지에 대한 중국학자의 자체 평가이다.

> 도사유적의 고고사업은 성벽, 궁전, 대귀족고분, 관상과 제사건축, 대형 저장창고 등 왕도(王都)요소 방면에서 중대한 진전을 가져왔는 바 중국 선사시대 가장 큰 성지를 밝혀냈을 뿐만 아니라, 신석기시대 도읍 취락요소의 가장 구전한 표본을 전시함으로써 도사 성지가 '요의 도읍(堯都)'이라는 것을 증명하는 방면에서 견실한 고고학 증거를 제공해 주었다. 매우 우연한 것은 여기에 또 전설 중의 숭산(崇山)이 있다는 것인데 옛날부터 전해 내려온 요도평양(堯都平陽)이 역시 부근 일대에 있었다고 했다.[32]

30) 武家璧, 「陶寺觀象台與考古天文學」『科學技術與辯證法』 25권 5기, 2008.10, 90쪽.
31) 武家璧, 「陶寺觀象台與考古天文學」『科學技術與辯證法』 25권 5기, 2008.10, 95쪽.
32) 武家璧, 「陶寺觀象台與考古天文學」『科學技術與辯證法』 25권 5기, 2008.10, 95쪽.

요의 도사유지 관상대(복원도)	요의 도사유지 복원된 관상대(현장사진)[33]
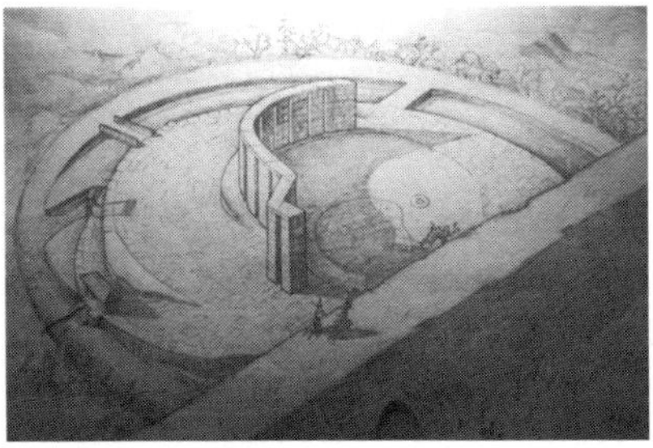	

그런데 복원된 관상대 흙기둥이 12개가 아니고 13개라는 점이 흥미롭다. 다음은 천문관측의 구체적인 실례를 들어보겠다.

도사유지 천문관측유적 IIFJT1	관측점에서 숭산까지의 거리표시
	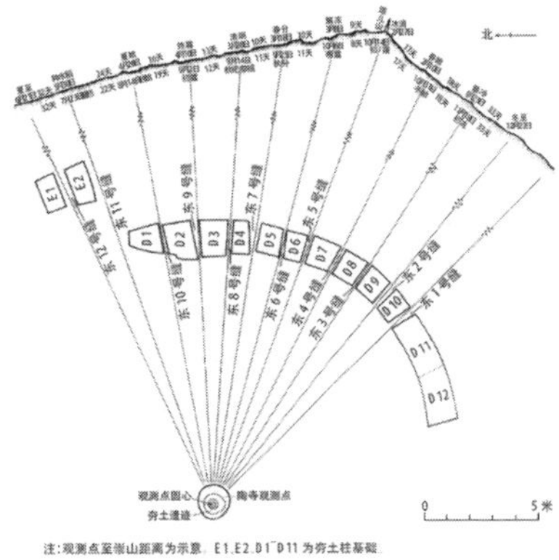

관상대 흙기둥이 13개이다

왕진중(王震中)도 도사유적에서 발굴한 대형건축 IIFJT1의 기지(基址)

33) http://www.chinanews.com/tp/hd2011/2018/09-16/841393.shtml(중국뉴스)

를 관상대 유적으로 보았다.

IIFJT1의 토대의 구조는 매우 기이하고 특수한 바 주요하게는 대반원형의 3층 달구질흙 대기(台基), 제3층 대기상의 반환형 달구질흙 배열기둥과 기둥 사이의 틈, 관측점(觀測點)을 이루는 다진 흙기초 등으로 조성되었다. 발굴자들은 연구와 실지 모의 관측실험을 거쳐 제3층대기 위의 반환형 다진 흙 배열 기둥은 관측 틈(觀測縫)을 만들기 위한 것이며 관측 틈의 주요 기능의 하나는 일출을 관측하여 절기를 정하는 것이라고 밝혔다.

대기중심의 관측점 부위에 서면 5월 20일에는 동(東) 11호 틈을 경과하고, 6월 21일에는 동(東) 12호 틈을, 7월 2일에는 동(東) 11호 틈을 경과하여 일출을 맞이할 수 있다. 그 다진 흙 유적의 동부 변두리에 서면 D1 기둥과 E2 사이의 1.8미터 넓이의 공간을 투과하여 12월 22일(동지)부터 4월 26일까지, 8월 14일부터 12월 22일까지의 일출을 영접할 수 있다. 이렇게 동지, 춘분, 추분, 하지에 이르기까지 모두 관찰할 수 있다. 그러므로 이 토대는 천문관측 기능과 제사 기능을 구비한 특수한 건축물로 인정되고 있으며 발굴자들로부터 '관상대'로 불리고 있다.[34]

이처럼 요의 도사유지와 같은 단군조선의 도성(都城) 유적은 아직 드러나지 않고 있다. 성을 쌓는 것이 나라를 세우는 표징이었을 것이다. 다만 단군조선이 오성취루의 천문현상을 기록으로 남길 수 있었던 것은 단군조선이 요의 도사유지 못지 않은 천문대(관상대)를 가진 고대국가였기 때문에 가능했을 것으로 추정한다.

지금 단군조선의 도읍지는 특정할 수 없다. 그럼에도 거의 동시대에 나름의 의미 있는 천문관측을 전개했다는 면에서 공통적이라 할 수 있다. 그

34) 王震中, 「陶寺與堯都: 中國早期國家的典型」『南方文物』 2015.3, 89~90쪽.

러나 『부도지』의 저자는 요의 천문역법을 단군조선과 다른 역법으로 판단했다. 요(堯)의 도사유지 관상대가 단군조선의 것과 차이도 존재했을 것이다. 요는 단군조선의 '오성취루' 같은 획기적인 천문관측 기록을 남기지 못했던 것에서 그 차이를 발견할 수 있다.

요의 관상대는 단군조선과 같은 천문기록을 남기지 못했다

『삼국유사』에는 분명히 '여요동시'라고 했지만, 막상 요의 왕궁터가 먼저 발굴되고 나니까 우리의 심정은 착잡하지 않을 수 없다. 하지만 요의 역사는 역사대로 규명되는 것이 우리 고대사를 밝히는 한 방편이 될 수도 있다. 단군조선의 건국연대가 BCE 2,333년이라는 것은 도리어 요(堯)의 도사유지로 인해 더 명백한 것이다. 물론 우리에게는 도사유지가 아니더라도 『단군세기』나 『부도지』 같은 훌륭한 사서가 있다.

사마천의 『사기』에 요의 역사는 본문으로 불과 몇 쪽밖에 안 된다. 이제 『부도지』를 통해 단군조선과 단군조선 이전의 천문역법의 유래와 실제를 알아보고자 한다.

2. 마고 창세와 고조선 역법의 근원

『부도지』에서 역수(曆數)에 관해 처음 언급한 곳은 3장이다. 3장에 들어가기 전에 1, 2장을 먼저 알아보고자 한다.

1) 마고의 창세와 인간탄생

1장이 마고와 인류의 탄생을 말하고, 2장은 천지의 창세를 말하고 있다. 1, 2장을 합하여 '마고창세'라 칭할 수 있다. 저자는 이 글을 쓰면서 천지창조라는 말은 가능하면 사용하지 않을 것이다. '천지창조'라는 말은 부지불식간에 절대자 하나님이 홀로 천지를 창조했다는 관념이 강하다.

1, 2장은 얼핏 보아 순서가 바뀐 것도 같다. 하지만 읽으면 읽을수록 그 느낌이 새롭다. 사람을 앞에 놓은 이유도 우리가 규명해야 할 과제이다. 하지만 우리가 이해의 편의를 위해서는 2장을 읽고, 이어서 1장을 읽을 수도 있다. 일반 독자들도 『부도지』 전체를 다 보지는 못했어도 앞의 1, 2장 정도는 한두 번 보았을 것으로 여겨 직접 해설에 들어가고자 한다.

마고성은 처음으로 하늘부호(天符)를 받들어 모신 곳이다

㉠ [본문번역]

마고성(麻姑城)은 지상에서 가장 높은 성(城)이다. 하늘부호(天符)를 받들어 지켜(奉守) 선천(先天)의 하늘을 계승하였다. 성중(城中)의 사방(四方)에 네 명의 천인(天人)이 있어 관(管)을 쌓아 놓고 음(音)을 조절하였다. 첫째는 황궁씨(黃穹氏)요, 둘째는 백소씨(白巢氏)요, 셋째는 청궁씨(靑穹氏)요, 넷째는 흑소씨(黑巢氏)였다. 두 궁씨의 어머니는 궁희(穹姬)요, 두 소씨의 어머니는 소희(巢姬)였다. 궁희와 소희는 모두 마고(麻姑)의 딸이었다. 마고는 짐세(朕世)에서 태어나 희노(喜怒)의 감정이 없으므로 선천(先天)을 남자로 하고 후천(後天)을 여자로 하여 배우자가 없이 궁희와 소희를 낳았다. 궁희와 소희도 역시 선천(남자)의 정(精)을 받아 결혼을 하지 아니하고 두 천인(天人)과 두 천녀(天女)를 낳았다. 합하여 네 천인과 네 천녀였다.(『부도지』1장)[35]

---

35) "麻姑城은 地上最高大城이니 奉守天符하야 繼承先天이라 城中四方에 有四位天人이 堤管調音하니 長曰 黃穹氏오 次曰 白巢氏오 三曰 靑穹氏오 四曰 黑巢氏也라. 兩穹氏之母曰穹姬오 兩巢氏之母曰巢姬니 二姬는 皆麻姑之女也라. 麻姑ㅣ生於朕世하야 無喜怒之情하니 先天爲男하고 後天爲女하야 無配而生二姬하고 二姬ㅣ亦受其精하야 無配而生二天人二天女하니 合四天人四天女也라" (『부도지』1장) 궁희와 소희를 이희(二姬)라 하며, 씨(氏)자를 붙이지 않았다.

큰아들 황궁씨의 탄생을 먼저 말하였다

▶ [해석]

우리가 가장 관심을 갖게 되는 것은 인간의 탄생이다.

1장이 우주의 창세를 말하지 않고, 인간의 탄생을 먼저 말하였다는 것이 그 뜻이다. 2장은 태어난 인간이 어떤 일을 하는지 그 우주적 역할을 겸해 말해 주고 있다. 1장은 우주를 말하지 않았고, 또 마고를 먼저 말하지 않았다. 맨 먼저 등장하는 인물은 장자 황궁씨이다. 그가 인류의 조상으로서 씨(氏)가 되었기 때문이다. 씨는 나라를 세운 분에게도 부여되기도 한다. 본문에서는 '천인(天人)'이라고 부른다. 하늘과 인간 세상을 잇는 첫 사람이라는 뜻이다. 첫 사람은 네 사람이 같이 등장한다. 그래서 4천인이다.

첫째는 황궁씨(黃穹氏)요, 둘째는 백소씨(白巢氏)요, 셋째는 청궁씨(青穹氏)요, 넷째는 흑소씨(黑巢氏)이다. 여기서도 어머니를 먼저 말하지 않고 있다. 일할 자식을 앞세우고 있다. 이런 특유의 문장 서술법이 바로 『부도지』이다.

이어서 어머니를 알려준다. 두 궁씨(황궁, 청궁)의 어머니는 궁희(穹姬)요, 두 소씨(백소, 흑소)의 어머니는 소희(巢姬)이다. 또 이어서 두 분의 어머니를 알려준다. 궁희와 소희의 어머니는 마고(麻姑)이다. 이를 정리하면 마고는 황궁씨의 할머니가 된다. 우리가 마고를 '마고할미'라 부르는 것은 황궁씨의 할머니라는 뜻에서 나온 말이다. 할머니 마고 → 어머니 궁희(작은집 어머니 소희) → 황궁씨, 청궁씨로 이어진다. 황궁씨, 백소씨, 청궁씨, 흑소씨의 네 분을 네 남자라 하지 않고, 네 천인(四天人)이라 했고, 나중에 이들의 배필을 네 천녀(四天女)라고 칭했다.

다시 말하면, 마고는 짐세(朕世)에서 태어나 희노(喜怒)의 감정이 없으므로, 선천(先天)을 남자로 하고 후천(後天)을 여자로 하여 배우자가 없이 궁희와 소희를 낳았다. 배우자 없이 낳았다는 말은 '하늘–아버지'가 생략된 것으로 볼 수 있다.[36] 궁희와 소희도 역시 선천(남자)의 정을 받아 결혼을 하지 아니하고 두 천인(天人)과 두 천녀(天女)를 낳았다.

이어 4장에서는 네 천인과 네 천녀가 배필이 되고 겨드랑이를 열어 각각 3남3녀를 두게 된다. 이들 24명이 부부를 이루어 12쌍이 동서남북을 각각 맡으며 그 곳 사람들의 조상이 된다. 남녀(男女) 개념은 4장에서 나오게 된

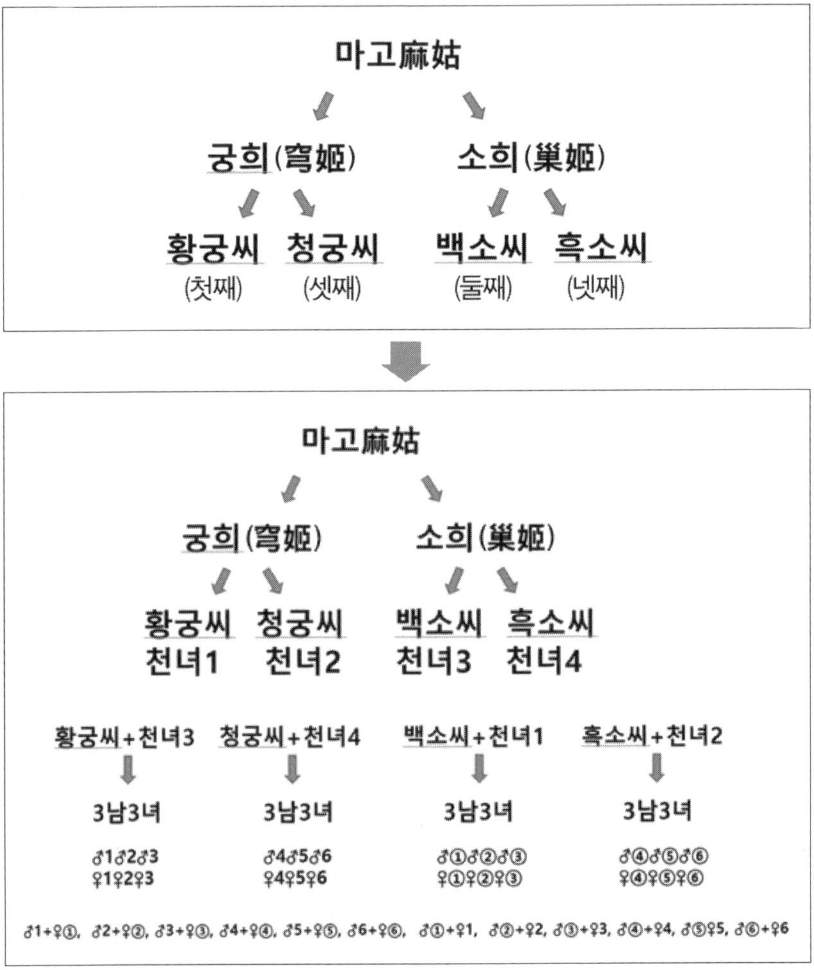

36) 조옥구의 이메일 자료(2021. 2.20)

다. 세 쌍씩 동남서북의 4방을 맡았을 것이다. 〈♂1+♀①,♂2+♀②, ♂3+♀③〉, 〈♂4+♀④, ♂5+♀⑤, ♂6+♀⑥〉, 〈♂①+♀1,♂②+♀2, ♂③+♀3〉, 〈♂④+♀4, ♂⑤♀5, ♂⑥+♀6〉 등으로 나눌 수 있다. 이를 도해해 본다. 특히 천부(天符)에 대하여는 '하늘부호' 또는 '하늘말씀(소리) 부호'의 뜻으로 새겨본다. '태초의 말씀'이라는 구약의 첫 구절도 천부에서 나온 말이다.

8려(呂)의 음(音)이 마고와 마고대성을 낳다

ⓛ [본문번역]

선천(先天)의 시대에 마고대성(麻姑大城)은 실달성(實達城)의 위에 있는 허달성(虛達城)과 나란히 있었다. 처음에는 햇볕만이 따뜻하게 내려 쪼일 뿐 형상을 갖춘 물체라고는 없었다. 오직 팔려(呂)의 음(音)만이 하늘에서 들려오니 실달성과 허달성이 모두 이 음에서 나왔으며 마고대성과 마고도 또한 이 음(音)에서 탄생하였다. 이것이 짐세(朕世)다.

짐세 이전에 율려(律呂)가 몇 번 부활하여 별들(星辰)이 출현하였다. 짐세가 몇 번 종말을 맞이할 때, 마고가 궁희(穹姬)와 소희(巢姬)를 낳아 두 딸로 하여금 오음칠조(五音七調)의 음절(音節)을 맡아보게 하였다. 성중(城中)에 지유(地乳)가 처음으로 나오니 궁희와 소희가 또 네 천인(天人)과 네 천녀(天女)를 낳아 지유를 먹여 그들을 기르고 네 천녀에게는 여(呂)를, 네 천인에게는 율(律)을 맡아보게 하였다.(2장)[37]

37) "先天之時에 大城이 在於實達之上하야 與虛達之城으로 幷列하니 火日暖照하고 無有具象하야 唯有八呂之音이 自天聞來하니 實達與虛達이 皆出於此音之中하고 大城與麻姑ㅣ亦生於斯하니 是爲朕世라. 朕世以前則律呂幾復하야 星辰已現이러라. 朕世幾終에 麻姑ㅣ生二姬하야 使執五音七調之節하다. 城中에 地乳始出하니 二姬又生四天人四天女하야 以資其養하고 四天女로 執呂하고 四天人으로 執律이러라."(『부도지』 2장)

인류역사는 수가 나오기 전에 음(音)이 먼저 있었다

第一編 符都誌
一章 麻姑城은 地上最高大城이니 奉守天符하여 繼
承先天이라 城中四方에 有四位天人이 提管調音
하니 長曰黃穹氏오 次曰白巢氏오 三曰靑穹氏오
四曰黑巢氏也라 兩穹氏之母曰穹姬오 兩巢氏
之母曰巢姬니 二姬는 皆麻姑之女也라 麻姑ㅣ
生於朕世하여 無喜怒之情하니 先天爲男하고 後天爲
女하여 無配而生二姬하고 二姬ㅣ 亦受其精하여 無配
而生二天人二天女하여 合四天人四天女也라
二章 先天之時에 大城이 在於實達之上하여 與虛

부도지 필사 1장(박금)

▶ [해석]

인류역사는 수(數)로부터 시작하였다고 말한다. 그러나 수가 나오기 전에 음(音)이 먼저 있었다.

음(音)이 나온 다음에 비로소 글자와 수(數)가 나왔다. 수 이전에 음이 나와 세상을 다스렸다. 여기에 나오는 율려나 성음이라는 말이 오히려 오늘의 우리에게 낯설게 느껴지는 것은 수 이전의 것, 눈으로 보이지 않는 세계의 것이기 때문이다. 그래서 '태초에 음(율려)이 있었다'고 말할 수 있다. 하느님을 말하지 않고 있다. 비(非)인격적인 '8려'(八呂)다. 8려가 8괘를 연상시키는 것을 보면, 그 소리의 범주가 8방을 덮어주는 소리인 것 같다. 또는 4방의 상하를 포함하여 8방일 수도 있다. 그것은 어떤 기(氣)의 또 다른 문자 같은 표현일 것이다. 또는 진동(振動) 같은 것일 수 있다.

여기서 8의 의미는 려(呂)의 단계성 내지는 방향성을 상징하는 것 같다. 려(呂)자는 등골의 뼈, 등뼈의 뜻을 지니고 있다. 본래 사람의 몸과 관계된다는 것을 알 수 있다. 언어의 발생과정을 훈민정음으로 이해한다면, ㄱㄴㅁㅅㅇ의 기본 5음 자음과 •ㅡㅣ의 기본 3모음을 합해 8려라 할 수 있다.

우주의 호흡에는 평상호흡과 생명호흡이 있다

우주의 기가 청탁(淸濁)에 의해 8단계 또는 8방향으로 구분된다는 뜻 같다. 상세한 논의가 어렵지만, 려(呂)는 기(氣)의 원초적 표현으로 볼 수 있겠다. 려는 우주의 호흡과 관련이 있다고 본다. 우주가 호흡을 하는데, 평상호흡과 생명호흡이 있다.

이 중에 생명호흡이란 생명의 탄생을 위한 우주의 창조적 호흡을 일컫는 말이고, 평상호흡이란 주야(晝夜)호흡을 말한다. 이 생명호흡을 특별히 율려라 한다. 오늘날 전해오는 『율려신서』(채원정 저)는 그 첫 구절이 '황종률관의 길이는 9촌이다'로 시작한다. 우주의 소리에 대한 설명도 없이 악기에 필요한 음률부터 말을 한다.

또 『악학궤범』도 그 서문에 "악(樂)이란 것은 천연으로 생겼으나 사람에게 혀에서 발하여 자연으로 이루어지는 것이다"라고 규정한 것이 전부일 뿐 그 악이 혀가 아닌, 우주의 어디로부터 왔는가에 대한 설명이 없다. 사실 마고성시대의 음(音), 성(聲), 율(律), 려(呂) 등에 대한 정확한 개념파악은 어려운 혼돈이다. 『산해경』의 「서차삼경」에는 이런 혼돈을 '제강(帝江)'이라는 신으로 묘사하고 있고, 또 곤륜의 터에 "상제의 지상 도읍이 있다(帝之下都)"(「해내서경」)고 하여 이 도읍지가 마고성일 가능성도 제시해 주고 있다.

제강(帝江 ; 산해경도)

천산(天山)에 신이 있다. 모습은 누런 자루 같고, 불꽃처럼 붉다. 발은 여섯 개이고, 날개는 네 개이며, 혼돈되어 눈과 코가 없고 두루뭉술하다. 이 신은 노래 부르고 춤추는 법을 잘 알고 있다. 이가 곧 제강(帝江)이다.[38)]

우주의 근원적인 본음에서 인간의 언어가 창조된다

이 자루처럼 생긴 제강 신은 날개와 다리는 있으나 눈과 귀가 없이 가무를 즐긴다고 했다. 이것이 비록 혼돈일 수 있으나 인간의 귀로 즐길 수 있는 소리가 아닌 우주의 소리와 움직임 그 자체라고 본다.[39] 우주의 근원적인 소리는 인간의 눈과 귀로는 들을 수도 볼 수도 없고 본심에서만 들을 수 있다는 뜻이다. 만약 눈과 귀가 생기는 순간에 우주의 소리는 단절된다는 것을 암시해 주고 있다.

이런 우주의 근원적인 소리를 본음(本音)이라 할 수 있고, 여기에서 천지창세에 버금가는 언어가 창제된다. 이를 『부도지』의 관점에서 본다면 언어발생의 근원을 말씀(소리)의 부호로서 '천부본음'(天符本音)이라고 이름 붙일 수 있다. 권영준은 천부(天符) 자체가 처음에는 소리부호에 근원을 두었다가 세월이 가면서 자음과 모음으로 발전[39-1]하고 수리(數理)로 구체화 되었다고 본다. 이를 참고하여 그리면 다음과 같다.

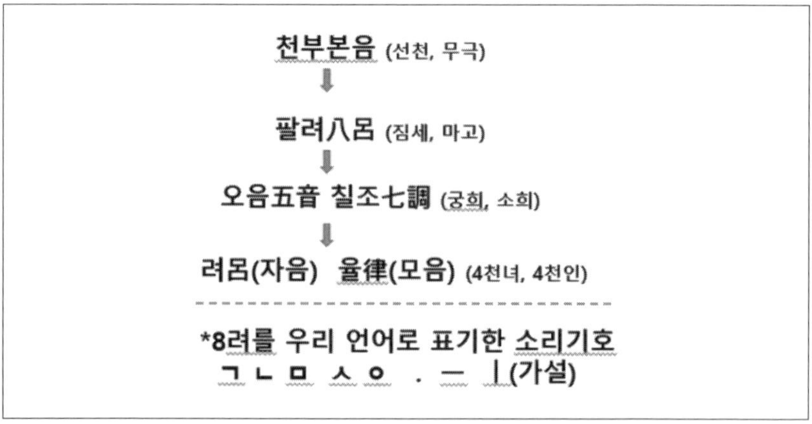

38) "又西三百五十里 曰天山, 多金玉, 有青雄黃, 英水出焉, 而西南流注于湯(暘)谷, 有神焉, 其狀如黃囊, 赤如丹火, 六足四翼, 渾(敦) 无面目, 是識歌舞, 実爲帝江也"(『산해경』「서차삼경」)
39) 정재서 · 전수용 외, 『신화적 상상력과 문화』 이화여대출판부, 2008, 27쪽.
39-1) 우주의 소리를 언어발생과정으로 설명한다.(『우리말 천부경과 부도지』 하늘기호, 2012, 47쪽)

이와 같이 선천을 무극이라 하고, 소리(말씀)의 원형을 천부본음이라 하면, 팔려는 마고의 짐세가 시작된 것이다. 이어서 궁희 소희가 5음7조를 맡아 안정기에 들어간다. 5음7조는 팔려가 태극이라면 5음7조는 음양과 같다. 음양조화의 아름다운 생산물이 바로 지유(地乳)이다.

그런데 왜 6음6조가 아니고 5음7조일까? 인체의 구조로 보면 이해할 수 있다. 임독맥은 12경혈로 되어 있는데, 그 중에 7경혈이 머리에 해당하고 나머지 5경혈이 복부와 등에 해당한다. 또 12경혈을 북두칠성과 북두오성으로 나누어 보기도 한다. 여기에서 7:5의 비율이 나온 것이다. 움직이는 것은 북두칠성이 주가 되므로 7조(調)가 우선한다고 본다.

8려와 마고는 서로 돕는 관계이다

2장에서 8려(八呂)가 마고대성과 마고를 낳았다. 마고의 출현시기를 추정하면 약 4~5만 년 전의 현생인류의 출현 시점과 거의 일치한다.

마고가 오음칠조의 모든 소리를 관장하되 그 역할은 이희(二姬)가 맡는다. 그런 마고가 3장에서 땅과 바다를 창조한다. 8려와 마고는 서로 돕는 상보적 관계이다. 8려는 지극한 음(至陰)이다. 지음(至陰)에서 지음(至音)이 나온다. 따라서 8려가 밖으로 드러나면 소리기호가 되는데, 이를 현재의 한글로 8개의 소리기호(ㄱ, ㄴ, ㅁ, ㅅ, ㅇ, ㆍ, ㅡ, ㅣ)로 나타낼 수 있다.

낳음으로서의 지음(至陰)의 8려는 마치 화이트헤드가 말한 창조성(創造性)과도 같고, 마고는 화이트헤드의 신과 같다. "신은 창조성에 있어 원초적으로 만들어진 것이면서 동시에 창조성도 제약하는 것"[40]이며, 창조성은 항상 여러 제약 속에서 발견되며, 제약된 것으로 기술되지만, 피조물도 창조성의 변화하는 성격을 구성하고 있으며,[41] 또 신의 구조는 세계의 구조와

40) 화이트헤드, 『과장과 실재』 오영환 옮김, 민음사, 1991, 96쪽. 주)2
41) 화이트헤드, 『과장과 실재』 오영환 옮김, 민음사, 1991, 96쪽.

대칭을 이루기[42] 때문에 우리는 세계의 구조를 밝혀 신을 이해할 수 있다.

마고와 마고대성은 대칭적이고 대대적이다. 따라서 저자가 본문에서 말하는 창세(創世)란 말은 유일신의 창조가 아닌 신(마고)과 창조성(8려, 율려)의 유기체적 창조를 의미한다. 다시 말해 유기체적 관점은 유일신의 창조와는 다른 『부도지』의 창세관을 이해하는 데 도움을 받을 수 있다. 구체적인 소리에 의한 창세는 제관조음(堤管調音)에 의해 이루어진다. 제관이란 피리(管)를 쌓아서(堤) 소리(音)를 조절(調)했다는 말이다. 피리의 양에 따라 소리의 높낮이가 달랐을 것이다.

마고는 '땅-어머니'와 같다

마고가 짐세(朕世)에 태어났다는 것은 '마고가 곧 짐'이라는 말이다.

'나' 짐(朕)자는 달 월(月), 여덟 팔(八), 하늘 천(天)으로 구성되었다. 팔에는 덮어준다는 뜻이 있는데, 천과 합하여 '모든 것을 덮어주는 하늘님 같다'[43]는 말로 볼 수 있다. 그래서 마고는 온 세상을 소리로 덮어주는 하느님과 같다고 말할 수 있다. 이런 의미에서 마고는 '어머니 하느님' 또는 '거룩한 어머니'와도 같다.[44] 다른 말로 하면 '하늘-아버지'에 짝이 되는 '땅-어머니'라고 말할 수 있다.[45] 그동안 어머니 하느님은 알 수가 없었다.

이런 우주 창조를 제주 무가(巫歌)인 「천지왕본풀이」에 배포도읍 또는 배포도업이라 하는데,[46] 저자가 보기에는 배포도업(配布都業), 배포도업

---

42) 화이트헤드, 『과장과 실재』 오영환 옮김, 민음사, 1991, 630쪽.

43) 김용길, 『한자로 풀어본 한국고대신화』 정신세계사, 2004, 217쪽.

44) 이 문제는 참으로 예민한 사항이다. 박무아 선생과의 대담을 통해 마고는 '영의 어머니'로서 산신(産神)이라는 점에 공감하였다.(2021. 1. 29.) 또 그는 인간은 어머니(어머니 하느님)로부터 태어나 젖을 먹고 자라고, 아버지(아버지 하느님)로부터 교육을 받으면서 성장하다가 죽어서 다시 어머니로 돌아가는데(이것이 복본) 이런 과정이 『부도지』에 비유적으로 반영되었다고 했다.

45) 조옥구의 이메일 자료(2021. 2.20)

46) 장주근, 『제주도 무속과 서사무가』 역락, 2001, 73쪽.

(倍布都業)이 맞는 말 같다. 이 배포도업이란 창세, 창조와 같은 의미로 보인다. 도(都)에는 도읍, 나라, 우두머리라는 뜻 외에도 '모두, 다'의 뜻이 들어있다. 도(都)라는 말은 우리 말 '다'를 옮긴 말로 생각된다. 업(業)은 일, 직업 등의 뜻으로 축소되어 쓰이는데, 원래는 '시작하다, 창시하다'라는 큰 뜻이 들어있다. 우주적인 창업(創業), 개업(開業), 개국(開國)이 본뜻에 가깝다. 주역(계 상11)에도 업을 천하지업(天下之業)이라고 했고, 『삼성기』(하)에도 개천지업(開天之業)의 의미로 쓰이고 있다. 이런 창세적 업(業)의 기록이 『부도지』라고 본다.

2) 역수(曆數)의 시작과 4본음(本音)

1, 2장은 인간의 탄생과 우주 창세를 설명하였다. 우주와 인간이 출현하면 그 다음으로 필요한 것이 역법(曆法)이다. 3장의 역법은 인간이 우주를 바르게 이해했을 때 비로소 만들어질 수 있다. 『부도지』가 본문의 서두를 인간—우주—역법이라는 3단계로 설명한 것은 이 세상 어느 문헌에도 없는 독창적인 것이다.

후천(後天)의 운(運)이 열려 땅과 바다가 생기고 언어가 고르게 되다

ⓒ [본문번역]

후천(後天)의 운(運)이 열렸다. 율려(律呂)가 다시 울려 퍼지어 곧 울림소리(響象)를 이루니 성(聲)과 음(音)이 섞인 것이었다. 마고가 실달(實達)과 대성(大城)을 끌어당겨 하늘 물(天水)이 있는 곳에 떨어뜨리니 대성의 기운이 상승하여 물과 구름(水雲)의 위를 덮고 그로 인해 실달의 몸체가 평평하게 열리고 얼음이 녹아 물 가운데에 땅이 생겼다. 땅과 바다가 나란히 늘어서고 산천(山

川)이 넓게 뻗었다. 이에 천수의 지역이 변하여 육지가 되고 수역(水域)이 변하여 지계(地界)가 되는 것이 여러 번 거듭되고 상하로 움직이던 것이 바뀌어 회전하면서 비로소 역수(曆數)가 시작되었다. 그러므로 기(氣) 화(火) 수(水) 토(土)가 서로 섞여 빛이 낮과 밤, 그리고 사계절을 구분하여 초목(草木)과 금수(禽獸)를 살찌게 길러내니 모든 땅에 일이 많아졌다.

이에 네 천인이 만물(萬物)의 본음(本音)을 나누어 관장(管掌)하니 토(土)를 맡은 자는 황(黃)이 되고, 수(水)를 맡은 자는 청(靑)이 되어 각각 궁(穹)을 만들어 직책을 수호하였다. 기(氣)를 맡은 자는 백(白)이 되고, 화(火)를 맡은 자는 흑(黑)이 되어, 각각 소(巢)를 만들어 직책을 지키니 이것으로 인하여 씨(氏)가 되었다.

이로부터 기(氣)와 화(火)가 서로 밀어 하늘에는 어둡고 찬 기운이 없고 수(水)와 토(土)가 감응(感應)하여 땅에는 재앙과 어긋남이 없었으니 이는 음상(音象)이 위에 있어 언제나 비춰주고, 울림소리(響象향상)가 아래에 있어 듣기를 고르게 해 주는 까닭이었다. (3장)[47]

사람의 역사가 역수(曆數)로부터 시작되었다

▶ [해설]

『부도지』의 1, 2장이 '마고창세'에 이어서 3장에 처음 등장하는 말이 역수(曆數)이다. 사실상 『부도지』는 소리부호와 역(曆)의 창안과정이라고 할

47) "後天運開에 律呂再復하야 乃成響象하니 聲與音錯이라. 麻姑ㅣ引實達大城하야 降於天水之域하니 大城之氣ㅣ上昇하야 布幕於 水雲之上하고 實達之體ㅣ平開하야 闢地於凝水之中하니 陸海竝列하고 山川이 廣圻이라. 於是에 水域이 變成地界而雙重하야 替動上下而斡旋하니 曆數始焉이라. 以故로 氣火水土ㅣ相得混和하야 光分晝夜四時하고 潤生草木禽獸하니 全地多事라. 於是에 四天人이 分管萬物之本音하니 管土者爲黃하고 管水者爲靑하야 各作穹而守職하고 管氣者爲白하고 管火者爲黑하야 各作巢而守職하니 因稱其氏라. 自此로 氣火共推하야 天無暗冷하고 水土感應하야 地無凶戾하니 此는 音象이 在上하야 常時反照하고 響象이 在下하야 均布聽聞姑也라."(3장)

수 있다.

사람의 역사가 역수로부터 시작되었다는 것을 의미한다. 역수가 『부도지』에서 얼마나 중요한 비중을 차지하는지를 말해 주고 있다.

역(曆)은 책의 이름이면서 하늘의 공간적 현상(現象)을 사람이 인식할 수 있는 시간으로 표현한 것을 말한다. 서양에서 말하는 calendar의 'calends'란 라틴어는 매달 '초하룻날'을 의미하는데, 이 날이면 빚 갚는 날, 공과금 지불하는 날 등 온갖 월별 출입금을 정리하는 날이다.[48] 서양에서 "시간이 돈이다"란 말이 처음에는 고상한 말로 들리나, 좀 유치하지만 사실은 외상값 갚는 데서 유래하였기 때문에 우리가 말하는 천문현상과는 좀 거리가 있는 말이다.

'역수가 시작되었다'(曆數始焉)는 말은 지구에서 사람이 살 수 있는 조건이 마련되었다는 것을 의미한다. 다시 말해 인간의 언어가 창조되었다는 것을 의미한다. 그것을 후천의 운이 열렸다고 표현했다. 가장 긴요했던 것은 얼음이 녹고 물이 생기며, 감추어져 있던 땅바닥이 드러나는 것이었다. 육지와 바다, 산천이 드러나 제 모습을 찾고, 해 그림자가 움직이는 것을 보고 지구가 가만있지 않고 회전하는 것을 알아냈다. 마침내 역(曆)의 이치를 알고 그 변화의 수를 기호로 그려낸 것이다.

율려가 다시 울려 퍼져 물 가운데 땅이 솟았다

앞의 2장에서는 짐세 이전에 율려가 몇 번 부활(律呂幾復)하여 별들이 출현한 것을 말했다. 율려 이야기는 3장으로 이어진다. 어느 날 율려[49]가 다시 울려 퍼져서(律呂再覆) 물 가운데 땅이 솟아났다.

---

48) 김상일, 『부도지 역법과 인류세』 동연, 2021, 61~62쪽.

49) 율려를 '하느님'으로 보기도 한다(박제상, 『선도문화의 근원 부도지』 선교, 4349(2016), 28쪽) 율려는 동학의 지기와도 흡사한 점이 있다. 율려의 근원은 우주의 소리로 본다.

'울려' 퍼지는 그 소리가 평소와 달라졌기 때문에 그 차이를 관찰하여 율려(律呂)라 표기했을 것이다. 처음에는 물과 구름만 있었다가 다시(再) 울려 퍼져서(覆) 처음으로 땅이 솟아났고, 그 물과 땅이 가만있지 않고 회전하면서 생기는 현상과 횟수를 셈을 하기 시작했다. 예를 들어 한 번 돌면 하루, 두 번째 돌면 이틀이 되는 것이다. 이렇게 하여 수(數)가 등장하게 된다. 이 수가 반복되고, 오랜 세월 속에 거기서 규칙성이 발견될 때 우리는 역수(曆數)라고 하는 것이다. 그 규칙성에서 우리는 미래를 알 수 있다. 역(歷)은 과거의 일이고, 역(曆)은 미래의 일이다. 고대 로마에서는 초승달을 보고 각적(角笛: 뿔피리)을 불어 초하루를 알렸다고 한다.[50]

율려에 의해 율력(律曆)이 나왔다

'율력의 수는 천지의 도'(律曆(歷)之數 天地之道也)라는 말이 있다.

율려에 의해 율력이 나왔다는 뜻이다. 『회남자』(「천문훈」)에 나오는 말이다. 이 말은 『부도지』의 역수를 설명한 것에 지나지 않는다. 곧 율력의 수란 음(音)에 있어서는 1율(律)로부터 5음을 낳고, 12율로 60음이 된다. 그것을 6배 하면 6×6=36, 여기서 360음을 1년의 날짜에 맞추는 것이다.[51] 『악학궤범』은 이 5음12율을 악(樂)의 근본이라고 했으며, 그것은 율(律)은 양(陽), 려(呂)는 음(陰)이라는 음양의 대칭구조에 의해 결정된다.[52] 양의 여섯 율(律)은 황종, 태주, 고선, 유빈, 이칙, 무역 등이고, 음의 여섯 려(呂)는 대려, 협종, 중려, 임종, 남려, 응종 등이다. 이것을 달력에 적용하여 요약하면, 11월(자)의 율은 황종으로부터 시작하여 마지막 10월(해)은 응종 등으로 차례로 배열할 수 있다.[53] 사마천의 『사기』(율서)에도 나타난다.

50) 이은성, 『역법의 원리분석』 정음사, 1985, 11~12쪽.

51) "其以為音也, 一律而生五音, 十二律而為六十音, 因而六之, 六六三十六, 故三百六十音以當一歲之日, 故律曆之數, 天地之道也"(『회남자淮南子』「천문훈天文訓」)

52) 김상일, 『악학궤범 신연구』 솔과학, 2019, 157쪽.

그러나 이것은 후대에 12개월에 맞춘 것이므로 『부도지』의 13월과는 다를 수 있다. 틀림없이 숨어 있는 음률이 있었을 것이다. 이 12율을 줄여서 8음 또는 6려만을 말할 때도 있다. 소리에도 윤달처럼 0.0136(5도형－옥타브형)이라는 오차(초과분)를 '피타고라스 콤마'[54]라고 하는데, 이는 13월을 이해할 수 있는 단초가 될 것이다. 그러므로 이 3장에서 말한 역수(曆數)는 곧 율력수(律曆數)로 이해할 수 있다.

기(氣) · 화(火) · 수(水) · 토(土)는 4원소이며 4본음이다

다음으로 살펴볼 것은 기(氣) · 화(火) · 수(水) · 토(土)의 4원소(元素)이다. 아직 오행 이전이다.

화(火) 수(水) 토(土)는 기의 작용이지만, 기(氣)를 독립된 요소로 본 것은 당시의 창세기적 상황을 정확히 표현한 것이다. 왜냐하면 인간과 만물이 생길 때에는 형체가 기를 빼앗기(形奪乎氣) 때문에 기의 역할이 점점 작아지지만, 사람이 생기기 전에는 모든 생겨남이 기운으로 인해 이루어지고(其生皆氣化), 이 기화(氣化) 작용에 의해 모든 형체를 변화시키기 때문에 기운이 번성하다(氣化者繁: 『황극경세』의 寅會 표현)고 한다. 그래서 이런 기화로 인해 초목과 금수가 살쪘다고 하는 것이다.

따라서 기(氣)를 4요소의 맨 앞에 놓은 것이고, 화(火) 수(水) 토(土)는 기를 따라가는 것이다. 그런 의미에서 1원(元) 3소(素)인데, 이렇게 기(氣)를

---

53) "帝張四維 運之以斗月徙一辰 複反其所. 正月指寅, 十二月指醜, 一歲而匝, 終而複始. 指寅, 則萬物螾螾也, 律受太蔟. 太蔟者, 蔟而未出也. 指卯, 卯則茂茂然, 律受夾鍾. 夾鍾者, 種始莢也. 指辰, 辰則振之也, 律受姑洗. 姑洗者, 陳去而新來也. 指巳, 巳則生已定也, 律受仲呂. 仲呂者, 中充大也. 指午, 午者, 忤也, 律受蕤賓. 蕤賓者, 安而服也. 指未, 未, 昧也, 律受林鍾. 林鍾者, 引而止也. 指申, 申者, 呻之也, 律受夷則. 夷則者, 易其則也, 德以去矣. 指酉, 酉者, 飽也, 律受南呂. 南呂者, 任包大也. 指戌, 戌者, 滅也, 律受無射. 無射, 入無厭也. 指亥, 亥者, 閡也, 律受應鍾. 應鍾者, 應其鍾也. 指子, 子者, 茲也, 律受黃鍾. 黃鍾者, 鍾已黃也. 指醜, 醜者, 紐也, 律受大呂. 大呂者, 旅旅而去也. 其加卯酉, 則陰陽分, 日夜平矣. 故曰規生矩殺, 衡長權藏, 繩居中央, 為四時根" 『회남자』 「천문훈」)

54) 김상일, 『악학궤범 신연구』 솔과학, 2019, 107쪽.

음향	음상(音象): 하늘에 감응		향상(響象): 땅에 감응	
요소	기(氣)	화(火)	토(土)	수(水)
본음	기음	화음	토음	수음
색	백(白)	흑(黑)	황(黃)	청(靑)
주관	백소씨	흑소씨	황궁씨	청궁씨
사행	목(木)	화(火)	금(金)	수(水)
사물	나무	불	쇠	물
계절	봄	여름	가을	겨울
훈민정음	ㄱ ㅋ	ㄴ ㄷ ㅌ ㄹ	ㅁ ㅂ ㅍ/ㅅ ㅈ ㅊ	ㅇ ㅎ

※ 현행 오행론과 다르다. 토와 금은 토생금의 모자 관계이다.

앞세운 표현 하나 하나가 『부도지』만의 치밀성을 입증해 주고 있다. 기 · 화 · 수 · 토의 4요소는 나중에 사행(四行)의 관념을 구성하며 고조선 달력을 설명하는 역수(曆數)의 기초가 된다.

네 본음(四本音)은 언어소리의 기본이 된다

기 · 화 · 수 · 토는 태초의 4요소이다.

기음(氣音), 화음(火音), 토음(土音), 수음(水音)이라는 4본음(四本音)이 되고, 이를 각각 백소씨, 흑소씨, 황궁씨, 청궁씨 등이 맡게 된다. 기음을 맡은 분은 공기의 색인 백을 닮게 되고, 화음을 맡은 분은 불에 그을린 흑을 닮게 되고, 토음을 맡은 분은 땅의 색인 황을 닮게 되고, 수음을 맡은 분은 물의 색인 청을 닮게 된다.[55] 이것을 훈민정음의 소리로도 이해할 수 있다. 현행 오행이 설명하고 있는 수(水)=흑(黑), 화(火)=적(赤)과는 달리

55) 박제상, 『선도문화의 근원 부도지』 선교, 4349(2016), 43쪽.

수(水)=청(靑), 화(火)=흑(黑)을 말하고 있다는 점에서 『부도지』의 독창성을 인정하지 않을 수 없다. 이 네 본음이 사행으로 변하는데, 어떻게 기(氣)가 목(木)으로, 토(土)가 금(金)으로 변하여 목, 화, 금, 수가 되는지 그 까닭은 다음 장(4-2 사행론과 부도역법의 기초)에서 설명한다.

5음(音) 7조(調)를 향악7조로써 이해할 수 있다

앞의 2장에서 말한 5음(音) 7조(調)에 대해 다시 생각해 볼 필요가 있다.

여기서 네 본음(本音)과 관련하여 어떤 실마리를 찾고자 한다. 언어의 발생과정으로 보면 본음이란 어머니가 내는 소리이며, 향상(울림소리)은 갓난아기가 어머니 소리를 받아서 내는 소리와 같다. 아기는 어머니 소리를 배우기 위해 수백 번 따라하는 것이다. 권영준은 5음은 자음이고, 7조는 모음이라고 한다(『우리말 천부경과 부도지』 49쪽).

우리 국악에는 속악7조(調)니 향악(鄕樂)7조(調)니 하는 말이 남아 있어서 그나마 다행이다. 이런 말들은 어감상 중국에 대해 자기를 낮추어 속(俗), 향(鄕)이라는 말을 즐겨 쓰던 조선의 유풍이라고 생각된다. 신경준이 지은 『훈민정음 운해』(1,750년)에도 우리나라에는 "예로부터 사용하던 속용문자가 있었다"고 하였으니, 한문 외에도 민간에서 사용되던 옛 우리 글자가 있었음을 보여준다. 이렇게 자기의 고유한 것을 속용(俗用)이라고 비하했던 것이다. 그래도 여기에서 어떤 실마리가 찾아질지도 모르겠다.

이보형은 속악7조를 "향악의 선법적 주음인 시용궁(時用宮) key의 음고를 대금의 7개 지공(6개 지공과 하공)에서 나는 음으로 12음을 지시하는 원리('향악7지 12음 지시법')"라고 했다. 또 속악7조 체계의 근원이 되는 악기는 대금이라고 했다. 그의 논문을 요약하면 다음과 같다.

『악학궤범』(樂學軌範)에는 '향악7지'(鄕樂七指: 일명 鄕樂七調)라는

key이론이 나온다. 이것은 합주할 음악의 선법적 주음의 음고(音高)를 대금(大笒)의 7공(孔)으로 내는 각 음으로 12음을 지시하는 이론이다. 『악학궤범』 향악7지에는 7종의 key 이름이 제시됐고, 각 key 기준음의 음고를 대금 지공(指孔)이 내는 음으로 한 음, 또는 두 음씩 지시하게 되어 모두 12음을 지시하도록 되었다. 대금의 밑에서부터 제1공에서 저취(低吹)로 내는 음으로 시용궁(時用宮)을 지시하는 key는 '일지'(一指)라 하고 협종(夾鐘) · 고선(姑洗) 두 음을 지시한다. 제2공에서 저취(低吹)로 내하는 key는 '이지'(二指)라 하고 중려(仲呂) · 유빈(蕤賓) 두 음을 지시한다.

(… 중략 …)

이 『악학궤범』 향악7지의 12음 지시 원리에는 몇 가지 의문이 있다. 어찌하여 7음을 지시하지 않고 12음을 지시하며, 제1 key는 기준음(基準音)인데도 한 음을 지시하지 않고 두 음을 지시하며, 그 기준음이 12율 기준음인 황종(黃鍾)이 아니고 협종(夾鍾)이며, 제3, 6 key에서는 한 음만 지시하고, 제1, 2, 4, 5, 7 key에서는 두 음을 지시하는가? 지금까지 이 문제는 한국음악 및 중국음악의 이론으로는 풀리지 않았다. 향악7지(鄕樂七指)에서 key를 지시하는 대금(大笒)이라는 악기가 서역(西域)에 기원을 두는 당적(唐笛)에서 나왔다고 하고, 향악7지 이론에 동원되는 계명(階名) 이론이 서역음악(西域音樂)에 보이는 동주음계명(同奏音階名: Cognat Syllable Names)으로 되었고, 향악7지 이론이 쓰이는 대금(大笒) · 거문고가 서역음악에 보이는 7음 평균율(平均率)로 된 것으로 봐서, 향악7지라는 이론이 서역음악 이론에서 나온 것으로 볼 수 있다.

그렇다면 향악7지의 12음 생성 문제도 서역음악 이론으로 풀어야 풀릴 것이다. 서역(西域) 음악인 인도음악 라가(Raga)가 향악7지(鄕樂七指)와 같이 동주음계명(同奏音階名)으로 되었고, 반수리(bansuri) · 고대 비나(veena)와 같은 음고(音高) 지시 악기가 향악7지에서 음고를 지시하는 대금 · 거문고와 같이 7음 평균율로 되었다. 향악7지의 12음 지시법과 같은 원리를 밝힐 수 있는 것이 서역음악에서 많이 보이지만 그 가운데 '북인도 음악의 12 타아트(ttat) 구성음 나열표'에서 선법(旋法)의 구성음 12음 지시법(指示法)을 찾아 본 것이다. (… 중략 …) 이 12 타아뜨 12음으로 지시되는 음고를 따져 보면 두 지공(指孔)에서 한 음, 다섯 지공에서 두 음을 지시하여 모두 12음을 지시하는 것이 한국의 향악7지 이론과 비슷함을 찾았다.[56]

율려도 몸의 구조를 떠나지 않는다

이보형은 서역(西域) 음악인 인도음악 라가(Raga)에서 그 유사성을 찾아냈다. 그 근원을 서역으로 보았지만, 정작 우리의 고유한 5음7조는 알지 못한 것 같아 아쉬움이 남는다. 향악7조가 7종의 key로 모두 12음을 지시하는 개념과 유사한 것이 우리의 5음7조에서 유래한 것이 아닐까 추측해 본다. 저자가 국악 전문은 아니지만, 앞에서 언급한 것을 다시 음미해 보겠다.

예를 들어, 임독맥은 12경혈 중에 7경혈이 머리에 해당한다고 했고, 또 12경혈을 북두칠성과 북두오성으로 나누면 7:5의 비율이 나온다. 움직이는 것은 머리와 북두칠성이 주가 되므로 7조(調)가 우선하고, 이 7조가 12음을 지시한다고 말할 수 있다. 율려도 몸의 구조를 떠나지 않는다고 본다. 려(呂)자의 모양이 사람 몸과 비슷한 것이 우연은 아닐 것이다. 지유 먹고

56) 이보형, 「악학궤범 향악7지 시용궁 지시 12음의 생성 원리 연구」 『한국음악사학보』 제54집 한국음악사학회, 2015, 255~292쪽. 그는 결론에서 다음과 같은 의문을 남겼다. 대금의 밑에서 제1공 일지에서 내는 음으로 지시되는 음은 전체 key 이론의 기준음이 되는 음인데도 어찌하여 12율의 기준음인 황종으로 지시하지 않고 협종으로 지시하는 것인가? 그리고 이 음은 다른 음과 음정을 가늠하는 기준음인데도 협종 한 음으로 지시하지 않고 협종-고선 두 음으로 지시하여 헤아리기 어렵게 하는 것인가? 그리고 3지(제3공)이 지시하는 음은 임종 한 음으로, 6지(제6공)이 지시하는 음은 청황종 한 음만 지시하고, 나머지 1지(제1공), 2지(제2공), 4지(제4공), 5지(제5공), 7지(제7공)가 지시하는 음은 모두 두 개의 2음을 지시하는 것인가? 저자가 국악의 전문가가 아니라서 말하기 곤란하지만, 황종(黃鍾)은 그 명칭에서 보아 고조선의 용어가 아님을 알 수 있다.

자란 황궁씨 등 네 천인이 네 본음을 맡았다면, 5음7조는 그들의 어머니인 궁희 소희가 맡았다고 했다. 그 성격상 5음7조는 후천이 열리기 이전이고, 지상의 네 본음은 후천이 열린 이후였다. 후천이 열리면서 지상에서의 기음(氣音), 화음(火音), 토음(土音), 수음(水音)의 네 본음(四本音)이 중요시 되었음을 알 수 있다. 지금까지의 내용을 요약하면 다음 표와 같다.

부도지 장명	사건명	내용
1장	마고 짐세탄생(朕世誕生)과 봉수천부(奉守天符)	마고가 짐세에 태어나 마고대성에서 천부를 봉수하고 선천을 계승하다. 황궁씨가 음(音)을 조절하는 일을 맡다.
2장	팔려(八呂)와 천지창세(天地創世)	팔려의 음으로 마고대성과 마고가 태어나고, 네 천인과 네 천녀가 지유(地乳)를 먹다.
3장	육해병렬과 역수(曆數) 시작	후천이 열리자 땅과 바다가 나란히 늘어서고 산천이 생기며, 여러 번 거듭하여 역수(曆數)가 시작되었다. 기, 화, 수, 토가 조화를 이루다. 인간의 언어가 나오다.
4장	마고성과 인간 출현	마고성의 네 천인과 네 천녀가 결혼하여 각각 3남3녀를 두니 처음으로 지상에 인간의 시조가 되었다.

권영준은 언어에서 자음은 여(呂)음이고, 모음은 율(律)음이라고 보고, 5음7조의 5음(아, 설, 순, 치, 후)은 자음이며, 7조는 기본 모음 • ㅏ ㅓ ㅗ ㅜ ㅡ ㅣ라고 제시했다.

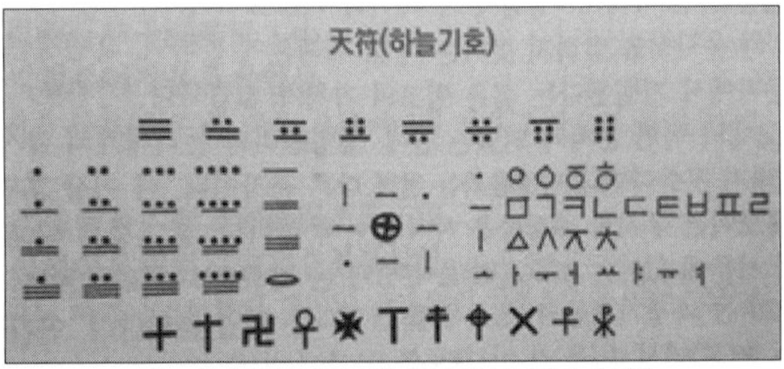

하늘기호(권영준, 『우리말 천부경과 부도지』 64쪽)

3. 부도 역법의 전개와 오행전쟁

1) 고조선 역수와 역법의 기초

『부도지』는 역(曆) 또는 역수(曆數)에 관해 다음과 같이 모두 8장에 걸쳐 언급하고 있다. 단 3장은 이미 언급하였고, 23장은 별도의 항으로 다룰 것이다. 우리가 알고 있는 역수(曆數)는 『논어』(요왈편)나 『홍범』에 나온다. 『홍범』에서는 다섯 가지 중요한 벼리(紀)를 들고 있다. 세(歲), 월(月), 일(日), 성신(星辰), 그리고 역수(曆數)라고 했다. 이처럼 고대로부터 '역수'는 일월성신과 함께 중요한 개념이었다. 어쩌면 역수란 말은 당시 고조선의 고유 용어였을지도 모른다. 이제부터 『부도지』의 역수를 탐색해 보려고 한다. 단군의 부도역법은 환웅의 신시시대에 기초가 정립된다.

본음(本音)과 울림소리(響象)가 있다

① [본문번역]

이때 본음(本音)을 맡아보는 자가 비록 여덟 사람이었으나, 울림소리(響象 향상)를 수증(修證: 이치를 깨달아 틀림없이 밝힘)하는 자가 있지 않았다. 이 때문에 만물이 잠깐 사이에 태어났다가 잠깐 사이에 없어지며 조절이 되지 못하였다. 마고(麻姑)가 네 천인과 네 천녀에게 명하여, '겨드랑이'(脇협)를 열어 출산(出產)을 하게 하였다. 이에 네 천인이 네 천녀와 결혼하여 각각 삼남(三男) 삼녀(三女)를 낳았다(24명). 이들이 땅(地界)에 처음 나타난 인간의 조상(人祖)이었다. 그 남녀가 서로 결혼을 하여 몇 대(代)를 지내는 사이에 족속(族屬)이 불어나 각각 3,000명의 사람이 되었다.

이로부터 열두 사람의 시조는 각각 성문(城門)을 지키고(성문마다 3명씩), 그 나머지 자손은 울림소리(響象)를 나누어 관리하고 수증(修證)하니, 비로소 역수(曆數)가 규칙적으로 조절되었다. 마고 성중(城中)의 모든 사람은 품성(稟性)이 맑았으며(純精) 능히 조화(造化)를 알고 지유(地乳)[57]를 마시므로 혈기(血氣)가 맑았다. 귀에는 오금(烏金)을 달아 하늘의 소리(天音)를 모두 들었다. 길을 오고 갈 때는 능히 뛰고 걷고 할 수 있으므로 내왕(來往)이 자재(自在)하였다.(4장)[58]

궁희와 소희가 려(呂)와 율(律)을 맡아보다

▶ [해설]

마고는 앞의 2장과 같이 처음에 궁희와 소희에게 5음7조의 음절을 맡아보게 하였다. 이어서 궁희와 소희의 자녀들에게는 려(呂)와 율(律)을 맡아보게 하였다. 여자 4천녀에게는 려(呂)를 맡기고, 남자 4천인에게는 율(律)을 맡게 하였다. 그래서 본음(本音: 기본소리)을 맡아 다스리는 자가 8인이었으나, 이를 아래에서 받아 울림소리(響象: 2차 본음)를 바르게 밝히는 자가 없어 만물에 혼동이 일어나 조절이 되지 않았다.

이에 마고는 4천인과 4천녀의 겨드랑이를 열어 결혼시켜 각각 3남 3녀를 낳게 하니 모두 24명(12쌍 부부)의 자손으로 불어났고, 몇 대를 지나 3천명이 되었다. 12인이 인간의 조상이 되어 각각의 성문(4개의 성문을 3명씩)[59]을 지키고, 그 나머지 자손들은 향상을 나누어 관리하고 수증(修證)하니

57) 그런데 마고성에서 마셨다는 지유(地乳)는 무엇일까? 지기(至氣)나, 온천수 같은 특별한 물일 수 있다.

58) "是時에 管攝本音者ㅣ雖有八人이나 未有修證響象者故로 萬物이 閃生閃滅하야 不得調節이라. 麻姑ㅣ乃命四天人四天女하야 辟(闢)脇生産하니 於是에 四天人이 交娶四天女하야 各生三男三女하니 是爲地界初生之人祖也라. 其男女ㅣ又復交娶하야 數代之間에 族屬이 各增三千人이라. 自此로 十二人祖는 各守城門하고 其餘子孫은 分管響象而修證하니 曆數始得調節이라. 城中諸人이 稟性純精하야 能知造化하고 飮啜地乳하야 血氣淸明이라. 耳有烏金하야 具聞天音하고 行能跳步하야 來往自在라."(4장)

59) 장한결 역, 『부도지 이야기』 좋은땅, 2019, 19쪽. 향상을 '울림소리'라고 규정한 것은 탁견이다.

비로소 역수(曆數)가 조절되었다. 특히 '겨드랑이'(脇협)를 열어 출산(出産)을 하게 하였다는 말이 묘하다. 자궁이 아니라 겨드랑이라 한 것은 하늘 날개를 상징하고, 하늘로부터 영(靈)이 내려왔다는 의미로 해석된다.

음(音)에서 역(曆)이 나온다

여기서 역수가 조절되었다는 말은 하늘과 땅의 이치가 비로소 맞게 되었다는 뜻이다. 또 계절의 변화에 맞게 바르게 소리를 밝혔다는 뜻이다. 또 소리의 높낮이의 불규칙성을 규칙적으로 바로잡았다는 것을 의미한다. 음(音)이 곧 역(曆)이기 때문이다.

그런데 음은 5이고, 율은 6이므로 5음(音) 6률(律)이 나왔고, 이 5음을 2배하여 일(日)이 10 되고, 6률을 2배하여 신(辰)이 12가 된다[60]는 것이 『회남자』(「천문훈」)의 중국식 논리이다. 사마천도 『사기』(「율서」)에서 5음의 음(音)은 궁(宮)에서 시작해 각(角)에서 마친다(音始於宮, 窮於角)고 했고, 6률이 만사의 근본이 된다(六律為萬事根本焉)고 했다. 또 10천간과 12지지 그리고 12율의 배합은 상고 때부터 시작되었으며, 율을 세워 역법을 운산해 일행의 도수를 만들었다고 했다.[61] 과거 역법을 제정할 때에 '율려와 괘효에 맞추었다'[62]는 구절이 있다. 다만 궁희 · 소희가 맡은 5음7조와 중국식 5음6률이 어떻게 다른지는 연구의 대상이다.

우리의 『악학궤범』(1,493년)에도 12율명이 나온다

우리의 음악이론으로 성현이 편찬한 『악학궤범』(1,493년)이다.

---

60) "二陰一陽成氣二, 二陽一陰成氣三, 合氣而為音, 合陰而為陽, 合陽而為律, 故日五音六律, 音自倍而為日, 律自倍而為辰, 故日十而辰十二"(『회남자』「천문훈天文訓」)
61) "十母, 十二子, 鐘律調自上古, 建律運歷造日度"(『史記』「律書」)
62) 이은희, 『칠정산내편의 연구』 한국학술정보, 2007, 37쪽.

이 책 서두는 황제(黃帝) 운운으로 시작한다. 여기서 12율명의 어원을 설명하고 있는데 일부만 인용해 보겠다. 진정 우리의 고유한 소리를 적은 것인지 의심스럽다.

○ '황종'의 황(黃)은 중앙의 빛이고 종(鍾)은 씨 뿌릴 종(種)과 통한다. 양기(陽氣)가 황궁(黃宮)에서 숨어 싹트는데, 만물이 자(子)에서 싹트기 시작하니, 황종은 자의 기(氣)이고, 그 절후(節侯)는 동지(冬至)이다.

○ '대려'의 여(呂)는 려(旅)와 통하니 음인 대려가 황종을 도와 기를 펴고 물(物)을 싹트게 하는 것을 말한다. 만물이 축(丑)에서 싹을 기르니 대려는 축의 기이고, 그 절후는 대한(大寒)이다.

○ '태주'의 주(簇)는 주(奏)와 통하니 양기가 땅에 크게 모여 만물에 도달함을 말한다. 만물이 인(寅)에서 끌어 미치게 하니 태주는 인의 기이고,

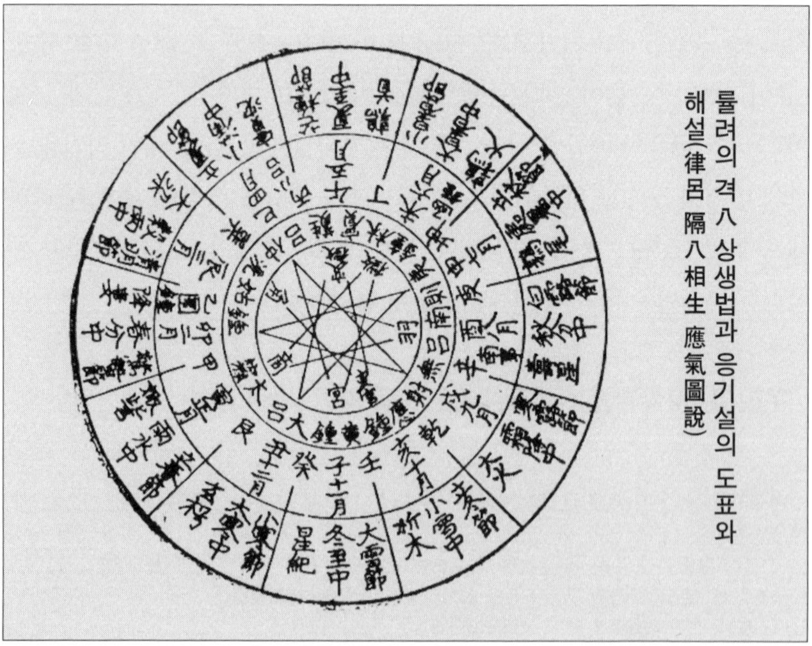

율려 격8상생 응기도설(『악학궤범』 권1)

그 절후는 계칩(啓蟄)이다.

○ '협종'은 음이 태주를 협조(夾助: 곁에서 부축하여 도움)하여 사방의 기를 펴서 종물(種物: 씨앗)을 땅 밖으로 내는 것을 말한다. 만물이 묘(卯)에서 대가리를 들고 나오니, 협종은 묘의 기이고, 그 절후는 춘분(春分)이다.[63]

지계(地界)의 중심(重心)이 변해 역수에 차이가 나다

② [본문번역]

마고성을 떠나 분거한 여러 종족들(分居諸族)이 각 주(洲)에 이르니 어느덧 천 년이 지났다. 옛날에 먼저 성을 나간 사람들의 자손이 각지(各地)에 잡거(雜居)하여 자못 그 세력이 강성하였다. 그러나 거의 다 근본을 잃고, 성질이 사나와져서 새로 온 분거족을 보면 무리를 지어 추격하여 그들을 해하였다. 분거족이 이미 정착하여 거주(定注)하니 바다와 산으로 멀리 떨어져 있어서 서로간에 거의 내왕이 없었다.

이에 마고가 궁희 소희와 더불어 대성을 보수하여, 천수(天水)를 부어 성내(城內)를 청소하고 대성(大城)을 허달성(虛達城)의 위로 옮겨버렸다. 이때에 청소를 한 물이 동과 서에 크게 넘쳐 운해주의 땅을 크게 부수고, 월식주의 사람을 많이 죽게 하였다. 이로부터 지계(地界)의 무게 중심(重心)이 변하여 역수(曆數)에 차이가 생기니 처음으로 삭(朔)과 판(昄)의 현상이 있었다.(9장)[64]

---

63) 『악학궤범』(권1). 북한 렴정권, 『악학궤범』 번역본 46~47쪽 참조(1956년판).

64) "分居諸族이 繞倒各洲하니 於焉千年이라. 昔世出城諸人之裔ㅣ雜居各地하야 其勢甚盛이라. 然이나 殆忘根本하고 性化猛獰하야 見新來分居之族則作群追跡而害之러라. 諸族이 已定住하니 海阻山隔하야 來往이 殆絶이라. 於時에 麻姑與二姬로 修補大城하고 注入天水하야 清掃城內하고 移大城於虛達之上이러라. 是時에 清掃之水ㅣ大漲於東西하야 大破雲海之地하고 多滅月息之人이라. 自此로 地界之重이 變化하야 曆數生差하니 始有朔昄之象이라"(9장)

실달성에 천수(天水)를 붓자 지축이 기울어졌다

▶ [해설]

실달성에 이상이 생겼다.

3장에서 육지와 바다와 산과 강이 만들어진 곳은 실달성이었다. 이 실달성의 땅에 살고 있는 여러 종족들이 서로 싸움만 일삼으므로 마고성의 본부를 하늘의 허달성으로 옮기게 된다. 그래서 마고는 이희(二姬)와 함께 실달성에 천수(天水)를 부어 대청소를 하였다. 이때 마고성을 청소한 물이 동쪽의 운해주(청궁씨 종족), 서쪽의 월식주(백소씨 종족)에 넘쳐나 땅을 상하게 되었고, 많은 사람이 죽었다. 이로부터 지구의 중심 즉 지축(地軸)[65]이 기울어졌고, 이로 인해 역수에 오차가 발생하였다. 지축이 기울어짐에 따라 날짜에 초과분이 생긴 것이다. 예를 들어 1년 역수는 364일인데, 1~2일의 초과분이 발생해 이를 윤일로 처리하는 과정에서 어느 달(朔)에 어떻게 윤일(昄: 판)을 넣을까 하는 중대한 문제가 생긴 것이다. 이 윤일 처리 문제는 다음 항의 23장에서 상술한다.

지축도 조금씩 이동을 한다

지금까지 홍수설화는 많이 있었지만 지축이 기운 사건을 말한 예는 드물다. 그 중에 여와의 보천설화는 참고할 만하다. 예컨대, 『회남자』에는 두 사건이 다르게 서술되어 있다. 「천문훈」에는 공공과 전욱이 싸우다가 부주산(不周山)이 무너져 하늘이 서북쪽으로 기울고(天傾西北), 별들이 이동하며, 땅은 동남쪽으로 패었다고 했고,[66] 「남명훈」에는 하늘이 네 기둥이 무

65) 장한결 역, 『부도지 이야기』 좋은 땅, 2019, 25쪽.

66) "昔者共工與顓頊爭為帝, 怒而觸不周之山, 天柱折, 地維絕, 天傾西北, 故日月星辰移焉 ; 地不滿東南, 故水潦塵埃歸焉"(『회남자』 「천문훈」)

너지고, 땅이 산산조각이 나 홍수가 일자 여와가 오색 돌로 하늘을 보수(補修)하고 네 기둥을 세워 홍수를 멈추게 했다는 보천(補天)설화[67] 등이 그것이다. 지축의 기울기에 대한 최근 논의는 김일부에 의해 역학적으로 제기되었다.

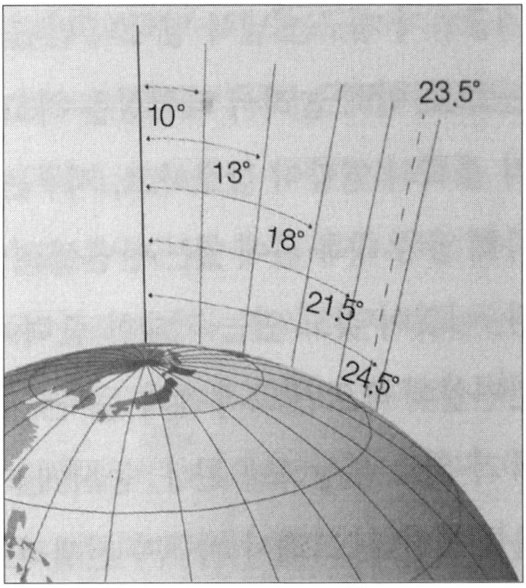

〈지축의 정립화 단계〉[68]

그는 『정역』(「대역서」)에서 "천지가 기울어져 위태롭게 된 것이 2,800년이 되었다"(天地傾危二千八百年)고 했다.

이는 주역의 문왕팔괘도의 건곤괘가 기울어져 있는 것을 비유한 것이지만, 23.5도 기운 지구에 대한 근본적인 물음도 함께 던져주고 있다. 김탄허는 앞으로 북극 빙하가 녹고 23도 7분 가량 기울어진 지축이 바로 서며, 지구는 처녀처럼 성숙해 간다고 했고,[69] 세르비아의 지구물리학자인 밀란코비치(Milutin Milanković)는 지축의 기울기는 4만 1천 년을 주기로 21.5도

---

67) "往古之時, 四極廢, 九州裂, 天不兼覆, 地不周載, 火爁炎而不滅, 水浩洋而不息, 猛獸食顓民, 鷙鳥攫老弱, 於是女媧煉五色石以補蒼天, 斷鼇足以立四極, 殺黑龍以濟冀州, 積蘆灰以止淫水"(『회남자』「남명훈」)

68) 이찬구, 『주역과 동학의 만남』 모시는 사람들, 2010, 283쪽 및 294~295쪽. 저자는 이 논문에서 지축이 23.5도에서 10도까지 어느 단계에서 바로 설 것이라고 예측했다. 다시 말하면 23.5도 → 21.5도 → 18도 → 13도 → 10도로 지축의 정립화가 이루어질 것인데, 이번에 어느 단계로 진입할지는 진동의 충격의 크기에 따라 달라질 것이다. 충격이 작으면 21.5도 정도가 될 것이다. 그리 될 경우 현행 365.2422일에서 364일의 공전주기로 바뀔 것이다. 24.5도였을 때 366일이었을 것으로 추정할 수 있다.

69) 탄허, 『부처님이 계신다면』 교림, 1988, 133쪽.; 『탄허록』 휴, 2012, 55쪽. 김탄허는 1980년에 20년 전후해서 이런 현상이 일어날 것으로 예측했다.

에서 24.5도까지 변한다고 해 지축이동설을 뒷받침해 주고 있다.[70] 예를 들어 기울기가 21.5도로 조금 서면 지축이동은 당연히 달력의 변화를 가져와 현행 365일보다 작은 공전주기로 바뀔 것이다.

환웅씨가 역법(曆法)을 정하고 의약(醫藥)을 다듬다

③ [본문번역]

이에 처음으로 환웅씨가 바다에 배를 띄워 사해(四海)를 순방하니, 천부로써 믿음을 닦는(修信) 법을 밝게 알려주었다. 모든 종족의 소식을 소통하여 근본이 하나임을 잊지 않을 것을 호소하고, 궁실을 짓고 배와 차를 만들고, 화식(火食)하는 법을 가르쳤다. 환웅씨가 돌아와 8개 지방의 소리(말)와 2개의 글(八音二文)을 다듬고, 역법(曆法)을 정하고 의약(醫藥)을 다듬으며 천문(天文)과 지리(地理)를 저술하여 홍익인세(弘益人世)하였다. 이는 세대는 멀어지고 법은 해이하여져서 모든 사람들이 몰래 모의하고 치장하여 점점 거짓(詐端)된 일이 늘어났기 때문에 일용(日用)하는 사물 사이에서 근본의 도를 보전하여 분명하게 밝혀 놓으려고 한 것이었다. 이로부터 비로소 학문하는 풍조가 일어나니, 인성(人性)이 어리석고 어두워서(昏昧) 배우지 않고는 알지 못하였기 때문이다.(11장)[71]

환웅씨가 신시 때에 언어를 다듬고 칠회제신력(七回祭神曆)을 사용했다

---

70) ミランコヴィッチ(Milanković) (著), 柏谷健二 (翻訳) 気候変動の天文学理論と氷河時代(日本語) 1992, 526쪽.

71) "於是에 桓雄氏ㅣ始乘舟浮海하여 巡訪四海할새 照證天符修信하고 疏通諸族之消息하며 訴言根本之不忘하고 教宮室舟車火食之法이러라. 桓雄氏ㅣ歸而修八音二文하고 定曆 修醫藥하며 述天文地理하니 弘益人世라. 此는 世遠法弛하야 諸人之暗揣(췌)摸扌束이 漸增詐端故로 欲保根本之道於日 用事物之間而使昭然也라. 自是로 始興修學之風하니 人性昏昧하야 不學則不知故也라"(11장)

▶ [해설]

환웅씨가 8개 지방의 소리(말)와 2개의 글(八音二文)을 닦았다.

닦았다는 말은 다듬었다는 뜻이다. 이 말은 『환단고기』에는 전하지 않는다. 다만 『환단고기』는 사해를 순방하였다는 말은 없어도 천부경을 베풀고 삼일신고를 강론하여 백성을 교화하였다고 했다.[72] 11장에서 언급된 대로 명실상부하게 환웅이 역법(曆法)을 정하였다는 말은 중요한 의미를 지닌다. 『환단고기』(「신시본기」, 「마한세가(상)」)에는 신시시기에 칠회제신력(七回祭神曆)이 있었다고 했고, 또 「소도경전본훈」에는 칠성력(七星曆)이 나온다. 책력을 짓는 방법이 여기서 나왔다고까지 하였다. 핵심은 1요(曜)가 7일이라는 점이다. 이 점에서는 『부도지』와 『환단고기』가 서로 일치한다. 칠회제신력은 일, 월, 수, 화, 목, 금, 토의 각 신(神)에게 제사를 지내는 달력이다. 달력의 근원은 오행에서 나온 것이 아니라, 제사 날짜를 정하는 일에서 나온 것이다. 그 근원을 올라가면 『부도지』(14장)에도 "북극성(北辰)과 칠요(七耀)의 위치를 정하여 반석의 위에서 속죄의 희생물을 구워 제사를 올리고 모여서 노래하며 천웅(天雄)의 악(樂)을 연주하였다"[73]고 했다. '천웅의 악'을 광개토태왕은 '천악'(天樂)이라고 했다.

첫날에는 천신(天神), 둘째 날에는 월신(月神)의 순서로 수신, 화신, 목신, 금신, 토신에게 제사 지내는 것을 말한다.[74] 또 「신시본기(神市本紀)」에서는 계해(癸亥)를 머리로 삼았는데 5세 구을단군 때에 처음으로 갑자(甲子)를 썼다고 했다. 이때 사용한 신시의 10간, 12지의 고유명이 중국과 다르다는 것에서 환웅시대에 고유한 역법이 분명히 있었다는 것을 인식할 수 있다.

72) "桓雄天王肇自開天生民施化 演天經講神誥 大訓于衆"(『삼성기』 하)

73) "奠定北辰七耀之位하야 燔贖於盤石之上하고 會歌而奉天雄之樂이러라" (『부도지』 14장)

74) "神市之世 有七回祭神之曆 一回日祭天神 二回日祭月神 三回日祭水神 四回日祭火神 五回日祭木神 六回日祭金神 七回日祭土神 盖造曆 始於此"(『태백일사』「신시본기」)

신시시대에 10간, 12지의 고유명칭을 정하다

○ 신시의 천간 지지 고유명칭:

계(癸): 소라(蘇羅) 갑(甲): 청차이(淸且伊) 을(乙): 적강(赤剛) 병(丙): 중림(仲林) 정(丁): 해익(海弋) 무(戊): 중황(中黃) 미(己): 열호수(烈好遂) 경(庚): 임수(林樹) 신(辛): 강진(强振) 임(壬): 유부지(流不地)

해: 지우리(支于離) 자: 효양(曉陽) 축: 가다(加多) 인: 만량(萬良) 묘: 신특백(新特白) 진: 밀다(密多) 사: 비돈(飛頓) 오: 융비(隆飛) 미: 순방(順方) 신: 명조(鳴條) 유: 운두(雲頭) 술: 개복(皆福)[75]

신시시대의 고유 명칭

10 천간	계	갑	을	병	정	무	기	경	신	임		
	소라 (蘇羅)	청차이 (淸且伊)	적강 (赤剛)	중림 (仲林)	해익 (海弋)	중황 (中黃)	열호수 (烈好遂)	임수 (林樹)	강진 (强振)	유부지 (流不地)		
12 지지	해	자	축	인	묘	진	사	오	미	신	유	술
	지우리 (支于離)	효양 (曉陽)	가다 (加多)	만량 (萬良)	신특백 (新特白)	밀다 (密多)	비돈 (飛頓)	융비 (隆飛)	순방 (順方)	명조 (鳴條)	운두 (雲頭)	개복 (皆福)

○ 중국의 천간 지지 명칭:

갑: 알봉(閼逢) 을: 전몽(旃蒙) 병: 유조(柔兆) 정: 강어(彊圉) 무: 저옹(著雍) 기: 도유(屠維) 경: 상장(上章) 신: 중광(重光) 임: 현익(玄黓) 계: 소양(昭陽)[76]

자: 곤돈(困敦) 축: 적분약(赤奮若) 인: 섭제격(攝提格) 묘: 단알(單閼) 진: 집서(執徐) 사: 대황락(大荒駱) 오: 돈장(敦牂) 미: 협흡(協洽) 신: 군탄(涒灘) 유: 작악(作鄂) 술: 엄무(閹茂) 해: 대연헌(大淵獻)[77]

---

75) "癸爲蘇羅 甲爲淸且伊 乙爲赤剛 丙爲仲林 丁爲海弋 戊爲中黃 己爲烈好遂 庚爲林樹 辛爲强振 壬爲流不地 亥爲支于離 子爲曉陽 丑爲加多 寅爲萬良 卯爲新特白 辰爲密多 巳爲飛頓 午爲隆飛 未爲順方 申爲鳴條 酉爲雲頭 戌爲皆福"(『태백일사』(「신시본기」)

76) 『爾雅』(「釋天」)

중국의 고유 명칭

10 천간	갑	을	병	정	무	기	경	신	임	계		
	알봉(閼逢)	전몽(旃蒙)	유조(柔兆)	강어(疆圉)	저옹(著雍)	도유(屠維)	상장(上章)	중광(重光)	현익(玄黓)	소양(昭陽)		
12 지지	자	축	인	묘	진	사	오	미	신	유	술	해
	곤돈(困敦)	적분약(赤奮若)	섭제격(攝提格)	단알(單閼)	집서(執徐)	대황락(大荒駱)	돈장(敦牂)	협흡(協洽)	군탄(涒灘)	작악(作鄂)	엄무(閹茂)	대연헌(大淵獻)

2) 요순(堯舜)의 등장과 오행전쟁

중국과 한국의 문헌마다 중국의 요순(堯舜)을 최고의 성인으로 추앙하고 있다. 태평성대를 상징하는 대표적인 인물이다. 우리는 요(堯)-순(舜)-우(禹)를 동중서가 만든 대로 3성(聖)의 성인으로 배워 왔지만, 그분들의 실상에 대하여는 전혀 알지 못한다. 『부도지』가 말하고 있는 요순과 우(禹)는 그동안 우리가 배운 역사적 내용과는 전혀 다르다는 것을 알게 될 것이다.

요(堯)는 오행(五行)의 법을 자기식으로 만들어 부도의 역법을 버렸다

④ [본문번역]

이때 도요(陶堯)가 천산(天山)의 남쪽에서 일어났는데, 1차로 마고성을 떠난 무리들의 후예였다. 일찍이 제시(祭市)의 모임에 왕래하고, 서쪽 보(堡)의 간(干)에게서 도를 배웠다. ~~요(堯)는 원래 수(數)에 부지런하지 못하였다. 스스로 9수 5중(九數五中)의 이치를 잘 알지 못하고, 중5(中五) 이외의 8수는 그 하나가 나머지 8수를 제어한다고 생각하고 이것이 내(內)로써 외(外)를 제

---

77) 『사기』(「天官書」). 실제로 "숭정(崇禎) 알봉(閼逢) 섭제격(攝提格) 맹하일(孟夏日)에 은진(津宋) 송시열(宋時烈)이 기록하다"라고 적혀 있으니, 알봉(閼逢)은 갑(甲)에 해당하고 섭제격(攝提格)은 인(寅)에 해당하므로 현종 15년(1674)에 해당된다는 것을 알 수 있다.

어하는 이치라 하였다. 이에 오행(五行)의 법을 홀로 만들어 제왕의 도를 주창하므로 소부(巢夫)와 허유(許由) 등이 심히 꾸짖고 그것을 거절하였다. ~~ 요(堯)가 곧 9주(九州)의 땅을 그어 나라를 만들고, 스스로 5중(中)에 사는 제왕이라 칭하여 당도(唐都)를 세워 우리의 부도(符都)와 대립하였다. 때에 거북이 등에 지고 나왔다는 부문(負文)과, 명협(蓂莢)이 피고 지는 것을 보고, 신의 계시라 착각하여 그것으로 인하여 역(曆)을 만들고 천부(天符)의 이치를 폐하여 부도(符都)의 역(曆)을 버리니, 이는 인세 2차의 큰 변이었다. (17장)[78]

단군의 부도(符都)와 요의 당도(唐都)가 대립하다

▶ [해설]

본래 요(堯)는 천산(天山)의 남쪽에서 일어났다.

1차로 마고성을 떠난(퇴출 당한 것) 무리들의 후예였다. 일찍이 서쪽 보(堡)의 책임자로부터 도를 배웠다. 요가 어디서 태어난 누구의 혈통이며, 또 누구로부터 도를 배웠는지를 밝히고 있는 유일한 근거이다.

그러나 요는 '9수(數) 5중(中)'의 이치를 잘못 알았다. 요는 안의 5가 밖의 8수를 제어(制御)하는 이치라 하여 오행의 법을 새로 만들었다. 본래 오행은 수평적 관계인데, 5토를 중앙에 놓고 중앙에서 통제하는 수직적 관계로 잘못 설정한 것이다. 9주의 땅을 멋대로 그어 나라를 만들고, 스스로 5중(中)의 제왕을 자처하는 것이 문제였다. 나아가 나라를 당국(唐國)이라 하고 도읍지를 당도(唐都)라 세워 놓고, 우리 부도(符都)와 대립하였다.

78) "是時에 陶堯이 起於天山之南하니 一次出城族之裔也라 曾來往於祭市之會하고 聞道於西堡之干이라 然이나 素不勤數하여 自誤九數五中之理하고 以爲中五外八者는 以一御八하며 以內制外之理라하여 自作五行之法하고 主唱帝王之道하니 巢夫許由等이 甚責以絶之라 ~~堯乃劃地九州而稱國하고 自居五中而稱帝하여 建唐都하여 對立符都라 時見龜背之負文과 蓂莢之開落하고 以爲神啓라하여 因之以作曆하고 廢天符之理하며 棄符都之曆하니 此는 人世二次之大變이라" (17장)

부도(符都)란 천부(天符)의 도성(都城)을 의미한다. 부도는 한 나라의 도읍지 이상이다. 천상의 부도를 지상에 건설한 천도 구현의 유일한 도성이다. 마고성을 재현한 것이다. 부도는 천지본음과 천부의 원리에 의해 건설한 천손의 도성이다. 부도 건설의 역사도 오래지만, 여기서 말하는 부도는 단군시대에 건설한 것을 말한다. 요가 비록 마고성을 떠난 무리 중의 일파였지만, 그의 후손들이 쓰고 있는 중국어와 우리말의 어순이 다른 것도 예사로운 일이 아니다. 요는 본문에서 모든 '지배욕'의 상징으로 등장한다.

<table>
<tr><th>낙서 5중토(中土)</th><th>『부도지』 필사 17장 (박금)</th></tr>
<tr><td>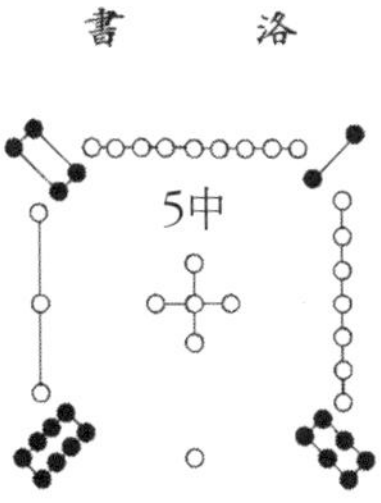
</td><td rowspan="2">
十七章 是時에 陶堯ㅣ 起於天山之南하야 一次出
城族之裔也라 曾來往於祭市之會하야 聞道於西
保之干하니 然이나 素不動數하야 自誤九數五中之理
하고 以爲中五外八者는 以一御八하며 以內制外之
理하야 自作五行之法하고 主唱帝王之道하니 巢父
許由等이 甚責以絶之라 堯乃出關聚徒하야 服逐
苗裔하니 苗裔者는 黃穹氏之遺裔오 其地는 有因
氏之鄕也라 後代壬儉氏ㅣ 率諸人出於符都而
不在故로 堯乘其虛而襲之하니 苗裔ㅣ 避散去東
西北之三方하니 堯乃劃地九州而稱闔하고 自居五</td></tr>
<tr><td>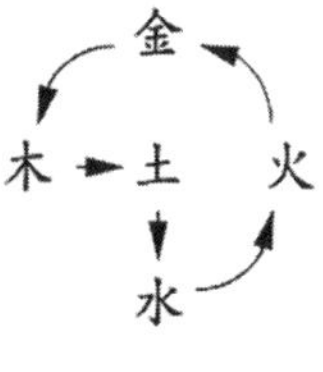

낙서 오행도</td></tr>
</table>

요가 명협(蓂莢) 풀잎으로 30일 달력을 만들어 변(變)을 일으키다

요(堯)는 신비현상이 자기를 위한 것으로 착각하였다.

거북이가 등에 지고 나왔다는 낙서류의 부문과 명협 풀의 신비현상을 신의 계시라 착각하였다. 명협(蓂莢)은 보름까지는 날마다 잎이 하나씩 나고, 보름 후부터는 잎이 하나씩 떨어진다는 신비의 풀이다. 이 명협 풀잎을 본받아 요는 부도의 28일 달력을 버리고 자기 식으로 30일 달력을 만들게 된다.[79] 이렇게 부도를 거부하고 자칭 역(曆)을 고치고 천부의 이치를 버렸다. 5장에서 '오미(五味)[80]의 변(變)'이 처음 일어났고, 이곳 17장에서 부도의 역(曆)을 버린 것이 두 번째 큰 변(大變)이라는 것이다. 이 대변은 요가 일으킨 오행의 난(亂)에서 비롯된 것이다. 천부에의 반란이요, 변란이었다. 22장에서는 이것을 다시 '오미의 화(禍)', '역법의 화(禍)'라는 말로 규정한다. 요(堯)가 달력을 고쳤다는 말은 서량지의 『중국사전사화』가 명백히 증거해 주고 있다. 즉 "당요(唐堯)시대에 이르러 역법을 다시 고쳤다"[81] 라고 했다. 갱정(更定)이란 이전에 쓰고 있던 달력을 다시 고쳤다는 뜻이므로 요의 이전에는 단군의 달력을 사용했던 것이 분명하다.

하늘의 역수가 네 몸에 있다는 말은 단군의 품을 떠나라는 요구이다

이런 요의 속 뜻을 방증하는 것이 『논어』(「요왈」)와 『서전』(「대우모」)에 있는 다음의 구절이다.

> ㉠ 요(堯) 가로되, 아! 너 순(舜)아, 하늘의 역수(曆數)가 네 몸에 있으니 진실로 그 중(中)을 잡아라. 사해가 곤궁하면 하늘의 녹(祿)이 영원히 끊어지리라. (논어 권20 堯曰)[82]

---

79) 원가(袁珂), 『중국의 고대신화』 정석원 역, 문예출판사, 1997, 171쪽.

80) 전통적인 오미(五味)는 물은 짠맛, 불은 쓴맛, 나무는 신맛, 쇠는 매운맛, 흙은 단맛 등이다.(홍범구주)

81) "到唐堯時代 更定曆法 實爲人文進化的必然演程"(徐亮之, 『中國史前史話』 亞洲出版(홍콩), 1956, 221쪽)

82) "堯曰咨爾舜 天之曆數 在爾躬 允執其中 四海困窮 天祿永終"(『논어』 권20 堯曰)

이 말은 요(堯)가 순(舜)에게 명하여 제위(帝位)를 선양(禪讓)하며 경계하여 한 말이다. 역수(曆數)는 제왕(帝王)들이 서로 계승하는 차례로서 세시(歲時)와 절기(節氣)의 선후(先後)와 같기 때문에 비유해서 한 말이라고 애써 변명한다. 그러나 '하늘의 역수가 네 몸에 있다'는 요(堯)의 말 속에는 단군조선 부도의 달력을 버리고 새 달력을 만들어 너에게 준다는 뜻으로 단군과의 결별을 요구한 것이다. 여기서 윤집기중(允執其中) 즉 진실로 그 중(中)을 잡으라는 말은 주자가 해석한 대로 "과(過)하거나 불급(不及)함이 없는 명칭"이 아니라, 단군조선의 부도 세력에게 낙서 5중을 빼앗기지 말고 지키라는 당부의 뜻이 들어있는 것이다.

㉡ 네(순)가 자랑하지 않으나 천하에 너와 더불어 능함을 다툴 자가 없으며, 네가 과시하지 않으나 천하에 너와 더불어 공을 다툴 자가 없으니, 내(요) 너의 덕을 성대하게 여기며 너의 아름다운 공적을 가상하게 여기노라. 하늘의 역수(曆數)가 너의 몸에 있으니, 네가 마침내 원후(元后)의 자리에 오를 것이다.(『서전』「대우모」14장)[83]

여기서도 요(堯)는 순(舜)에게 네가 성대한 덕과 큰 공이 있으므로 역수가 마땅히 너에게 돌아갈 줄을 아니, 너는 마침내 이 대군(大君)의 지위에 오를 것이므로 사양하지 말라고 한 말이다. 유남상은 천지역수(天之曆數)를 제왕의 계대(繼代)가 아닌, 천명(天命)의 존재론적 의미로서의 천도(天道)로 해석한다. "천도인 천지 역수원리의 주체적 자각에 의해 중정지도(中正之道)를 체득하며, 이러한 중정지도가 역대 성인을 통하며 역사적으로 전승되는 역수(曆數) 성통(聖統)원리를 말한 것"[84]이라며, 요(堯) → 순

83) "汝惟不矜하나 天下莫與汝로 爭能하며 汝惟不伐하나 天下莫與汝로 爭功하나니 予懋乃德하며 嘉乃丕績하노니 天之曆數 在汝躬이라 汝終陟元后하리라"(『서전』「대우모」14장)

84) 유남상, 「역학의 역수성통원리에 관한 연구」『인문과학 논문집』 11권1호, 충남대 인문과학연구소, 1984.8, 131쪽.

(舜) → 우(禹) → 탕(湯) → 문(文) → 무(武) → 주공(周公)의 역사적인 성통의 전개에 대해 전통적인 해석을 하고 있다. 그러나 부도의 역수 성통은 마고로부터 환웅을 거쳐 단군에게로 전승되어 왔으며, 요순우(堯舜禹)는 이와 반대의 길로 들어섰다. 반(反)조선, 반(反)부도, 반(反)천부의 계보일 뿐이다. 김상일의 지적처럼 자기의 목숨을 담보로 중국에 대항하여 단군조선 부도 역사의 유구성과 정통성을 기록한 『부도지』는 이 하나만으로도 어느 문헌보다 역사적 가치를 지닌다는 데 동의하지 않을 수 없다.[85)]

⑤ [본문번역]

(단군의 사자인 유호씨(有戶氏)가 말하기를)…또 (요)의 역법의 체제(曆制)는 천수(天數)의 근본을 살피지 못하고, 거북이나 명협의 미물(微物)에서 근본을 취하였으니, 요는 또 무슨 속셈인가. 천지의 만물이 다 수에서 나와 각각 수를 상징하고 있는데, 하필 거북과 명협뿐이겠는가. 그러므로 모든 사물에 각각 그 역(曆)이 있으니, 역이라는 것은 곧 역사(歷史)다. 그러므로, 요(堯)의 역법 체제(曆制)는 즉 거북이라는 동물과 명협이라는 풀의 역이요, 인간의 역이 아니다. 그러니 그것이 인세(人世)와 부합하지 않는 것(不合)은 진실로 당연한 일이다. 이런 까닭에 부도의 삼정(三正)을 제멋대로 바꾸어 구차스럽게 억지로 맞추고자 하였으나 천리에 맞지 않아 마침내 하늘의 화(禍)를 일으켰다.

역(曆)이라는 것은 인생의 바른 이치를 증명하는 것(人生證理)이 기본이므로, 그 수는 몸에 없는 것이 없다. 그러므로 역이 바르면 천리(天理)와 인사(人事)가 밝게 합(證合)하여 복이 되고, 역이 바르지 못하면 하늘 수에 어긋나 화가 된다. 복은 이치(理)가 존재하는 데 있고, 이치는 바르게 밝히는(正證) 데에 있기 때문이다.

그러므로 역(曆)이 바르고 바르지 못한 것은 인간 세상에 화복(禍福)의 단서

85) 김상일, 『부도지 역법과 인류세』 동연, 2021, 32쪽.

가 되니, 어찌 삼가하지 않겠는가. 그 옛날 오미(五味)의 화(禍)가 한 사람의 미혹됨에서 나왔고, 만대(萬代)에 걸쳐 산 사람(生靈)에게 미치고 있는데 지금 또 다시 잘못된 역법(曆法)으로 인한 화(禍)가 장차 천세(千世)의 진리에 나쁘게 미칠 것이니, 두렵기만 하구나. (22장)[86]

요가 만든 달력이 하늘의 재앙을 자초하다

▶ [해설]

유호씨(有戶氏)가 부도의 진리에 대한 설법과 설득을 계속하고 있다.

앞의 5장에서는 '오미의 변(變)'에 대해 말했고, 17장에서는 요가 일으킨 '오행의 난'과 그로 인한 '역법의 대변'에 대해 언급하였으며, 이곳 22장에서는 '오미의 화(禍)', '역법의 화(禍)'에 대해 설명하면서 근원적인 오행의 개념을 규정하고 있다. '오미의 화(禍)'가 마고성 내부의 사건이라면, '역법의 화(禍)'는 요(堯)로부터 비롯된 외부의 사건이다. 후자를 혹은 요란(堯亂)이라고도 한다.

부도에서 말하고 있는 오행의 핵심은 비오(非五)라는 말이다. 5는 아니라는 말이다. 다시 말해 5가 중앙에 들어가 주인 노릇하는 것이 아니라는 뜻이다. 5에 대한 기존의 관념은 「홍범(洪範)」에서 말하는 것처럼 '5=황극=임금=천자'를 전제한다. 이 「홍범」은 후대의 주(周)나라 때 만들어진 것이나 당시 요의 의도가 어디에 있었나를 미루어 짐작할 수 있다.

---

86) "且其曆制는 不察乎天數之根本하고 取本於龜莢之微物하니 堯且何心哉오 天地之物이 皆出於數하여 各有數微하니 何必龜莢(구협)而已哉리오 故로 於物於事에 各有其曆하니 曆者는 歷史也라 故로 堯之曆制는 卽龜莢之曆이오 非人世之曆이니 其不合於人世者이 固當然也라 以故로 飜覆三正하여 將欲苟合而不得하여 遂致天禍也로다 大抵曆者는 人生證理之其本 故로 其數無不在躬이라 是故로 曆正則天理人事이 證合而爲福하고 曆不正則乖離於天數而爲禍하니 此는 福在於理存하고 理存於正證故也라 故로 曆之正與不正은 人世禍福之端이니 可不愼哉아 昔世五味之禍이 出於一人之迷惑하여 及於萬代之生靈이러니 今且曆禍는 將欲及於千世之眞理하니 懼矣哉라" (22장)

5황극은 황(皇: 임금)이 그 극(極: 왕권)을 세움이니, 이 오복을 모아서 서민에게 주면~~그 극에 모여서 그 극에 돌아가리라. 가로대, 황이 극으로 편 말이 이 떳떳함이며, 이 가르침이 제(帝)께서 그 가르친 것이니라. 무릇 그 서민이 극의 펼친 말을 이에 가르치고 이에 행하면 써 천자(天子)의 광(光)에 가까워 가로대, 천자가 백성의 부모가 되어 써 천하의 왕이 될 것이다고 하리라.(「홍범」)[87]

임금이 5중에 들어가 왕권의 극(極)을 세운다는 말이다. 극(極)을 세우면 백성은 임금의 법도를 따라간다. 극은 백성이 따라야 할 법도이며, 규범이다. 급기야 임금은 천자(天子)가 되고, 천하의 왕이 될 것이다. 천자란 치우의 고유명사이었는데, 중국의 왕들이 천자를 참칭하고 있다. 그러나 그것이 올바른 극이면 좋지만, 임금의 극이 항상 옳고 바른 것은 아니다. 그나마 선용(善用)하면 다행인데, 악용할 경우 재앙이 따른다.

그런데 육상산은 이 극이 천지의 중(中)에서 온 것으로 보고, 극은 곧 중(中)의 뜻이라고 말해 극(極)자의 악용됨을 우려하고 있다. 반면에 주자는 중(中)이 아니라 백성의 꼭대기에 있는 군림하는 군왕으로 보고, 왕도의 구현을 위해 군왕의 역할을 다해야 한다고 강하게 주장한다.[88] 천지간의 중이 아니라 하늘의 꼭대기란 말이다.

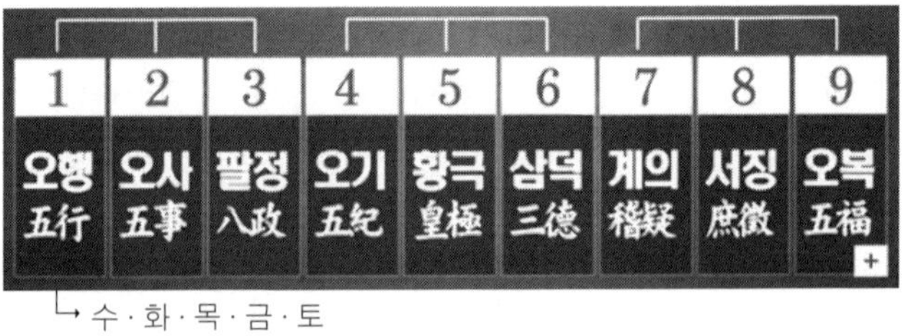

87) "五皇極은 皇이 建其有極이니 斂時五福하야 用敷錫厥庶民하면~~會其有極ᄒᆞ야 歸其有極ᄒᆞ리라 曰皇極之敷言이 是彛是訓이니 于帝其訓이시니라 凡厥庶民이 極之敷言을 是訓是行하면 以近天子之光하야 曰天子ㅣ 作民父母하샤 以爲天下王이라 하리라"(『서전』「주서-홍범」)

88) 양재학, 『홍범사상』 상생출판, 2020, 120~121쪽.

요는 지붕꼭대기만 바라보았으나 단군은 자신을 드러내지 않는 무위(無爲)의 천도정치를 실천했다

『부도지』는 요(堯)의 황극적인 정치를 비판하고 무간섭의 정치를 주장한다. 본래 5중(中)은 숨어서 드러나지 않는 것이다. 요(堯)의 5중(中)은 중앙에서 나머지 8수를 제어, 통제하는 것을 의미하는데, 5토중(土中)의 왜곡이다. 이런 생각은 1~9수가 갖고 있는 수평적 순환관계를 부정하는 것과 같다. 이어서 22장은 다시 역(曆)의 화(禍), 곧 요가 잘못 만든 역법(12월 30일)에 의한 재앙을 경고하고 있다. 이것은 요가 천명을 받은 자가 아니라는 주장이다. 유가(儒家)에서 천명의 구체적 구현은 공자의 정명(正名)사상과 맹자의 왕도(王道)정치로써 이룰 수 있다고 보았다.[89)]

그러나 요순은 스스로 '윤집궐중'(允執厥中)을 왜곡하였다. 그 중(中)을 보지 않고 극(極)만 바라보았다. 주자는 「홍범」 오황극(五皇極)의 세주(細注)에서 사변의 중앙을 극(四邊中央是極)이라 했고, 요의 도읍지 평양(平陽)과 순의 도읍지 포판(蒲坂)은 지붕의 꼭대기(屋之極)로 가장 높은 곳(極高之處)이라고 주장했던 것이다. 변(邊)과 극(極)을 구별하고, 땅바닥(臺)과 지붕(屋)을 구별하는 것은 중(中)에 대한 모독이며, 토(土)의 본성을 배반하는 것이다. 요순이 말한 '윤집궐중'이라는 말은 도의 화려한 꽃(道之華: 노자 38장)에 지나지 않는 것 같다. 어쩌면 그 중(中)은 변(邊)과 극(極), 대(臺)와 옥(屋)을 조화(調和)하고 중재하는 것이며, 토(土)는 오행의 전체이기 때문에 자신을 드러내지 않는다는 의미에서 단군의 이념에 비유할 수 있고, 고조선인들의 삶으로 이해할 수 있을 것이다.

예컨대, 그리스의 이오니아 지방에서는 아테네가 주장한 다수결의 지배를 반대하고, 이소노미아(Isonomia)를 주장했다. 이소노미아는 '무지배

---

89) 송인창, 『선진유학에 있어서의 천명사상에 관한 연구』 충남대 박사학위논문, 1987, 104~131쪽.

(no rule)'의 원리이다.[90] 요가 지배를 우선한 반면에 단군은 줄곧 무지배의 원리를 제시한 것에 비유할 수 있겠다. 또 이것은 성인은 자기의 지혜를 밖으로 드러내지 않고, 스스로 몸을 높이지 않는다는 『노자』(72, 73장)의 부자현(不自見), 부자귀(不自貴)와 같고, 다투지 않고도 잘 이긴다는 부쟁이선승(不爭而善勝)과도 같다. 단군은 위력(威力)을 버리고 무위(無爲)정치를 택하였다는 면에서 요순과 근본적으로 차원을 달리하는 천도(天道)정치를 실현했다고 할 수 있다.

5중(中)이 중재(仲裁)하지 않고 군림만하면 토의 본성을 해친다

『오행대의』에서 토는 중(中)에서 사계를 주관(主管)하여 사시를 이룬다. 그 중앙은 안의 일, 궁궐, 부부, 친척의 상이라고 했다.[91] 이곳의 5중(中)은 토가 군림하는 것이 아니라 계절과 계절 사이를 조절하며 중재(仲裁)한다는 뜻이다. 그 중앙은 궁궐이 되기도 하나 부부 친척의 상도 된다고 하여 누구에게나 개방되어 있다는 것을 말해 주고 있다. 혹시나 궁실을 낮게 지면 중앙 토의 기운이 화기로워 그 본성을 얻을 것이나, 임금이 제멋대로 궁실을 높이면 백성들이 힘을 소진하고, 토가 본성의 기운을 잃어 오곡도 여물지 않을 것이라고 우려했다.[92] 이런 우려 때문에 요(堯)가 꾸미고 있는 5토중(土中)의 중앙화를 극구 반대했던 것이다. 급기야 요는 유인씨의 고향 땅에 있던 부도를 침탈하였고, 중이 갖고 있는 중재자, 주관자(主管者)로서의 정명(正名) 개념을 무시하고, 사방의 위에 군림함으로써 왕도(王道)

90) 가라타니 고진, 『철학의 기원』 조영일 옮김, 도서출판b, 2015, 39~40쪽. 이때는 기원전 6~5세기 경.

91) "土居中, 以主四季, 成四時, 中央, 為內事宮室夫婦親屬之象"(『五行大義』「第二辨體性」)

92)"禹卑宮室, 孔子善之, 后夫人左右妾媵有差, 九族有序, 骨肉有恩, 為百姓之所軌則也, 如此順中和之氣, 則土得其性, 得其性, 則百穀實而稼穡成, 如人君縱意廣宮室臺榭, 鏤雕五色, 罷盡人力, 親疏無別, 妻妾過度, 則土失其性, 土失其性, 則氣亂, 稼穡不成, 故五穀不登"(『五行大義』「第二辨體性」)

를 떠났던 것이다. 토의 본성을 해치면 세상이 시끄럽지 않을 수 없다.

다시 말해 토가 중재자, 주관자라는 의미는 다음을 통해 확인할 수 있다.

> 토는 사계절마다 그 속에 있지만, (실질적으로는) 여름의 끝에 거처하여 양(陽)이 쇠하고 음(陰)이 자라는 그 중간에서 사행을 거느린다.
>
> 土在四時之中 處季夏之末 陽衰陰長 居位之中 總於四行(『오행대의』「제이 변체성」)

이를 그림으로 그리면 더 확실해진다.

겨울		봄		여름		가을	
수	토	목	토	화	토	금	토
72일	18일	72일	18일	72일	18일	72일	18일
수생목		목생화		화생토	(土)	토생금	

이와 같이 겨울에는 72일이 계절을 이루는 수왕지절(水旺之節)이 있고, 토왕(土旺, 丑月) 18일을 합해 90일의 겨울이 된다. 각 계절별로 각각 90일이 된다. 겨울에서 봄으로(수생목), 봄에서 여름으로(목생화) 가는 것은 상생하기 때문에 토가 나타날 필요가 없다. 그러나 문제는 여름에서 가을로 넘어가는 하추교역(夏秋交易)이다.

이때는 여름이 가을을 화극금(火克金)하므로 극성(極盛)이 되어 사이에 있는 토가 가운데에 숨어서 중화(中和), 중재(仲裁)를 하게 된다. 토가 은중(隱中)하여 중간자(中間子) 역할을 하는 것이다. 그래서 화극금으로 바로 넘어가지 않고[93], 화생토와 토생금을 거쳐 가을(금)에 이르게 한다. 이것이 양쇠(陽衰; 여름) 음장(陰長; 가을)이고, 이때 토가 결정적으로 주관하여 마

93) 여름(火)에서 가을(金)로 바뀔 때, 토(土)가 중재 역할을 한다.

침내 사계절이 평온해지는 것이다. 이처럼 토는 때로는 숨어 있다가 여름 늦게(삼복) 잠깐 나타나 중화상생의 묘력을 발휘하는 것이다. 비록 표현은 사행을 거느린다(總四行)고 하였으나, 그것은 토의 계절별 역할을 강조한 것일 뿐, 72:18에서 보듯이 어느 경우에도 토가 중앙에 앉아 나머지 오행을 제어하거나 군림하지 않는 것이다.

요력(堯曆)의 재앙을 끊지 않으면 천도가 막힌다

과거 오미(포도를 먹은 것)의 화(禍)가 만대에 끼쳤다.

오미의 화를 일으킨 무리 중의 후손이 바로 요(堯)였다. 이와 같은 과오가 되풀이 되지 않기 위해 유호씨는 요를 설득했다. 또다시 잘못된 오행으로 인한 재앙을 막으려 했지만, 이미 한계를 넘고 말았다. 왜 포도가 등장할까? 이때의 포도는 단순히 과일의 열매가 아니다. 포도는 술의 원료로 취하게 만드는 독(毒)이 있어서 사람을 유혹한다. 이를 식물 신기성(神奇性)이라고 한다.[94] 모든 술과 마약(대마초 등)을 먹으면 인간은 천지보다 더 큰 것 같은 착각과 교만에 빠지고, 끝내 인간의 영혼과 심성을 파괴한다. 그런 위험성에 대한 준엄한 경고이다. 천세(千世: 3만 년) 동안 이어 나갈 부도의 진리에 도전하며 문화를 파괴할 요력(堯曆)의 재앙을 끊어야 하는 이유와 같다. 지금 끊지 않으면 그 재앙은 점점 커질 것이다. 부도의 진리가 이로 인해 엄청난 방해를 받고, 저지를 당할 것이다. 천도의 앞길을 가로 막을 것이 바로 요의 오행과 요의 달력이기 때문이다.

이 포도의 문제는 김상일의 지적처럼 내단(內丹)과 외단(外丹)으로 이해할 수 있다. 오미를 화로 본 것은 외단의 위험성 때문이며, 이런 외단을 거부하고 내단만이 황궁씨 이래 우리 민족이 걸어온 정통 수련임을 강조한

94) 김상일, 『부도지 역법과 인류세』 동연, 2021, 34~35쪽.

것이다.[95] 여기서 내단이란 외단의 약물에 의존하지 않고 내 몸속의 정기신(精氣神)을 탐구하고 성명(性命)을 함께 닦는 법을 말한다.[96]

요와 그의 백성을 바른 길로 인도하는 것이 장자 민족의 사명이다

요력은 12달 30일 달력이다. 이것을 요(堯)에 이어 순(舜)이 이어받았다. 단군왕검은 요의 과오를 지적하고, 부도의 사자(使者)인 유호씨(有戶氏)를 보내 요의 백성들을 가르쳐 우리 민족과 하나 되어 살자고 했다. 이것이 단군의 꿈이었다. 왜냐하면 천심(天心)에서 점점 멀어져 가는 요(堯)의 백성들이 마고의 본래성(本來性)을 회복해야 하기 때문이다. 17장에 보이는 것처럼 요도 본래 마고성을 떠난 사람들로 같은 천손의 후예였기 때문이다. 차남의 후손인 요를 바른 길로 인도하는 것이 천부인을 전수받은 장자 황궁씨의 후손으로서의 사명이다. 그것이 단군민족인 한민족으로서의 복본(復本)에 대한 책임이다. 그러나 요(堯)의 역사에는 천부인이나 삼신의 이야기 자체가 존재하지 않는다. 우리 민족과 매우 이질적이다. 사마천의 『사기』(「오제본기」)에 나오는 요에 관한 기사의 대부분이 놀랍게도 달력에 관한 내용이라서 도리어 의아스러운 면이 있다.

역법을 만들어 해와 달과 별의 운행을 헤아리다(數法日月星辰)
태양이 뜨는 것을 공손하게 맞이하다(敬道日出)
낮과 밤이 같아지는 것으로 춘분의 절기를 바르게 하다(日中星鳥 以殷仲春)
해가 길어지고 화성이 나타나는 것으로 하지를 바르게 하다(日永星火 以正中夏)
밤과 낮의 길이가 같아지고 허수(虛宿)가 나타나니 추분의 절기를 바르

95) 김상일, 『부도지 역법과 인류세』 동연, 2021, 41쪽.
96) 임명진, 『주역참동계』 상생출판, 2013, 110쪽.

게 하다(夜中星虛 以正中秋)

해가 짧아지고 묘수가 나타나는 것을 보고 동지를 정하다(日短星昴 以正中冬)

1년은 366일인데 3년에 한 번 윤달을 두어 네 계절을 바르게 하다(歲三百六十六日 以閏月正四時)

여기서 알 수 있듯이 요(堯)는 12달 30일 달력을 사용했다. 『서전』(「요전」)에는 해가 한 바퀴 바뀌는 주년(周年)을 기(朞)라 했는데, 사마천은 1년을 세(歲)라 했다. 1년은 365$\frac{1}{4}$이지만, 우수리 없는 성수(成數)로 쓰기 위해 366일로 표기한 것이다. 그래서 이를 통칭 기삼백(朞三百)이라고 한다.

부도의 역법은 364일을 기본정수로 한 점에서 요와 근본적으로 다르다. 366일 자체를 부정하는 것은 아니지만, 364일에서 우수리 2일은 단(旦)과 판(昄)으로 치윤(置閏)한다. 이것이 마고로부터 단군조선으로 전수되어 온 고유역법 즉 이를 '부도역법'이라고 할 때, 부도역법이 요(堯)와 다른 특징이다. 그런데 요가 말한 '일중성조日中星鳥'는 중요한 단서가 된다. 오늘날의 28수명에는 조성(鳥星)이 사라졌는데, 그 이유가 오늘날까지 해명되지 않고 있다. 이 점에 착안하여 금문을 연구한 낙빈기는 본래 조(鳥)가 소호씨의 이름이고, 제곡(帝嚳)이 조(鳥)를 족칭으로 삼았던 사실을 알 필요가 있다고 지적했다.[97]

요순을 이은 우(禹)는 하(夏)나라를 세우고 단군조선과 결별하였다

요(堯)에 이어 등극한 순(舜)은 처음에 단군편에 섰던 유호씨의 아들이

97) 낙빈기 『금문신고 (하)』 김재섭 외 역, 한국금문학회, 2020, 212~215쪽. 금문에서는 실제로 「중여존众餘尊」명에 조왕(鳥王)이라는 이름이 보인다. 이 조왕이 누구인지는 더 연구되어야 할 것 같다.

다. 그럼에도 순은 부도의 진리를 거부하고 아버지보다 요를 따랐다. 순이 요에게 잘 보이기 위해 현명한 자들과 묘족을 정벌하자, 유호씨가 희생을 막기 위해 아들을 토벌하였다. 이에 요가 순에게 두 딸(아황, 여영)을 시집보내 유혹하고 그에게 제왕을 물려준 후 퇴위했다. 19장에 의하면, 요의 세력에 붙은 순이 즉위한 이후에도 유호씨는 작은아들 유상(有象)과 함께 수년 동안 아들 순과 싸웠다. 순은 도리어 우(禹)의 추격을 받아 죽었다.

설상가상으로 우(禹)가 순을 제거한 후에 갑자기 유호씨에 반항하며 하(夏)나라를 세웠다. 우(禹)의 하나라는 부도를 배반하고 도산(塗山)에 자기들의 제단을 만들어 주변의 종족들을 규합하며 세를 모았다. 별도의 제단을 만들었다는 것은 단군조선의 부도를 따르지 않겠다는 뜻이며, 정치적으로 단군조선과 결별한다는 뜻이다. 그러자 유호씨가 사신을 보내 우에게 타이르기를, "요(堯)는 역법을 정하는 천수(天數)를 몰랐다. 무릇 임금은 수(數)의 요체를 바르게 아는 것이며, 사람이 거짓으로 사칭할 수 있는 게 아니다. 거짓으로 임금을 칭하게 되면 허망함과 악에 빠질 것"이라고 다음과 같이 경고했다.

> 요(堯)는 하늘의 수리(天數)를 잘 몰랐다. 농사짓는 땅을 제멋대로 나누고 천지 이치도 제멋대로 하였다. 기회를 틈타 홀로 제단(獨壇)을 만들고, 사사로이 개나 양을 기르기 위하여 사람을 내쫓고 자칭 제왕(帝王)이 되어 혼자만의 독단(獨斷)에 빠졌다. 세상은 흙이나 나무, 초목처럼 말이 없고, 천리(天理)는 거꾸로 흘러 허망함에 빠져 버렸다. 이것은 거짓으로 천권(天權)을 훔친 것이며, 사욕으로 횡포를 자행한 것이다. 제왕이 만약 천권을 대행하는 것이라면 능히 해와 달(日月)을 개폐(開閉)하여 움직일 수 있고, 만물을 조작할 수 있을 것이 아니겠는가. 제왕이란 수의 참 이치(數諦)를 바로 아는 것이며, 사람이 거짓으로 사칭할 수 있는 것이 아니다. 거짓으로 제왕(假稱)을 칭하게 되면 속임과 허망함과 악함에 빠지게 될 뿐이다.(20장)[98]

그동안 우리는 착한 임금인 요(堯)가 어진 사람을 골라 순에게 선양(禪讓)하였고, 순(舜)도 자기 아들에게 물려주지 않고 치수에 공이 컸던 우(禹)에게 임금 자리를 물려주었다는 착한 역사로만 알았다. 그러나 같은 오행을 쓰면서도 그것은 우리와 같은 오행이 아니었다. 우(禹)는 자기 아버지(鯀; 곤)를 죽인 원수인 순을 죽이고 왕이 되었던 것이다. 중국 고대사가 우리와 다른 반(反)부도의 이질적인 맥락이라는 것을 비로소 알 수 있다.

지금 요순(堯舜)의 실상을 아는 것은 부끄러운 일이다

중국인들과 고려, 조선의 선비들이 찬양했던 성인들!

'요순우(堯舜禹)'의 실상을 아는 것은 매우 괴롭고 부끄럽다.

고려말 조준(趙浚)이 상소(上疏)하여 말하기를, "이제삼왕(二帝三王)은 학문에 따라 하지 않은 것이 없으니, 정일집중(精一執中)하는 것은 요・순의 학문이고, 건중건극(建中建極)은 탕(湯)・무(武)의 학문입니다. 바라옵건대 전하께서는 뛰어난 선비 가운데 경사(經史)에 능통하고 마음이 바른 자를 택하여서 번갈아 입직(入直)하게 한 후 경사를 토론하고 치국(治國)의 방도를 논의하게 하심으로써 밝은 학문을 이루도록 하시옵소서"[99]라고 하였고, 조선의 세조 당시에도 "지금 전하가 이미 제명(帝命)을 받아서 그 시초를 바루시었으니, 천위(天位)의 어려운 것을 깊이 생각하시고 민사(民事)의 중한 것을 잊지 말아서 조심하고 위태롭게 여기시어 오늘의 마음을

---

98) "有戶氏乃送權士論禹曰 '堯誤天數하여 割地爲自專天地하고 制時爲獨壇利機하고 驅人爲私牧犬羊하여 自稱帝王而獨斷하니 人世默默爲土石草木하여 天理逆沒於虛妄이라 此는 假竊天權하여 恣行私慾之暴也라 帝王者이 苦代行天權則亦能開閉日月하며 造作萬物乎아 帝王者는 數諦오 非人之所假以稱之者니 假稱則徒爲詐虛之惡戲而已라" (20장)

99) "二帝三王, 莫不由學, 精一執中, 堯・舜之學, 建中建極, 湯・武之學也. 願殿下, 擇鴻儒之通經史正心術者, 更日入直, 討論經史, 商搉治道, 以成緝熙光明之學. 且令史官, 更迭侍側, 左言右事, 無不悉書, 以詔萬世. 又爲世子, 開書筵, 以當世大儒爲師傅, 經明行脩之士爲僚佐, 朝夕與居, 講明經籍, 以明端本・澄源之學" (『고려사』 列傳 卷第三十一趙浚)

더욱 굳게 하시어, 하늘을 두려워하고 백성을 근심하고 간사한 사람을 버리고 바른 사람을 높이고, 시종 학문에 생각을 두어 날마다 경연(經筵)을 열어 이제삼왕(二帝三王)의 다스림을 강론(講論)하고~~"[100]라고 하였다. 여기서 말하는 이제삼왕(二帝三王)의 이제(二帝)는 요(堯)·순(舜), 그리고 삼왕(三王)은 하(夏)의 우(禹), 은(殷)의 탕(湯), 주(周)의 문왕(文王)·무왕(武王)을 함께 일컫는다. 조선 5백년 동안 자기 조상인 단군의 반대자를 도리어 공경하고, 단군은 정작 외면하고 탄압까지 했다.

그러면 '요순우'를 어떻게 이해해야 할까?

우선 그들의 정사(正史)라는 사마천의 『사기』를 보자. 『사기』(「오제본기」)에는 황제, 전욱, 곡, 요(堯), 순(舜)으로 오제(五帝)라고 칭한다. 「오제본기」에는 "요의 이름은 방훈이다. 그는 어질기가 하늘과 같았고, 그의 지혜로움은 신과 같았다. 백성들이 그에게 쏠리는 것은 해를 향하는 것 같았고, 그에게 바라는 것은 구름이 덮어서 적셔주는 것 같았다.~~능히 덕을 가르치고 밝혀서 구족(九族)을 친하게 했다"[101]라고 극존했고, 순(舜)에 대하여는 "순의 아버지 고수는 완악하였고, 어머니는 어리석었으며 아우인 상(象)은 오만해서 모두 순을 죽이려고 했다. 순은 순종하며 나아가 자식된 도리를 잃지 않았고, 형제간에는 우애하고 부모에게는 효도했다"[102]고 했다.

요순은 틀렸고, 허유(許由)와 소부(巢父)의 생각이 옳았다

그런데 요(堯)에게 언제나 따라다니는 선비 두 사람이 있다.

100) "今殿下既受帝命, 以正其始, 永念天位之艱, 毋忘民事之重, 兢兢業業, 益堅今日之志, 畏天恤民, 去邪崇正, 終始典于學, 日開經筵, 講論二帝三王之治" (『세조실록』 5권, 세조 2년(1456년) 9월 3일)

101) "帝堯者, 放勛, 其仁如天, 其知如神, 就之如日, 望之如雲, 富而不驕, 貴而不舒, 黃收純衣, 彤車乘白馬, 能明馴德, 以親九族, 九族既睦, 便章百姓, 百姓昭明, 合和萬國" (『사기』 「오제본기」)

102) "舜父瞽叟頑, 母嚚, 弟象傲, 皆欲殺舜, 舜順適不失子道, 兄弟孝慈" (『사기』 「오제본기」)

허유(許由)와 소부(巢父)이다.

어느 날 요(堯)가 허유에게 벼슬자리를 주겠다고 제의를 했는데, 이 말은 들은 허유는 버럭 화를 내며 영수(潁水) 물가에 가서 더러운 소리를 들었다고 귀를 씻었다고 한다. 이때 마침 친구였던 소부가 물을 먹이기 위해 소를 끌고 오다가 허유로부터 그 말을 듣고는 귀를 씻은 친구의 더러운 물을 내 소에 먹일 수 없다며 강물 위로 올라갔다는 일화가 전해 온다.[103] 이 일화는 한낱 우스갯소리가 아니라는 것을 알 수 있다. 처음에는 이 일화가 벼슬을 사양할 줄 아는 허유와 소부의 고결한 선비정신을 칭송하는 것으로만 이해했으나, 이제 보니 요의 부도덕성에 대한 고발이 아니었다 추측할 수 있다. 요의 벼슬자리를 거절한 허유(許由)와 소부(巢父)의 생각이 옳았다. 요의 생각이 틀렸다. 후에 허유와 소부는 유호씨를 따라 부도의 세력이 되었다. 훗날 허유는 순과 동격의 성인이 되었다.[104]

순(舜)도 마찬가지이다. 그동안 순이라는 임금은 맹인인 부친 고수(瞽叟)가 우둔하고 사리를 분별할 줄 몰라 모질게 구박하였고, 또 악독한 계모와 이복동생 상(象)이 합세해 순을 죽이려고까지 했음에도, 그런 모진 학대를 다 받고 자란 순이 도리어 부모에게 효성을 다했다고 알려졌다.

어느 날 순이 역산 기슭에 조그마한 오두막집을 짓고 황무지를 개간하며 외롭게 살았다. 그의 덕행에 감복한 마을 농부들이 앞을 다투어 순에게 전답을 양보하고 나섰고, 그가 사는 곳으로 사람들이 몰려들어 큰 도회지로 변모하였으며, 급기야 요가 천하의 어진 사람을 물색하여 양위할 것이라는 소문에 마을 족장들이 순을 천거하였다는 것이다.[105]

103) 원가(袁珂), 『중국의 고대신화』 정석원 역, 문예출판사, 1997, 174~176쪽.
104) "舜 許由由異行而皆聖"(『회남자』「태족훈」)
105) 원가(袁珂), 『중국의 고대신화』 정석원 역, 문예출판사, 1997, 178~180쪽.

유호씨는 단군의 신하였으나 순은 유호씨의 불효자로 단군을 반대했다

그러나 중국의 전설에 등장하는 나쁜 아버지 고수(瞽叟)와 못된 동생 상(象)은 『부도지』에 등장하는 착한 아버지 유호씨(有戶氏)와 동생 유상(有象)이었다. 『단기고사』에 놀라운 기록이 남아 있다. 즉 "고수(高叟)는 (漢記 瞽瞍) 중신(重臣) 고시(高矢)의 친형(親兄)이라. 기자순(其子舜)이 단조(檀朝)에 사(仕)치 아니하고 인방(隣邦) 당요(唐堯)조(朝)에 사(仕)하므로 ~~"[106]라고 적고 있다.

다시 말해 순(舜)의 아버지 고수(瞽瞍)는 실제 이름이 고수(高叟)이며, 단군의 중신 고시(高矢)의 형이라는 이유로 단군의 사자(使者)가 될 수 있었다는 것과 순(舜)은 단군조선에 벼슬하지 않고 요(堯)에게 벼슬하여 부자간에 갈라선 이유를 분명히 알게 되었다.

우리는 잠시 18~25장에 혜성처럼 등장한 유호씨(有戶氏)에 대해 깊이 살펴보지 않을 수 없다. 『부도지』를 통해 유인씨(有因氏)의 후손으로서 부도의 사자(使者)이며, 단군시대의 뛰어난 철학자요, 외교가인 유호씨를 만나게 된다. 현재까지 알려진 바로는 유호씨의 아들이 순(舜)인데, 순은 아버지 유호씨를 배반하였다. 중국측은 순의 아버지를 맹인 고수(瞽瞍)라고 고쳐 폄하했다.

저자가 유호씨에 관해 중국 자료를 검색한 바, 有戶氏(유호씨)가 아니고, 有扈氏(유호씨)라는 이름이 나왔다. 같은 사람에 이름이 다른 것일까? 「사기정의」 주(注)에 호(戶), 호(扈), 호(鄠)는 하나의 글자라고 했고, 시대 배경이 하(夏) 시기이므로 유호씨(有戶氏)와 유호씨(有扈氏)는 같은 인물이다. 순이 유호씨의 불효자였다면, 단주(丹朱) 또한 요(堯)의 불초자식으로 소문나 있었다. 『장자』에도 요는 자애롭지 못하고, 순은 불효하여 이들은

106) 대야발, 『단기고사』 김해암 역, 조선복음사, 1949, 라쪽.

자랑할 것이 아니라 부끄러워 해야 할 사람이라고 했다.[107)]

3) 하우(夏禹)의 등장과 대전쟁

그런데 『사기』(「하본기」)에 충격적인 구절이 나온다. 마침내 유호씨와 우의 아들 계(啓) 사이에 전쟁이 벌어진 것이다. 그것도 6군(軍)을 출동한 대전쟁이다. 저자가 처음으로 『부도지』 24장과 대조하여 상세한 내용을 밝혀보겠다. 다음은 「하본기」에 나오는 계(啓)의 선포문이다.

> 아! 육군(六軍)의 일을 관장하는 사람들이여!
> 나(啓)는 그대들에게 맹세하노라.
> 유호씨는 오행을 사납게 업신여기며(威侮五行)
> 삼정을 태만하게 저버렸다(怠棄三正).
> 하늘이 그의 천명을 끊으려고 한다.
> 지금 나는 삼가 하늘의 벌을 받들어 치려고 한다.(『사기』「하본기」)[108)]

이는 놀랍게도 우(禹)의 아들 계(啓)가 고조선의 유호씨를 정벌하러 나가면서 자기가 거느리는 하(夏)나라 육군(六軍)의 부하 장수들에게 명령을 내린 것이다. 유호씨를 죽이지 못하면 부하들의 처자까지도 죽이겠다고 내린 명령문이자 선포문이다. 왜 유호씨를 죽여야 하는지 그 이유가 『서전』(「감서甘誓」)에도 상세히 나온다.[109)] 결론은 오행을 업신여겼다(威侮五行)는 것이다. 그런데 각각의 주장은 상반된다.

---

107) "堯不慈舜不孝禹偏枯~其行乃甚可羞也"(『장자』「도척편」). 호(扈)는 뒤따른다는 뜻.

108) "啟曰:「嗟! 六事之人, 予誓告女: 有扈氏威侮五行, 怠棄三正, 天用勦絶其命, 今予維共行天之罰" (『사기』「하본기」)

109) "有扈氏威侮五行하며 怠棄三正할새 天用(剿)絶其命하시나니 今予는 惟恭行天之罰이니라(威는 暴殄之也요 侮는 輕忽之也라 鯀(곤)汨五行而死하니 況於威侮之者乎아 三正은 子丑寅之正也니 夏正은 建寅하니라 怠棄者는 不用正朔也라 有扈氏暴殄天物하고 輕忽不敬하며 廢棄正朔하고 虐下背上하여 獲罪于天일새 天用剿絶其命하시나니 今我伐之는 惟敬行天之罰而已라 今按此章컨대

『부도지』에는 유호씨가 우를 꾸짖으며 오행과 삼정을 어지럽히지 말라고 경고하였는데, 『사기』에는 도리어 우의 아들인 계(啓)가 유호씨에게 '오행을 업신 여기고 삼정을 저버렸다'고 질책하고 있다. 24장에서는 우가 우호씨를 공격하려다가 죽었다고 했고, 아들 계가 덤벼들었다가 물러갔다고 했다. 그 싸운 장소가 서안(西安)의 감(甘) 땅이었다.

고조선–하(夏)나라 사이에 대전쟁이 벌어지다

여기서 삼정을 버렸다는 말을 정현(鄭玄)은 천지인의 정도를 버린 것으로 보았다. 중국측에서 볼 때, 고조선이 하(夏)의 인월(寅月=1월) 세수를 받아들이지 않았다는 뜻이다. 이때 고조선은 해(亥, 10월)월을 세수로 삼고 있었기 때문이다. 중국이 쓰는 삼정(三正)은 하상주(夏商周)가 인, 축, 자 중에서 어느 것을 정월로 하느냐에 따라 달라진다. 이를 중국식 삼정이라고 하지만,[110] 그들의 삼정이란 이름은 고조선에서 모방해 간 것 같다. 고힐강은 하(夏)의 기록에 후대의 상주(商周)를 포함해 삼정이라 한 것에 의문을 제기했다.[110-1] 또 이를 동중서가 삼통(三統)이라 하여 천통, 지통, 인통이라고 했고, 이때의 정(正)이란 정삭(正朔=1월 1일)을 의미한다.

그러나 유호씨가 말하는 단군조선의 삼정은 중국에서 말하는 삼정과 다르다. 우리가 말하는 삼정(三正)이란 23장에서 말하는 천, 지, 인에 바탕을 둔 147, 258, 369의 성수, 법수, 체수라는 세 가지 정수(正數) 체계를 의미한다. 이 삼정은 부도역법(13월 28일)의 고유한 수리학의 기초이다. 유호씨

則三正迭建이 其來久矣라 舜協時月正日도 亦所以一正朔也니 子丑之建이 唐虞之前에 當已有之니라)"(『서전』「하서」감서, 제3장) 이에 대한 원문과 주석이다. 이를 『서전』에서는 계(啓)의 감서(甘誓)라고 한다. 여기 주석에는 곤(鯀)도 유호씨처럼 오행을 어지럽혔다고 한 것을 보면 곤도 유호씨 편에 있었다고 할 수 있다. 고조선 초기와 진(秦)은 해(亥: 10월)월을 정월로 삼았다.

110) 김동석, 『고전천문역법 정해』 한국학술정보, 2009, 95쪽. 현재의 인월 세수는 한(漢)의 것.

110-1) 고힐강(顧頡剛), 『古史辨(第五册 下)』 上海古籍出版社, 1982, 406쪽.

는 부도의 삼정을 반대하고 12월 30일 달력을 만든 장본인을 요(堯)라고 지칭하며, 우(禹)에게 요를 따르지 말라고 꾸짖었던 것이다. 고조선의 달력은 13월 28일(364일)이다.

유호씨는 오행의 화를 일으킨 순과 우의 세력들을 토벌하다

그런데 『부도지』 19장도 24장과 같이 『사기』와 반대되는 기사가 실려 있다. 즉 "요(堯)는 역법을 정하는 천수(天數)를 몰랐다"는 지적과 맥을 같이 한다. 아래 말은 유호씨가 아들이라는 신분을 떠나 요의 편에 선 순(舜)에게 타이른 말이다. 이미 순은 아들이 아니라 적의 괴수였다. 유호씨가 요순을 토벌하여 당도를 혁파하니 1차 전쟁이다. 요와 순이 이때 죽었다.

(단군의 사자인 유호씨가 순(舜)에게 타이르기를), "오미의 재앙이 아직 다 끝나지 않았는데, 또 다시 오행(五行)의 화(禍)를 만들어내니 죄가 땅에 가득하다. 북두성은 하늘을 가리고 수사(數事, 역법)가 많이 어그러져 세상이 고통스러워졌다. 이는 가히 바로잡지 않을 수가 없다. 또 알지 못하고 죄를 범하는 자는 혹 용서하여 가르칠 수도 있으나 알고도 죄를 범하는 자는 비록 부자간(至親)이라도 용서할 수가 없다"라 하고, 곧 둘째아들 유상(有象)에게 명하여 권사(勸士)를 이끌고 무리를 모아 죄를 알리고 치게 하니, 수년 동안 싸워서 마침내 당도(唐都)를 혁파(革罷)하였다.

요(堯)는 유폐(幽閉) 중에서 죽고, 순(舜)은 창오(蒼梧)의 들에 도망하여, 따르는 무리들(徒黨)이 사방으로 흩어졌다. 요의 무리였던 우(禹)가 순(舜)에게 아버지를 죽인 원한이 있으므로 이에 이르러 그를 추격하여 죽여버렸다. ~~ 이에 우(禹)가 도읍을 옮기고 무리를 모아 방패와 창을 보수하고 유호씨에게 항거하여 자칭 하왕(夏王)이라 하였다.(19장)[111]

(유호씨가 우(禹)에게 타이르기를), 또 그 소위 오행(五行)이라는 것은, 천수(天數)의 이치에 있는 법이 아니다. 즉 방위(方位)의 중앙 5는 교차(交叉)의 뜻이요, 고정되어 변하여 다니지 못함을 이른 것이 아니다. 변하는 것은 1로부터 9까지 모두가 해당하므로, 5는 언제나 중앙에만 있는 것이 아니며, 9수가 모두 윤회하여 율(律)과 려(呂)가 서로 조화를 이룬 후에 만물이 생겨나는 것이니, 이는 기수(基數)를 이르는 것이다. 그 5, 7이 크게 번지는 고리(大衍之環)에 이르면 그 자리가 5에 국한되는 것이 아니고, 또한 4, 7이 될 수 있는 것이다. 또 그 순역(順逆) 생멸(生滅)하는 수리의 돌아가는 윤멱(輪冪)은 4이지, 5가 아니다. 즉 원래의 수(原數)인 아홉 개의 수는 불변하기 때문이다. 또 윤멱이 한 번 끝나는 구간은 2에서 8사이의 일곱 가지 수요, 5가 아니다.(21장)[112]

이어서 유호씨는 우(禹)에게 또 다시 오행의 화를 일으키지 말라고 경고하고 토벌(討伐)에 나섰다. 그러자 여기에 대응하여 우의 아들 계(啓)가 군사를 이끌고 나선 것이다. 우는 기회를 틈타 하(夏)나라를 세워 유호씨에게 복수의 기회만을 엿보고 있다가 죽었다. 마지막으로 그의 아들 계(啓)가 공격에 나선 것이다. 『부도지』 24장에도 계가 대군(大軍)을 이끌고 진격해 왔다고 적고 있다. 이것이 고조선과 하(夏) 사이의 2차 전쟁이다.

'동북아 문화전쟁'의 중심에는 오행과 달력이 있었다

111) "有戶氏曰 五味之災未濟에 又作五行之禍하여 罪滿於地하고 罡蔽於天하니 數事多乖하여 人世困苦라 此不可不正之오 且不知而犯者는 容或誨之로되 知而犯者는 雖至親이라도 不可得恕라하고 乃命次子有象하여 率權士聚衆하여 鳴罪而攻之하니 戰及數年에 遂革其都라 堯死於幽閉之中하고 舜逃於蒼梧之野하여 徒黨이 四散이라 堯之徒禹이 與舜有殺父之怨이러니 至是하여 追擊殺之라~ ~ 於是에 禹이 移都聚群하여 增修干戈而拒有戶氏하고 自稱夏王이러라"(19장)

112) "且其所謂五行者는 天數之理에 未有是法也라 方位五中者는 交叉之意오 非變行之謂也라 變者는 自一至九故로 五者不得常在於中而九者輪回하여 律呂相調然後에 萬物이 生焉하나니 此는 基數之謂也오 至其五七大衍之環則其位이 不限於五而亦有四七也라 且其順逆生滅之輪冪은 四也오 非五也니 卽原數之九이 不變故也라 叉輪冪一終之間 二八之七也오 非五也라"(21장)

과연 ‘오행과 달력을 두고 벌어지는 양국의 역사적 대결’의 진실은 무엇일까? 당시 오행의 문제는 단군조선과 요순우 세력 사이에 벌어진 중대한 이념적이고 역사적인 대결이었음을 짐작할 수 있다. 요즘 말로 보면 ‘이데올로기 전쟁’이었다고 해도 과언이 아니다. 가히 ‘동북아 오행전쟁’이었다. 그 중심에 오행과 달력이 있었다. 『부도지』(24장)와 『사기』(「하본기」) 모두 이 문제를 심각히 생각하고, 비록 정반대의 내용이지만 기록에 남겼다는 데 큰 의의가 있다. 4와 5, 13과 12, 28과 30의 대결이었다.

『회남자』(「제속훈」)에도 묘한 말이 있다. “有扈氏爲義而亡”(유호씨위의이망)이라 했다. “유호씨는 의를 지키려다 망하였다”는 말이니, 과연 유호씨는 『회남자』의 저자인 유안(劉安)의 지적처럼 무언가를 지킨 ‘의인’(義人)이라고 할 수 있다. 중국의 오행에 반대하고 부도역법을 지킨 사람은 유호씨가 있었고, 또 곤(鯀)이 있다. 『사기』에 의하면 우(禹)는 곤(鯀)의 아들이라고 했고,[113] 『금문신고』에는 계(啓)의 아버지는 우(禹)이고, 우의 조상

『사기』『제왕세기』 世系圖(『신주사기』)	유호씨의 호국(扈國)과 감(甘)[115]
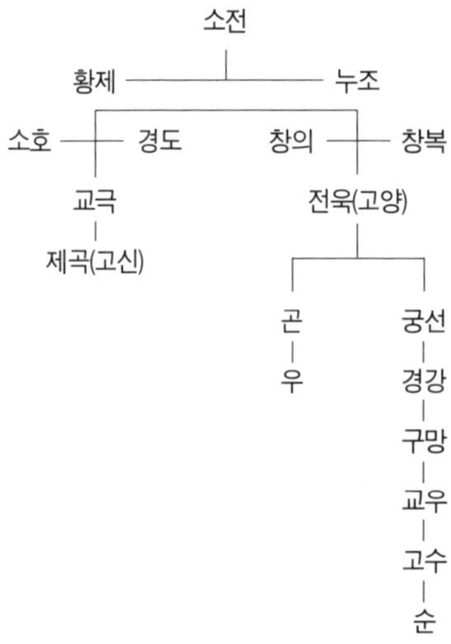	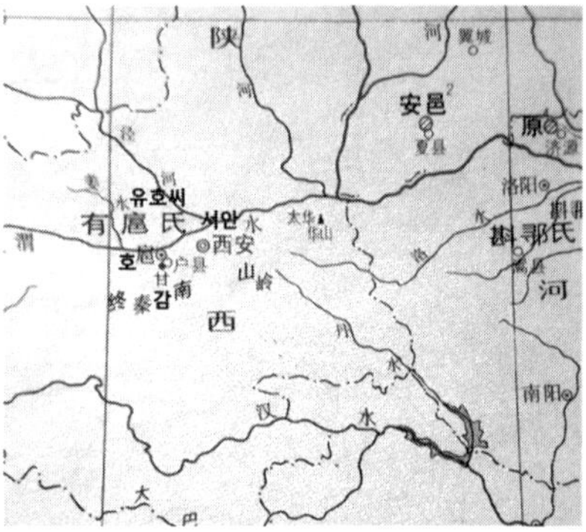

113) 『신주사기』「하본기」, 한가람역사문화연구소, 2020, 13쪽.

은 고신(高辛)이라고 했다.[114] 우(禹)가 전욱의 후손인지는 확실하지 않다.

서안 부근에 있었던 유호씨의 호국(扈國)은 단군조선의 분조(分朝)이다

여기에서 우리는 하와 전쟁을 치른 유호씨의 땅과 그가 싸운 감(甘)땅이 어디인지 알아볼 필요가 있다. 우선 유호씨의 나라에 대해 곽말약의 지도에는 서안(西安) 서쪽 지방인 섬서성 호현(戶縣) 일대로 보고 있고, 마융은 「집해」에서 감(甘)은 유호씨의 남쪽 교외 지방이라고 했고,[116] 『서전』「감서」의 주에는 "감은 지명이니 유호씨 나라의 남쪽 교외이니 부풍군 호현에 있다"[117]고 했다. 이 두 자료를 종합하면 지도상으로 서안의 호현(戶縣) 일대로 거의 일치한다.

그런데 「집해」와 「색은」의 주(注)에는 공히 유호씨의 나라를 '부풍군(扶風郡) 호현(鄠縣)의 호국(扈國)'이라고 나라 이름으로 명기했다. 「정의」주에도 '옹주(雍州) 남쪽 호현(鄠縣)이 본래 하나라의 호국(鄠國)'이라고 했으나, 저자가 보기에 호국(扈國, 鄠國)은 하나라의 제후국이 아니라, 유호씨의 호국(扈國)은 단군조선의 분조(分朝) 또는 거수국(渠帥國)으로 이해할 수 있다. 분조(分朝)란 말은 『단군세기』(「1세 왕검)」에 처음 나타나는데, 분조나 거수국은 단군조선의 통치 형태이다.

왜 유호씨가 호국에 있었나? 단군이 부도를 건설한 태백산이 어디인지는 더 검토해 봐야 하지만(13장), 이곳의 태백산은 현재의 백두산이 아니라, 서안(西安)의 태백산으로 환웅의 신시와 연계해서 생각해 볼 수 있다. 뿐만 아니라 그때까지도 서안 일대는 단군조선의 통치 영역권에 있었다고

---

114) 낙빈기, 『금문신고 (상)』 김재섭 외 역, 한국금문학회, 2020, 31쪽.

115) 곽말약, 『중국사고지도집』 중국지도출판사, 1996, 10쪽.

116) "馬融曰甘 有扈氏南郊地名"(『사기』「하본기」 集解); 『신주사기』「하본기」, 한가람역사문화연구소, 2020, 214쪽.

117) "甘地名 有扈氏國之南郊也 在扶風郡 鄠縣"(『서전』「감서」의 注)

볼 수도 있겠다. 이덕일의 『신주사기』도 유호씨가 동이족일 가능성을 언급했으나[118] 구체적으로 밝히지는 않았다.

조(朝)–당(唐), 조(朝)–하(夏)간의 1차, 2차 전쟁은 유혈 문화전쟁이었다

그럼 이 전쟁의 결과는 어찌 되었는가?

『사기』는 "계(啓)가 유호씨를 멸했다"(遂滅有扈氏)고 했다. 반면에 『부도지』는 "계가 마침내 두려워서 퇴진하고 다시 공격하지 못하자 그 무리가 몹시 분하게 여겼다"[119]고 했다. 결국 유호씨도 이 하군(夏軍)과의 전쟁 후에 호국(扈國)을 떠났다고 했다.

이 전쟁은 자칭 천자(天子) 행세를 한 계의 하나라 대군(大軍)과 단군의 지원을 받은 유호씨와 아들 유상(有象)이 이끈 수천 명의 단군조선군과의 대격돌이었다. 오행을 놓고 싸운 '조(朝)–하(夏)'간의 '오행전쟁'이었다. 대부분 지금 고등학교 국사 교과서는 단군조선의 변방을 찬탈해 들어온 위만(衛滿) 정권과 한(漢)과의 전쟁을 우리 민족 최초의 전쟁처럼 침소봉대(針小棒大)하고 있고, 급기야 단군조선이 이 전쟁으로 기원전 108년에 멸망했다고 엉뚱하게 가르친다.[120] 위만이 망한 것이지 단군조선이 망한 것이 아니다.[121] 단군조선은 이미 북부여로 계승되었던 것이다. 따라서 우리 민족 최초의 전쟁은 단군의 명을 받은 단군조선의 유호씨와 요순과의 전쟁이고, 하나라 계와의 전쟁이 2차 전쟁임을 밝히는 것이다. 우리 민족의 전쟁사가 수정되어야 한다. 영토를 침략하는 전쟁이 아니라 진리를 놓고 벌인 이념전쟁이었다.

유호씨(有戶氏, 有扈氏)는 단군조선의 중신인 고시(高矢)의 친형인 고수

118) 『신주사기』「하본기」, 한가람역사문화연구소, 2020, 214쪽.
119) "啓 遂懼而退陣 不復再擧 其衆 激昻"(24장)
120) 『고등학교 한국사』 비상교육, 2020, 11쪽; 천재교육, 2020, 14쪽; 미래엔, 2020, 14쪽.
121) 『고등학교 한국사』 금성출판사, 2020, 12쪽.

(高叟)의 이름으로 등장한다. 『사기』는 유호씨를 하(夏)나라 분봉국의 제후로 취급하여 단군조선의 역사까지도 빼앗아 갔다.[122]

유호씨의 첫 번째 전쟁은 아들 유상(有象)이 수 년간 싸워 요(堯)의 도읍지인 당도(唐都)를 혁파한 것이다. 이때 요(堯)는 갇혀 있던 중에 죽었고, 순(舜)은 창오(蒼梧)의 들로 도망가다가 우의 추격을 받아 죽었다(19장). 순이 자기 아버지(곤)를 죽인 원수였기 때문에 우가 죽인 것이다.

두 번째 전쟁이 유호씨와 우(禹)의 아들 계(啓)와의 전쟁이다. 정작 우는 유호씨를 두려워했기 때문에 큰 전쟁을 일으키지 않았는데, 우가 죽자 아들이 전쟁을 일으킨 것이다. 실질적인 대전쟁은 유호씨와 계 사이에서 일어난 2차전쟁이다. 『사기』에는 하나라의 계(啓)가 유호씨를 멸했다고 적고 있는데, 『서전』에는 유호씨를 멸(滅)했다는 말이 없다. 전쟁이 끝난 후에 단군왕검은 유호씨의 가족들에게 가르치는 직(敎部 교부)을 주어 살도록 배려하였다.[123]

구분	『부도지』 기록(단군, 유호씨)	비고
1차	〈단군의 사자인 유호씨가 요를 빗대어 지적하기를〉 (요가) 스스로 9수 5중(九數五中)의 이치를 잘 알지 못하고, 중5(中五) 이외의 8수는 그 하나가 나머지 8수를 제어한다고 생각하고 이것이 내(內)로써 외(外)를 제어하는 이치라 하였다. 이에 오행(五行)의 법을 스스로 만들어 제왕의 도를 주창하였다. 인간세상의 두 번째 큰 변(變)이었다(17장)	이때 요(堯)와 순(舜)이 죽었다. −1차 전쟁
2차	〈유호씨가 순에게 꾸짖어 말하기를〉 오미의 재앙이 아직 다 끝나지 않았는데, 또 다시 오행(五行)의 화(禍)를 만들어내니 죄는 땅에 가득하다. 북두성은 하늘을 가리고 수사(數事,역법)가 많이 어그러져 세상이 고통스러워졌다. 이는 가히 바로잡지 않을 수가 없다. 또 알지 못하고 죄를 범하는 자는 혹 용서하여 가르칠 수도 있으나 알고도 죄를 범하는 자	

122) "太史公曰 禹為姒姓, 其後分封, 用國為姓, 故有夏后氏, 有扈氏, 有男氏. 斟尋氏"(『사기』「하본기」)
123) "壬儉氏 聞有戶氏之行 壯其途 使有戶氏之族 就於敎部而居之"(26장)

구분	『부도지』 기록(단군, 유호씨)	비고
2차	는 비록 부자간(至親)이라도 용서할 수가 없다. 이에 아들 유상에게 명하여 수 년 동안 싸워 요의 당도(唐都)를 혁파하였다. 요는 갇혀 있다가 죽고, 순은 도망가다가 우에게 죽었다.(19장)	
3차	〈유호씨가 사신을 보내 우에게 명하기를〉 요는 하늘의 수리(天數)를 잘 몰랐다. 농사짓는 땅을 제멋대로 나누고 천지 이치도 제멋대로 하였다. 기회를 틈타 홀로 제단(獨壇)을 만들고, 사사로이 개나 양을 기르기 위하여 사람을 내쫓고 자칭 제왕(帝王)이 되어 혼자만의 독단(獨斷)에 빠졌다.(20장)	
4차	〈유호씨가 또 우에게 명하기를〉 소위 오행(五行)이라는 것은, 천수(天數)의 이치에 있는 법이 아니다. 즉 방위(方位)의 중앙 5는 교차(交叉)의 뜻이요, 고정되어 변하여 다니지 못함을 이른 것이 아니다. (21장)	
5차	〈유호씨가 또 우에게 명하기를〉 역법의 체제(曆制)는 천수(天數)의 근본을 살피지 못하고, 거북이나 명협의 미물(微物)에서 근본을 취하였으니, 요는 또 무슨 속셈인가. 천지의 만물이 다 수에서 나와 각각 수를 상징하고 있는데, 하필 거북과 명협 뿐이겠는가.(22장)	
6차	〈유호씨가 또 우에게 명하기를〉 대저 요(堯)의 이 세 가지 잘못은 허위(虛僞)의 욕망에서 나온 것이니, 어찌 가히 부도의 참된 실위(實爲)의 도에 비교하여 말할 수 있겠는가.(23장)	
7차	유호씨와 계(啓)와의 전쟁(24장, 아래 참조)	우(禹)가 죽었다-2차 대전쟁

유호씨와 계(啓)와의 대전쟁(고조선 2차 전쟁) 비교

『부도지』 24장	『사기』(「하본기」) 및 『서전』(「감서」)
유호(有戶)씨가 요(堯)의 과거 잘못을 타일러 모든 법(諸法)을 폐지하고 부도로 돌아올 것을 권하였으나 우(禹)가 듣지 아니하고, 도리어 사납게 업신여기는 것(威侮)이라 하여 곧 무리를 이끌고 유호씨를 거듭 공격하였다. 그러나 이기지 못하고, 마침내 모산(茅山) 진지(陣地)에서 죽었다. 이에 하(夏)나라 백성(夏衆)들이 분을 참지 못해 죽기를 원하는 자가 수만 명이었다. 이들은 우(禹)와 함께 치수(治水)에 참여했던 무리들이었다. 이에 우의 아들 계(啓)가 대군을 이끌고, 유호씨의 읍(邑)으로 공격하였다. 유호씨의 군사는 불과 수천이었으나, 하나라 군사(夏軍)는 싸우면 반드시 패하여, 한 번도 이기지 못하였다. 계가 마침내 두려워서 퇴진하고, 다시 공격하지 못하자, 그 무리가 격양되었다. 이에 유호씨가 하나라 백성들이 진리에 눈이 먼 것을 보고 고치기가 더 이상 어렵다고 생각하여 장차 서남제족(西南諸族)을 가르치고자 자기 무리를 이끌고 떠나니, 호국(扈國)의 읍(邑)이 자연히 없어졌다.[124]	하(夏)나라의 임금인 계(啓)는 우(禹)의 아들이다. 그의 어머니는 도산(塗山)씨의 딸이었다. 유호씨가 복종하지 않자, 계가 정벌에 나가 감(甘) 땅에서 크게 싸웠다. 장차 싸우려 할 때 감서(甘誓)를 짓고 육군(六軍)의 장수를 경(卿)으로 임명해 훈계하였다. 계(啓)가 선포했다. "아! 육군(六軍)의 일을 관장하는 사람들이여! 나(啓)는 그대들에게 맹세하노라. 유호씨는 오행을 사납게 업신여기며(威侮五行) 삼정을 태만하게 저버렸다. 하늘이 그의 천명을 끊으려고 한다. 지금 나는 삼가 하늘의 벌을 받들어 공격하려고 한다. 좌군(左軍)이 왼쪽의 적을 공격하지 않고, 우군(右軍)이 오른쪽의 적을 공격하지 않는 것은 그대들이 천명을 받들지 않는 것이다. 말을 모는 병사들이 말을 잘 몰지 못하는 것도 그대들이 천명을 받들지 않는 것이다. 천명을 잘 받드는 사람은 선제(先帝)의 위패 앞에서 상을 받을 것이나, 천명을 받들지 않는 사람은 사직의 위패 앞에서 죽일 것인데, 그 처자까지도 죽을 것이다." 마침내 계가 유호씨(有扈氏)를 멸했다. 천하의 제후들이 다 조회(알현)에 들었다.[125]

124) "有戶氏이 如是叮嚀告戒하여 勸廢諸法而復歸於符都하니 禹이 頑强不聽하고 反爲威侮라하여 乃率衆攻有戶氏 數次하다가 未勝하고 竟死於茅山之陣하니 於是에 夏衆이 悲憤하여 願死者數萬이라 此盖與禹治水之徒也라 禹之子啓이 率此大軍하고 進擊有戶氏之邑하니 有戶氏之軍은 不過數千이라 然이나 夏軍이 戰則必敗하여 一無擧績하니 啓이 遂懼而退陣하여 不復再擧하니 其衆이 激

요는 포도를 따먹어 오미의 변을 일으킨 지소씨(支巢氏)의 후예이다

위 글에서 보듯이 우(禹)가 유호씨의 훈계를 위모(威侮)로 받아들였고, 또 아들 계(啓)가 유호씨에게 오행을 위모(威侮)케 했다고 성토하고 나섰

부도지 장명	사건명	내용
5장	오미의 변(變)	지소씨가 지유를 먹지 않고 포도의 열매를 먹었다.
6장	폐문철멱(閉門撤羃)	마고성의 문을 폐쇄하고 멱을 거두다.
7장	지소씨의 1차 출성(出城)과 황궁씨의 복본 고별사	지소씨가 부끄럽게 여겨 먼저 성을 나가 숨다. 또 2차로 출성하는 자들이 나오다. 법을 어긴 자들을 성 밖으로 내보내고 복본의 기회를 주다.
8장	마고성 분거(分居)결정	모든 마고성 사람들이 사방으로 출성(出城)하고, 천부를 신표로 나누어 갖다.
9장	마고대성 보수(補修)와 지축의 이동	모든 종족이 밖으로 나간 후에 마고가 마고대성을 보수하고 청소하자 지축의 변화가 생기다.
13장	임검씨(단군왕검) 부도건설	태백의 밝은 땅 꼭대기에 천부단을 짓고 사방에 보단을 설치하다.
17장	요(堯)의 배반과 오행의 변(變)	요는 1차로 마고성을 나간 사람들의 후예였다. 요가 단군의 부도를 배반하고 5중(中)을 내세워 부도의 역법을 어기는 두 번째 큰 변이 일어난다 (이하 18~23장으로 이어짐)

昴이러라 於是에 有戶氏이 見夏衆之爲聾盲하고 以爲不可速移라하여 將欲敎西南諸族하여 率其徒而去하니 其邑니 自廢라"(24장)

125) "夏后帝啟, 禹之子, 其母涂山氏之女也, 有扈氏不服, 啟伐之, 大戰於甘, 將戰, 作甘誓, 乃召六卿申之, 啟曰: 「嗟! 六事之人, 予誓告女: 有扈氏威侮五行, 怠棄三正, 天用勦(초)絕其命, 今予維共行天之罰, 左不攻于左, 右不攻于右, 女不共命, 御非其馬之政, 女不共命, 用命, 賞于祖; 不用命, 僇于社, 予則帑僇女」遂滅有扈氏, 天下咸朝"(『사기』「하본기」)

다. 공교롭게도 위모(威侮)라는 말이 두 문헌에 공통으로 들어있는 것이 기이하다. 그리고 위 글 중에 도산(塗山)이라는 지명이 나온다. 계(啓)의 모가 '도산씨'의 딸이라고 했다. 도산은 부루의 도산회합과 관련하여 중요한 곳이다. 그리고 한 가지 우리가 명심해야 할 것은 유호씨는 왜 끊임없이 요순우에게 부도로 돌아오라고 설득하고, 또 설득하는 것일까? 그에게 주어진 이 숙명같은 사명은 무엇이라는 말인가? 이유는 요(堯)가 마고성을 1차로 떠난(퇴출) 후손 중의 한 사람이었기 때문이다.[126]

특히 포도를 따먹어 오미의 변을 일으킨 백소씨 족의 지소씨(支巢氏) 일파의 후예였던 것이다. 5장에서는 지소씨와 그 사람들이 포도를 먹고 신성(神性)을 잃는 타락의 과정을 설명하고 있고, 6장에서는 이때부터 열매를 먹는 습관을 금지하고 살피는 법을 내놓고, 마고께서 마고성의 문을 폐쇄하고 멱(冪)을 거두는 폐문철멱(閉門撤冪)의 조치를 취한다. 이어 7장에서는 지소씨가 마고성을 나갈 수밖에 없는 과정과 타락을 회복하는 복본의 조건을 황궁씨가 제시하며 마지막 고별을 한다.

> 이에 사람들이 원망하고 타박하니, 지소씨가 크게 부끄러워 얼굴이 붉어져서 권속(眷屬)을 이끌고 성을 나가 멀리 가서 숨어 버렸다. 또 포도의 열매를 먹는 습관이 생긴 자와, 스스로 하지 않고 금지하는 법을 만들어 놓고 이를 지키고 살피는 사람들도 모두 어긴 자들로서 역시 모두 성을 나가 이곳저곳으로 흩어져 갔다. 이에 황궁씨가 그들의 실상을 불쌍하게 여겨 고별(告別)하여 말하기를, "여러분의 미혹(迷惑)함이 너무 커서 본성과 본모습(性相)이 변하고 이질화되었으므로 어찌할 수 없이 성 안에서 같이 살 수가 없게 되었소. 그러나 스스로 수증(修證)하기를 열심히 하여 미혹함을 깨끗이 씻어 남김이 없으면 자연히 복본(復本)될 것이니, 노력하고 노력하시오"라고 하였다. (7장)[127]

126) "是時에 陶堯이 起於天山之南하니 一次出城族之裔也라" (17장)

단군은 부도를 배반한 하토(夏土)의 중국을 불쌍히 여기다

비록 요(堯)가 부도의 오행을 업신여기고, 단군조선의 달력을 거부해도 마고성의 후예라는 이유 하나 때문에, 단군은 유호씨로 하여금 요와 그의 백성들이 부도의 품으로 돌아오도록 타이르고 설득하고, 때로는 전쟁까지 불사했던 것이다. 아직도 유호씨가 맡은 복본의 사명은 끝나지 않았다. 황궁씨는 인류에게 세 가지 과제를 주었다. 자면수증(自勉修證), 청제혹량(淸濟惑量), 자연복본(自然復本)이다. 이것을 이룰 때까지 단군의 사명은 끝나지 않은 것이다.

○ 자면수증(自勉修證): 스스로 힘써 천성을 닦고 닦아 밝게 드러내라.

○ 청제혹량(淸濟惑量): 어리석음이 빚은 흐트러진 마음을 남김없이 깨끗하게 다스려라.

○ 자연복본(自然復本): 근본을 되찾고자 노력하면 자연히 복본을 성취하리라.

인류의 복본 대상은 진리에서 멀어진 우리 자신이며, 마지막 구제의 대상은 타락의 후손인 요(堯)였다. 그러나 단군이 당대에 요와 그 후손들을 다 구제하지 못했고, 이로 인해 26장에서는 단군왕검이 미래를 내다보며 하토(夏土)를 심히 걱정하여 해혹복본(解惑復本)의 도(道)[128]를 닦았다. 또 부루씨는 부호(하늘기호)를 읍루씨에게 전하고 산으로 들어 갔고, 읍루씨(가륵)가 도탄에 빠진 하족(夏族)을 불쌍히 여기고, 그들에게 부도가 더럽혀지자 천부단을 봉쇄하였다.[129]

---

127) "於時에 人世ㅣ怨咎하니 支巢氏ㅣ大恥顔赤하야 率眷出城하야 遠出而隱이라. 且氣慣食萄實者와 設禁守祭者ㅣ亦皆出城하야 散去各地하니 黃弓氏ㅣ哀憫彼等之情狀하야 乃告別曰 諸人之惑量이 甚大하야 性相變異故로 不得同居於城中이라 然이나 自勉修證하야 淸濟惑量而無餘則自然復本하리니 勉之勉之하라."(7장)

128) "是時에 壬儉氏이 甚憂夏土之形勢하야 遂入山專修解惑復本之道러라 壬儉氏之子夫婁氏繼受天符三印하고 證天地之爲一理하며 人生之爲一族하야 大興父祖之道하고 普行天雄之法하야 專念人世證理之事러라"(26장). 해혹복본(解惑復本): 모든 어리석음을 풀고 근본으로 돌아감.

요(堯)와 하족이 부도의 정신을 배반했다는 말은 그들이 세계를 '지배'의 대상으로 놓고 다스린다는 점에 있다. 요는 본래 백소씨의 일파였던 지소씨의 무리였고, 백소씨는 파미르고원의 서쪽으로 넘어가 중동과 서양문화의 뿌리가 되었다. 요(堯)가 보여준 무리한 권력욕은 "생육하고 번성하여 땅에 충만하라, 땅을 정복하라, 모든 생물을 지배하라"는 중동의 종교문화와 쌍둥이 같다. 오늘날 세계 56개 민족을 묶어서 다스리는 것도 이와 다르지 않다. 아래에 '임검씨'가 등장한다. 우리가 지금까지 불러 온 '단군왕검'과 동일 인물이다. 어원상으로는 '임검'이 왕검보다 오래된 말이다. 천부의 7천 년 역사는 읍루씨의 봉쇄로 실질적으로 마감되었다.

임검씨가 후천(後天)의 말세의 초에 태어나 사해의 장래를 미리 살피고 부도(符都) 건설을 시범하니, 천 년 사이에 그 공업(功業)이 크게 이루어졌다. 이에 이르러 천부(天符)의 전해짐이 끊어지고 마고에서 나와 분거(分居)한 이래로 황궁씨(黃穹氏), 유인씨(有因氏), 환인씨(桓因氏), 환웅씨(桓雄氏), 임검씨(壬儉氏), 부루씨(夫婁氏), 읍루씨(浥婁氏)의 7세(世)에 천부가 전해진 것이 7천 년이었다. (26장)[130]

따라서 우리가 전수받을 해혹복본(解惑復本)의 도(道)는 마고성에서 인류가 미혹에 빠진 것과 하토에서 부도가 더럽혀진 이유를 깨닫는 데 있다. 우리가 마고본성을 잃게 된 것은 '오미의 변'에서 알 수 있듯이 인간이 자기의 '안이비설신의'에 의존하였기 때문이다. 마고성을 에덴동산에 비유

129) "夫婁氏傳符於子浥婁氏하고 入山이라 浥婁氏生而有大悲之願하야 繼受天符三印하고 哀憫夏族之陷於塗炭之中하고 悲痛眞理墜於詐端之城하야 遂封鎖天符於明地之壇하고 乃入山專修復本之大願하야 百年不出하니 遺衆이 大哭이라"(26장). 부루씨가 전해 준 부(符)가 가림토 38자의 모형이 되었을 것이다.

130) "壬儉氏이 生於後天末世之初하야 豫察四海之將來하고 示範符都之建設하니 千年之間에 其功業이 大矣至矣라 至是符傳이 廢絶하니 麻姑分居以來 黃 · 因 · 桓 · 雄 · 儉 · 夫 · 婁七世傳七千年이라"(26장).

하기도 하지만, 그 결과는 다르다. 이제 감각기관의 노예가 되지 말고 내면의 천성과 신성을 회복하여 단군이 복본했던 것처럼, 지상에 마고본성(麻姑本城)을 함께 재건하는 일이 우리의 사명이라고 본다. 아울러 유호씨를 통해 단군왕검(임검씨)이 당대에 이루지 못하고 미완으로 남겨 놓은 하족(夏族)의 구제 즉 오늘의 중국을 가르쳐 함께 살라는 것이 우리가 넘겨받을 수밖에 없는 또 하나의 과제가 아닌가 생각한다.

인물	요(堯)	단군(檀君, 임검씨)
조상	백소씨족의 지소씨	황궁씨
이상세계	당도(唐都)구현	부도(符都)재건
실천방도	패권(霸權)정치	화백정치
지방정치	제후국(주종관계)	거수국(渠帥國: 위탁 분권형)
목표	지배 복종	홍익 복본(復本)
주의	9족 친목주의	사해동포주의
기본수리	2와 5 (5진법)	3과 4 (10진법)
오행	5토중(土中)	토은중론(土隱中論)
관계	수직적	수평적
역법	12월 30일	13월 28일
계승	순(舜)과 우(반대자 단주)	부루와 가륵(협력자 유호씨)
비고 (결과)	요는 순에게 배반을 당해 갇혀 있다가 죽음 순은 곤(鯀)을 죽인 이유로 우(禹)에게 보복을 당해 죽음	부도를 배반한 하토(중국땅)를 심히 걱정하여 해혹복본의 도를 닦다가 입산함 읍루가 천부를 막아놓고 입산함

마지막 복본에 함께 할 나라는 오늘의 중국이다

여기에 우리 민족의 시대적 사명이 있다고 『부도지』는 암시해 주고 있다. 지금으로부터 120년 전 최해월은 중원(中原, 중국)에 들어가서 그들을 가르칠(교화) 때가 되어야 포덕천하를 달성하리라고 내다보았다.[131] 왜 일본도 아니고 미국도 아니고 중국일까? 중국이 요순의 후예들이기 때문이다. 본래부터 중원의 요순은 단군의 평화주의를 반대하고 침략노선으로 대응했다. 당시 고조선에 대한 하족(夏族)의 무리한 전쟁은 자기 백성들에게는 원성의 대상이었다. 요순 이래 전쟁에 속아온 백성들의 쌓인 원한과 단군을 도와 대동세계를 이루려다 죽은 요의 아들 단주(丹朱)와 그와 함께 희생된 동이족들의 원한을 동시에 풀어 줄 때가 되었다.[132] 그러기 위해 우리는 평화의 후예들과 함께 아시아의 평화 지키기에 연대해 나서야 할 것이다.

4500년 전 조(朝)－하(夏)의 관계나 지금의 한(韓)－중(中) 관계가 다르지 않다. 앞으로 세계 평화의 대세는 한－중관계로 최종 귀결된다. 중국이 바른 평화의 길로 들어서도록 우리 한국이 인도해야 한다. 아시아의 평화 지키기에 북한도 협력해야 할 것이다. 또 카자흐스탄과 우즈베키스탄, 몽골, 인도네시아 등도 우리에게 협조하도록 선린관계를 잘 유지해야 할 것이다. 우리에게 아시아를 넘어 세계사적 사명이 있다는 말은 우리의 행한 일에 대하여서만 아니라, 남이 잘못한 불의(不義)도, 세계의 잘잘못도 천손의 장자인 우리가 짊어진다는 자각에서 나온 것이다.[133] 이러한 자각은 요(堯)도 같은 천손이지만 우리가 복본을 서약한 장자 황궁씨의 후예라는 점이다. 그리고 우리에게는 세계 유일의 혈구(穴口)의 땅, 강화도 '참성단'이 있기 때문이다. 그래서 성배(聖杯)의 민족이 될 수 있다.

---

131) "吾道는 至於中原布德之時라야 能達布德天下矣리라"(『해월신사법설』「15 개벽운수」). 포덕천하(布德天下)란 온 세상에 하늘의 어짊과 사랑을 펴는 것. 현대적으로는 '영구적인 평화 세계'를 구축하는 것을 의미한다.

132) 안경전, 『증산도의 진리』 상생출판, 2015년판, 350～351쪽.

133) 함석헌, 『성서적 입장에서 본 조선역사』 성광문화사, 1950, 266쪽; 『뜻으로 본 한국역사』 한길사, 1983, 326쪽.

부도의 역법은 1328, 13월 28일, 364일이다

⑥ [본문번역]

천도(天道)가 돌고 돌아, 종시(終始)가 있고, 종시가 또 돌아, ~~차차 중력(中曆)과 대력(大曆)에 미쳐서, 이수(理數)가 곧 이루어지는 것이다.(23장)[133-1]

▶ [해설] 아래 별항에서 설명함.

마랑(馬郞)들이 사해 평화를 지키려는 유업을 실행하다

⑦ [본문번역]

천부는 거의 잊혀지고 혹 그것을 아는 사람이 있어도 다 변해서 저마다 소리(말)가 다르니 마랑(馬郞, 화랑)들의 원행(遠行)이 어려워 목숨을 잃는 사람들이 많았다. 그러나 마랑(馬郞)들이 만리 원행에서도 능히 복본의 굳은 뜻을 가지고 고난을 극복하여 사명을 완수하였다. 그 기풍과 인격이 진실로 호탕하고 고매(豪邁)하였다. 장하게 귀환하면 반드시 직책(職責: 職事)을 주어 임명하여, 천문(天文)과 지리(地理)와 역수(曆數)와 박물(博物)을 공부하게 하였다. 이는 마고성 이래 선세(先世)에 사해(四海)가 서로 평화롭게 교통(交通)한 것을 본받아 지금 세상도 평화롭게 하기 위해 하나의 법에 맞추려는 유업이었다.(30장)[134]

133-1) "天道回回 自由終始 終始且回 ~~如是終始 次及於中大之曆而理數乃成也"(23장)

134) "然이나 馬郞者이 萬里持節하야 能勵勁志하고 克除百難하야 遂行使命하니 其風度이 眞豪邁也러라 壯而歸還則 必任職事 하야 修天文地理曆數博物하니 此則先世이 通和四海하야 一準人世之遺業也라"(30장)

마고성은 사해의 인류가 하늘과 한 몸으로 살았던 부도의 근원이다

▶ [해설]

말을 타고 다니는 20세의 화랑들을 마랑이라고 한다.

즉 마랑들은 천산을 비롯한 옛 조상들의 역사의 땅을 직접 밟아보고, 천부의 얼을 체득하기 위해 원행을 다닌 것이다. 마고의 도(麻姑之道)와 천부의 리(天符之理)를 설파해도 알아듣는 사람이 없었을 것이다. 이미 유호씨도 그런 쓰라린 체험을 한 바 있다(25장). 그래서 먼 길을 나가도 동지, 동류의 의식을 가진 자들을 만날 수 없었기에 마랑의 원행은 고통이었다. 그래도 난관을 극복하고 돌아온 마랑들은 천문과 역수를 배울 수 있었다.

『부도지』는 원형으로 돌아가는 것을 복본(復本)이라고 한다. 근본으로 돌아가 '본래의 성품을 회복'(7장)하는 것이다. 복본의 제1의 목표는 마고성의 원상(原狀)을 회복하는 것이다. 마고성의 정신을 회복하는 것이다. 구체적으로는 마고성에서 공급하는 지유(地乳)를 먹으며, 자재(自在) 자율(自律)하고, 율과 려가 조화를 이루는 생활상이다. 그리고 마고성의 천수(天數)를 따르는 것이다. 천수란 13월 28일의 역법이며, '9수 5중(中)'을 내외가 평등하게 하며, 삼정(三正)을 바르게 하는 것이다. 끝으로 천부단(天符壇)을 수호하고 경배하는 일이다. 마고대성은 성(城)중의 성이므로 본성(本城)이라고 칭할 수 있다.

그런데 가장 큰 잘못은 미혹에 빠진 것이다. 어리석음과 욕심이 만든 모든 미혹(迷惑)을 풀어야 한다. 그래서 이를 해혹복본(解惑復本: 26장)이라 한다. 고구려에서는 이를 다물(多勿)이라고 했던 것 같다. 단순히 옛 땅을 되찾는 것만이 다물의 전부는 아닐 것이다. 마고성 즉 사해의 인류가 하늘과 한 몸으로 살았던 부도의 땅을 회복하는 동시에 그 하나 되는 정신을 회복하여 다시 사해의 평화(四海通和)를 이루는 것이다. 그 정신을 다른 말로 표현하면 '자재율' '하나 됨' 또는 '자연대로'이다. 이를 『노자』 6장의

'현빈지문(玄牝之門)'으로 해석하면,[135] '하늘어머님'은 마고이며, 그 입은 마고대성과 같다.

그러므로 마고의 법, 즉 부도의 법은 하늘의 이치를 밝게 틀림없이 증명하여 사람들로 하여금 바르게 믿게 하는 것이며, 각자가 맡은 바 일을 열심히 하여 스스로 복을 받게 하는 것이다(20장).

단군조선의 철학은 허실과 금목수화이며, 토는 그 중에 숨어 있다

여기서 다시 생각해 보아야 할 것은 오행의 범주 문제이다.

앞의 17장을 설명할 때 본 것처럼 요(堯)가 '오행의 변'을 일으켰다고 했다. 마고성 안에서는 '오미의 변'이 일어났는데, 단군의 부도 안에서는 오행의 변이 일어났다. 전자는 인간의 감각적인 탐욕에서 발생했다면, 후자는 사회적인 지배욕에서 발생한 것이라고 본다.[136]

지금 우리가 쓰고 있는 목·화·토·금·수의 오행론이 토가 중심이 되는 것은 요(堯)가 만든 것이었다. 그러면 단군조선에서 만든 부도의 오행은 무엇인가? 금·목·수·화의 사행을 중시했지만 토를 제외한 것은 아니다. 토는 이미 그 사행 안에 포함(包含)되어 있기에 '토와 사행'이라고 부를 수 있다.

『부도지』 3장에 등장하는 첫 사행은 기(氣)·화(火)·수(水)·토(土)였다. 이때는 마고의 짐세가 끝나고 후천이 시작하는 때의 사행을 의미한다. 왜냐하면 이때는 기(氣)가 만물을 창생(생성)하는 중이기 때문에 목과 금은 아직 등장하지 않았다. 이런 점을 『부도지』의 저자는 잘 알고 있었다. 홍대용의 다음 글은 오행을 정확히 인식한 것이다.

135) 류영모, 『노자』 박영호 옮김, 두레, 1998, 41쪽, 류영모의 해석: 곡신(谷神)을 '하느님'으로 현빈지문(玄牝之門)을 '하늘 어머님의 입'이라 했다.

136) https://www.youtube.com/watch?v=eKIy-hhnokw&t=637s(단군자손 TV)

> 대저 화(火)는 태양이요, 수(水)와 토(土)는 땅이다. 목(木)과 금(金) 따위는 해와 땅의 기(氣)로 말미암아 생성하는 것이니, 당연히 이 3자(화 · 토 · 수)와 더불어 병행될 수 없는 것이다. 하늘이란 맑고 허한 기(氣)가 끝없이 가득한 것인데, 자그마한 지구 세계의 움직임을 가지고 이 지극히 맑고 지극히 허한 데 비겨 논할 수 있겠느냐? 이래서 하늘은 기(氣)뿐이요, 해는 불(火) 뿐이며 땅은 물(水)과 흙(土)일 뿐임을 안다. 만물(萬物)이란 기의 찌꺼기[糟粕]이고 불의 거푸집[陶鎔]이며 땅의 군살[疣贅]인 것이다. 이 세 가지 중 하나만 없어도 조화가 이뤄질 수 없다는 것을 어찌 의심하겠느냐?[137)]

만물 창생기에 가장 주도적인 역할을 하는 것은 앞에서 지적한 대로 기(氣)였다. 그 중에 기 · 화 · 수 · 토가 기본이라는 홍대용의 지적은 마치 『부도지』를 본 것처럼 탁견을 제시한 것이다. 물론 목과 금은 수 · 화 · 토와 차원을 달리한다. 수 · 화 · 토는 자연이 준 것이지만, 목과 금은 인간의 필요에 의해 선택된 것이다. 그렇다고 하여 그 가치가 결코 낮은 것은 아니다. 하지만 기는 목을 낳고, 토는 금을 낳은 다음에 스스로 퇴장하는 자연의 숨은 법칙을 홍대용은 몰랐던 것이다.

『부도지』는 음양을 특별히 언급하지 않았으나, 음양과 같은 역할은 '허(虛)와 실(實)'이 맡았다. 허달성, 실달성이 그것이다. 허는 보이지 않는 허공, 형이상학, 도(道)이고, 실은 눈에 보이는 실상, 형이하학, 기(器)이다. 음양으로 보면, 허는 음이고, 실은 양이고, 수리로 보면 허는 양수이고, 실은 음수이다.

송래선은 실달을 색(色)과 기(器)로, 허달을 공(空)과 성(性)으로 설명하

137) "夫火者日也, 水土者地也, 若木金者, 日地之所生成, 不當與三者並立爲行也 且天者, 淸虛之氣彌滿無際, 其可以蕞爾地界之噓吸, 擬議於至淸至虛之中乎, 是知天者氣而已, 日者火而已, 地者水土而已, 萬物者, 氣之粕糟, 火之陶鎔, 地之疣贅, 三者闕其一, 不成造化, 復何疑乎" 홍대용, 『담헌서』 내집 4권 「毉山問答」: https://db.itkc.or.kr/dir/

부도지 장명	사건명	내용
3장	역수(曆數) 시작	역(水域)이 변하여 지계(地界)가 되는 것이 여러 번 거듭되고 상하로 움직이던 것이 바뀌어 회전하면서 비로소 역수(曆數)가 시작되었다.
4장	역수(曆數) 조절	열두 사람의 시조는 각각 성문(城門)을 지키고 (성문마다 3명씩), 그 나머지 자손은 울림소리(響象)를 나누어 관리하고 수증(修證)하니, 비로소 역수(曆數)가 규칙적으로 조절되었다.
9장	역수(曆數) 차이	지계(地界)의 무게 중심(重心)이 변하여 역수(曆數)에 차이가 생기니 처음으로 삭(朔)과 판(昄)의 현상이 있었다.
11장	환웅 역법제정	환웅씨가 돌아와 8개 지방의 소리(말)와 2개의 글(八音二文)을 다듬고, 역법(曆法)을 정하고 의약(醫藥)을 다듬으며 천문(天文)과 지리(地理)를 저술하여 홍익인세(弘益人世)하였다.
17장	요(堯) 오행과 역의 변(變)	요가 명협(蓂莢)이 피고 지는 것을 보고, 신의 계시라 착각하여 그것으로 30일 역(曆)을 만들고 천부(天符)의 이치를 폐하여 부도(符都)의 역(曆)을 버리니, 이는 인세 2차의 큰 변(變)이었다
22장	요 역법의 화(禍)	요의 잘못된 역법(曆法)으로 인한 화(禍)가 장차 천세(千世)의 진리에 나쁘게 미칠 것이니, 두렵기만 하구나.
23장	역수(曆數)의 완성	성수, 법수, 체수로 인해 종시가 차차 중력(中曆)과 대력(大曆)에 미쳐서 역의 이수(理數)가 완성되는 것이다.

고,[138] 실달수 9층, 허달수 13층을 원방각으로 간합(間合)과 부합(符合)으로 말하며 수리에 전혀 새로운 의미 부여를 했다.[139]

138) 송래선, 『금척 천부경』 천부도원, 2006, 97쪽.
139) 송래선, 『금척 천부경』 천부도원, 2006, 171쪽 이하.

4. 단군조선 부도철학의 토(土)와 사행(四行)

1) 요(堯)의 5토 중앙화에 대한 부정

『부도지』는 '금 · 목 · 수 · 화 · 토' 중에서 토의 중앙집중화를 부정한다. 다름 아닌, 금과 토는 그 성격이 모자(母子) 관계인데, 왜 구별하느냐는 것이 21장에서의 문제 제기였다. 그러니까 금 · 목 · 수 · 화로 할 경우 어머니격인 토가 숨는다. 그러니까 근본적으로 토를 부정하는 것은 아니다. 설령 요(堯)가 토를 사용한다 하더라도 토의 중앙집중화, 그리고 그것의 권력화를 반대한다는 것이다.

저자가 말하려는 것은 오행의 퇴장(退場)에 관한 것이다.

본래 앞의 3장에서 말한 대로 기(氣)가 화(火) · 수(水) · 토(土)와 있는데, 이 기가 주체적(1)으로 만물을 생성하지만 화 수 토(3)와 함께 생성하기 때문에 자기 소유를 주장하지 않는다. 이것이 1+3논리이다. 마치 『노자』 51장처럼 "생(生)하면서도 소유하지 않고, 되게 해주면서도 기대지 않으며, 자라게 하면서도 다스리려고 하지 않는다. 이것을 일러 현덕이라고 한다"[140]라는 현덕(玄德)의 역할이 곧 기인 것이다. 1+3이 생성한 첫 번째 산물은 목(木)이다.

기는 자기 소유라고 주장하지 않을 뿐만 아니라, 무대에서 퇴장한다. 기가 퇴장하여 뒤에 남고, 앞에 나온 것은 화(火) · 수(水) · 토(土)인데, 기의 자리에 목이 추가된다. 그래서 새롭게 '목 · 화 · 수 · 토'가 된다. 기가 퇴장하면 기는 영원히 사라지는 것인가? 아니다. 기는 이미 모든 만물 속에 내재해 있다. 그렇기 때문에 사행에서 기의 역할은 밖으로 더 이상 드러날 필요가 없는 것이다. 이는 처음에 기가 주도할 때는 전체와 부분이 혼돈된 상태로 섞여 있다(이것이 카오스)가 다시 기가 나가면서 기 자체가 부분으

140) "生而不有 爲而不恃 長而不宰 是謂玄德"(『노자』 51장)

로 변하는 과정과 같다.[141]

요(堯)는 5토(土)를 이용해 왕권을 수직적으로 이용하려는 속셈이었다

그러면 목(木) 다음에 기가 창조한 실체는 무엇인가? 기화(氣化) 작용으로 세상에 새롭게 등장한 것은 금(金)이다. 기가 토와 만나 땅 속에 있는 금(金)을 만들어 밖으로 드러낸다.

이렇게 하여 금(金)·목(木)과 화(火)·수(水)·토(土)가 만나 오행이 된다. 이처럼 우리가 오행을 말할 때 금과 목을 앞에 두는 것은 마지막에 생성되었기 때문이다. 우리가 일반적으로 말하는 '금·목·수·화·토'는 처음의 '기, 수, 화, 토'가 이런 과정을 거치면서 새로 정립된 것이다.

그런데 이 오행을 놓고 단군조선의 단군과 요(堯)는 생각을 달리한다. 우선 요는 오행 중에 토(土)를 중시하려고 한다. 토를 낙서에 따라 5토 중앙에 넣겠다는 것이다. 그러나 단군은 중앙에 5토가 들어가는 것을 반대한다. 끝끝내 요는 '금, 목, 화, 수'에 '토'를 잔류시키려 고집한다. 이것이 17장에서 말한 대로 부도를 어긴 요의 '자작오행법'(自作五行法)이다. 요(堯)는 토를 끌어들여 자기의 왕권을 강화하는 독재체제의 구축에 활용할 의도였던 것이다. 5토(土)를 수직적인 권력화(權力化)에 이용하려는 속셈이다. 다음 구절을 보겠다.

> 또 그 배성지물(配性之物)은 금(金) 목(木) 수(水) 화(火) 토(土)의 다섯 중에서 금(金)과 토(土)를 왜 따로 구별하는가. 그 약간의 차이 때문에 구별을 하고자 한다면, 기(氣) 풍(風) 초(草) 석(石) 따위는 어찌 같이 들지 않는가. 그러

141) 김상일 교수와의 줌zoom화상회의(2021.2.16.) 김 교수는 서양에서는 1+3, 1+4 같은 사고가 나올 수 없다고 했으며, 전체가 부분이고, 부분이 전체라는 한사상과 일맥상통하다고 했다.

> 므로 다 들자면 수가 한이 없는 것이요, 엄밀히 들자면 금 목 수 화 혹은 토 목 수 화의 넷이요, 다섯이 되는 것이 아니다. 더욱이 그 물성(物性)을 어떤 이유로 수성(數性)에 억지로 짝지우는가? 수성지물(數性之物)은 그 원수(原數)가 9요, 5가 아니다. 그러므로 5행의 설은 참으로 황당무계한 말인 것이다. 이로써 하늘의 이치를 밝히는 일(證理)로 속이고 미혹하게 하여(誣惑) 곧 하늘의 재앙(天禍)을 만드니 어찌 (오행의 화를) 두려워하지 않을 것인가(21장).[142]

이와 같이 고조선은 '금 · 목 · 수 · 화' 또는 '목 · 화 · 수 · 토'를 말한다. 그러나 『부도지』의 저자는 둘 중에 어느 것인지 선택하지 않았다. 금은 토가 생하였기 때문에 둘이 중복해서 나올 필요도 없지만, 토는 숨게 된다. 그래서 단군은 5토를 중시하는 요(堯)의 수직적 오행설 자체를 이론적으로 황당무계하다고 비판하고, 나아가 그로 인해 하늘의 재앙이 미칠 것을 경고한다. 오행 중에 토가 뒤로 물러서고 수평적으로 운행해야 한다는 것이다. 저자는 여기서 단군조선의 독자적인 '부도철학'(符都哲學)이라는 관점에서 서술하고자 한다. 사행과 오행의 차이가 극명하고, 거기에는 철학적 사유가 포함되어 있기 때문이다.

단군조선의 부도철학은 (1)+4 이다

부도철학에서 말하는 태초의 사행은 '기 · 화 · 수 · 토' 였다.

나중에 기(氣) 대신에 목(木)이 들어가 1차 변동이 생긴다. 앞에서 설명한 대로 기의 기화(氣化)로 식물이 무성해졌기 때문에 목이 바야흐로 사행

142) "叉其配性之物은 金木水火土 五者之中에 金土를 如何別立乎아 以其小異로 亦將別之則氣風草石之類는 豈不共擧耶아 故로皆擧則無數也오 嚴擧則 金木水火 或 土木水火之四也오 不得爲五也라 尤其物性은 由何而配於數性乎아 數性之物은 其原이 九也오 非五也라 故로 五行之說은 眞是荒唐無稽之言이니라 以此로 誣惑證理之人世하야 乃作天禍하니 豈不可恐哉아"(『부도지』 21장)

의 하나가 된 것이다.

따라서 사행의 변천 순서는 '기 · 화 · 수 · 토' → '목 · 화 · 수 · 토'이며, 이제 금(청동)의 발견으로 대전환점을 맞이하게 되었다. 이것이 2차 변동이다. 토가 퇴장하고 그 자리에 금이 들어가 '목 · 화 · 수 · 토'가 '금 · 목 · 화 · 수'로 변해간 것이다. 부도철학은 '목 · 화 · 수 · 토'가 '금 · 목 · 화 · 수'로 변한 것을 그대로 받아들였다.

그러면 부도철학은 왜 토가 빠지고, 금이 추가되는가? 토와 금 중에서 하나가 퇴장한다면, 토생금(土生金)의 이치에 따라 금이 남고 토가 물러나게 된다. 이것이 마고의 어머니 정신이다. 토도 기처럼 이미 모든 만물 속에 내재화되어 현덕의 역할을 하기 때문이다. 『부도지』의 저자가 21장에서 결론을 내리지는 않았지만, 저자가 요약한다면 부도의 사행은 결국 '금(金), 목(木), 수(水), 화(火)'로 귀결되지만, '토'는 뒤로 숨는다고 본다. 이것이 부도철학의 요체인 것이다. 이를 수식으로 표현하면 (1)+4이다.

그러면 토는 어찌 되는가? 우리가 윷을 놓을 때 네 가락을 던지지만, 윷이 나오는 경우의 수는 언제나 다섯이다. 도 · 개 · 걸 · 윷까지만 있어도 윷놀이가 가능하지만, 앞을 전면적으로 부정하는 또 다른 '모'가 나와서, 도 · 개 · 걸 · 윷 · 모가 된다. 윷놀이는 젖혀진 것으로 도 · 개 · 걸 · 윷을 셈하다가 일시에 엎어지면 모가 된다. 모는 윷 네 가락 속에 이미 들어있기 때문에, 모를 위해 윷 한 가락을 더 만들 필요가 없는 것과 같다. 금(金) · 목(木) · 화(火) · 수(水)의 4물성(物性)이 서로 수평적 관계를 맺고 있고, 그 안에 토가 들어있다는 것이 단군조선의 부도철학이었다. 다만 토는 괄호( ) 안에 숨어 있게 된다. 과거에 기(氣)가 그랬던 것처럼 이제는 토가 5행의 전체를 안에서 포함하고 있는 것이다.

이때 가운데 있는 토(土)의 자리는 고조선의 경우 하늘(天)을 모시는 자리와 같다. 토(土)자의 'ㅣ'이 하늘(하느님)을 상징한다. 그래서 4행도 되고 5행도 되고 경우에 따라 6행도 되는 변화가 무궁한 것이다.

중앙 5토를 고정시키는 것은 홍익인간 정신에 어긋난다

다음은 물성과 수성에 대해 알아보고자 한다.

부도철학은 수를 1.6수라 하고, 화를 2.7화라고 하는 것과 같이 물성(物性)을 수성(數性)에 억지로 짝 지운 것을 반대한다. 그래서 근원의 수는 1~9인데, 5 하나에 고정시키려는 요순우의 오행설은 중앙에서 독재를 하는 것이기 때문에 황당한 것이라고 비난한다. 그것은 홍익인간 정신에 어긋나기 때문이다. 1~9는 기본수로서 5행의 1 · 6수(水), 2 · 7화(火)에서 나온 수가 아니라는 말이다. 또 1수가 5를 얻어 6이 되었다는 것도 아니고, 2화가 5를 얻어 7이 되었다는 것도 아니다. 1 · 6수, 2 · 7화가 아니어도 부도역법에는 147성수, 258법수, 369체수 등이 있다. 이에 대하여는 다음 항에서 설명할 것이다. 다음은 소강절의 표현이다.

> 하늘에는 오신(五辰)이 있으니 일월성신(日月星辰)이 하늘과 더불어 다섯이 되고, 땅에는 오행이 있으니 금목수화(金木水火)가 땅(土)과 더불어 다섯이 된다.[143]

우리가 일월성신 속에 이미 하늘이 포함돼 있기 때문에 별도로 하늘을 말할 필요가 없는 것처럼, 오행도 금목수화 속에 이미 땅이 포함되어 있기 때문에 별도로 토를 말할 필요가 없는 것과 같다. 김상일이 '토는 오행의 전체 자체'[144]라는 말과 같은 의미이다. 소강절은 본래 수화토석(水火土石) 4수를 주장한다. 금(金)은 석(石)[145]에서 나오고, 목(木)은 토(土)에서 나온다. 그렇다고 토가 홀로 주인이 되는 것도 아니다. 중앙 (토)자리는 부도에

143) "天有五辰 日月星辰 與天而爲五 地有五行 金木水火 與土而爲五" (『황극경세』「관물외편」8)
144) 김상일, 『부도지 역법과 인류세』 동연, 2021, 340쪽.
145) 석기시대에는 당연히 석(石)을 내세우고, 청동기시대에는 금(金)을 내세우게 된다.

서 하늘처럼 늘 비어 있기 때문에 금(金), 목(木), 화(火), 수(水)가 자기 역할을 하면 되는 것이다. 결코 중앙 5토는 고정 불변이 아니라는 것이 부도 철학이 갖고 있는 원만성, 평등성이라고 본다.

단군은 같은 마고성의 후예로서 요순이 부도 앞에 통일되길 바랐다

따라서 소강절이 말한 '금목수화(金木水火)가 땅(土)과 더불어 다섯이 된다'는 말은 중국식 표현이 아니라 우리 부도철학을 그대로 인용한 것처럼 보인다. 1(토)+4의 논리인 것이다. 이는 소강절이 정확하게 '(1)+4'의 5행을 개념화 한 말이다. 토를 분리해서 중앙에 독립시키려는 사고가 중국식 5황극의 논리라면, (1)+4처럼 서로 떨어질 수 없이 함께 만들어가는 포함의 논리는 단군조선의 부도철학인 것이며, 여기에서 13월 28일이 나온다. 이런 단군조선의 부도철학은 중국의 1인 왕조정치와 다른 단군조선의 화백(和白)정치와 공화(共和)정치의 모태가 되었다. 부도철학이 화백정치로 구현되었다고 할 때,[146] 우연의 일치인지는 몰라도, 오늘날 동북아는 화백정치를 이어온 민주체제와 5황극을 추종하는 통제체제로 귀결되어 대립하고 있다. 이런 비참한 결과를 단군은 예측했을까? 단군이 지루하리만큼 요순을 끝까지 설득하려 한 것은 동북아가 같은 천손으로서 부도의 천부단 앞에 '동북아 부도공동체'로 동귀일체(同歸一體)하기를 간절히 염원하였기 때문일 것이다. 그것이 진정한 홍익인간이다. 지금도 이 천업(天業)은 한국과 중국과의 관계로 이어지고 있다.

본래 단군조선의 오행설이 부루를 통해 우(禹)에게 전해졌다

한편 신채호는 『조선상고사』의 「부루(夫婁)의 서행(西行)」에서 단군조

146) 박제상, 『선도문화의 근원 부도지』 선교, 4349(2016), 199쪽.

선의 오행에 대해 언급한 바 있다. 『조선상고문화사』에도 비슷한 내용이 나온다.

『고기(古記)』에 가로되, '단군왕검이 아들 부루를 보내어 하우(夏禹)를 도산(塗山)에서 만났다' 고 하였고, 또 『오월춘추(吳越春秋)』에도 이와 비슷한 기록이 있으니 "당요(唐堯) 때에 9년 동안 홍수가 져서 당요가 하우(夏禹)에게 명하여 이를 다스리라 하더니, 우(禹)가 8년 동안이나 공을 이루지 못하고 매우 걱정하여, 남악(南嶽)·형산(衡山)에 이르러 흰 말(白馬)을 잡아 하늘에 제사드려 성공을 빌었는데, 꿈에 어떤 남자가 스스로 '현이(玄夷)의 창수사자(蒼水使者)'라 칭하면서 우(禹)에게 '구산(九山) 동남쪽 도산(塗山)에 신서(神書)가 있으니, 석 달 동안 재계(齋戒)하고 그것을 꺼내 보라' 말하므로, 우가 그 말에 따라 금간옥첩(金簡玉牒) 신서를 얻어 오행통수(五行通水)의 이치를 알아 홍수를 다스려 성공하고, 이에 주신(州愼)의 덕을 잊지 못하여 정전(井田)을 제정하고 율도량형(律度量衡) 제도를 세웠다" 고 하였다.[147]

이 구절을 요약하면 현이(玄夷)의 창수사자가 곧 단군의 부루이며, 부루가 도산에서 우(禹)를 만나 삼신오제교(三神五帝教)의 일부인 오행설을 전하고 치수의 방법을 일러주었다는 내용이다. 물론 『오월춘추』에는 부루의 이름은 나타나지 않고, 단지 우가 창수사자의 말을 듣고 석달 동안 재계 후에 금간옥서(金簡玉書)의 신서(神書)를 받아 통수(通水), 즉 치수(治水)의 원리를 스스로 알아냈다고 날조하고 있다.[148]

147) 신채호, 『조선상고사』「부루(夫婁)의 서행(西行)」; 『조선상고문화사』「팽오의 치수와 중국과의 관계」.

148) "禹傷父功不成, 循江, 泝河, 盡濟, 甄淮, 乃勞身焦思以行, 七年, 聞樂不聽, 過門不入, 冠挂不顧, 履遺不躡, 功未及成, 愁然沉思, 乃案黃帝中經曆, 蓋聖人所記曰: 在于九山東南天柱, 號曰宛委, 赤帝在闕, 其巖之巓, 承以文玉, 覆以磐石, 其書金簡, 青玉為字, 編以白銀, 皆瑑其文, 禹乃東巡, 登

신채호는 본래 단군조선의 오행설이 부루를 통해 우(禹)에게 전해진 것으로 보고 있고, 그들의 정전제나 도량형 제도도 단군조선의 것을 모방한 것으로 보았다. 그들이 금간옥첩을 신서(神書)로 미화한 것을 보면 선진적인 치수 원리 즉 오행설이 적혀 있었기 때문일 것이다. 신채호는 이 신서에 실린 내용이 무엇인가에 대해, 현재 전하는 『서전』의 「홍범」편 앞부분(一五行 등)일 것으로 추정했다. 문제는 오행설 그 자체가 아니라 이를 악용하는 것이다.

부루가 도산(塗山)에서 우(禹)에게 조선의 오행치수법을 전수하다

우리의 『단군세기』에는 매우 자세하게 실려 있다. 단군왕검 재위 50년(BCE 2,284년)에 단군조선에 홍수가 났다. 단군은 풍백과 팽우에게 명을 내려 홍수가 범람하자 치수사업을 맡겨 백성을 편안하게 했다. 그로부터 17년 후 역시 물을 다스리지 못해 어려움에 처해 있던 우(禹)에게 조선의 치수법을 전수해 주기 위해 단군은 부루를 통해 '도산회합(會于塗山) 소집령'을 내렸다. 당시는 순(舜)이 단군의 제후에 해당하였고, 우(禹)는 사공(司空)의 직책을 맡고 있었다. 태자 부루가 우(禹)에게는 하늘같은 존재였다. 신채호는 「홍범」의 천내석우홍범구주(天乃錫禹洪範九疇: 하늘이 우에게 홍범구주를 내려주셨다)에서 천(天)을 단군으로 본다. 주석 석(錫)에는 하사(下賜)하다는 뜻이 들어있다. 단군왕검이 우에게 하사했다는 말이다. 그 당시 '단군이 동방의 하늘'이었다는 인식을 갖지 않으면 우리 상고사는 해명되지 않는다.

衡嶽, 血白馬以祭, 不幸所求, 禹乃登山仰天而嘯, 因夢見赤繡衣男子, 自稱玄夷蒼水使者, 聞帝使文命于斯, 故來候之, 「非厥歲月, 將告以期, 無為戲吟」故倚歌覆釜之山, 東顧謂禹曰: 「欲得我山神書者, 齋於黃帝巖嶽之下三月, 庚子登山發石, 金簡之書存矣」禹退又齋三月, 庚子登宛委山, 發金簡之書, 案金簡玉字, 得通水之理"(『吳越春秋』「越王無余外傳」)

재위 67년 갑술년(BCE 2,267년) 단군께서 태자 부루를 파견해 순(舜)이 보낸 우(禹)사공을 도산에서 만나게(會于塗山) 하였다. 태자가 오행치수의 법을 전하고 국경을 따져 확정하니 유주(幽州)와 영주(營州)가 우리에게 귀속되었다. 회수(淮水)와 대산(岱山) 지역의 제후를 평정하고 분조(分朝)를 두어 다스리되 순(舜)에게 그 일을 감독케 했다.(『단군세기』 1세 단군왕검)[149)]

단군왕검은 부루로 하여금 사공(司空) 벼슬을 하고 있던 우(禹)를 통해 치수의 방법을 가르쳐 주게 하였고, 그 대가로 양국 사이의 국경을 확정하며 영토를 넓혔다. 또한 회대 지역에 분조(分朝)를 두는데 그 감독 임무를 순(舜)에게 맡겼다고 했다. 『서전』(「순전」)에 지우대종(至于岱宗) 사근동후(肆覲東后)라고 했다.[150)] 이는 대종(태산)에 이르러 마침내 동쪽 임금을 알현하였다는 말이다. 이 근(覲)자는 알현하다는 뜻이고, 후(后)는 제후가 아니고 임금이라는 뜻이다. 순이 알현한 그 분이 누구이겠는가? 단군이다.

이런 요순우가 단군조선에 노골적으로 반발을 하기 시작한 것은 9년 대홍수 이후로 볼 수 있다. 가장 극치를 이룬 때는 우의 아들 계(啓)가 유호씨를 토벌하겠다고 나선 때로 보인다.

우는 부루를 만났던 도산에서 장가들어 아내를 맞이했다

그런데 『사기』(「하본기」)에는 9년 대홍수 기간에 치수를 못한 곤(鯀)을 처형하고, 그 아들 우(禹)가 즉위하였다고 했으나 누가, 어떻게 치수를 다스렸는지에 대하여는 아무 말이 없다. 소위 중국 정사(正史)에는 부루와

149) "甲戌六十七年 帝遣太子扶婁與虞司空會于塗山 太子傳五行治水之法 勘定國界幽營二州屬我 定淮岱諸侯 置分朝以理之 使虞舜監其事"(『단군세기』 1세 단군왕검)

150) "歲二月에 東巡守하사 至于岱宗하사 柴하시며 望秩于山川하시고 肆覲東后하시니 【五玉과 三帛과 二生과 一死贄러라】 協時月하사 正日하시며"(『서전』「舜典」)

우의 역사적인 도산회합(會于塗山)에 관하여는 어디에도 기록이 없다. 단군의 선진 문물을 받아들인 것이 부끄럽다고 생각한 것일까? 그러나 이번에 저자가 처음으로 도산이라는 곳이 우(禹)의 처가가 있는 곳일 뿐만 아니라 우의 치수와 직접적으로 관계되는 지명임을 찾아냈다. 도산이라는 지명이 『한서』(「외척전」 상)와 『사기』에 나온다. 과거에 제왕이 일어날 때는 외척(外戚)의 도움이 있었는데, 우의 하(夏)나라가 일어난 것도 도산에 사는 외척의 도움이 있었다고 했다.[151] 당사자인 우도 『사기』(「하본기」)에서 말했다.

> 저는 도산씨(塗山氏)의 딸에게 장가들어 나흘 만에 집을 떠나 계(啓)를 낳았어도 기르지도 못했습니다. 그래서 치수(水土: 治水)사업의 공로를 성취할 수 있었습니다.(「하본기」)[152]

『열녀전』은 BCE 1세기경 인물인 유향(劉向)이 쓴 이름 있는 책인데, 같은 내용이다.

> 계(啓)의 어머니는 도산씨(塗山氏)의 장녀이다. 우(禹)가 아내로 맞으니 왕비가 되었다. 아들 계를 낳고 4일째(신–임–계–갑) 되는 날에 아이는 우는데도 우는 치수(治水)를 위해 집을 나섰다. 오로지 흙 쌓는 일에만 공력을 다해 집 앞을 세 번 지나가도 대문 안에 들어가지 않았다.[153]

이와 같이 공히 우=도산=치수의 3박자를 잘 연결시켜 주고 있다. 그럼에도 중국 정사에는 도산=치수=부루(단군)의 기록을 누락시켜 왔다. 그

151) "蓋亦有外戚之助焉, 夏之興也以塗山"(『한서』「外戚傳」 상)
152) "禹曰:「予(辛壬)娶涂山, [辛壬]癸甲, 生啓予不子, 以故能成水土功"(『사기』「하본기」)
153) "啓母者, 塗山氏長女也, 夏禹娶以為妃, 既生啓, 辛壬癸甲, 啓呱呱泣, 禹去而治水, 惟荒度土功, 三過其家, 不入其門, 塗山獨明教訓, 而致其化焉"(유향劉向 『列女傳』「啓母塗山」)

리고 『오월춘추』(「월왕무여외전」)에도 우가 도산에서 장가들었고, 아내를 맞이하니 이름이 여교(女嬌)라고 했고[154], 『월절서』(「외전기지전」)에도 도산은 우가 아내를 맞이한 산으로서 현(縣)에서 50리 거리에 있다고 했다.[155] 결론적으로 우(禹)는 도산에서 치수공사 중에 그곳에 살던 아내를 맞이한 것이다.

중국이 숨긴 '도산회합(會于塗山)'을 『단군세기』가 기록에 남겼다

따라서 도산에서 부루를 만나 치수법을 전해 받을 가능성은 얼마든지 열려 있다. 「집해」에서 공안국(孔安國)은 도산을 '나라이름(國名)'이라고 했다. 그렇다면 도산국(塗山國)은 단군조선의 지방 거수국(渠帥國)일 수밖에 없다. 윤내현에 의하면 거수란 지방을 위탁 받아 다스리는 추장을 의미한다. 단군이 태자를 남의 나라에 보낼 리가 없을 뿐만 아니라, 하(夏)의 제후국이었다면 사마천이 이를 빠뜨릴 수가 없었을 것이다. 도산은 후에 회계산(會稽山)으로도 불렸고, 지금의 상해(上海) 북쪽이라고 하지만 논란은 여전하다. 그때는 홍수 때문에 가장 안전한 곳을 택해 부루가 방문했을 것이다.

따라서 유일하게 '도산회합(會于塗山)'을 기록한 『단군세기』는 더 이상 의심의 여지가 없는 역사적 사건을 기록한 것이다. 그럼에도 중국은 이 기록을 숨겼다. 오히려 도산(塗山) 운운한 『단군세기』가 중국 정사에 없는 내용을 실었다는 이유로 학계로부터 위서(僞書)의 표적이 되고 있다는 것이 놀랍다. 아울러 「번한세가」(상)에도 수토(水土)의 이치로 홍수를 다스리도록 전했다는 구체적인 내용까지 전하고 있다.

---

154) "禹因娶塗山, 謂之女嬌"(『吳越春秋』「越王無余外傳」)
155) "塗山者, 禹所取妻之山也, 去縣五十里"(『越絶書』「外傳記地傳」)

『세종실록』은 태자 부루가 우(禹)를 알현했다고 거꾸로 적었다

그러면 우리 국내 문헌의 기록은 어떠할까?

우선 『세종실록』(「지리지」 평양)에 나오는 구절이다.

> 단군이 당요(唐堯)와 더불어 같은 날에 임금이 되고, 우(禹) 때에 이르러 도산(塗山)에서 회의가 있자, 태자(太子) 부루(夫婁)를 보내어 조회하게 하였다.[156]

이 문헌에도 우, 도산, 부루가 공히 등장한다. 그러나 잘 읽어보면, 주객이 전도되어 있다. 우가 소집한 회합에 단군이 부루를 보내 알현(謁見)한 것처럼 서술하고 있다. 손님(우)을 도리어 주인으로 모시는 사대주의의 전형을 보여준다. 이후에 나온 모든 문헌은 이 구절을 앵무새처럼 복창하고 있다. 조선 말기에 이르러서는 사대주의 극치를 보여준다. 『정조실록』의 내용이다.

> 대체로 옛 삼대(三代)시대에 도산(塗山)에서 봉건(封建)을 받고, 대동강을 황하수에 비유했으며, 토지에는 정전(井田)의 제도가 남아 있고, 세속에는 팔조(八條)의 가르침이 전하고 있다.[157]

도산이라는 지명이 훗날에는 우리가 중국에 가서 제후국으로 봉건을 승인 받아오는 곳으로 전락하였다. 통탄할 일이다. 이보다 더 야속한 것은 최근에 나온 『왕조실록』 번역자들의 주석을 보면 가관이라는 점이다. 이들이

---

156) "檀君與唐堯同日而立, 至禹會塗山, 遣太子夫婁朝焉"(『세종실록』 154권, 「地理志」 平安道 平壤府)

157) "蓋昔三古之世, 執壤於塗山, 比河於浿水, 地留九井之制, 俗傳八條之敎"(『정조실록』 정조 22년 4월 19일)

진정 대한민국의 학자들인가? 아니면 중국에서 번역 용역을 받은 사람들인가? 원문이 잘못되었으면 주석이라도 바로 잡아야 하는 것이다. 『왕조실록』을 대하기가 부끄럽다.

〈『왕조실록』 번역자들의 관련 주석들〉158)

○ 봉건(封建): 하우씨(夏禹氏)가 도산(塗山)에서 천하 제후들을 조회 받을 적에, 우리 고조선(古朝鮮) 단군(檀君)의 아들 해부루(解夫婁)가 태자 시절에 그곳에 참여하여 고조선의 봉건을 받아왔다는 전설에서 온 말이다.

○ 대동강 황하수: 주 무왕(周武王)이 기자(箕子)를 조선에 봉하였는데, 기자는 팔조(八條)의 가르침을 베풀어 예의를 숭상하는 풍속을 일으키니, 백성들이 이를 기뻐하여 대동강을 황하(黃河)에, 영명령(永明嶺)을 숭산(崇山)에 각각 비유하여 임금의 덕을 칭송하고 안녕을 빌었다는 고사에서 온 말이다.

○ 토지 정전(井田): 주 무왕 때 조선에 온 기자(箕子)가 중국 고대의 정전(井田)제도를 조선에 실시했던 일을 말한다.

우리에게는 좀 부끄러운 일이지만, 고종의 밀사였던 선교사 호머 헐버트는 "기록에 따르면, 하의 시조 우왕이 단군조선에게 중국 땅에 범람한 물을 다스려 줄 것을 부탁하자, 단군은 아들 부루를 사신으로 보내 치수에 도움을 주었다고 한다. 이는 기원전 2,187년에 있었던 일이라고 한다"159)라고 적고 있다. 만족스럽지는 못하지만 그래도 주객(主客)을 바꾸어 서술하지는 않았다. 헐버트는 제3자이지만 이런 역사적 상황을 객관적으로 판단한 것 같다.

---

158) 독자님들도 직접 찾아보시라: http://sillok.history.go.kr/id/kva_12204019_002

159) 박찬영 · 정호일, 『한국사를 보다』(1), 리베르스쿨, 2011, 108쪽.

2) 초기 사행론과 부도역법의 기초

단군조선 부도철학의 중요성은 달력으로 구체화 될 때 의미가 있다. 윷가락 4개로 도 · 개 · 걸 · 윷 · 모의 5를 만드는 절묘함이 부도역법에 있는 것이다.

중국의 양계초(梁啓超)는 "음양오행설은 2천 년 이래 미신의 대본영"[160] 이라고 혹평하였고, 고힐강(顧頡剛)은 "오행은 중국인의 사상률(思想律)이고, 중국인의 우주 계통(系統)에 대한 신앙이며, 2천여 년간 그것은 매우 강한 세력을 형성하였다"[161]라고 폭로성 견해를 내놓았다. 최근 오행을 학술적으로 연구한 유소홍(劉篠紅)은 『예기』(「제법」)에 나오는 제사를 받는 백신(百神) 중에서 토 · 목 · 화 · 수가 분리되어 나온 것은 자연물을 자기 토템의 의식으로 간주한 데 근거가 있다고 보았고, 청동기시대에 금속의 출현으로 토 · 목 · 화 · 수 · 금 및 기(氣)가 인류의 밀접한 자연물에서 숭배의 대상이 되었다고 보았다.[162] 이처럼 그는 오행의 출발을 토 · 목 · 화 · 수의 4요소로 보았다. 범육주(範毓周), 호후선(胡厚宣) 등도 원시 오행설의 시원은 사방(四方)과 사방풍(四方風)에서 나왔다고 보았다.[163]

목(木)과 금(金)이 출현하여 오행을 변화시키다

이런 4요소의 사행(四行)관에 중대한 변화가 일어난다.

앞에서 부분적으로 논의된 것을 종합적으로 다시 정리해 보겠다.

『부도지』 3장에서 말한 태초에 있었던 '기 · 화 · 수 · 토'[164]의 관계는 아

160) "陰陽五行說, 爲二千年來迷信之大本營"(梁啓超 『陰陽五行說之來歷』 1923); 유소홍, 『오행이란 무엇인가』 송인창 · 안유경 옮김, 심산, 2013에서 재인용.

161) "五行, 是中國人的思想律, 是中國人對於宇宙系統的信仰 ; 二千餘年來, 它有極強固的勢力 (「五德終始說下的政治和歷史」)"(顧頡剛 『古史辨(第五冊,下)』上海古籍出版社 1982, 404쪽)

162) 유소홍, 『오행이란 무엇인가』 송인창 · 안유경 옮김, 심산, 2013, 28~33쪽.

163) 宋玉波 「陰陽五行說的發展演變與中華民族思維方式的基本形成」 『管子学刊』 2011, 2期, 51~59쪽.

직 사람이 출현하기 전의 상황이다. 이때 처음 출현한 것이 목(木)이다. 목의 출현은 만물세계의 번성을 의미한다. 목은 지상의 식물을 대표한다. 그만큼 대지(토)는 풍요롭게 되었다. 목이 출현하여 산소를 만들자 사람이 태어나게 된다. 나무의 용모는 사람과 같다.[165] 나무가 사람을 상징한다. 나무가 이후에 출현할 사람의 모습을 미리 보여주고 있다. 목이 등장하면서 사행은 오행이 된다. '목 · 기 · 화 · 수 · 토'가 그것이다. 그러나 기(氣)는 만물을 대표하여 목(木)이 등장하였기 때문에 목에게 그 자리를 양보하고 물러난다. 이것이 기의 퇴장이다. 기는 언제나 시공을 초월하여 존재하기 때문에 자리를 필요로 하지 않는 것이다. 그리하여 오행은 다시 '목 · 화 · 수 · 토'로 변하여 사행이 된다.

목(木) 다음에 출현하는 오행의 하나가 바로 금(金)이다.

금은 전적으로 인간이 선택한 오행의 하나다. 목이 땅을 뚫고 나오자, 이제는 토가 금을 토해낸다. 『춘추원명포』에 말하기를, '토는 토(吐)하는 것'이라고 했다.[166] 『설문해자』에도 토가 금을 낳으니 토(土) 자가 들어있고, 토(土) 자 양 옆의 점 두 개는 금이 흙 속에 들어있는 형상이라고 했다.[167] 정작 오행보다는 오색(五色)을 먼저 설명하고 있다. 쇠에는 다섯 가지 색이 있는데 모두 금이라고 통칭했던 것이다. 따라서 금이란 모든 쇠를 의미한다. 금(金)은 석(石)의 연장선에 있고, 석기시대 다음에 금속시대가 왔는데, 오행에 금(金)이 추가된 것은 청동기와 금문이 인류에게 직접적인 영향을 주었기 때문일 것이다.

---

164) 희랍의 철학자 엠페도클레스(BCE 483~435년)는 만물의 근원으로 수, 화, 토, 공기의 4요소를 제기했다.

165) 소길(蕭吉) 『五行大義』 김수길 윤상철 역, 대유학당, 1998, 24쪽.

166) 소길(蕭吉) 『五行大義』 김수길 윤상철 역, 대유학당, 1998, 6쪽.

167) "五色金也, 黃為之長, 久薶不生衣, 百鍊不輕, 従革不違, 西方之行, 生於土, 従土; 左右注, 象金在土中形 ; 今聲, 凡金之屬皆従金"(『설문해자』 권15)

단군조선의 부도철학은 4이면서 5이다

그런데 토가 기의 도움을 받아 토생금(土生金)으로 금(金)을 냈다.

하지만 자기는 물러나고 그 자리에 금이 들어간다. 토(土)가 기의 퇴장처럼 자기도 퇴장한다. 토는 그 자리에 부동(不動)으로 남아 있는 것이지 어디로 없어지는 것이 아니다. 기는 우주의 전체이면서도 퇴장하여 도리어 부분으로 남고, 토는 땅위의 전체이면서도 도리어 부분으로 남는다. 그러면서 중앙을 독차지하려고 하지 않고 서로의 평등을 견지한다. 이것이 사람다움이 깃든 '사람 성(性)'의 천칙(天則)이다. 그래서 '금 · 목 · 화 · 수 · 토'로 변하지 않고, 토가 퇴장하여 '금 · 목 · 화 · 수'로 사행을 유지한다. 토는 4덕을 싸고 있어 밖으로 드러나지 않기에 토의 본체가 허와 실을 겸하고 있다고 말한다.[168] 실(實)할 때는 오행이지만, 허(虛)할 때는 사행인 것이다. 4비(非) 5비(非)이다. 4도 아니고 5도 아니다. 4이면서 5이다. 토는 숨어서 중간자 역할을 한다. 이것이 저자가 말하는 '토의 은중론(土隱中論)'이다. 마치 자기를 드러내지 않는 부자현(不自見: 『노자』 72장)과 같다. 오늘날 우리가 오행에만 익숙하여 사행(四行)이라는 명칭이 좀 어색해 보이지만 부도철학은 오행이면서 사행인 것이다.[169] 그래서 (1)+4이다.

이처럼 전체가 자기를 고집하지 않고 부분으로 돌아가는 사행의 체계가 단군조선의 부도철학이다. 이것이 중국식 시각이 아닌 우리의 시각이다. 김상일은 토의 이런 역할을 포함(包含)과 포함(包涵)으로 구별하여 설명한다.[170] 전체와 부분을 분리하지 않고 전체가 자기 자신의 부분 안에 포함(包含)되는 것을 토(土)로 본 것이다. 그래서 토(土)는 부도철학에서 보일 듯

168) "土苞四德, 故其體能兼虛實"(소길(蕭吉)『五行大義』「第二辨體性」 김수길 윤상철 역, 대유학당, 1998, 24쪽)

169) "土在四時之中, 處季夏之末, 陽衰陰長, 居位之中, 總於四行"(『五行大義』「第二辨體性」 김수길 윤상철 역, 대유학당, 1998, 22쪽)

170) 김상일, 『부도지 역법과 인류세』 동연, 2021, 184, 53쪽.

말 듯하다. 토는 오행 중의 하나이면서 오행 그 자체이면서 전체이기 때문이다. 부도철학은 21장에서 보듯이 기본적으로 수성(數性)보다는 물성(物性)을 중시한다. 물이 차갑고 윤택함을 본성으로 하고, 불이 뜨겁고 치열함을 본성으로 한다면, 그대로가 물이요, 불이라는 것이다. 공연히 물과 불을 1.6, 2.7로 가두지 말라는 것이 부도철학이다.

하도의 5 · 10중토	낙서의 구궁과 5중토	부도철학 토와 사행
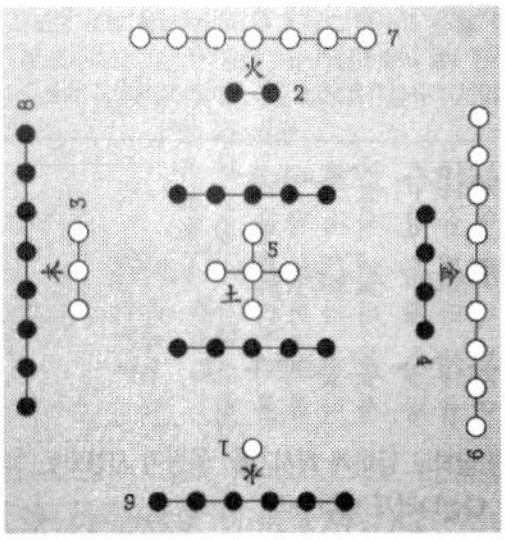	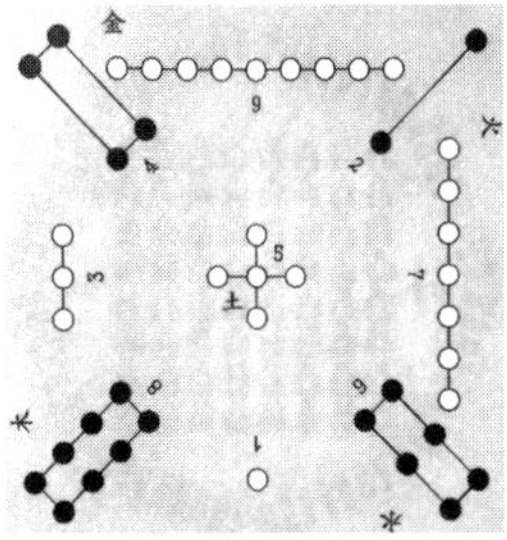	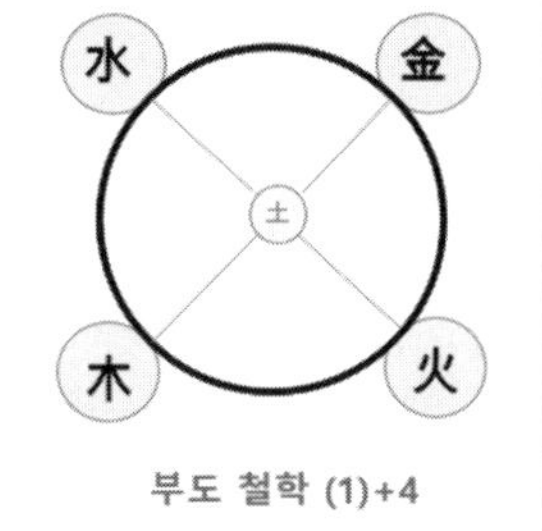

부도철학은 '우주의 소리'에 근원한다

왜 그런가? 부도철학은 소리를 중요시한다. '우주의 소리'에 근원하여 나온 것이기 때문이다. 본래 우주의 네 가지 본음은 기음, 화음, 수음, 토음이었다. 소리의 세계에서는 5보다 4를 더 중시한다. 5중창보다는 4중창을 더 선호하고, 우리의 풍물도 '사물(四物)놀이'이지 오물(五物)놀이가 아닌 것과 같다. 사물놀이에 기경결해(起景結解)라는 말이 있다. 이를 우리말로 풀면, '내고, 달고, 맺고, 푼다'는 뜻이다.

예컨대, 꽹과리가 '양(陽)의 양(陽)[태양]', 징이 '양(陽)의 음(陰)[소양]', 장구가 '음(陰)의 양(陽)[소음]', 북이 '음(陰)의 음(陰)[태음]'으로 대별될 수 있다. 이런 요소들의 질적 혹은 양적 대립의 구조화 과정에서 탄생한 것이 그레마스의 기호학적 사각형이라고 말할 수 있다. 기호학적 사각형에서

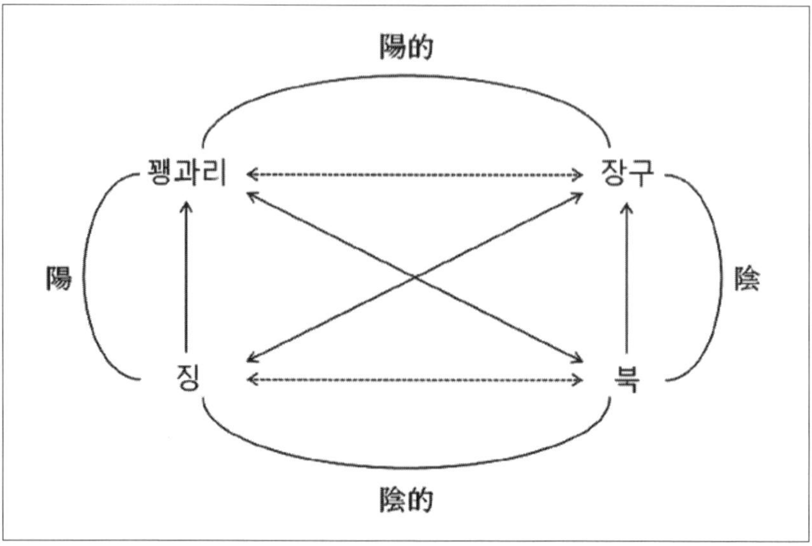

그레마스 기호학적 사각형과 사물놀이 악기의 음색

각 모서리의 위치를 차지하는 행위소들은 하나의 완결된 요소로서의 특징을 가지며, 이 각각의 행위소들이 관계를 가짐으로써 의미를 창출하게 되고, 이것이 심층구조를 거쳐 표층구조로 드러나는 것으로 이해할 수 있는데, 사물놀이에 사용되는 네 가지 악기의 음색을 중심으로 그레마스의 기호학적 사각형에 대입해 보면 다음과 같은 적용이 가능하다고 한다.[171)]

이런 소리의 조화는 참으로 중요한 의미를 지니는데, 부도철학의 사행도 이와 같은 소리를 근원으로 삼아 나온 것을 알 수 있고, 또 '금 · 목 · 화 · 수'는 물성(物性)에 관계된다는 것을 알 수 있다.

단군조선은 오가(五加)와 화백(和白)으로 나라융성을 이루다

그러나 요(堯)는 단군조선의 부도철학의 요체인 '금 · 목 · 화 · 수'에 퇴

---

171) 여상범, 『사물놀이의 텍스트언어학적 분석』 고려대학교 대학원(석사논문), 2014, 35~36쪽.

장한 토를 다시 넣어서 '금 · 목 · 화 · 수 · 토'를 만들었다. 그리하여 나름의 오행론을 정립하였다. 요(堯)는 토를 주체로 한 오행의 이론을 빌려 5중(中)을 주장하며 소위 왕권 중심의 1인 독재정치로 나아간다. 그러한 1인 독재정치는 왕도(王道)정치라는 이름으로 무마되고, 선양(禪讓)이라는 이름으로 미화되었다. 요가 잘못 뿌린 씨인 5중(中)의 허상(虛像)이 오늘까지 이어지고 있다. 오늘날에는 공산독재로 명맥을 잇고 있다. 그 부작용의 후유증은 어디까지 갈지 모른다. 동북아의 재앙이 인류적 재앙으로 번지지 아니할까 우려된다.

반면에 '금 · 목 · 화 · 수'로 (1)+4의 오행론을 정립한 단군조선의 부도철학은 오가(五加)체제와 화백(和白)정치로 1인 독재를 방지해 왔다. 그래서 단군조선에는 선양이라는 말이 필요가 없다. 단지 21세 소태 단군 때 한 번 선양이 논의된 적이 있으나 성사되지 않았다.

오늘날 우리가 세계 민주주의의 꽃이라 불리는 것도 결코 우연이 아니다. 화백은 만장일치제이다. 신라에도 있었지만, 그 이전인 치우시대에 이미 여론을 하나로 통일하는 여중의일귀(與衆議一歸)[172]라는 화백제도가 있었던 것이다. 그것이 가능한 것은 5중(中)에 치우치지 않고, 전체와 하나를 같이 볼 수 있었기 때문이다. 이처럼 부도철학은 상호간의 평등적 관계를 최우선으로 삼는다. 수직적 관계를 거부하고, 수평적 관계를 유지함으로써 사회의 안정을 추구한다. 이런 점이 세계 어디에도 없는 부도철학의 훌륭함이다.

이런 부도철학의 밑바탕에는 홍익인간(弘益人間)의 이념이 자리잡고 있고, 수미균평위(首尾均平位: 머리와 꼬리가 고루고 바르게 자리해야) 홍방보태평(興邦保泰平: 나라가 흥하고 태평을 오래 보존할 수 있다)의 정신이 그대로 녹아 있다. 이것이 대한민국 건국강령의 기본정신이며 오늘에도

172) "主蘇塗 主管境 主責禍 與衆議一歸爲和白"(『삼성기』 하). 백성의 의견을 모아 하나로 통일하는 화백제도.

면면히 계승되어 나라융성을 이루고 있다. 그러나 부도철학의 최종 목적지는 여기서 멈추는 것이 아니다. 끊임없는 자기 혁신으로 영구성을 획득할 수 있다.

순서	오행의 변천과정	비고
1	태초: 기(氣), 화(火), 수(水), 토(土)의 4원소 또는 사본음(四本音)	1+3
2	기화(氣化) 작용으로 1+3이 새로운 목(木)을 생성한다. 목이 산소를 만들자 사람이 출현한다.	목(木)
3	기가 퇴장하고 목이 들어와 목, 화, 수, 토의 사행(四行)이 된다.	기퇴(氣退)
4	토가 기의 도움을 받아 금(金)을 생성한다.	금(金)
5	금, 목, 화, 수, 토의 오행(五行)이 된다.	
6	토는 금을 생한 후에 퇴장한다.	토퇴(土退)
7	토가 숨고 금, 목, 화, 수가 부도의 사행이 된다. 토는 하늘의 자리. -부도철학의 근원	(1)+4
8	그러나 요(堯)는 토를 그대로 넣어 금, 목, 수, 화, 토의 오행을 고집한다.	5황극

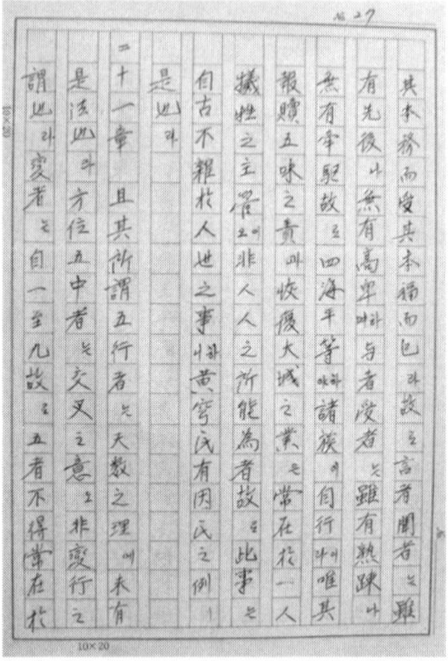

『부도지』 필사 21장(박금)

돌쩌귀 같은 토가 순환의 시간을 만든다

인류문명사에서도 석(石)이 청동 금(金)으로 대체되면서 인간의 의식은 중대 변화를 맞이한다. 당시 구리의 등장은 구리혁명으로 오늘날의 우라늄의 등장에 비견할 수 있는 대사건이었다.[173] 이를 김상일은 신석기와 청동기로 구분하여 설명한다.

신석기－모계－땅－어둠－어머니(태모신)

청동기－부계－하늘－빛－아들(남성신)[174]

김상일은 이런 대격변기의 현상을 한 마디로 남성신과 태모신 사이의 '1차 우주전쟁'이라고 표현했다.[175] 남성성과 여성성의 극한 싸움이다. 이 싸움은 동서양의 문명권별로 그 대응방식이 달리 나타났다. 서양의 경우 바빌론의 남성신인 말둑(Marduk)은 여성신 티아맛(Tiamat)을 죽이지만, 한국의 환웅은 웅녀를 굴속에서 인간으로 변화시킨다. 이것은 화전(和戰)이요, 쌍방 화해(和解)이며, 상생의 모범이다. 그런데 김상일은 지금이 '2차 우주전쟁'으로 돌입하는 중이라고 30여 년 전에 이미 경고하였다. 자연을 파괴한 남성신들의 시대가 서서히 종막을 고하고 태모의 몸(자연)으로 돌아가려고 한다는 것이다.

이러한 금의 등장에도 불구하고 단군조선에서 화해와 상생이 체득화된 부도철학은 부도역법으로 구체화된다. 7요일이 4회 반복함으로써 28의 완전수가 되어 1달 28일을 만든다. 4회 반복한다는 것은 4방, 4각으로 회전하여 4요(曜)가 된다는 것을 의미한다. 4요가 13회 돌면 52요가 되고, 다시 53요에 들어간다. 4각이 회전하기 위해서는 모서리에 돌쩌귀가 있어야 한다. 토가 돌쩌귀 역할을 하여 시간의 순환을 돕는다. 변화를 끊어지지 않게 무한히 연결해 주는 역할이다. 토에게는 자화(自化)능력이 있다. 그래서 부도철학에서는 토가 보이지 않는 괄호 '(토)'가 된다. 이를 수리로 표시하면 (1)+4이다. 중앙에 고정하여 군림하는 토는 자멸한다. 23장의 9633처럼 회전해야 한다.[176] 한력(韓曆)의 경우 52요가 다시 53요에 진입할 수 있는 것은 토를 1주일의 맨 앞에 놓았기 때문이다. 또 마지막 13월 29일이 돌쩌

173) 김상일, 『호모 데우스 너머 호모호모』 동연, 2020, 252쪽.
174) 김상일, 『한밝문명론』 지식산업사, 1988, 140쪽.
175) 김상일, 『한밝문명론』 지식산업사, 1988, 146~148쪽.
176) 김상일, 『부도지 역법과 인류세』 동연, 2021, 184, 186~187쪽.

귀 역할을 해 주고 있다. 이 29일 금요일이 13월의 마지막 금요일인 동시에 익일 토요일의 기운을 가지고 있기 때문에 자화하는 토의 역할을 수행하여 새해를 맞이하는 것이다. 돌쩌귀 같은 토가 순환의 시간을 만든다. 이것이 단군조선의 시간관이고, 자재율의 원리이다.

부도역법은 북두칠성과 남십자성을 닮은 우주역법이다

부도역법인 13월 28일 달력은 마치 북두칠성이 하루에 북극성을 한 바퀴 도는 것과 같다. 그것을 4단으로 나누어 포착하면 그림과 같다. 그러나 남극 하늘에는 북극성과 같은 중심별인 남극성이 없다. 그럼에도 남십자성은 하루에 한 바퀴씩 남극 하늘을 돌고 있다.[177] 중심이 있어야 언제나 돌 수 있다는 생각은 우리의 착각이었을 뿐이다. 부도철학의 (1)+4는 남극 하늘의 4개별인 남십자성과 같다. 1요가 7일인 것은 북두칠성의 7개 별과 같고, 한달이 4요인 것은 남십자성의 4개 별과 같다. 남극과 북극에 떨어져 있어서 서로 보지 못한 별들이 부도역법 안에서 하나로 돌고 또 돈다. 북두칠성은 좌선하고 남십자성은 우선한다. 1-4-7의 4와 7은 역법의 성수(性數)인 동시에 성수(星數)이다. 7일×4요=28일. 부도역법은 가히 우주역법

177) 박석재, 『하늘의 역사』 동아엠앤비, 2019, 51~53쪽.

이다. 이런 의미에서 오행사(五行史)와 역법의 대혁명이다. 단군 부도역법의 완성이다. 북두칠성은 영어로 'Big Dipper'(큰 국자)이고, 남십자성은 'Cross'(십자)이다. 만약 남십자성을 바깥으로 연결하면 마름모꼴이 된다.

요(堯)가 북두칠성만을 가리킬 때, 단군은 보이지도 않고, 볼 수도 없는 남극 하늘까지 보았던 것이다. 그런 첨단의 천문학이 있었기에 BCE 1,733년의 오성취루를 관측한 것이 아닐까? 요가 단군조선의 '오성취루'와 같은 획기적인 천문 기록을 남기지 못한 이유도 알 것 같다. 단군조선의 천문을 모방한 한계였는지도 모른다.

부도역법 1	북극성을 도는 북두칠성 (박석재 그림)
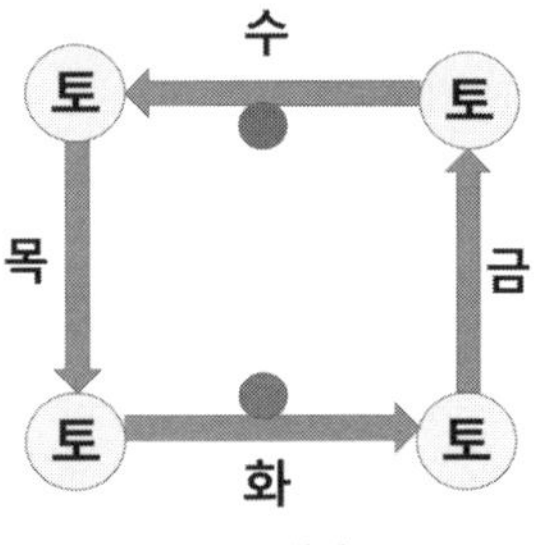 부도 역법 1 (상단 원은 月, 하단 원은 日 상징)	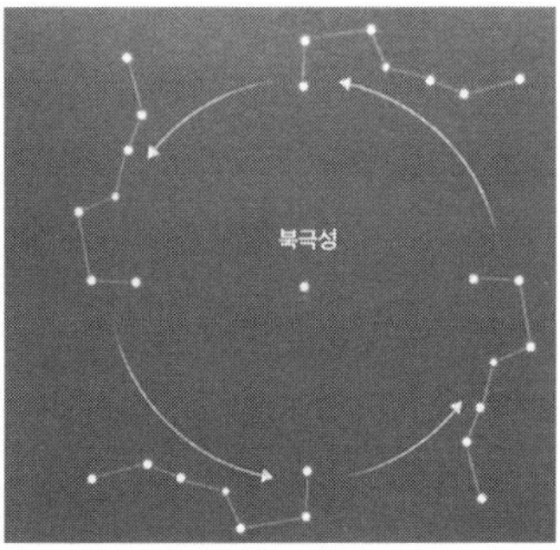

부도역법 2	중심별 없이 도는 남십자성 (박석재 그림)
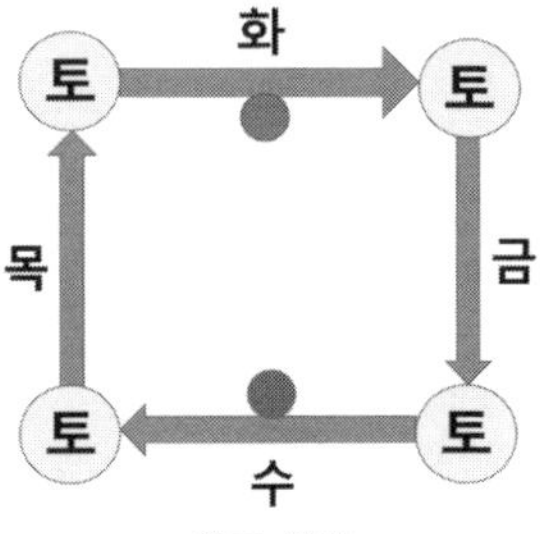 부도 역법 2 (상단 원은 日, 하단 원은 月 상징)	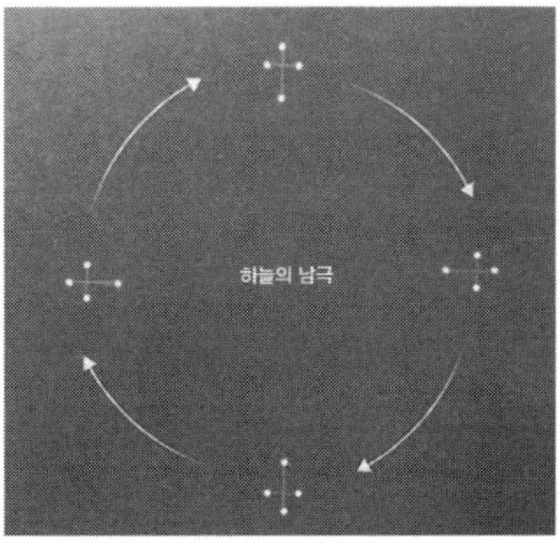

5. 『부도지』 23장과 1328 고조선 역법

1) 동이의 역법과 전욱력

이제 부도(符都)의 역법을 본격적으로 논의하고자 한다. 여기서 말하는 부도역법은 단군조선의 역법을 중심으로 한다. 부도역법의 핵심은 '1328'(일삼이팔)이다.

일찍이 중국의 서량지(徐亮之)는 중국의 역법은 동이(東夷)에서 시작되었다고 말하고, 동이가 달력을 만든 것은 의문의 여지가 없다고 밝혔다.[178] 동이의 역법은 바로 부도에서 나온 역법일 것이다. 서량지가 동이의 인물 중에 주목한 사람은 전욱(顓頊)이다. 『진서』(晉書)와 『통전』(通典)에서 언급한 "유성군(柳城郡)은 옛 고죽국이고, 극성(棘城)은 전욱의 터"라는 구절에 대한 주석에서 유성(柳城)은 지금의 열하(熱河) 조양(朝陽: 요녕성 소재)현이고, 극성(棘城)은 그 동남 70리에 있는데, 이곳이 동이부족의 활동구역이 틀림없다고 했다.[179] 현재 지명으로는 조양의 동남쪽으로 있는 금주(錦州), 의현(義縣), 북진(北鎭) 일대로 추정된다.

그런데 박석재는 천문현상인 오성결집으로 전욱력과 옛 기록의 타당성을 고증하였다. 오성결집 기록은 『천문류초』(天文類抄)에 나온다. 이 책은 세종대왕의 명에 의해 천문학자 이순지(李純之)가 우리나라와 중국의 옛 기록들을 모아 편찬한 것이다. 오성결집에 관련된 기록은 전제(顓帝), 즉 전욱 고양씨(顓頊 高陽氏) 부분으로 해당 내용은 다음과 같다.

> 상고에 해의 이름이 갑인(甲寅)일 때, 갑자(甲子)월 초하루 아침인 동짓날 한밤중에 해와 달 및 오성이 자(子)방에 합하였다. 그래서 일월과 오성

178) "造曆者義和者也~~東夷造曆 實無疑問"(徐亮之『中國史前史話』亞洲出版(홍콩), 1956, 258쪽)
179) 徐亮之, 『中國史前史話』亞洲出版(홍콩), 1956, 252쪽.

이 주옥처럼 모여 이어진 상서로움이 있게 되었고, 그 상서로움에 응해서 전욱 고양씨가 책력을 세우는 기원으로 삼았다.(「관물외편」)[180)]

『천문류초』는 오성결집을 '일월오성개합재자(日月五星皆合在子)'이라고 기록했다. 단군조선의 '무진오십년오성취루(戊辰五十年五星聚婁)'의 연장선상에서 이해할 수 있을 것이다. 박석재, 황보승은 전욱의 재위연대로 추정되는 BCE 2,467년(갑인)을 중심으로 천문 소프트웨어로 확인에 들어갔다. 여러 가지의 가능한 연대를 놓고 연구한 결과 BCE 2,470년(신해) 9월에 수성, 토성, 금성, 목성, 화성 순서로 오성이 늘어서는 것을 확인하였고, 다시 그 해 동지를 염두에 두고 60년 아래인 BCE 2,407년(갑인)을 중심으로 확인한 결과 BCE 2,408년(계축) 12월의 오성결집이 『천문류초』가 기록한 연대에 가장 만족할 조건이라고 밝혔다.[181)] 과거 박창범, 라대일이 『단군세기』에 기록된 무진년(BCE 1,733) 오성취루(五星聚婁)에 대한 연구[182)] 결과 BCE 1,734년(정묘) 7월 중순에 화성, 수성, 토성, 목성, 금성의 순서로 오성이 늘어선 것을 확인한 것처럼 이번 연구도 『천문류초』에 기록된 갑인년(BCE 2,407)보다 1년 앞선 BCE 2,408년(계축) 12월에 오성개합(五星皆合)이 일어난 것으로 확인되었다.

4,400여 년 전 오성개합(五星皆合)의 천문현상이 사실로 확인되다

그런데 BCE 2,408년(계축) 12월을 계해 신원법과 해월(10월)을 세수로 하여 계산하면 당연히 갑인년(BCE 2,407)에 포함되니 오차가 아니다. 이런

180) "上古歲名甲寅 甲子朔旦 夜半冬至 日月五星皆合在子 故 有合璧蓮珠之瑞 以應顓帝建曆之元"(『천문류초』 6장 오성편). 윤상철 역, 『천문류초』 대유학당, 1998, 345쪽.

181) 박석재 · 황보승, 「천문유초의 오성개합 기록 등 오성결집 현상 분석」 『2017 세계환단학회 춘계 학술대회 자료』 2017.6, 10~11쪽.

182) 박창범, 『하늘에 새긴 우리 역사: 천문기록에 담긴 한국사의 수수께끼』 김영사, 2002.

의미에서 갑인년 오성개합의 기록과 계해신원을 고수한 전욱력에 대한 재평가가 있어야 할 것으로 본다. 비록 사마천이 전욱을 중국사의 오제(五帝)로 편입하였지만, 그가 전욱을 순(舜)의 조상으로 본 것은 전욱이 유인씨의 후손이라는 뜻이다. 우리로서는 서량지(徐亮之)가 지적한 대로 전욱이 금주(錦州) 일대에 있었다면 신시배달국에 속한 거수국의 지도자로 보아야 하지 않을까 한다. 전욱의 이름으로 나온 전욱력도 전욱이 다스리던 고국(古國)의 달력이었을 것으로 보인다. 전욱이 다스리던 고국은 바로 『습유기』(권1)에 나오는 발제국(勃鞮國)일 것이다. 이 책은 왕가(王嘉, 생년 미상~390년)가 지었다.

> 명해(溟海)의 남쪽 끝에 발제국(勃鞮國)이 있는데, 사람들은 모두 새털옷을 입었다. 날개가 없이 날아다녔고, 해가 중천에 있어도 그림자가 없었다. 수명은 1,000세이다. 흑하(黑河)의 수초를 먹고 음산(陰山)의 계수나무 기름을 마셨다. ~~흑옥(黑玉)으로 만든 고리를 바쳤는데, 그 색이 옻칠(漆)처럼 검었다.(『습유기』 권1)[183]

이상과 같이 전욱의 발제국(勃鞮國)은 새토템의 조이족이면서 흑옥이 나오는 나라였다. 요즘 나오는 흑피옥을 연상시킨다. 또 흑하, 음산도 어디인지 알 수 없다. 오늘날 음산(陰山)은 음산산맥으로 알려져 있다. 내몽고 중부지방의 포두시(包頭市), 화호특시(和浩特市) 등이 해당하나 서량지가 비정한 '극성(棘城: 조양의 동남 70리)' 지역과는 거리가 있다. 극성은 유주(幽州) 창려군(昌黎郡) 룡성현(龍城縣) 소속으로 북위(北魏) 진군(眞君) 8년(447년)에 류성(柳城), 창려(昌黎), 극성(棘城)을 병합하여 속하

183) "溟海之北, 有勃鞮之國, 人皆衣羽毛, 無翼而飛, 日中無影, 壽千歲, 食以黑河水藻, 飲以陰山桂脂, 憑風而翔, 乘波而至, 中國氣暄, 羽毛之衣, 稍稍自落, 帝乃更以文豹為飾, 獻黑玉之環, 色如淳漆, 貢玄駒千匹, 帝以駕鐵輪, 騁勞殊鄉絶域, 其人依風泛黑河以旋其國也"(『습유기』권1 전욱 條)

박석재가 재현한 오성개합 상상도[184]	〈전욱 초상〉(『역대고인상찬』)

게 되었다.

잠시 천문과 관련된 전욱의 업적을 알아보기로 한다. 『사기』(「역서」)에는 "전욱(顓頊)이 제왕에 올라 남정(南正)의 자리에 중(重)이라는 사람을 임명해 천문을 주관하게 하고 신에 속한 일을 맡겼다. 화정(火正)의 자리에 여(黎)라는 사람을 임명해 지리에 관한 일을 주관하고 백성에 속한 일을 맡겼다"[185]라고 한 다음에 하늘 일과 땅의 일이 섞이지 않도록 했다. 신에 속한 일이란 신에게 바치는 음식을 분배하는 일이 중요하고, 백성에 속한 일이란 농사지을 씨가시(종자)를 배분하는 일이 중요하다.

그런데 전욱은 사실상 하늘과 땅의 통로를 차단했다는 의미로서 절지천통(絶地天通)을 단행하였다. 이 점에 대해 서욱생은 중요한 해석을 하였는데, 전욱과 남정 중외에는 아무에게도 승천(昇天)의 기회를 주지 않았다는 것이다. 이는 구체적으로 등보산 등 주요 명산을 봉쇄하고 모든 무(巫)가 산에 오르지 못하게 차단하여 사회에 새로운 질서를 부여하였다는 뜻으로 해석한 것이다.[186] 영평(令平)도 전욱시대에 종교는 제사만 맡고, 민간에서

184) 박석재, 『개천혁명』 동아앰엔비, 2017, 36쪽.

185) "顓頊受之, 乃命南正重司天以屬神, 命火正黎司地以屬民, 使復舊常, 無相侵瀆"(『사기』「歷書」). 南正重과 火正黎를 인물로 보기도 한다.

점복(占卜)을 못하도록 종교개혁을 했다고 평가했다.[187]

전욱력에 7요(曜)라는 말이 등장한다

또 다른 문헌에도 천문역법에 관한 중요한 내용이 있다. 『부도지』에 없는 내용들이 그나마 전욱력에 전하는 것만도 다행이다. 이는 본래 유향(劉向)의 『홍범오행전론』(洪範五行傳論)에 실린 것이지만 지금은 원문이 전하지 않고, 『한서(漢書)』의 「오행지」(五行志)가 유향의 이 책에 바탕을 두고 쓴 것이라고 한다.

> 역(曆)은 전욱에서 시작되었다. 上元太始閼逢攝提格(상원태시알봉섭제격)의 해의 정월 초하룻날이 일진이 기사(己巳)일이고 입춘이다. 7요(曜)가 영실(營室)의 오도(五度)에 있다.[188]

위 상원태시(上元太始)는 상원태초(上元太初)와 같다. 알봉섭제격(閼逢攝提格)은 '갑인년'에 대한 고유 이름을 말한다. 전욱력(顓帝曆)은 갑인년을 상원으로 삼았다는 것을 알 수 있고, 그 해가 전욱의 등극년이었을 것이다. 한 가지 눈여겨 볼 것은 7요(曜)라는 말이다. 신시시대는 칠회제신력이라고 했는데, 이때의 전욱력에 7요(曜)라는 말이 등장한 것이다. 여기서의 7요는 7요일이라는 말이고, 다음에 설명할 23장의 '4요'는 7요일이 4회 있다는 말이다. 영실을 김재섭은 28수의 하나로 보았는데,[189] 더 이상은 알 수 없다.

---

186) 서욱생, 『중국전설시대와 민족형성(상)』 조우연 역, 학고방, 2012, 218~219쪽.

187) 슈平, 『中國史前文明』 중국문사출판사(북경), 2012, 230쪽.

188) "曆始於顓帝 上元太始閼逢攝提格之歲, 畢聚之月, 朔日己巳立春, 七曜俱在營室五度."(唐一行 『日度議』引『洪範傳』)

189) 김재섭, 『금문 창세기문자』 라무, 2019, 46쪽.

전욱력은 단군조선의 역법과 밀접한 관계가 있다

그러면 오성결집을 상서롭게 보고, 이에 응하여 전욱이 달력을 만든 까닭은 무엇일까? 오성은 천문에서 사용하는 고유 용어가 있다. 세성(歲星)은 목성이니, 동방이고, 봄이며, 오곡의 농사를 맡고 있다. 형혹성(熒惑星)은 화성이니 남방이고 여름이며, 법을 집행하는 일을 맡는다. 진성(瑱星)은 토성이니 중앙이고, 계하이며, 중도를 행하면 음양이 조화를 이룬다. 태백(太白)은 금성이니, 서방이고, 가을이며, 군대의 상이다. 끝으로 진성(辰星)은 수성이니, 북방이고, 겨울이며, 전투하는 상이다.

왜 전욱은 이 오성의 개합을 상서롭다고 했을까? 성인이 탄생하고 새 나라가 서기 때문이다. 일월과 오성의 개합이란 해와 달이 구슬을 합해 놓은 것 같고, 다섯 별이 구슬을 이어 놓은 것처럼 되니 새로운 성인이 새로운 문명을 여는 것이다.[190] 전욱의 예측처럼 BCE 2,408년으로부터 75년 만에 성인이 나고, 새 나라가 서니 바로 단군왕검의 조선이 아닌가 생각한다. 이런 의미에서 전욱력은 단군조선과 밀접한 관계가 있다고 보고 역법에서도 소통이 있었을 것으로 추정할 수 있다.

한편 전욱의 재위연대에 대해 김재섭은 금문 연구를 통해 BCE 2,467(갑인)~BCE 2,421로 비정하였다.[191] 그가 전욱을 단군조선 연대로 포함시킨 것은 잘못이다. 권덕규가 단군조선 앞에 단국(壇, 檀國) 500년의 역사가 있었다고 했는데,[192] 전욱은 여기에 포함될 수 있겠다.

참고로 전욱고양씨와 관련하여 마고의 이름을 생각해 보고자 한다.

조옥구는 '마고'의 정체성은 '마'에 있고 '마'의 정체성은 'ㅁ'에 있으며 'ㅁ'은 'ㅇㅁ△'에서 기원한다고 보고 'ㅇㅁ△' 즉 '원방각', '천지인'의 상

---

190) "日月如合璧 五星如連珠 所以生聖人也"(『천문류초』 6장 오성편). 윤상철 역, 『천문류초』 대유학당, 1998, 345쪽)

191) 낙빈기, 『금문신고 (상)』 김재섭 외 역, 한국금문학회, 2020, 30쪽.

192) 권덕규, 『조선유기』 상문관, 1924, 4쪽.

高羊의 이름자가 새겨진 금문

전욱
↓
궁선
|
경강
|
구망
|
교유
|
유호씨
|
순

전욱 계보

징체계에 주목하였다. '마고'라는 이름을 처음 부르기 시작한 사람은 아마도 '○□△'의 도형을 체계화한 사람들일 것이며 이들은 '하늘과 땅과 만물' 즉 '천지인'적 사고의 주인공들로서 고문자 연구 결과를 참고하면 고양(高陽, 高羊)씨와 관련 있다고 밝혔다.[193] 고양씨는 자신을 '●'으로 표현하고 '○□△'을 이용해서 아들 셋의 이름을 지어 주었던 것이다.

따라서 '마고'라는 이름이 처음 등장하는 시기는 전욱고양씨의 시대 즉 고조선 이전의 단국(檀國)이거나 조선의 정서를 공유하는 사람들이라고 추정할 수 있다. 그들은 인류문명의 기원을 설명하는 과정에서 인류 최초의 여성을 발견하고 이 인물을 '마고'라고 불렀을 것이고, 고대역법을 추적한 결과 마고라는 인물과 마주하게 되었을 것이다. 마고의 '마'는 우리의 '엄마'라는 말의 근원이 되었을 것이다. 전욱고양씨를 유호씨와 같이 유인씨의 후손으로 본다면 이해가 가능할 것이다. 사마천의 기록을 재구성하면 전욱은 유호씨의 5대조이다. 전욱고양씨는 훗날 북부여와 고구려와 관계된다.

2) 23장의 부도역법… 13월 28일과 삼정(三正)

이상을 통해 우리는 부도의 천문역법에 대한 인식을 갖게 된다. 이제 23장을 아는 대로 분석해 나가고자 한다. 어려운 곳은 다음 사람의 해석을 기다리고자 한다.

193) 조옥구 선생의 이메일 자료(2021. 2.20)

[본문]…『부도지』 23장 전문

● **天道回回하야 自有終始하고 終始且回하야 疊進四段而更有終始也라**

(천도회회 자유종시 종시차회 첩진사단이경유종시야)

[번역] 천도(天道)가 돌고 돌아 종시(終始)가 있고, 종시가 또 돌아 4단씩 겹쳐 나가 다시 종시가 있다.

▶ [해설] 여기서 천도는 『부도지』에서 말하는 역법(曆法)의 대원리를 의미한다. 김상일은 다른 말로 '부도지역법'(또는 마고력)이라고 총괄적으로 규정하였다.[194] 저자는 『부도지』에서 말하는 역법(曆法)의 수리체계를 압축하여 '부도역법'(符都曆法)이라 칭한다. 부도역법은 『부도지』에서 말한 대로 천지본음과 천부의 이치(天符之理)에 따른 것이다. 5음7조 중에서 7조가 모든 음을 조절하고, 기화수토가 네 가지 본음이 된다. 여기서도 7과 4가 등장한다. 그래서 '천부역법'이라고도 할 수 있다.[195] 부도역법의 핵심 논리는 '회회(回回)첩첩(疊疊)'이다.[196] 회회는 회전개념(회전문 돌기)이고, 첩첩은 대칭개념(거울 대칭)으로 대칭이 쌓이고 쌓이는 것이다. 천부경의 일시무시일, 일종무종일이 회전개념이고, 대삼합륙이 대칭개념이다. 사람의 겉모양은 좌우 대칭개념이나, 속모양은 피가 돌고 기가 도는 회전개념이다. 부도역법은 사람 모습 그대로이다.

"천도는 돌고 돌아 종시를 이룬다"는 이 말은 부도역법의 대선언이다. 『부도지』의 시간관은 순환론이다. 서양의 시간관은 유일신적 세계관에 기초한 일직선형(lineal type)이다. 순환론을 다른 말로 영원회귀형(eternal return type)이라고 한다. 이 영원회귀형은 자연의 영원한 주기적 변화를 삶의 현장에서 확인하고 사는 사람들이 받아들이게 된다. 주기적 변화 때

194) 김상일, 『부도지 역법과 인류세』 동연, 2021, 91쪽.
195) 서천복, 『우주시간의 비밀』 삼양, 2002, 262쪽.
196) 김상일, 『부도지 역법과 인류세』 동연, 2021, 89쪽.

문에 책력이 발달한다. 농업의 계절적 주기성, 밀물과 썰물의 주기성 등이 기초가 된다.[197]

지금 우리가 말하고 있는 23장의 부도역법은 마고 이래 계승되어온 역법이 단군왕검시대에 와서 정립된 것이다. 유인씨의 후손인 유호씨가 단군의 명을 받들어 당도(唐都)에 있는 요순의 무리들에게 부도역법으로써 요의 잘못을 지적하며 설명한 내용이 23장이다.

『사기』(「율서」)에는 "하늘은 율력으로써 오행과 팔정의 기운을 소통시키고, 만물을 성숙시킨다"[198]고 했다. 우리가 말하는 역(曆)이란 "천지일월의 운도를 헤아리고 그 법도를 기본으로 하여 순환주기와 운행도수를 밝힌 역서"[199]이다. 김일부는 역(易)은 역(曆)이요, 역(曆)이 없으면 성인도 없고, 성인이 없으면 역(曆)도 없다고 단언하였다. 무력(無曆)이면 무성(無聖), 무성(無聖)이면 무력(無曆)이다는 말이다. 역(易)이 달력으로 환원할 수 있을 때, 비로소 역(易)의 기능을 다할 수 있다는 뜻이기도 하다. 종시(終始)는 시종의 뜻인데, 그 영원성을 강조하여 마칠 종(終)을 앞에 놓는다. 종시로써 달력의 성격을 규정하고 있다. 4단씩 겹쳐 나간다는 말은 4년마다 돌아오는 윤년을 염두에 둔 말 같다. 다음에 이어진다.

- **一終始之間을 謂之小曆이오 終始之終始를 謂之中曆이오**
  (일종시지간　위지소력　　종시지종시　위지중력

  四疊之終始를 謂之大曆也라
  사첩지종시　위지대력야)

[번역] 한 번 종시의 사이를 소력(小曆)이라 하고, 종시의 종시를 중력(中曆)이라 하고, 네 번 겹친 종시를 대력(大曆)이라 한다.

---

197) 윤이흠, 「세계종교사의 맥락에서 본 한국민족종교」 『민족종교의 개벽사상과 한국의 미래』 한국민족종교협의회, 2004, 50~51쪽.

198) "律歷, 天所以通五行八正之氣, 天所以成孰萬物也" (『사기』「율서」)

199) 김주성, 『정역집주보해』 신역학회, 1999, 12쪽.

▶ [해설] 다음에 알게 되지만, 부도역법에는 세 종류의 달력이 있다. 소력은 364일 달력, 중력은 365일 달력, 대력은 366일 달력이다. 364일 달력은 소력이나 달력의 원형이 된다. 중력은 현행 달력의 평년과 같이 365일 달력을 말한다. 대력은 현행 달력의 윤년 2월 29일처럼 366일로 가장 큰 달력이다. 네 번 겹쳤다는 말은 4년째에 들어가는 윤일이 있기 때문이다.

● **小曆之一回曰祀니 祀有十三期하고 一期有二十八日而更分爲四曜라**

(소력지일회왈사 사유십삼기 일기유이십팔일이갱분위사요)

[번역] 소력의 1회(回)를 사(祀)라 하니 사에는 13기(期)가 있고, 1기에는 28일이 있으며 다시 4요(曜)로 나뉜다.

▶ [해설] 사(祀)는 연(年)과 같은 개념이고, 기(期)는 월(月)에 해당하는 개념으로 제사 개념에서 나왔다.

1사(년)는 13기(달)

1기(달)는 28일

1요(주일)는 7일

1기(달)는 4요(曜)

이상과 같이 1년을 구성한다.

예로부터 연사세재(年祀歲載)라 했는데, "하(夏)나라는 세(歲), 상나라는 사(祀), 주나라는 연(年), 요(堯)는 재(載)"[200](『이아』「석천」)로써 연기(年紀)를 표기했다. 『삼국유사』(단군조선조)에 "위서운魏書云 내왕이천재乃往二千載 유단군왕검有壇君王儉~여고(요)동시與高同時"(위서에 이르기를, 2천 년 전에 단군왕검이 있었다. 요(堯)와 같은 때이다)에서 요와 같다고

200) "載, 歲也, 夏曰歲, 商曰祀, 周曰年, 唐虞曰載"(『이아』「석천」). 이 원칙이 정확히 지켜진 것은 아니다. 주나라 금문에도 사(祀)가 나타난다.

했으므로 재(載)라는 말이 정확하다. 특히 상나라가 단군조선의 전통을 이었다는 면에서 우리와 같은 동이족임을 알 수 있다.

한 달이 4요(曜)가 되는 기원은 앞에서 설명한 것처럼 신시시대의 칠회제신력에 있다고 볼 수 있다. 칠회제신력은 매일 각 신(神)에게 제사를 지내는 달력으로 7일마다 반복된다. 첫날 천신(天神)으로 시작하여 월신(月神), 수신(水神), 화신(火神), 목신(木神), 금신(金神), 토신(土神)[201]에게 차례로 제사를 지내는 것이기 때문에 누구에게나 공평하다. 만약 제사 횟수에 차등이 있다면 큰 일이 날 것이다. 이러한 신에 대한 제사라는 차원에서 7일, 28일, 56일 나아가 364일이 정확하고 엄숙하게 지켜졌을 것이다. 1~2일 초과 시간을 어떻게 처리했는지는 알 수 없다.

우리 전통의 윷판도 29점인데, 중앙을 제외하면 28점이 된다, 중앙 1점을 북극성이라면, 나머지 28점은 북두칠성이 4계절로 운행하는 것과 같고, 28수의 운행을 말해 준다. 윷판은 부도역법인 28일 달력이 실재했음을 입증해 주는 문화유산이라고 할 수 있다. 28일 한 달 동안 하루하루 누구에게 제사 지내는지를 마을 사람들에게 알려주는 공용달력의 역할을 했다고 추측할 수 있다. 또 사계절의 변화도 알려주었을 것이다. 앞밭=겨울, 뒷밭=봄, 쨀밭=여름, 날밭=가을을 의미한다.

북두칠성은 우리 민족에게 공간과 시간을 동시에 알려주는 신성한 별이었다. 전국 동리마다 바위 위에 구멍(홈)을 판 윷판 암각화가 공간과 시간의 동시적 변화상을 대중에게 알려 주었다는 것을 유추할 수 있다. 2,005년 현재까지 발견된 윷판형 바위 암각화 분포를 보면, 경상도 권역 18개소, 전라도 7개소, 기타 충청도 2개소, 북한지역 1개소 등이다.[202] 여기에 최근에 발견된 것까지 포함하면 전국에 100여 곳이 넘는다고 한다.[203]

201) 토신에게 제사 지내는 것과 토를 오행으로 사용하느냐의 문제는 별개이다.
202) 이하우, 「한국 윷판형 바위그림 연구」 『윷문화자료집』 한국민족종교협의회, 2013, 636쪽.
203) 임채우 교수의 전언(2021.1)

윷판과 계절	북두칠성의 계절별 위치 (이면우)
	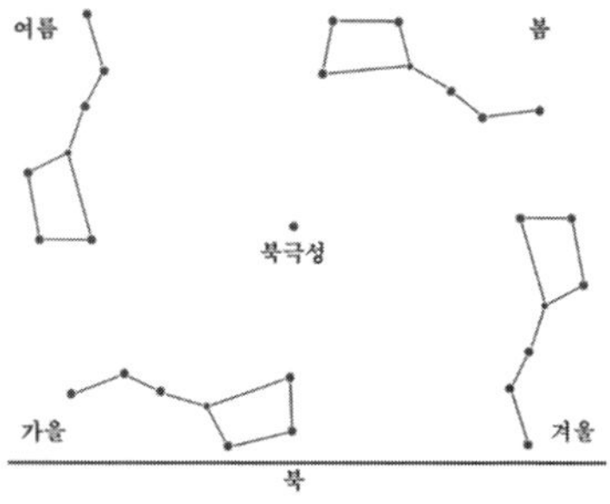

그러면 부도역법은 왜 하필 12달이 아니고 13달이며, 1달이 30일이 아니고 28일일까?

본래 1년은 365일이다. 이는 360일을 5일 초과하는 날짜이다. 360일은 30일씩 12달이면 문제가 발생하지 않는다. 그러나 5일이 초과했으므로 12달을 넘었기 때문에 13달이 되어야 하지 그냥 12달로 두면 무리가 생긴다. 그래서 12개월 그레고리력은 자연의 질서에 반하는 것이다.[204] 13달을 두어야 하는 이유가 여기에 있다. 우리 조상들은 12달은 틀리고 13달이 맞다는 것을 수학적으로, 원리적으로 알았다는 것이다. 360일이나 초과분 5일이나 그 시간의 값은 똑같기 때문이다. 초과분 5일을 12달에 억지로 나누어 꿰어 맞추는 순간 5일이 갖고 있는 시간의 값은 파괴되는 것이다.

수학적으로만 보더라도 30일보다는 28일이 안정적이다.

28은 그 약수가 1, 2, 4, 7, 14이다. 약수(約數)란 어떤 수가 나머지 없이 딱 떨어지는 수를 말한다. 예를 들어 6의 약수는 1, 2, 3인데 이들 약수들을 합하면 다시 6 자체가 된다. 이런 수를 완전수(perfect number)라고 한다. 28이 그렇다. 약수 1+2+4+7+14=28이다. 28도 완전수이다.[205] 그러면

204) 김상일, 『부도지 역법과 인류세』 동연, 2021, 205쪽.
205) 김상일, 『부도지 역법과 인류세』 동연, 2021, 205쪽.

30은 어떤가? 30의 약수는 1, 2, 3, 5, 6, 10, 15이다. 이 약수들을 합하는 데는 계산기를 두드려야 할 정도로 복잡하다. 그 답은 42이다. 무려 12를 초과한다. 30은 불완전수이다. 그래서 별자리수(각항저방~)도 28수요, 윷판도 28점이며, 훈민정음도 28자이다. 남녀의 생명주기가 28일인 것도 28이 가장 완전한 생명수이기 때문이다. 28에는 1,4,7의 성수가 그대로 들어있다. 일제에 의해 훈민정음의 28자가 24자로 바뀌는 순간 한글의 우주적 원리는 깨진 것이다.

그러면 12와 13은 어떠한가? 12는 약수가 1, 2, 3, 4, 6으로 그 합이 16이다. 초과하는 불완전수다. 반면에 13은 약수가 1밖에 없다. 어느 수도 13을 나눌 수 없다. 그래서 13을 1과 자기 자신으로만 나누어진다고 하여 소수(素數)라고 한다. 12는 약수가 많기 때문에 생활 속에서 편리하게 활용된다. 회계장부도 3개월씩 4번으로 나누면 정산하는 데 편리하다. 그러나 13은 나눌 수 없기 때문에 분기별 정산이 어렵다. 만약 사용한다면 3, 3, 3, 4로 나누어서 4분기로 하는 수밖에 없다. 아니면 여름이 긴 나라는 3, 4, 3, 3으로 나눌 수 있을 것이다.

그런데 소수 13의 좋은 점이 알려지고 있다. 인터넷의 비밀을 보호하는 데 13과 같은 소수를 인용해야 누설이 안 된다고 한다. 또 한 가지 실례가 있다. 해외에 있는 매미는 13년살이 매미와 17년살이 매미가 있는데, 이 13과 17은 모두 소수이다. 소수이기 때문에 다른 기생충을 만나지(겹치지) 않아서 매미가 다른 곤충과 달리 매우 긴 생명을 보존한다는 것이다. 수학적 확률로도 입증이 가능하다. 생물학자들에 따르면 과거에는 12년 매미, 14년 매미, 15년 매미 등이 있었는데, 13년과 17년 매미 종만이 순수혈통을 보존해 효율적으로 살아남을 수 있었다고 한다.[206] 하나 덧붙인다면 잣나무 잎의 잎 피는 주기가 13이라고 한다. 이는 소나무와 잣나무 같은 침엽수의

---

206) 다케우치 가오루, 『소수는 어떻게 사람을 매혹하는가』 서수지 옮김, 사람과 나무사이, 2018, 24~26쪽.

잎이 피는 차례에서 예외 없이 나타나는 법칙으로 나뭇가지 한 점에서 동시에 4잎의 침엽 다발이 자라 나오는데, 나선을 따라 돌아가며 올라갈 때 약 27.7도씩 이동하며 정확하게 13번째 되면 360도가 된다는 것이다.(27.7×13=360) 그래야 위쪽에 자라는 잎이 아래에서 먼저 자란 잎을 가리는 일 없어서 아래 위가 골고루 햇빛을 받을 수 있다고 한다.[207] 식물의 지혜를 통해 자연의 질서를 엿볼 수 있다. 또 사람 몸의 임독맥 경혈은 12개가 대표적이다. 그러나 마음이 없고, 기가 흐르지 않는 경혈은 그대로 멈춘다. 그래서 1심(心)+12경혈이 되어야 인체가 완전해진다. 심과 육의 분리는 죽음과 같다.

〈잣나무 잎의 13주기(이정자)〉	『부도지』 필사 23장 (박금)

是謂之大曆也 라 小曆之一回曰祀 니 祀有十三
期 고 一期有二十八日 而更分爲四曜 라 一曜有
七日 고 曜終曰服 故 로 一祀有五十二曜服 이니 即
三百六十四日 이니 此 는 一四七之性數也 오 每祀
之始 에 有大祀之旦 이니 旦者 與一日同故 로 合爲
三百六十五日 이고 三祀有半 에 有大朔之昄 이니 昄
者 는 祀之二分節 이니 此 는 二五八之核數也 오 昄
之長 이 與一日同故 로 第四之祀 는 爲三百六十
六日 이오 十祀有半 에 有大晦之晷 니 晷者 는 時之
根 이니 三百晷爲一眇 니 眇者 는 晷之感眼者也 라

그러나 아직도 13의 의미가 진정 무엇인지는 알 수 없다. 13월 달력이 세상에 쓰이기 시작할 때 그 의미가 더 드러날 것이다. 13이 천수(天數)인 것

207) 이정자, 『동식물의 수학적 설계』 북스힐, 2015, 102~103쪽.

만은 사실이다. 천부경에 있는 대로 5, 7, 1의 합수이다. 5와 7은 소수이다. 5,7은 소수이며, 양수(陽數)이며, 천수(天數)이다. 소수 13은 소수 2와 11의 합수이다. 13 아래의 소수인 2, 3, 5, 7, 11을 합하면 28이 나온다. 소수 13과 완전수 28의 결합인 364일 달력이 세상을 어떻게 바꿀지는 아직 알 수 없다.

● **一曜有七日하고 曜終曰服故로 一祀有五二曜服하니**
(일요유칠일　　요종왈복고　일사유오이요복
卽三百六十四日이라 此는 一四七之性數也오
즉삼백륙십사일　　차　일사칠지성수야)

[번역] 1요에는 7일이 있고 요가 끝나는 것을 복(服)이라 한다. 그러므로 1사에 52요복이 있으니 즉 364일이다. 이는 147(일사칠) 성수(性數)이다.

▶ [해설] 부도역법의 1년 정수(定數)는 364일이다. 나머지는 초과일이다. 52요복(曜服)이란 1년은 52주라는 말과 같다. 1, 4, 7은 성수(性數)라고 했다. 중요한 수리개념이다. 뒤에서 말하게 될 법수, 체수와 구별된다.

1 4 7 성수는 364일 달력을 구성하는 기본 바탕의 수리이다. 1은 1기(期), 4는 4요(曜), 7은 1요(曜)다. 그래서 1기 28=4×7=7×4이고, 1사는 13×28=364일이다. 이를 줄여서 '부도역법'을 1328(일삼이팔)이라고 통칭한다. 국제적으로 통용되고 있는 고정력(固定曆)도 1328이다.

그러면 7일, 즉 1요(曜)의 근원은 어디서 왔을까? "자부(紫府) 선생은 발귀리의 후손이다. 태어나면서 신이 밝아 도를 통해 신선이 되어 비승(飛昇)하였다. 일찍이 해와 달의 궤도와 운행하는 차례를 측정하고 오행의 수리를 추정하여 칠정운천도(七政運天圖)를 지으니 이것이 칠성력(七星曆)의 기원이다"(「소도경전본훈」)라고 했다. 발귀리는 복희씨와 동문수학했던 선인이다. 자부 선생은 갈홍의 『포박자』에도 나오는데, 중국 황제(黃帝)가 자부 선생을 풍산에서 만나 삼황내문을 받았다고 적고 있다.[208] 자부는 약 5천 년 전 인물이다. 그 뒤에 칠회제신력이 나왔는데, 「마한세가」(상)에는 이를 자부 선생이 만들었다고 했다. 또 『단군세기』(「3세 가륵」)에도 7일을 한 회(回)로 하여 삼신께 나아가 맹세한다(七日爲回 就三神執盟)고 했다. 이처럼 요(曜) 개념은 오랜 전통을 갖고 있다.

김상일은 사교수(社交数, Sociable Numbers)[209]를 이용해 7개의 사슬들이 4개의 고리로 연결되어 있다는 사실을 발견하였다. 이는 7요가 4주 있는 것의 합리성을 수학적으로 입증한 것이다.[210](본서 165쪽의 그림7 참조)

● **每祀之始에 有大祀之旦하니 旦者與一日同故로 合爲三百六十五日하고**
(매사지시 유대사지단 단자여일일동고 합위삼백육십오일)

[번역] 매 사의 시작에 대사(大祀)의 단(旦)이 있으니, 단과 1일(하루)은 같기 때문에 합하여 365일이 된다.

▶ [해설] 旦(단)은 숫자로 표기하지 않지만, 하루와 같다. 이 날이 설날(旦)이 되고 365일 되어 큰 해(大祀)가 된다. 364일에서 보면 윤일과 같이 1이 많은 것이다. 364(13×28)+旦(단)=365일. 이것은 중력의 달력을 설명하는 말이다. 한력에서는 단(旦)을 13월 마지막 28일 금요일 다음 날에 둔다. 그 다음 날은 '29일 금요일'이다. 금요일에 음28일, 양29일이 음양으로 병존하여 완전한 태극형상을 이룬다.

---

208) "昔黃帝東到青丘 過風山 見紫府先生 受三皇內文 以劾召萬神"(『포박자』 내편 권18 地眞)

209) 사교수(社交数, Sociable Numbers)란, 친화수의 발전된 내용으로, 서로 다른 세 개 이상의 자연수의 모임이다. 어떤 수 A의 진약수의 합이 B가 되고, B의 진약수의 합이 C가 된다. 이것을 계속해 나갔을 때, 다시 원래의 수 A로 돌아오는 수의 모임을 사교수라고 한다.(위키백과)

210) 김상일, 『부도지 역법과 인류세』 동연, 2021, 184, 207~209쪽.

팽이형토기에 새겨진 도부의 원형(旦)	전욱과 관련 있는 금문 「형계유」에 새겨 있는 사(祀; 年)
	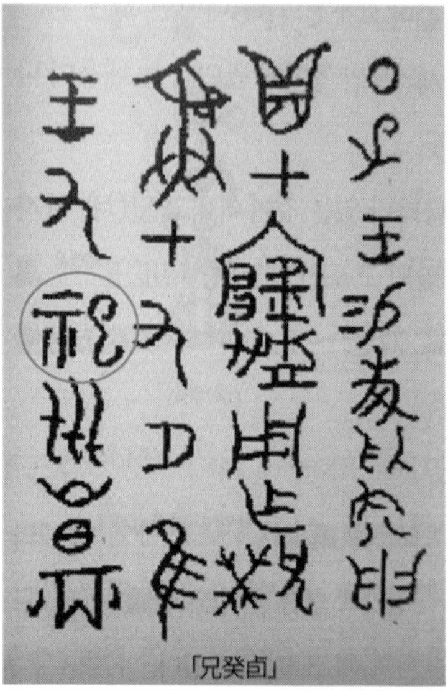

특별히 단(旦)에 관해 언급하고자 한다. 이 단이 아침 단인데, 정확히 말하면 새해 첫날, 첫 아침이라는 뜻이다. 우리가 말하는 '설날'의 개념이다. 한자로 원단(元旦), 세수(歲首), 원일(元日), 신원(新元) 등으로 쓴다. 그런데 이 '설'의 우리 말 어원은 햇살의 '살'에 있다는 서정범의 견해에 동의한다. 우리가 1월 1일이 되면 바닷가로 몰려가 새해맞이를 한다. 매일 같은 해를 보면서도 그날의 해는 특별히 좋아한다. 매일 같은 하루를 살지만 그날의 하루는 유별난 것과 같다.

이런 설명절을 '단'이라 했고, 그런 새해맞이를 기념하여 아침 단을 새긴 것이 대문구문화에서 나온 팽이형토기이다. 신용하가 이를 '아사달문양'[211]이라고 했고, 저자도 처음에는 이 도부(圖符)를 '신시문양'으로만 보았는데, '새해 설날 아침 떠오르는 태양'을 경축하며, 새해 한해의 소원을 담았다고 새로운 해석을 하는 것이다. 이 도부의 이름은 '설날 단'이라고 붙여 본다.(뒷장에서 상술함)

● 三祀有半에 有大朔之昄하니 昄者는 祀之二分節이라
(삼사유반　유대삭지판　　판자　사지이분절

此는 二五八之法數也오
차　이오팔지법수야)

[번역] 3사의 반(半; 하지)에 대삭(大朔)과 같은 판이 있으니, 판(昄)은 사의 2분절(半)에 두니, 이는 258(이오팔) 법수(法數)이다.

▶ [해설] 朔(삭)은 초하루, 달. 昄(판)은 클, 널빤지라는 뜻. 큰 초하루(大朔)는 하루가 더 있는 큰 달을 의미한다. 또 다른 윤일(閏日)이 있다는 것을 의미한다. 그것이 판(昄)이다. 하지가 있는 중간 6~7월에 둔다. 윤일이 있으면 29일(28+1)이 되므로 달 중에 큰 달(大朔)이다. 4년마다 판이 들어가지만, 그 사이의 기수(基數)는 3이다. 김상일은 365일에서 364일은 손일(損一), 366일은 익일(益一)이라고 표현했다. 364<365<366.[212] 또 364일

한력·한기 2년 13월
서기 2021년 12월 26일(일) ~ 2022년 1월 23일(일)
음력 신축 2021년 11월 23일 ~ 12월 21일
한력 韓曆 Han Calendar
◉ 음력 초하루 12.1
○ 음력 보름 12.15
1328

토 Sat	일 Sun	월 Mon	화 Tue	수 wed	목 Thr	금 Fri
1 12.26(일)	2 12.27(월)	3 12.28(화)	4 12.29(수)	5 12.30(목)	6 12.31(금)	7 2022 1.1(토)
8 1.2	9 ◉ 1.3	10 1.4	11 1.5	12 1.6	13 1.7	14 1.8
15 1.9	16 1.10	17 1.11	18 1.12	19 角 1.13	20 1.14	21 1.15
22 1.16	23 ○ 1.17	24 1.18	25 1.19	26 1.20	27 1.21	28•29 설날 1.22 1.23(일)

• 13월 29일(금)은 인류공통의 '설날' • 요일이 현행 달력보다 하루씩 늦습니다.

212) 김상일, 『부도지 역법과 인류세』 동연, 2021, 129쪽.

에서 365일 나온 것은 8÷5=1.6에서 1일의 수가 나오기 때문에 364에 +1을 하고, 다시 나머지 0.6을 3년 모으면 1.8이 되므로 다시 4년째에 1일을 더한다고 했다.[213] 한편 서천복은 지구의 중심이 기울어져서 1년 중 6개월은 낮, 6개월은 밤이 있는 곳이 있는데, 이것이 판(昄)과 삭(朔)이라고 했다.[214] 이는 지금도 북극지방에 가면 볼 수 있는 백야현상과 같은 것인데, 설득력이 있는 해석이다.

김상일은 뒤에 나오는 체수(體數)를 포함하여 법수(法數), 성수(性數)를 삼라만상의 성격을 나타내는 '대상수(object number)'라 했고, '법수'란 대상수를 제어하는 메타수(meta number)라 했다. '체수'란 자기가 자기 언급을 하는 자기자체의 수란 의미로 해석했다.[215] 특히 성수와 법수는 9감산법으로 나온 마고수 배열법에 의해 대칭관계임을 밝힌 것은 부도역법 연구에서 독보적이다.[216] 회회첩첩으로 보면, 체수는 회회이고, 성수와 법수는 첩첩이다. 회회(回回)는 회전개념이고, 첩첩(疊疊)은 대칭개념이다. 이는 만고불역의 진리이다. 이 세 수를 22장에서는 특별히 '역법의 삼정(三正)'이라고 했다. 삼정은 천지인의 정법(正法), 정수(正數)이다.

● **昄之長이 與一日同故로 第四之祀는 爲三百六十六日이라**
(판지장 여일일동고 제사지사 위삼백육십육일)

[번역] 昄(판)의 길이가 1일과 같기 때문에, 제4의 사(祀, 4년마다)는 366일이 된다.

▶ [해설] 昄(판)은 제2의 윤일이다. 저자의 「한력」에서는 하지의 다음

213) 김상일, 『부도지 역법과 인류세』 동연, 2021, 175쪽.
214) 서천복, 『우주시간의 비밀』 삼양, 2002, 69쪽.
215) 김상일, 『부도지 역법과 인류세』 동연, 2021, 191쪽.
216) 김상일, 『부도지 역법과 인류세』 동연, 2021, 184쪽.

달 7월달에 둔다. 그래서 366일이 되어 공전주기를 맞추어 간다. (364+旦)+ 昄=366일. 4년마다 366일이 된다. 한력에서는 판(昄)을 7월 마지막 28일 금요일의 다음 날에 둔다. 그 다음 날도 29일 금요일이다. 이것도 금요일에 음28일, 양29일이 음양으로 병존하여 완전한 태극형상을 이룬다.

한력 · 한기 4년 7월 (서기 2023년 7월, 8월)						
토	일	월	화	수	목	금
1 7.11	2	3	4	5	6	7
8 ◠ 7.18	9	10	11	12	13	14
15 7.25	16	17 角	18	19	20	21
22 ○ 8.1	23	24	25	26	27	28
						29 8.8 立秋

● **十祀有半에 有大晦之晷하니 晷者는 時之根이라**

(십사유반 유대회지구 구자 시지근)

[번역] 10사(祀) 반(半) 동안에 대회(大晦)의 날을 골라 晷(구)를 재니 (측정하니), 구는 시(時)의 근원이다.

▶ [해설] 晦(회): 그믐, 대회는 음력 30일의 큰 그믐날. 晷(구): 해(달)의 그림자 길이(원본에 씀라 씀).

이정희는 이 구절을 "10년을 기준으로 해서 1년은 달이 29일, 30일인 개월로 반(半)으로 갈린다"[217]고 하고, 그렇게 나뉜 반의 개월에 대회, 즉 그믐의 그림자가 평소보다 더 긴 달이 있고, 그 길어진 그림자의 길이(구) 만큼을 기본으로 삼아 시의 근본으로 삼는다는 뜻으로 해석했다. 十祀有半(십사유반)은 十祀之半(십사지반)과 다르므로 10년과 1/2 기간 동안 음력 큰달(30일)을 골라 구를 재어 시간의 표준을 삼는다. 반(半)은 상반기, 하반기로 나누면 하지가 들어있는 상반기로 볼 수 있다. 십사유반은 136.5개월이 된다. 예로부터 태양의 그림자를 재는 법을 立竿測影(입간측영)이라 했다. 기둥을 세워 태양의 그림자로 시간과 계절을 분간하고 모자라고 남는 삭허(朔虛)와 기영(氣盈)의 시간을 계산한다.

*365.2422(365일 5시간 48분 46초)×10=3,652.422

10년 일수: 365+365+365+366+365+365+365+366+365+365=3652일이므로 0.422일 즉 약 10시간이 부족하다.

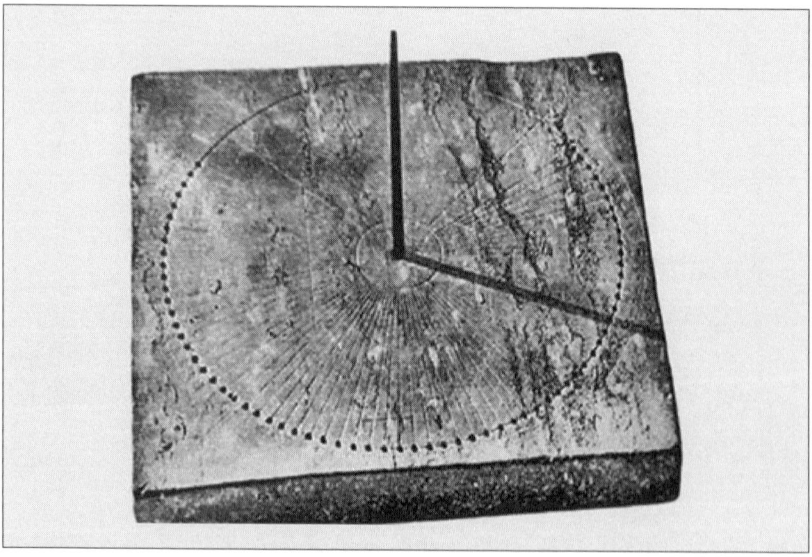

〈일구의 예〉(『천문고고통론』주류성)

217) 이정희, 『마고력』 단군문화원, 2016, 219쪽.

● 三百晷爲一眇하니 眇者는 晷之感眼者也라
(삼백구위일묘　묘자　구(귀)지감안자야)

[번역] 300구가 1묘가 되니, 묘는 눈으로 느낄 정도의 짧은 구(晷)의 시각을 모은 것이다.

▶ [해설] 眇(묘): 애꾸눈, 눈 지긋이 감는다는 뜻.

그림자는 눈에 보이지 않을 정도로 조금씩 미세하게 이동한다. 김상일은 감안을 회전(回轉)하는 순간으로 파악했다.[218] 『한서』(「예문지藝文志」)에 「일구서34권(日晷書三十四卷)」 등의 책명이 전하는 것으로 보아 예로부터 구(晷)의 측정을 중시했다는 것을 알 수 있다.[219]

● 如是經九六三三之眇刻分時爲一日하니 此는 三六九之体數也라
(여시경구육삼삼지묘각분시위일일　차　삼육구지체수야)

[번역] 이와 같이 9633의 묘(眇), 각(刻), 분(分), 시(時)를 차례로 지나 1일이 되니, 이는 369(삼륙구)의 체수(體數)다.

▶ [해설] 시헌역법(時憲曆法)에서는 1일을 24시 또는 96각(刻)이라 했으므로, 1시간은 4각이 되고, 1각은 15분 된다.

『사기』의 요편에 나오는 「집해」 주에는 하지의 시각을 60각이라 했고, 동지의 시각을 40각이라고 적고 있다. 이를 중국이 아닌 서울을 기준으로 한국천문연구원(일출 일몰시각)이 발표한 바에 의하면, 2,021년 6월 21일 하지 날의 낮의 길이 예정 시각은 14시간 45분이다.[220]

---

218) 김상일, 『부도지 역법과 인류세』 동연, 2021, 362쪽.
219) "太歲謀日晷二十九卷, 帝王諸侯世譜二十卷, 古來帝王年譜五卷, 日晷書三十四卷, 許商算術二十六卷" (『한서』 권30 「藝文志」)

이를 계산하면 14×60+45=885분이다. 이를 60각으로 나누면 885÷60=14.75분이 나온다. 15분에 근접한다.

또 같은 연구원이 발표한 2,021년 12월 22일 동짓날의 낮의 길이 예정 시각은 9시간 33분이다. 9×60+33=573분, 573÷40=14.325분이 나온다. 중국과 서울이라는 지역적 차이를 고려할 수밖에 없지만, 15분대에 근접한다. 따라서 1각이 15분임은 틀림없다고 하겠다.

시헌역법으로는 분 → 각 → 시로 되나, 부도역법은 '각 → 분 → 시'로 바뀐다. 분명한 차이가 있다. 저자는 "九六三三之眇刻分時"에서 '9633(구륙삼삼)'과 '묘각분시'를 떼어서 차례로 해석하려고 한다. 9묘, 6각, 3분, 3시가 된다.

즉 본래 1묘×9=각, 1각×6=분, 1분×3=시, 1시×3=1일, 1일은 145,800晷에 해당하고, 현재 86,400秒(24×60×60)이므로 1구는 0.6초, 1초는 1.69구. 여기서 1구가 0.6초라는 것은 현대의 1초보다 더 작은 시각임을 알 수 있고, 이는 부도 역법이 매우 초정밀한 시간관을 가지고 있었다는 것을 알 수 있다. 따라서 300구=1묘를 현대 시각으로 환원하면 300구=180초=3분=1묘(眇).

즉 1구=0.6초이다.

〈9633〉에 대한 저자의 해석

1일	3시	145,800구	86,400초(1구=0.59초)
1시	3분	48,600구	3,600초
1분	6각	16,200구	60초
1각	9묘 *1묘=300구	2,700구	

한편 김상일은 九六三三之眇(구륙삼삼지묘)를 붙여 읽어서 9633묘는

220) https://astro.kasi.re.kr/life/pageView/9?lat=37.54980&lng=126.9671&date=2021-06-21&address=%EC%84%9C%EC%9A%B8%ED%8A%B9%EB%B3%84%EC%8B%9C

2,889,900구(晷)라고 했다. 그리고 이 9633(구륙삼삼)을 시간이라는 수량이 아니라 감각으로 보고, 또 9633은 시간의 회전성을 상징한다. 그래서 회전문이라고 한다. 특히 9는 자신이 자신과 반영대칭(거울대칭)을 하면서 동시에 회전대칭을 한다.[221] 아래에서처럼 마고수배열이 위상학적 구조임을 밝혀주고 있다. 체수 369의 9633과 2,889,900을 디지털 루트(더하기하기)로 바꾸면 각각 자기 체수 3과 9가 나온다.[222]

9633 → 9+6+3+3=21, 2+1=3
1묘=300구, 9633묘=2,889,900구 →2+8+8+9+9+0+0=36, 3+6=9

체수는 자기에게로 돌아오는 끝수이다. 369에서 9는 양의 가장 큰 수요, 6은 음의 가장 큰 수이며, 3은 천지인 결합의 최종수이다.

● **如是終始하야 次及於中大之曆而理數乃成也라**
(여시종시　　차급어중대지력이이수내성야)

[번역] 이와 같이 종시가 차차 중력(中曆)과 대력(大曆)에 미쳐서 역의 이수(理數)가 완성되는 것이다.

▶ [해설] 147의 성수는 달력의 1단계 구성원리(364일)이고, 258의 법수는 달력의 2단계 구성원리(365일)이다. 3단계에서 시간형성의 기본원리를 설명한 것이 369의 체수로 366일과 함께 시간의 기초단위를 설명하고 있다.

---

221) 김상일, 『부도지 역법과 인류세』 동연, 2021, 184, 186~187쪽.
222) 김상일, 『부도지 역법과 인류세』 동연, 2021, 186~188쪽.

● 大抵堯之此三誤者는 出於虛僞之欲인 豈可比言於符都實僞之道哉아
(대저요지차삼오자 출어허위지욕 기가비언어부도실위지도재)

[번역] 대저 요(堯)의 이 세 가지 잘못은 허위(虛僞)의 욕망에서 나온 것이니, 어찌 가히 부도의 참된 실위(實僞)의 도에 비교하여 말할 수 있겠는가.

▶ [해설] 요(堯)가 저지른 삼오(三誤)를 삼정(三正)으로 바로잡는 것, "제왕으로 황극을 자처한 화, 토를 끌어들여 오행을 어지럽힌 화, 12달 30일 달력을 만든 화"는 허위의 욕망에서 나온 것이다. 요(堯)를 바로잡는 실위(實僞)의 문화가 단군의 조선에서 나온 것임을 추측할 수 있다.

앞의 22장 설명에서 '요력(堯曆)은 12달 30일 달력'이라고 했다. 30일을 만든 근거가 17장의 명협(蓂莢)의 잎새를 보고 만든 것이다. 달력은 7×4=28이거나 또는 7×5=35가 되어야 회전할 수 있지만, 현행 그레고리력의 달력과 같은 요력은 30일로 되어 있어서 회전성을 확보할 수 없다. 이는 분명히 부도역법에 어긋나는 것이다.

● 虛僞則理不實於內하야 竟至滅亡하고
(허위즉리부실어내 경지멸망
實僞則理常足於我하야 配得自存이니라
실위즉리상족어아 배득자존)

[번역] 허위한 즉 이(理)가 내 안에서부터 불실하여 마침내 멸망에 이르게 하고, 실위한 즉 이(理)가 내 안에서 늘 만족하게 나와 짝이 되어 스스로 존재하는 것이다.

▶ [해설] 이상은 유호씨가 우(禹)와 요(堯)의 잔존 세력들을 책망하며 천도를 설파한 내용이다. 그러나 요순우(堯舜禹) 세력은 여전히 부도를 거절하고 도리어 위협하였으며, 끝내 유호씨를 공격까지 하였다. 23장의 결

론은 바른 역법을 회복하면 복본을 이룰 수 있고, 마고성에 다시 들어갈 수 있는 토대가 마련된다는 것이다. 복본의 목적은 이 세상에 마고성시대를 다시 건설하는 것이다. 단군의 꿈도 요순을 포용하여 모두가 부도의 달력을 사용하는 '부도공동체' 건설에 있었을 것이다. 마고라는 말속에는 '일이 뜻대로 됨'이라는 또 다른 뜻을 함의하고 있는데, 이는 천손(天孫)이라는 믿음에서 나온 것으로 본다. 마고는 복본을 이룬 성공시대이며, 자재율시대를 상징한다. 마고는 북극성(천추)에서 왔다는 믿음도 있다.[223]

그리고 23장은 우리에게 1~9의 기본수가 147성수와 258법수, 369체수로 구성되었다는 것을 말해 주고 있다. 이것을 '부도역학(符都曆學)의 성법체론(性法体論)'이라고 할 수 있다.

6. 부도역법과 부도의 이해를 위한 그림설명

이제 몇 가지 그림으로 설명하고자 한다.

▶ 1~9까지를 규칙적으로 3분하면 1-4-7, 2-5-8, 3-6-9로 자연스럽게 배열된다. 147은 처음 나온 것이므로 성수라 하고, 369는 마지막 끝수이므로 더 이상 갈 수가 없어 스스로 몸이 되는 체수가 되고, 중간의 258은 법수가 된다. 법수는 거창한 의미가 아니라 속성(屬性)에 따른다는 뜻이다.

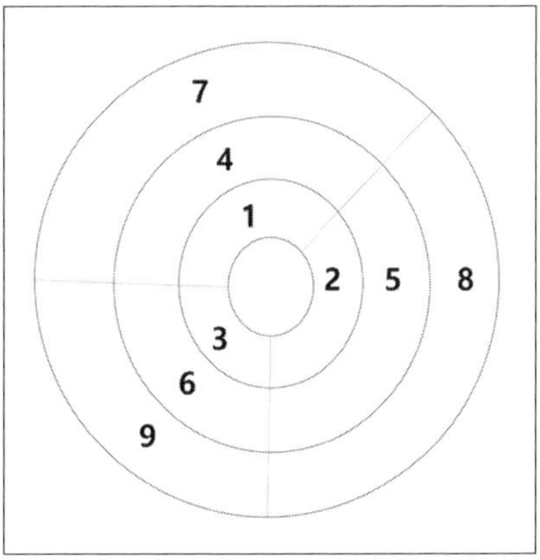

[그림1] 성수, 법수, 체수의 3분도

223) https://www.youtube.com/watch?v=EMldTld--lU (송준희 강의)

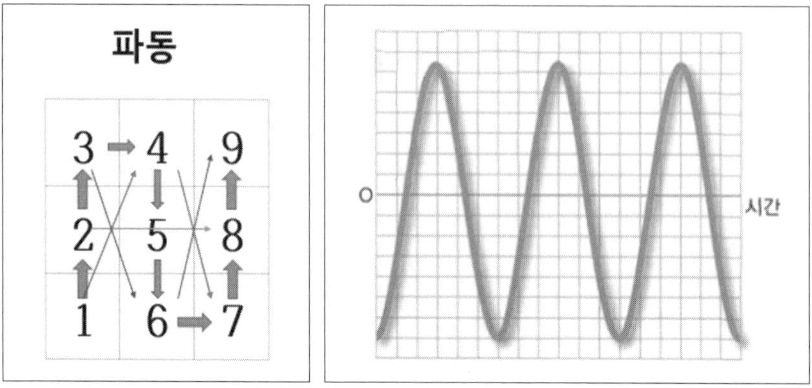

[그림 2] 기본수를 파동으로 표현

▶ 1-4-7이 상향 파동을 이루고, 3-6-9가 또 하나의 하향 파동을 이룬다.

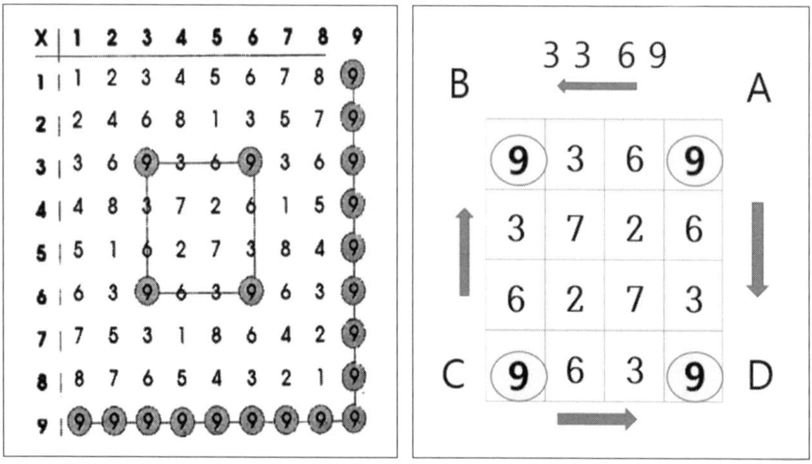

[그림3] 9감산법에 의한 마고수배열과 9633묘.[224)]

▶ 왼쪽처럼 1에서 9까지 배열한 숫자끼리 곱하여 나온 수를 9로 계속 뺀 다음에 마지막에 남는 수(1~9까지만)를 적는다. 예를 들어 5×8=40인데, 40을 계속 9로 빼면 40−9=31, 31−9=22, 22−9=13, 13−9=4가 남는다.

224) 김상일, 『부도지 역법과 인류세』 동연, 2021, 184, 186쪽.

가운데 9,9,9,9는 결국 3×3=9, 3×6=18, 18−9=9, 6×6=36, 36−9=27, 27−9=18, 18−9=9가 나온다. 이를 A에서 B로 연결하면 9633이 나온다. 회전문처럼 돌아간다. 이 9633도 결국 3, 6이 만든 숫자이다. 마야달력은 260×4=1,040, 1040×9=9,360, 또는 9,366이 나온다. 이 표에서 가운데에 9가 4번 나오고, 바깥쪽에 9가 9개 있으므로 이것도 결국 4×9이다. 4.9금(金)이 된다.

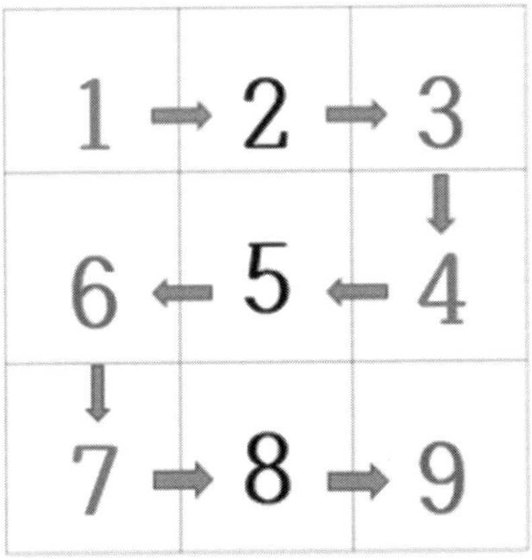

4	9	2
3	5	7
8	1	6

[그림4] ㄹ자 놀이에 나타난 수개념과 낙서 정전도(우)

▶ 그림 4번을 보충 설명하고자 한다.

'ㄹ'자 놀이란 두 팀으로 나누어 하는 전통적인 민속놀이이다. 마당이나 공터에 ㄹ자형의 놀이판을 그려서 두 편으로 나누는데, 일반적인 편놀이와 다르게 이 놀이는 공격편과 수비편으로 구분하는 것이 아니라 두 편이 동등한 조건에서 ㄹ자형 놀이판의 선 안에서 공격과 수비를 동시에 한다. 한편의 참가인원은 20~60명 정도이다. 이때 상대편 안마당에 먼저 들어가 상대편이 지키고 있는 만세통(보물함)을 먼저 발로 밟는 편이 이긴다.

저자는 이런 ㄹ자형의 놀이판에 1~9까지의 숫자를 배열하여 비유적으로 설명하려고 한다.

1에서 공격하는 팀은 123은 수비선이고, 456은 경계선이고, 789는 공격선이다. 9번에서 공격하는 팀은 정반대로 보면 된다. 1에서 공격하는 팀은 상대 7에 보물이 들어있기에 4를 반드시 통과해야 하고, 9에서 공격하는 팀은 상대 3에 보물이 들어있기에 6을 반드시 통과해야 한다.

123선상(線上)의 시작은 1이고, 중간은 2이며, 끝은 3이다. 456선상의 시작은 4이며, 중간은 5이고, 끝은 6이다. 789선상의 시작은 7이고, 중간은 8이며, 끝은 9이다. 그래서 시작점은 147이 되고, 중간점은 258이 되며, 끝점은 369가 된다.

5는 교차점일 뿐 중앙 황극의 자리가 아니다

5는 1에서 공격하는 편에서 보더라도 중간이 되고, 9에서 공격하는 편에서 보더라도 5는 역시 중간이 된다. 그래서 5는 교차점일 뿐 중앙점이 되는 것은 아니다. 『부도지』(17장)에는 "스스로 9수5중(九數五中)의 이치를 바로 잘 알지 못하고, 중5(中五) 이외의 8은, 1이 즉 8이라고 생각하고, 내(內)로써 외(外)를 제어하는 이치로 여겼다. 요(堯)가 오행(五行)의 법을 만들어 제왕의 도를 주창하므로, 소부(巢夫)와 허유(許由) 등이 심히 꾸짖고, 그것을 거절하였다. 요가 곧 관문 밖으로 나가 무리를 모아 묘예(苗裔)를 쫓아냈다. 묘예는 황궁씨의 후예였으며, 그 땅은 유인씨(有因氏)의 고향이었다. 후대에 임검씨(단군)가 여러 사람을 이끌고 부도를 나갔기 때문에, 비어 있는 그 기회를 이용하여 그를 습격하니, 묘예가 마침내 동 · 서 · 북의 삼방(三方)으로 흩어졌다. 요가 곧 9주(九州)의 땅을 그어 나라를 만들고, 스스로 5중에 사는 제왕이라 칭하여 당도(唐都)를 세워 부도와 대립하였다"고 했다.

이 구절의 핵심은 요(堯)가 현재 우리가 보는 낙서의 5중(中)처럼 5가 중앙에 앉아 나머지 주변의 수를 통제하는 것으로 착각하였다는 점이다. 이런 착각 속에 요(堯)가 5중에 앉으려고 제왕이 되었다는 점이다. 요의 이런 몰이해로 인해 두 번째 변란이 일어났다고 본 것이다. 따라서 5는 교차점에 불과할 뿐, 중앙에 군림하는 황극자리가 아니라는 것이 부도역법의 핵심이다. 이처럼 부도역법은 5황극을 정치적으로 악용하는 것을 부정한다.

앞에서 말한 것처럼 부도역법에서 147 시작점은 성수라 하고, 258 중간점은 법수라 하고, 369 끝점은 체수라 한다. 이를 천지인으로 보면, 123은 땅의 영역, 456은 인간의 영역, 789는 하늘의 영역이 된다.

성수 · 법수 · 체수의 삼정(三正)으로 1328의 부도역법을 만든다

1328을 만드는 성수, 법수, 체수라는 고조선 역법의 삼정(正)개념은 『부도지』가 유일하다. 다만 『황극경세』에는 본수, 체수, 용수라는 개념이 등장한다. 음양(陰陽)과 강유(剛柔)의 수를 예로 들어, "본수(本數)라는 것은 수의 시작이고, 체수(體數)라는 것은 수의 이루어짐이고, 용수(用數)라는 것은 수의 변함이다. 수가 쓰임을 얻게 되면 체수가 물러나게 되고, 체수가 물러나게 되면 본수는 숨게 되며, 체수가 물러나게 되고 본수가 숨게 되면 변화가 나타나니, 변화라는 것은 낳고 낳아 끝이 없음을 이름이다"[225]라고 정의했다.

주역으로 보면, 384는 본연의 체수(體數)이고, 384효 전체 중에 실제 운용을 하는 360은 용수(用數)이다.[226]

이 용수는 전체효에서 '건곤감리'의 4괘24효를 빼서 얻은 수이다. 소강절이 규정한 대로는 태양의 체수는 10이고, 태음의 체수는 12이며, 소양의 체수는 10이고, 소음의 체수는 12이다.[227]

---

225) "本數者 數之始也 體數者 數之成也 用數者 數之變也 致用則體數退矣 體數退則本數藏矣 體退而本藏則變化見矣 變化者 生生不窮之矣"(『황극경세』「관물내편」 소백온 계술)

226) "體數之策三百八十四, 去乾坤坎離之策, 為用數三百六十"(『황극경세』「관물외편」 8장)

227) "太陽之體數十, 太陰之體數十二, 少陽之體數十, 少陰之體數十二 少剛之體數十, 少柔之體數十二, 太剛之體數十, 太柔之體數十二 "(『황극경세』「관물내편」 11장)

1	2	3	4	5	6	7	8	9	10
11	12	13	14	15	16	17	18	19	20
21	22	23	24	25	26	27	28	29	30
31	32	33	34	35	36	37	38	39	40
41	42	43	44	45	46	47	48	49	50
51	52	53	54	55	56	57	58	59	60
61	62	63	64	65	66	67	68	69	70
71	72	73	74	75	76	77	78	79	80
81	82	83	84	85	86	87	88	89	90
91	92	93	94	95	96	97	98	99	100

[그림5] 1~100까지 소수표와 소수를 골라 넣은 디자인

▶ 소수(素數)는 한 마디로 다른 수로 나누어지지 않는 바탕수이다. 물론 1은 제외하고 말이다. 2, 3, 5, 7로부터 13을 거쳐 83, 89, 97 등이 그것이다. 단군이 조선을 건국한 BCE 2,333년의 2,333도 소수이다. 앞으로 돌아올 2,027년, 2,029년, 2,039년, 2,053년, 2,063년, 2,069년 등도 소수이다. 소수는 소립자와 같다고 했다.[228] 작으나 깨지지 않는, 분해되지 않는 알갱이 중의 알갱이며, 궁극의 수인 것이다.

▶ 다음은 [그림6]에 대한 설명이다.

3차원 99단에서는 2×4=8, 2×5=10, 2×6=12, 2×7=14, 3×8=24였으나 디지털99단에서는 2×4=8, 2×5=1, 2×6=3, 2×7=5, 3×8=6이 된다. 9를 감하여(9감산법) 10(2×5)−9=1, 12(2×6)−9=3, 14(2×7)−9=5, 24(3×8)−9−9=6이 된 것이다.

더 쉬운 법은 디지털루트이다. 3×8=24의 24를 두 수를 합하면 곧바로 2+4=6이 된다. 9감산법이나 디지털루트의 결과의 값은 1~9까지만 나오고, 10 이상의 값은 나오지 않는다. 모든 수가 평등해진다.

또 하나 예를 들면 7×7=49, 4+9=13, 1+3=4이다.

---

228) 다케우치 가오루, 『소수는 어떻게 사람을 매혹하는가』 서수지 옮김, 사람과 나무사이, 2018, 124쪽.

3차원 99단									
구분	1	2	3	4	5	6	7	8	9
1	1	2	3	4	5	6	7	8	9
2	2	4	6	8	10	12	14	16	18
3	3	6	9	12	15	18	21	24	27
4	4	8	12	16	20	24	28	32	36
5	5	10	15	20	25	30	35	40	45
6	6	12	18	24	30	36	42	48	54
7	7	14	21	28	35	42	49	56	63
8	8	16	24	32	40	48	56	64	72
9	9	18	27	36	45	54	63	72	81

4차원 디지털 99단(9감산)									
구분	1	2	3	4	5	6	7	8	9
1	1	2	3	4	5	6	7	8	9
2	2	4	6	8	1	3	5	7	9
3	3	6	9	3	6	9	3	6	9
4	4	8	3	7	2	6	1	5	9
5	5	1	6	2	7	3	8	4	9
6	6	3	9	6	3	9	6	3	9
7	7	5	3	1	8	6	4	2	9
8	8	7	6	5	4	3	2	1	9
9	9	9	9	9	9	9	9	9	9

[그림 6] 99단과 감산법

부도역법에서는 가칭 '4차원 디지털 99단'을 사용한다. 이것이 생명의 수이다. 시그마 코드이다. 이런 수가 왜 필요한가?

스티븐 호킹은 "우주는 창조되지도 파괴되지도 않으며, 그저 존재할 따름이다. 아마도 허수 시간이 사실은 실제 시간이고, 또 우리가 실제 시간이라고 부르는 것이 우리의 상상이 빚어 낸 조각물에 지나지 않는지도 모른다"[229]고 말했다. 허수, 실수 문제는 너무 어려운 것이라서 적절한 비유일지는 모르나 아무튼 우리가 모르는 또 다른 시간이나 법칙이 있을 수 있다는 말이다. 그래서 우리는 초등학교 때 배운 99단에 머물지 말고, 새 차원의 디지털루트로 들어가 보자는 것이다. 그것을 우리식으로 해석한다면 금척(金尺)이 아닐까? 송래선의 『금척천부경』(천부도원)은 수로써 금척을 이해했다는 데 의미가 있다.

이제 실제로 해 보면 알 수 있다.

- ○ 세로로 2번 선에는 2,4,6,8,1,3,5,7,9가 있다. 이를 재배열하면 147성수, 258법수, 369체수가 모두 나온다.
- ○ 세로로 3번 선에는 3,6,9,3,6,9,3,6,9가 있다. 이는 369체수가 정연하게 3번 중복해서 나온다.
- ○ 세로로 4번 선에는 4,8,3,7,2,6,1,5,9가 있다. 이를 재배열하면 147성수, 258법수, 369체수가 2번 선과 같이 모두 나온다.
- ○ 세로로 5번 선에는 5,1,6,2,7,3,8,4,9가 있다. 이를 재배열하면 147성수, 258법수, 369체수가 2, 4번 선과 같이 모두 나온다.
- ○ 세로로 6번 선에는 6,3,9,6,3,9,6,3,9가 있다. 이는 3번 선과 같이 369체수가 3번 중복해서 나온다.
- ○ 세로로 7번 선에는 7,5,3,1,8,6,4,2,9가 있다. 이를 재배열하면 147성수, 258법수, 369체수가 2, 4, 5번 선과 같이 모두 나온다.
- ○ 세로로 8번 선에는 8,7,6,5,4,3,2,1,9가 있다. 이를 재배열하면 147성수, 258법수, 369체수가 2, 4, 5, 7번 선과 같이 모두 나온다.
- ○ 세로로 9번 선에는 오로지 9번 자기 자체로 존재한다.

---

229) 스티븐 호킹, 『시간의 역사 2』 현정준 옮김, 청림출판, 1995, 162쪽.

이상을 검토해 보면, 147성수, 258법수, 369체수가 2, 4, 5, 7, 8번 선에서 모두 5회 나온다. 반면에 369체수만 나오는 경우는 3, 6번에서 2회 나온다.

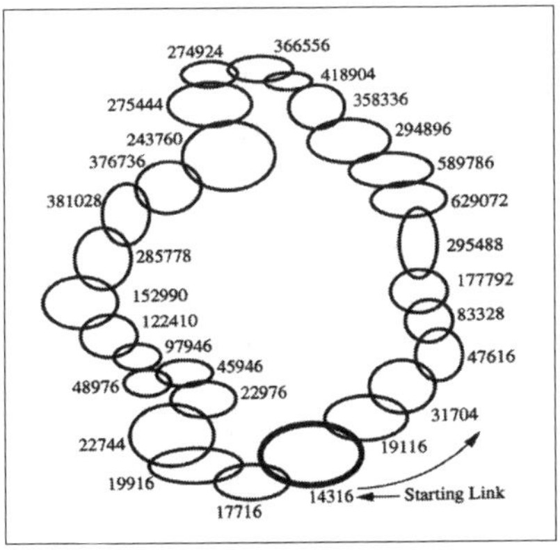

[그림 7] 7사슬 4고리 사교수와 7요4주 달력

▶ 김상일은 사교수의 중요성을 강조하고 있다. 앞에서 말한 바와 같이, 어떤 A의 약수의 합이 B가 되고, B의 약수의 합이 C가 되고, 이것을 계속할 때, 다시 원래의 수 A로 돌아오는 수들의 모임을 사교수라고 했다. 그 결과 7개의 사슬들이 4개의 고리로 연결되어 있다는 사실을 발견하였다. 이는 7요가 4주 있는 것을 수학적으로 입증한 것이다.[230]

대문구 유적의 팽이형 토기 도문	신용하 교수의 논문(일부 인용)	저자의 모사본(설날 단, 해-새-산)
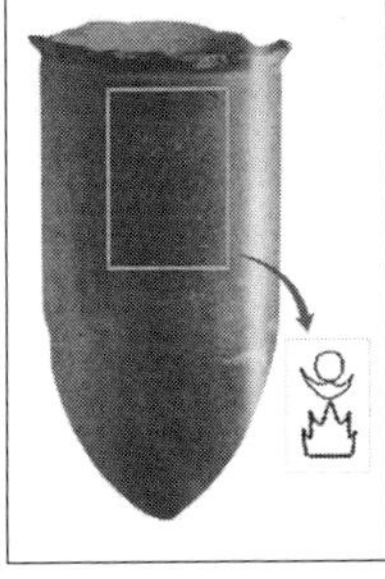	거듭 지적하거니와 머리말에서 쓴 바와 같이 1961년 산동의 거현(莒縣) 陵陽河 大汶口文化 말기 유적지에서 발굴된 팽이형 토기에 새겨진 모양은 '아사달' '朝鮮'을 나타내는 문양이라고 본다. '아사'는 '아침'을 의미하는 것이며, '달'은 '산'(양지바른 산)을 의미하는 고조선이다. 위의 팽이형 토기의 모양에서 ○은 태양, 은 구름 또는 바다(또는 바다에 비친 태양의 불빛)를 상징화한 것으로 이를 합친 은 '아사'(아침)을 나타낸다. 은 '달'(山)을 나타낸다. 이들을 모두 합치어 모양으로 표시하면, '아사달'이 되는 것이다. 아사달을 한자로 번역한 것이 '朝鮮'인 것이다.	

[그림 8] 대문구 도부 '설날 旦(단)'

230) 김상일, 『부도지 역법과 인류세』 동연, 2021, 184, 207~209쪽.

▶ 중국의 산동성 능양하에서 발견된, 대문구문화 말기로 추정되는 BCE 2,500년 전후의 유물인 이 팽이도부는 신용하의 주장처럼 한민족의 상징물이 틀림없으나, 다만 조선의 '아사달 상징문양'이라기보다는 그보다 앞선 환웅의 태백산 신시(신불) 상징문양으로 볼 수 있다고 본다.[231] 이를 단(旦)자로 풀이한 사람은 중국의 우성오(于省吾)이고,[232] 왕수명은 '炟'(달)자의 조형(祖型)이라 불길이 치솟는 '火화'로 해석해야 한다고 했다.[233] 다만 그 의미해석은 새해 설날을 축하하는, 평소의 아침 단(旦)의 차원을 넘어서는 명절로서의 '설날 단'으로 고쳐보아야 한다고 생각한다. 명절 의식과 새해 소망을 담고 있다는 데 의의가 있다.

① 상단의 둥근 원 ○은 태양(太陽) 또는 하늘의 밝음을 상징하고,

② 초승달을 뉘운 모양 ◡은 새(태양조)와 같고,

③ 산 모양(오봉산)은 산과 바다를 동시에 모양한 것으로 지상 인간 세상으로서의 바다와 산 즉 해산(海山)을 상징한다. 김주미는 다른 모양의 토기들에 새 모양이 등장하는 것을 예로 들어 초승달을 누운 모양 ◡은 세 발 달린 삼족오라고 했다.[234] 이런 점에서 저자도 동의할 수 있다. 또 옛 사람들은 쟁반 같은 태양이 날개도 없이 하늘을 나는 것을 하늘에 새가 있어서 끊임없이 비상하기 때문이라고 생각했던 점에서 새와 해의 공동토템으로 삼았던 것이다.[235]

팽이도문은 조선 고유의 팽이형이라는 데 의미가 있고, 그 문양이 삼단계로 조합되어 있다는 것도 의미 있는 일이다. 위는 둥근 태양을 상징하고, 아래는 땅을 상징하고, 가운데는 그 중간 세계를 매개하는 새라 할 수 있다.

---

231) 이찬구, 『주역과 동학의 만남』 모시는사람들, 2010, 32~34쪽.

232) 于省吾, 「關于古文字研究的若干問題」 『文物』 北京: 1973년 2기, 32쪽. 이 대하여는 저자의 『고조선 명도전과 놈』(동방의 빛, 2013) 204~205쪽 참조.

233) 王樹明, 「談淩陽河與大朱村出土的陶尊文字」 『山東史前文化論文集』 中國, 齊魯書社,1986, 249쪽: 왕수명은 1979년 출토된 도문을 중심으로 해석했다.

234) 김주미, 『한민족과 해 속의 삼족오』 학연문화사, 2010, 94쪽.

235) 김백현, 「신선사상의 연원으로 본 동이족의 봉황문화」 『중국학보』 47, 669쪽.

팽이도문에 남다른 의미부여를 한 분이 신용하이다. 그는 이 팽이도문의 뜻을 아사달(阿斯達)로 보고, 해석은 이병도의 설에 따른다. 이병도는 아사달이란 아침의 산을 의미하는 것이며, 바로 조선(朝鮮)이라는 말의 뜻이라고 풀이했다.[236] 그러나 저자는 팽이도부를 조선이나, 아사달보다는 그 근원인 신시(神市)의 상징물로 보고자 한다. 그러니까 아사달은 꼭 아침의 땅으로만 볼 필요는 없다.

『삼국유사』에 있는 것처럼 위서(魏書)에 적힌 아사달은 우리말을 한자식으로 표기한 것이므로 그것에 너무 연연할 필요가 없다. 따라서 이 팽이도부는 흰 산, 흰 땅으로서의 거룩한 땅, 신성한 산인 태백산(太白山, 太伯山) 신시(神市)의 설날 아침을 의미한다고 보는 것이다. 다시 말해 그 의미는 최대 명절인 '설날 단'을 경축하는 도부라고 보는 것이다.[237]

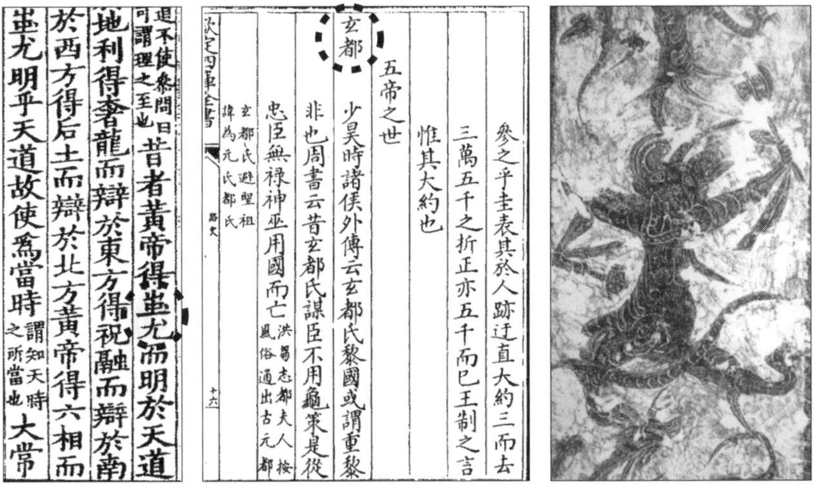

[그림9] 치우에 대한 『관자』의 천도(天道)와 『로사』의 현도(玄都)와 치우 화상석

236) 이병도, 「단군설화의 해석과 아사달문제」 『서울대논문집』 제2호, 1955, 5~6쪽.

237) 예전에는 설날(元旦)부터 12일까지는 날에 숫자를 부르지 않고, 干支의 이름으로 부른다. 예를 들면 쥐날(鼠의 日), 소날(牛의 日), 호랑이날(虎의 日), 양날(羊의 日), 거미 날(蜘의 日－원문대로임－번역자) 등이다. 이로써 우리 조상들이 상고시대에는 숫자보다는 자축인묘…로 날짜 셈을 했다는 것을 알 수 있다.

▶ 저자가 늘 궁금했던 것은 중국 남송 나필(羅泌, 1,131~1,189)이 편찬한 『로사(路史)』에 실린 치우에 관한 여러 표현 중에 '천부의 신(天符之神)'이라는 말이다.

> 치우는 천부의 신인데 모양은 끊임없이 변하여 달라졌으며 하나라 은나라 주나라에서 제사에 쓰이는 제구로 쓰였다. 치우의 얼굴을 많이 새겨 탐욕과 포학한 사람을 일깨우기 위해 사용하였다.[238](『로사』 권13 注)

이 구절에서도 궁금하기는 마찬가지이다. 어떻게 탐욕이 가득하고 포학한 사람을 천부의 신이라고 했을까? 앞뒤가 모순된다. 또 이 구절에 이어서 한(漢) 무제시에 태원마을 사람들은 치우신(蚩尤神)의 그림을 가지고 있었다(漢武時 太原有蚩尤神畫)고 했다. 치우가 신(神)인 것은 틀림없어 보인다. 천부의 신이라고 했다. 여기서 천부란 무슨 뜻인가? 천부경의 천부는 아닌 것 같다. 그러면 중국인들이 말한 천부는 무슨 뜻일까? 부도(符都)의 다른 말이 아닐까 한다. 중국 사람들이 치우를 부도나라의 신으로 생각한 것으로 본다.

그 근거가 또 하나 있다. 『관자』이다. 이 책은 춘추시대 제(齊)나라의 사상가 · 정치가인 관중(管仲: ?~BCE 645)이 지은 것으로 되어 있으나, 그 내용으로 보아 후대의 사람들의 가필이 있었겠지만, 한대(漢代)에 걸쳐서 성립된 것으로 본다. 그렇지만 정치적인 내용이 섞여 있는 것이 아니기 때문에 기원전 7세기의 사람이 바라본 치우관(蚩尤觀)이 아닐까 생각한다.

> 옛적에 황제는 치우를 얻어 천도를 밝혔고, 치우가 천도에 밝은 고로 때를 알리는 일을 맡겼다.(『管子』 41「五行」)[239]

---

238) "蚩尤天符之神 狀類不常 三代彝器 多著蚩尤之像 爲貪虐之戒"(『路史』 권13 注)
239) "昔者黃帝得蚩尤而明於天道…蚩尤明乎天道, 故使為當時"(『管子』 41「五行」)

당시(當時)란 '장천시지관'(掌天時之官)이라고 했다. 천시(天時)를 알리는 관직을 맡았다는 뜻이다.[240] 천도란 역수(曆數)를 말하는 것이 분명하다. 사마천은 『사기』에서 치우를 죽였다고 했는데, 『관자』는 엉뚱하게 황제가 육상(六相)의 한 사람으로 치우를 관직에 임명했다고 했다. 이 부분에 대해 『로사』는 아니라고 부정했다.[241] 다시 말해 이 치우는 구려의 수장인 치우가 아니라, 치우족의 어느 현인을 의미할 것이다. 그렇다면 치우족에는 천도에 밝은, 즉 역법에 밝은 사람이 있었다는 뜻이 되고, 그런 사람을 등용해서 '천시지관'을 맡겼다고 이해할 수 있다.

치우의 구려족은 요순과 다른 달력을 사용했다

『사기 정의』 주(注)에 공안국은 "구려 임금의 호가 치우"(九黎君號蚩尤是也)라고 했다. 다시 말해 치우족은 9개 부족으로 나뉘어 살았다는 말이고, 그런 부족의 한 사람이 황제에게 역수를 알려주었을 것이다. 그런데 황제 이후인 요순에 와서 상황은 달라진다. 『로사』(16편)에 역(歷, 曆)을 설명하면서, "요순만이 역수(천도)의 변화를 알 수 있다. 구려(九黎)가 역수의 덕을 어지럽히고, 묘민이 명을 거역하여 받아들이지 않았다"[242]고 했다. 이는 요순시대에 요순의 역법을 받아들이지 않은 무리가 따로 있었다는 것을 의미한다. 바로 치우의 구려족이 있었다는 것이며, 그들은 요순과 다른 부도의 역법을 사용하고 있었을 것이 분명하다.

아무튼 전욱에게는 전욱의 역법이 있었고, 치우에게는 치우의 역법이 있었다고 유추할 수 있다. 관자가 이를 지나가는 말로 서술한 것이 아니고, 「오행」편에 서술했다는 것은 진중한 표현이었을 것으로 생각된다. 따라서

240) 謝浩範 외 역주, 『管子全譯』 귀주인민출판사, 1996, 553쪽.
241) "云帝以蚩尤明天道为当时非"(『로사』 14편)
242) "堯舜唯知變也, 故唯九黎亂德, 苗民逆命"(『로사』 16편)

치우의 현인에게 천시를 물었다는 것은 치우족에게 역법이 있었다는 것이며, 환웅신시시대에 이미 역법이 있었다는 것을 의미한다. 『사기』에 기록된 황제의 업적 중에, '오행의 기를 다스리다'(治五氣), '책을 추산하다'(迎日推筴) 등은 모두 역법에 관한 일이다. 그런데도 달력에 관해 구체적으로 언급하지 않는 것을 보면 치우역법에 의존한 것이 아닌가 한다. 부도역법인 치우역법은 중국에서 요에 이르러 폐기될 때까지 사용된 것으로 추정해 볼 수 있다.

『로사』는 9려를 하(夏)나라 제후로 서술했으나(黎夏諸侯九黎; 29편), 한편으로 '현도씨는 려'(玄都氏黎; 29편)라고 했고, 또 '9려는 현도(玄都)'라고 했다(九黎玄都也; 20편 注). 이 현도씨에 대해 심백강은 치우의 씨족명칭으로 보았는데,[243] 이 말의 근원을 찾아가면 9려의 도읍지인 현도(玄都)로부터 현도씨(玄都氏)라는 말이 나왔을 것이다. 그렇다면 현(玄)은 곧 천(天)과 통하고, 9려국의 도읍지를 중국인들이 현도라고 표현한 것은 무엇인가 특별한 의미를 지니는, 부도나라의 천도(天都)였을까. 저자는 『부도지』 13장에서 말하는 천부단(天符壇)이나 보단(堡壇)과 연관된 것으로 추정한다. 서안(西安) 종남산에 현도단(玄都壇)의 이름이 남아 있다.

그리고 『로사』는 치우를 '천부의 신'이라 했다. 치우는 도끼를 들고 현도를 지켰던 것이다. 고대 도끼는 치우를 상징한다. 치우와 연관어로 둑, 독, 둑제(纛祭)의 말이 있는 것은 도끼(독기)에서 나온 것 같다.[244] 조선시대에 조정(관상감)에서 치우부적을 만들었다. 부적의 경문에도 치우를 치우지신(蚩尤之神)이라고 했다.[245]

---

243) 심백강, 「치우에 대한 새로운 고찰」 『2016 세계환단학회 춘계학술대회 자료집』 2016.6, 165쪽.

244) 조옥구 선생의 해석(2021.2.16.)

245) 관상감(觀象監)은 붉은색으로 찍은 부적을 궁중에 진상하였고, 그것을 문미(門楣, 창문 위에 가로 댄 나무)에 붙여서 액재(厄災)를 없애려 하였다고 한다. 그 부적에서 말하길 "五月五日天中之節, 上得天祿, 下得地福, 蚩尤之神, 銅頭鐵額, 赤口赤舌, 四百四病, 一時消滅, 急急如律令"이라 하였다.

신농씨의 주패	삼과병명
	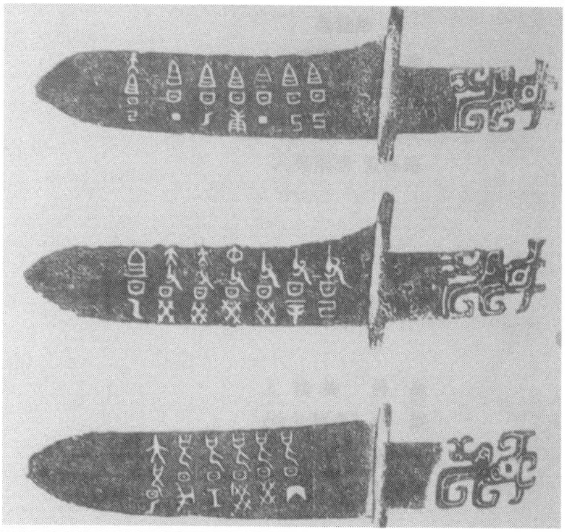

[그림 10] 청동기의 금문과 개시연대

▶ 『설문해자』에 금(金)은 "다섯 가지 색의 금속으로 누런 것이 가장 뛰어나다"(五色金也, 黃爲之長)고 했다. 금, 은, 동, 철, 주석을 모두 금이라고 불렀다. 이 중에 동(銅)은 붉은 색(赤金)이다. 청동은 동과 주석의 합금으로 일반적으로 우리가 금이라고 불렀고, 금문(金文)이라고 하면 이 청동기 그릇에 새긴 문자들을 총칭한다.

청동기 제조는 유구한 역사를 지니고 있다. 대략 지금으로부터 4~5,000년 전 감숙성 동부의 마가요, 제가(齊家) 문화 유적지, 하북성, 하남성, 산서성, 산동성의 용산(龍山)문화 유적지와 묘장에서 홍동, 청동의 칼, 도끼류가 발굴되었다. 하나라에 해당하는 하남성 언사(偃師) 이리두 유적지에서 술그릇(작爵)도 발견되었다. 상나라 후기(기원전 14~13세기)의 안양(安陽) 도성에서 청동기 출토가 전성을 이루었다. 청동기에 문자가 등장한 것은 이보다 이른 시기이다. 서주(西周)의 금문은 상나라 금문의 기초 위에서 진보가 이루어졌다.[246)]

청동기에 새겨진 금문은 그 자체로도 아름답지만, 문제는 문자의 해독에 있다. 미지의 언어를 이해한다는 것은 매우 어려운 일이다. 이 방면에 한 획을 그은 분이 소설가 낙빈기(본명 장박균, 1,917~1,994)였다. 1,987년에 중국에서 출간된 『금문신고(金文新考)』가 그것이다. 금문 연구자들은 우리가 알고 있는 상주(商周)의 금문보다 이른 시기의 금문을 상고(上古)금문이라고 하는데, 그 상한선을 신농씨의 주패(柱貝)를 근거로 BCE 2,517년으로 보고 있다.[247] 금문의 글자들을 동이문(東夷文)으로 보기도 한다.[248] 청동기의 출현은 오행관에 변화를 가져왔다. 금(金)은 석(石)의 연장선상에 있으나 오행에 금(金)이 추가된 것은 청동기와 금문의 영향이라고 할 수 있다.

요의 평양, 순의 포판과 고조선 유호씨의 호국(1, 2차 격전지)

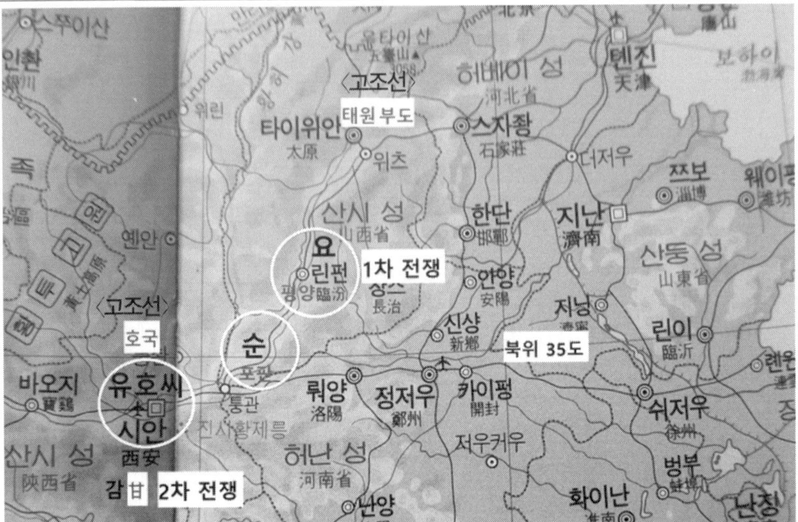

[그림 11] 평양(平陽)과 유호씨의 호국(지리부도, 지학사)

246) 왕휘, 『상주금문(상)』 학고방, 2013, 3~5쪽.
247) 낙빈기, 『금문신고(하)』 김재섭 외 역, 한국금문학회, 2020, 30쪽, 198~199쪽.
248) 태산, 『숨겨진 상고사(상)』 CO2, 2015, 28쪽.

▶ 요(堯)와 순(舜)이 제왕처럼 꼭대기에 군림하여 5중의 정신을 저버리고 패도(霸道)[249] 정치를 했다는 것은 주자의 주석[250]에서 잘 드러나고 있다. 요의 평양(임분(臨汾)과 순의 포판의 인근에 유호씨의 호국(扈國)이 있었을 것이다. 유호씨의 고향 땅은 서안의 감(甘) 땅 부근, 호(戶)현 일대로 볼 수 있다. 그곳이 유호씨가 세운 호국(扈國)이 있었고, 호국은 하(夏)가 아닌 단군조선의 분조(分朝)이거나 거수국이었다고 추정한다.

그리고 유호씨의 활동 영역으로 볼 때, 호국과 가까운 서안(西安) 일대에 부도의 남방 보단(堡壇)이 있었을 가능성도 있다.

[그림 12] 파미르고원 브랑제단, 브랑스투파(가칭 마고제단)[251]

249) 주자는 「홍범」 오황극(五皇極)의 세주(細注)에서 사변의 중앙을 극(四邊中央是極)이라 했고, 요의 도읍지 평양(平陽)과 순의 도읍지 포판(蒲坂)은 지붕의 꼭대기(屋之極)로 가장 높은 곳(極高之處)이라고 했다.

250) "極盡也 因指前面香卓四邊盡處是極 所以謂之四極 四邊視中央 中央是極也 堯都平陽 舜都蒲坂 四邊望之 一齊看著平陽蒲坂 屋之極極高之處 四邊到此盡了"(『書傳』「洪範」 五皇極章 細注)

251) https://www.flickr.com/photos/laurajacobsen/20734583458/(Vrang Stupa, Laura Jacobsen, 2015년 8월 3일 촬영)

▶ 파미르고원이 워낙 넓고 광대한 데다 중국-아프가니스탄-파키스탄 등 여러 나라 국경에 걸쳐 있다. 정길선에 의하면, 아프가니스탄은 아직 여행 금지 국가로 위험한 상황인 데다 중국과 파키스탄은 비자가 있어야 접근할 수 있다. 갈 수 있는 곳은 타지키스탄이나 우즈베키스탄 쪽 밖에 없는데 그쪽 지역에서 확인하기론 몇 개 있다고는 하나 완전한 형태로 남아 있는 것은 얌춘 요새 안에 있는 얌춘(yamchun) 제단 밖에 없다고 한다. 제단은 BCE 8,000년까지 올라간다고 하지만 과학적으로 나타난 연대일 뿐 실제로 사람들 입에 오르내리기로는 최소 2~3만 년은 됐고 불과 300년 전까지 증축과 보수를 거듭했다고 한다. 맨 꼭대기 돌에는 발자국 형상이 있다고 한다.

저자가 보니 이 얌춘제단의 위치는 힌두쿠시 산맥 아래에 있고, 아프카니스탄과 타지기스탄 국경 사이에 있어 사람 혀 모양 같은 곳에 있는데, 가까운 곳의 지명이 브랑(Vrang)이어서 김규현도 와칸계곡의 '브랑스투파'(Vrang Stupa)라고 부르고 있다.[252] 김규현은 얌춘고성은 본래 '불의 숭배자'의 성이며, 방(防)이 300개나 되는 큰 요새이고, 특별히 자연온천이 나온다고 한다.[253] 이름을 파티마온천이라고도 하는데 해발 3,000m라고 한다. 이 자연온천이 당시에 지유(地乳)의 역할을 한 것이 아닌가 생각된다. 특히 불(火)의 숭배자의 성이란 말이 의미가 깊다고 본다. 신성한 곳에는 항상 불을 밝히기 마련이다. 엘리아데는 이를 '불의 제단'이라고 했다.[254] 따라서 마고대성의 봉수천부(奉守天符)는 불 또는 광명과 관계된다고 본다. 부도(符都)란 말도 하늘 광명의 지상구현이라는 의미로도 볼 수 있다. 하늘에서 이루어진 것이 땅에서도 동시에 구현된다는 말이다. 마고대성을 지상을 재현하는 것이다.

252) 김규현, 『파미르고원의 역사와 문화산책』 글로벌콘텐츠, 2015, 32~33쪽.
253) 김규현, 『파미르고원의 역사와 문화산책』 글로벌콘텐츠, 2015, 240~243쪽.
254) M. 엘리아데, 『성과 속』 한길사, 1998, 62쪽.

얌춘제단 또는 브랑스투파는 마고제단의 하나로 추정된다

저자는 이 '얌춘제단' 또는 브랑제단, '브랑스투파'를 마고대성에 남아 있던 마고제단의 실례로 보고 싶다. 아니면 마고성의 후예들이 훗날에 복본을 맹세하기 위해 마고대성의 입구에 와서 낡은 마고성을 바라보며 특설한 제단일 수 있다. 마고성도 일종의 소도성(蘇塗城)이라고 보면, 소도(蘇塗)는 그 발음이 '솟대, 소따, 서ㅅ다, 스따, Stha-Pati' 등으로 쓸 수 있다면, 스투파도 소도와 그 소리가 유사한 점이 있다.[255] 설령 후대 사람들이 4세기경의 불탑(佛塔)으로 부르고 있지만 그 원형은 마고의 제단이었을 것이다. 북(北; 동북)으로 천산산맥, 동(東)으로 히말라야산맥, 남(南)으로 인더스강, 서(西)로 아무다리아강이 흐르는 그 중앙이다. 이 사방은 황궁씨가 마고성을 떠나던 그 사방과 같은 개념이다.

이 '얌춘제단'의 위치는 강화도 '참성단'과 같이 북위 37도 선상에 있다. 공교롭게 거의 일치한다. 이 6마리 산양(山羊) 모양의 암각화가 발견된 것으로 보아 태고인들이 살았던 곳이 틀림없다. 뿔 모양의 북산양(北山羊) 같은데, 해발 3,500~6,000m 고원에서 서식한다. 마고인들도 이 높이 정도의 고원에서 살았을 것이다. 강상원이 근거를 제시하지는 않았지만, 마고성이 양과 사람이 함께 살던 시대의 상징물로 본 것은 탁견이다.[256] 이 암각화는 마고성의 그런 삶을 그림으로 그렸다고 할 수 있다.

인류는 마고대성에서 세 차례 성을 떠난다

인류가 마고대성을 끝까지 지키지 못하고 출성(出城)하는 것은 3차례의 과정을 거친다. 1, 2차는 사실상 퇴출(退出)에 해당한다. 『부도지』 7장, 8

---

255) 강상원, 『사라진 무제국』 조선세종대학원, 2013, 561쪽, 651쪽.
256) 강상원, 『사라진 무제국』 조선세종대학원, 2013, 243쪽.

[그림 12-1] 〈파미르고원내 브랑제단, 얌춘제단(정길선 제공)〉

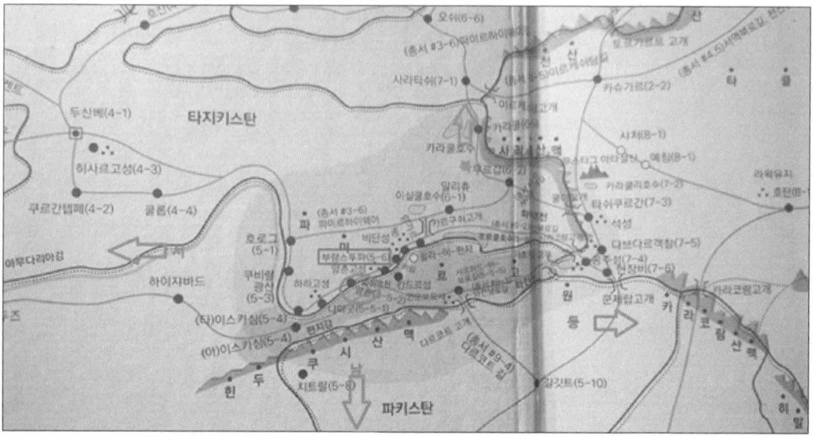

[그림 12-2] 〈얌춘과 브랑스투파(김규현 저서 인용)〉[257]

장을 중심으로 그 원인과 결과를 설명하겠다.

○ 1차는 지소씨와 그 친족의 무리들이다. 지소씨는 본래 백소씨족의 사람

257) https://m.cafe.daum.net/tibetsociety/pFFi/17(김규현 카페) 및 앞의 책.

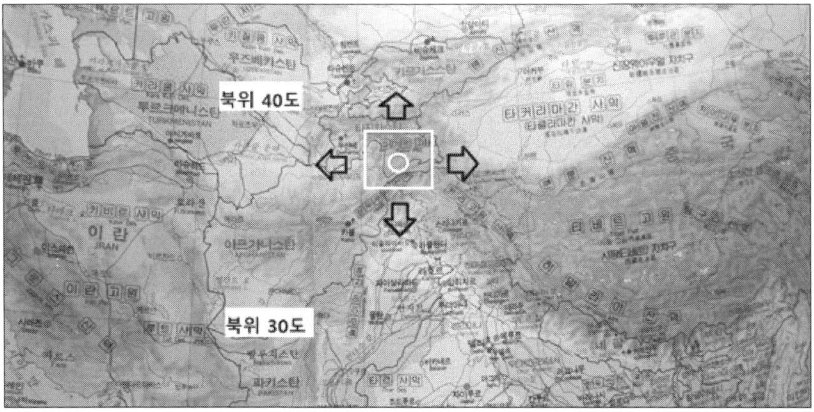

[그림 12-3] 〈파미르고원내 '마고제단'의 위치도(지학사 지리부도)〉

이었는데, 포도를 먹고 '오미의 변'을 일으킨 당사자이다. 사람들이 원망하자 스스로 부끄러움을 알고 성을 나간 것이다.

○ 2차는 지소씨의 유혹에 빠져 함께 포도를 먹은 사람들 중에 남아 있던 자들도 결국 성을 나가게 된다. 여기에 포도의 맛을 알아 마고성에서 자기 임무를 수행할 수 없는 사람들도 함께 따라 나갔다. 정신이 혼미해지니까 본음과 울림소리를 잘 듣고 잘 판단할 수 있는 능력을 상실한 것이다. 그런데 먼저 나간 자 중에 그나마 뉘우치는 사람들이 있었다. 뉘우친다는 것은 좋은 일이다. 그러나 뉘우치고 행동하는 데도 때가 있다. 이런 때를 선택하는 것을 시중(時中)이라고 하는데, 이 사람들이 때를 맞추지 못한 것이다. 복본에 때가 있는데, 다시 성안으로 들어가겠다고 성밖에 모여 아우성을 친 것이다. 뉘우치고 되돌아 왔다는데, 성문을 열어주지 않으니 얼마나 억울하겠는가? 결국 성터는 무너지고 지유는 더 이상 먹을 수 없게 되었다.

○ 3차는 1, 2차 먼저 나간 자들에 의해 지유가 파괴되는 최악의 사태가 발생하는데, 이로 인해 모두가 밖으로 나갈 수밖에 없게 되었다. 이들이 3차 출성자이다. 1, 2차는 사실상 퇴출자들이다. 이들 퇴출자들은 3차 출

성자와 달리 천부신표를 받지 못하고 떠났다.

그런데 여기서 생각해 볼 일은 기독교에서 말하는 소위 '탕자(蕩子)의 비유'(Parable of the Prodigal Son)이다. 이 이야기는 두 형제 중에 잃어버린 아들로 유명하다(누가복음 15장 11~32).[258] 이 이야기에는 한 아버지가 두 명의 아들을 두었는데, 작은아들이 아버지에게 유산을 요구하자 아버지는 아들의 요청을 들어준다. 그러나 그 아들은 방탕하고 재산을 낭비하여 결국 궁핍해진다. 더 이상 버티지 못하게 되자 집으로 돌아온다. 아버지에게 용서를 구하고 자기를 받아달라고 애걸한다. 스스로 생각해도 미안

---

258) 누가복음 15장 11절 예수께서 또 말씀하셨다. "어떤 사람이 두 아들을 두었는데 12 작은아들이 아버지에게 제 몫으로 돌아올 재산을 달라고 청하였다. 그래서 아버지는 재산을 갈라 두 아들에게 나누어주었다. 13 며칠 뒤에 작은아들은 자기 재산을 다 거두어가지고 먼 고장으로 떠나갔다. 거기서 재산을 마구 뿌리며 방탕한 생활을 하였다. 14 그러다가 돈이 떨어졌는데 마침 그 고장에 심한 흉년까지 들어서 그는 알거지가 되고 말았다. 15 하는 수 없이 그는 그 고장에 사는 어떤 사람의 집에 가서 더부살이를 하게 되었는데 주인은 그를 농장으로 보내어 돼지를 치게 하였다. 16 그는 하도 배가 고파서 돼지가 먹는 쥐엄나무 열매로라도 배를 채워보려고 했으나 그에게 먹을 것을 주는 이는 아무도 없었다. 17 그제야 제정신이 든 그는 이렇게 중얼거렸다. '아버지 집에는 양식이 많아서 그 많은 일꾼들이 먹고도 남는데 나는 여기서 굶어 죽게 되었구나! 18 어서 아버지께 돌아가, 아버지, 제가 하늘과 아버지께 죄를 지었습니다. 19 이제 저는 감히 아버지의 아들이라고 할 자격이 없으니 저를 품꾼으로라도 써주십시오 하고 사정해 보리라.' 20 마침내 그는 거기를 떠나 자기 아버지 집으로 발길을 돌렸다. 집으로 돌아오는 아들을 멀리서 본 아버지는 측은한 생각이 들어 달려가 아들의 목을 끌어안고 입을 맞추었다. 21 그러자 아들은 '아버지, 저는 하늘과 아버지께 죄를 지었습니다. 이제 저는 감히 아버지의 아들이라고 할 자격이 없습니다' 하고 말하였다. 22 그렇지만 아버지는 하인들을 불러 '어서 제일 좋은 옷을 꺼내어 입히고 가락지를 끼우고 신을 신겨 주어라. 23 그리고 살찐 송아지를 끌어내다 잡아라. 먹고 즐기자! 24 죽었던 내 아들이 다시 살아왔다. 잃었던 아들을 다시 찾았다' 하고 말했다. 그래서 성대한 잔치가 벌어졌다. 25 밭에 나가 있던 큰아들이 돌아오다가 집 가까이에서 음악소리와 춤추며 떠드는 소리를 듣고 26 하인 하나를 불러 어떻게 된 일이냐고 물었다. 27 하인이 '아우님이 돌아왔습니다. 그분이 무사히 돌아오셨다고 주인께서 살찐 송아지를 잡게 하셨습니다' 하고 대답하였다. 28 큰아들은 화가 나서 집에 들어가려 하지 않았다. 그래서 아버지가 나와서 달랬으나 29 그는 아버지에게 '아버지, 저는 이렇게 여러 해 동안 아버지를 위해서 종이나 다름없이 일을 하며 아버지의 명령을 어긴 일이 한 번도 없었습니다. 그런데도 저에게는 친구들과 즐기라고 염소 새끼 한 마리 주지 않으시더니 30 창녀들한테 빠져서 아버지의 재산을 다 날려버린 동생이 돌아오니까 그 아이를 위해서는 살찐 송아지까지 잡아 주시다니요!' 하고 투덜거렸다. 31 이 말을 듣고 아버지는 '얘야, 너는 늘 나와 함께 있고 내 것이 모두 네 것이 아니냐? 32 그런데 네 동생은 죽었다가 다시 살아왔으니 잃었던 사람을 되찾은 셈이다. 그러니 이 기쁜 날을 어떻게 즐기지 않겠느냐?' 하고 말하였다." (가톨릭 공동번역본)

한 일임을 알고 자기를 종으로서 받아달라고 말한다.

이 이야기는 놀라운 반전이 일어난다. 아버지가 아들을 꾸짖지 않고 도리어 환영을 해 준다. 축제를 마련한 것이다. 이에 질투심을 느낀 사람은 다름 아닌 큰형이다. 형은 환영축제에 참석하기를 거부한다. 그러자 아버지는 큰아들에게 "모든 것이 네 것이며 둘째아들은 잃어버렸다가 다시 찾아왔으니 축제를 하는 것이 마땅하다"고 설득한다.

기독교에서는 이 이야기를 아들의 회개에 대한 아버지의 사랑으로 설명한다. 이어령은 기독교가 아버지의 파더십(fathership)만 얘기하지 아들의 선십(sonship)은 얘기하지 않는다고 한다.[259)]

그러나 정작 필요한 것은 어머니의 마더십(mothership)이며, 이 마더십과 아들의 선십이 마지막에는 하나 된다는 점이다.

『부도지』는 어머니의 마음으로 어머니를 말하고 있다. 어머니가 그 자리에 있었다면 어머니는 작은아들을 어떻게 맞이했을까?

여기서 마고성의 경우를 보자. 1차, 2차 출성자들이 돌아왔지만, 마고성의 문은 열리지 않았다. 표면적인 이유는 복본에 때가 있는데도 그것을 알지 못했다(未知有復本之時: 8장)는 것이다. 물론 중요한 이유가 될 수 있다. 남대문은 새벽 4시에 33번 파루를 쳐야 열린다. 파루를 치기 전에는 누구도 열 수 없다. 이것이 때가 중요한 이유이다.

왜 마고성 앞에 먼저 나가 출성자들이 몰려왔을 때 성문은 열리지 않았을까? 마고의 '어머니 마음'이라면 충분히 불쌍히 여겨서 열어 줄 수 있지 않겠느냐고 말할 것이다. 그러나 마고성은 공동체로서 스스로 그 원칙을 깨지 않았다. 이유는 저들 출성자들이 지유(地乳)를 거부하고 포도를 먹은 자들이기 때문이다. 지유는 마고성의 생명과 같고 여성성의 상징인데, 여성성을 가해하였으며, 또 마고성 안에 있을 때의 영성이 밖에 나가 타락한

---

259) https://blog.naver.com/ugiandyoung6/222243681973(이어령 대담)

채 돌아왔기 때문이다.

그런데 이때 더 큰 일이 벌어진다. 그 출성자들이 마고성 앞에 몰려들어 아우성을 치고 성안으로 들어가려고 난리가 일어난다. 이유는 지유를 먹고 싶다는 것이다. 그래서 서로 지유를 찾고자 성벽 아래를 파들어가기 시작한다. 포도를 먹던 자들이 지유에 목말라하는 것이다. 한여름에 땀 흘리며 일하다가 목말라서 물을 찾는 것보다 더 심각한 상황이었을 것이다. 서로 먼저 성안에 들어가 지유를 먹고자 아수라장이 되었을 것이다. 급기야 성터는 무너지고, 유천(乳泉)이 파손되어 땅바닥으로 흘러내리기 시작했다. 지유는 사람이 먹을 수 없이 사방으로 흘러내렸다(泉源流出四方). 지유가 흙으로 변했다. 출성자들이 못 먹는 것은 어쩔 수 없지만, 끝내 유천의 파손으로 지유도 고갈되었다. 성안의 사람들도 더 이상 먹을 수 없게 되었다. 먹을 것이 없어진 사람들이 풀과 과일을 먼저 먹고자 다투기 시작했다. 마고성의 공동체는 혼탁 그 자체였다.[260] 마고성 이야기는 계속 이어진다.

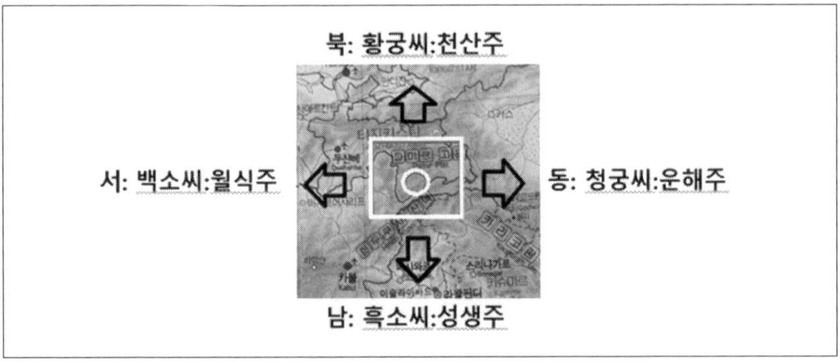

[그림 13] 인류가 마고대성을 나와 사방으로 분거

▶ 마고성은 더 이상 유지할 수 없게 되었다. 사람들은 하늘과 땅의 이치

260) "已矣오 出城諸人中悔悟前非者 l 還到城外하야 直求復本하니 此未知有復本之時所故也라 乃欲得乳泉하야 掘鑿城廓하니 城址破損하야 泉源이 流出四方이라 然이나 即化固土하야 不能飮啜(철)이라 以故로 城內에 遂乳渴하니 諸人이 動搖하야 爭取草果하니 混濁至極하야 難保淸淨이라" (『부도지』 8장)

와 법도를 알지 못하고 어리석음만 늘어갔다. 맏아들인 황궁씨는 용단을 내린다. 황궁씨는 앞에 나아가 몸을 흰 띠풀(白茅)로 묶어 마고(麻姑)의 앞에 사죄하여 오미(五味)의 책임을 스스로 짊어지고 복본할 것을 서약하였다. 그것은 어머니와의 약속이었다.

그는 물러나와 제족(諸族)에게 고하였다. "오미의 재앙이 우리를 역습하니 이는 성을 나간 사람들이 이치와 천도(理道)를 알지 못하고 다만 어리석음(惑量)이 불어났기 때문이다. 청정(淸淨)은 이미 없어지고, 대성(大城)이 장차 위험하게 되었으니, 앞으로 이를 어찌할 것인가" 하고 중대 결정을 하게 된다.

황궁씨를 비롯한 네 천인들은 성을 나가 분거(分居)하기로 결정하였다. 황궁씨는 천부를 신표(信標)의 조건으로 나누어 주고 칡을 캐서 식량 만드는 법을 가르쳐 주며 이렇게 동서남북 사방으로 흩어진다. 이때 비로소 천부신표가 등장한다.

청궁씨는 권속(眷屬)을 이끌고 동쪽 사이의 문을 나가 운해주(雲海洲)로 가고, 백소씨는 권속을 이끌고 서쪽 사이의 문을 나가 월식주(月息洲)로 가고, 흑소씨는 권속을 이끌고 남쪽 사이의 문을 나가 성생주(星生洲)로 가고, 황궁씨는 권속을 이끌고 북쪽 사이의 문을 나가 천산주(天山洲)로 가니, 천산주는 매우 춥고, 매우 위험한 땅이었다.[261]

이처럼 큰아들 황궁씨가 스스로 어려움을 택한 것은 남의 잘못도 자기의 잘못으로 여기며 고통을 참아내어 복본의 맹세를 반드시 이루겠다는 의지의 표현이었다. 고통은 그를 더 강하게 만들었다. 복본의 맹세는 아들이 어

261) "黃穹氏 ㅣ 爲諸人之長故로 乃束身白茅하고 謝於麻故之前하야 自負五味之責하여 立誓復本之約이러라. 退而告諸族曰五味之禍 ㅣ 反潮逆來하니 此出城諸人이 不知理道하고 徒增惑量故也라. 淸淨已破하고 大城將危하니 此將奈何오. 是時에 諸天人이 意決分居하야 欲保大城於完全하니 黃穹氏 ㅣ 乃分給天符爲信하고 敎授採葛爲量하야 命分居四方이라. 於時에 靑穹氏 ㅣ 率眷出東間之門하야 去雲海洲하고 白巢氏 ㅣ 率眷出西間之門하야 去月息洲하고 黑巢氏 ㅣ 率眷出南間之門하야 去星生洲하고 黃穹氏 ㅣ 率眷出北間之門하야 去天山洲하니 天山洲는 大寒大險之地라. 此는 黃穹氏 ㅣ 自進就難하야 忍苦復本之 盟誓러라" (『부도지』 8장).

머니를 만날 수 있는 유일한 길이다. 가장 춥고, 가장 위험한 북쪽 땅을 큰아들이 선택한 것은 고난을 회피하지 않고 정면으로 돌파하겠다는 것이다. 고난 속에 자기를 심화시키고, 고난 속에 이웃을 반성시킨다. 그 길만이 마고성에 들어갈 수 있고, 어머니를 다시 만날 수 있기 때문이다.

북쪽의 천산주는 지금도 천산산맥의 이름이 남아 있기 때문에 이해하는데 어렵지 않다. 마고성의 북쪽이 천산주이므로 거꾸로 천산주의 남쪽이 마고성이기 때문에 나름대로 유추할 수는 있다. 다른 3개 주는 추정하기가 어렵지만, 서쪽 월식주는 중근동(中近東) 지역으로 유럽까지 뻗쳐 서양문명의 기원이 되고, 동쪽 운해주는 현재의 중국쪽으로, 남쪽 성생주는 파키스탄이나 인도로 볼 수 있다.[262)]

이상을 통해 우리는 마고성과 마고(어머니)를 다음과 같이 이해할 수 있다.

첫째, 순결성(純潔性)이다. 남자는 남자의 남성성을 보존하고, 여자도 여자로서의 여성성을 보존하는 것같이 지유(地乳)의 고유성을 지키는 것이 순결성이다. 지유와 포도를 섞지 않는 것과 사람이 사람으로서 가지고 있는 고유한 본성을 지키는 것이 마고성의 순결성이다.

둘째, 청정성(淸淨性)이다. 마고성의 파탄은 청정이 깨지면서 일어난다. 혼탁은 무질서의 극치이다. 마고성 밖을 나가는 순간에 영성(靈性)은 타락하기 시작하였고, 이로 인해 법도를 지키지 않는 삿된 마음, 거짓된 마음이 들어왔다. 청정은 마고성의 질서이다. 누구의 간섭없이 스스로 정해진 법도를 지키는 것이 자재율의 원칙이다. 이는 마고 공동체의 대원칙이다.

셋째, 책임성(責任性)이다. 남자는 남자의 역할, 여자는 여자의 역할에 책임을 다한다. 본음을 맡은 자는 그 책임을 다하고, 울림소리를 맡은 자는 그 책임을 다한다. 큰아들은 큰아들의 책임을 다 한다. 이렇게 남녀가 언제 어느 때나 책임을 다하며 협동하면 마고성에 다시 들어갈 수 있다. 특히 큰

---

262) 박제상, 『부도지』 한문화, 2002, 41~42쪽 ; 강상원 『사라진 무제국』 조선세종태학원, 2013, 245쪽.

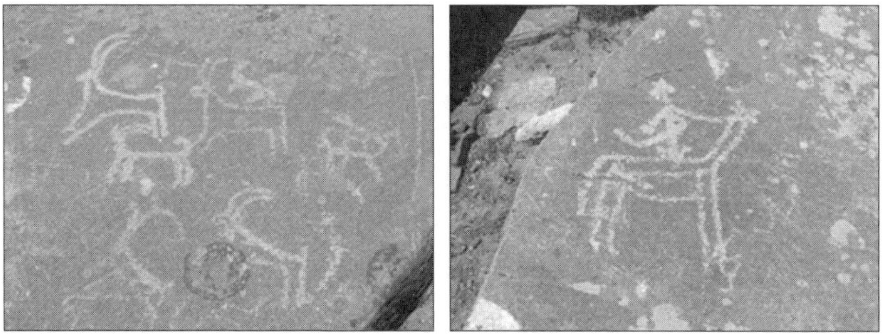

[그림 13-1] 〈얌춘 암각화(북산양)〉[263]

아들 황궁씨가 인류를 대표해 복본서약을 할 수 있었던 것은 고난을 회피하지 않고 죽음조차 극복할 각오가 되어 있었기 때문이다. 신약의 큰아들은 뒤에 숨었으나 마고의 큰아들은 앞에 나섰다. 황궁씨의 책임감이 인류를 살렸다. 이런 책임감이 단군에게까지 이어진 것이다.

잠시 마고성이 있었던 파미르고원을 알아 보겠다. '세계의 지붕'이라 불리는, 파미르고원(Pamir Mountains)은 옛 페르시아어로, '태양신의 자리'를 뜻한다고 하며, 평균 높이 6,100m 이상의 높은 산들로 이루어졌다. 북동쪽에는 천산(天山)산맥이 있으며, 동쪽엔 타클라마칸 사막이 있고, 남동쪽의 곤륜(崑崙)산맥은 티베트고원의 북쪽 경계를 이루며, 남쪽에는 히말라야산맥의 일부인 카라코람산맥과 힌두쿠시산맥이 있다. 가장 높은 산은 타지키스탄 이스모일소모니 봉으로 7,495m이다. 파미르고원의 많은 빙하 중에 페드첸코빙하가 72km로 가장 길다. 일 년 내내의 설산과 길고 매서운 겨울과 짧은 여름이 있으며, 연중 강수량은 130㎜로 풀과 나무가 자라기 힘든 기온이며, 양을 키우는 것이 주요 수입원이다. 파미르고원 주위의 나라로는 동쪽엔 중국, 서쪽엔 중앙아시아의 타지키스탄, 남쪽엔 아프가니스탄, 북쪽엔 키르기스스탄이 있다.[264]

263) https://lilandjohnincentralasia.blogspot.com/2017/08/yamchun-tajikistan.html

[그림 14] 부도의 하나인 강화도 참성단

▶ 이제 참성단을 살펴 보자.

참성단(인천광역시 강화군 화도면 흥왕리 산42-1)과 같은 위도에 있는 제단이 있다면 그 제단은 우리의 참성단과 연관된 제단일 수 있다. 참성단(塹城壇)은 부도의 축소판으로서 소부도(小符都)일까. 이런 가정하에 가장 근접한 위도상에 있는 얌춘제단 또는 브랑제단 즉 브랑스투파에 주목하고자 한다. 얌춘제단 즉 Vrang Buddhist stupa(브랑스투파), 부디스트 스투파(Buddhist stupa, 불교 사리탑, 불탑)는 구글 지도상의 이름이다. 브랑스투파가 북위 37.01도이고, 참성단은 37.618도이다. 이 두 제단이 가지고 있는 성격상 제단으로서의 북위 37도선에서 만나고 있다. 구글의 거리측정에 의하면, 두 지점 간의 거리는 4,712.17km(2928마일)이다. 약 1만2

264) https://ko.wikipedia.org/wiki/%ED%8C%8C%EB%AF%B8%EB%A5%B4%EA%B3%A0%EC%9B%90 (위키백과)

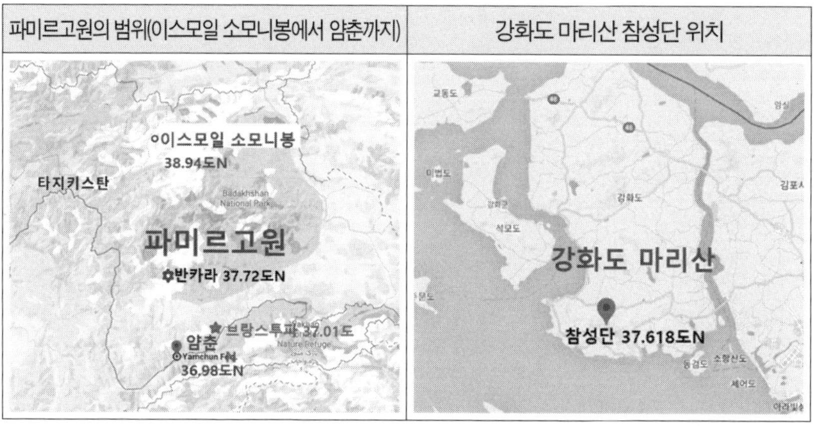

[그림 14-1] 파미르고원과 강화도 참성단

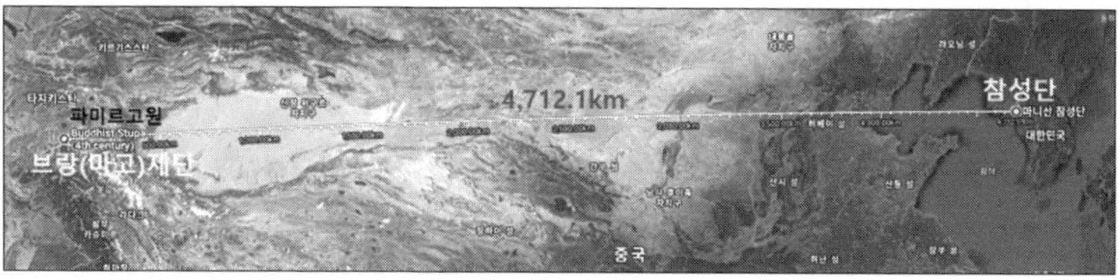

[그림 14-2] 파미르고원 브랑부디스트스투파에서 강화도 참성단까지 4,712.17km

천 리이다. 우리가 흔히 '행만리로(行萬里路)'라고 하는데, 만릿길이 이곳에 있다. 브랑스투파를 중심으로 반대 서쪽에는 이탈리아의 타란토(Taranto)까지가 4,714.37km이다. 한국과 이탈리아가 지구 반대편에서 얌춘제단을 서로를 마주보고 있다. 이런 까닭에 참성단(塹城壇)은 『부도지』 29장에서 말하는 소부도(小符都)이거나 13장에서 말한 동쪽을 맡은 동보단(東堡壇)일 수 있다.

두 지점의 위도, 경도는 다음과 같이 '북위 37도' 선상에 있다. 구글의 도움으로 구할 수 있다.

ㅇ 강화도 마니(리)산 참성단: 37.618039도 N, 126.428251도 E

ㅇ 파미르고원 브랑스투파: 37.01207766551724도 N, 72.38357657059681도 E)

ㅇ 두 제단 간 거리: 4,712.17km(약 1만2천 리)

그리고 참성단을 중심으로 백두산 천지까지의 거리는 506.78km(315마일), 한라산까지는 474.06km(294마일), 독도까지는 397.55km(247마일), 서울 경복궁까지는 48.53km, 동해 정동진역까지는 229.49km이다. 거의 국토의 중심에 자리잡고 있다. 밖으로 눈을 돌려보면 참성단에서 산동반도까지는 700km, 태원시까지는 1,222.34km, 서안 태백산까지는 1,722.79km, 워싱톤까지는 11,173.77km, 동경 도쿄타워까지는 1,206.94km, 우리의 참성단에 대한 연구논문 중에 저자가 관심 있게 본 것은 이은봉의 「단군의 참성단과 홍익인간사상」이라는 글이다. 이은봉은 옛 기록 중에 『고려사』(「지리지」)를 근거로 참성단은 단군이 하늘에 제사 지낸 제천단이라고 말하고, 이를 『세종실록』과 『동국여지승람』으로 보완하여 설명한 다음에 『환단고기』를 인용한다. 그런데 그는 인용하면서도 신빙성이 없어 인용하기가 조심스럽다고 겁부터 낸다. 그는 아래 세 구절을 인용하였다.[265]

㉠ 『단군세기』(1세 단군왕검): "재위 51년 무오(BCE 2283년)년에 왕검께서 운사 배달신에게 명하여 혈구(穴口)에 삼랑성(三郞城)을 건설하게 하시고, 마리산(摩璃山)에 제천단(祭天壇)을 쌓게 하시니 지금의 참성단(塹城壇)이다"[266]

㉡ 『태백일사』(「삼한관경기, 마한세가 상」): "을하가 죽고 단군 여을제의 신미년에 아들 두막해가 즉위하였다. 임신년 3월 16일 몸소 마리산에 행차하여 삼신(三神)을 참성단에서 제사하였으니, 은나라 왕 외임(外任)이 사신을 파견해 제사를 도왔다."[267]

265) 이은봉, 「단군의 참성단과 홍익인간사상」 『누리와 말씀』 5, 인천가톨릭대학교 출판부, 1999, 20~21쪽.

266) "戊午五十一年 帝命雲師倍達臣 設三郞城于穴口築祭天壇於摩璃山 今塹城壇是也" 『단군세기』(1세 단군왕검)

㉢『태백일사』(「고구려본기」): "광개토경호태왕은 ~~말을 타고 순수하여 마리산에 이르러 참성단에 올라 친히 삼신에게 제사 지냈는데, 역시 천악(天樂)을 사용하였다."[268]

이 구절 중에 눈여겨보아야 할 것은 제사의 대상이 삼신(三神)이라는 것과 은(殷)의 사신이 동참했다는 것이다. 두막해가 즉위할 때는 BCE 1,550년인데, 이때는 이미 중국 땅에 있던 천부단이 폐해졌기 때문에 이곳 동보단인 참성단에 외빈(外賓)이 참석한 것이고, 외빈의 참석은 참성단이 동북아 삼신 신앙의 중심지라는 것을 말해 주고 있다.

한편 윤내현은 이은봉의 논문을 읽고 쓴 논평에서 "설사 『환단고기』의 내용이 사실이 아니라 하더라도 마리산의 참성단에 대한 『환단고기』 편찬자들의 생각을 알게 해 주는 내용은 될 것"이라고 역설적으로 말하고, 일반인들이 참성단의 제사를 전설로만 알고 믿지 못하는 사람이 많은 것은 역사가 뒷받침해 주지 못하기 때문이라면서 단군조선의 역사가 바르게 인식된다면 '참성단은 한민족의 성지로서, 정신적 고향으로서 자리하게 될 것'이라고 밝혔다.[269]

차제에 재차 확인할 것은 단군의 부도가 폐해진 것을 47대 고열가 단군으로 보기도 하지만, 그것은 사실과 맞지 않는 것 같다. 부도는 3세 가륵 때 중앙 천부단이 실질적으로 폐해졌으며, 그것에 대비하여 단군왕검은 재임시에 동보단인 참성단을 건설한 것으로 보인다. 건설시에 강남 장정 8천명이 동원되었다(「삼한관경기, 마한세가 상」)는 기록과 참성단 건설 3년째

267) "檀君余乙辛未 子豆莫亥立 壬申三月十六日 親幸摩璃山 祭三神于塹城壇 殷主外壬 遣使助祭"(『태백일사』「삼한관경기, 마한세가 상」)

268) "廣開土境好太皇 隆功聖德 卓越百王 四海之內 咸稱烈帝 年十八 登極于光明殿 禮陳天樂 每於臨陣 使士卒 歌此於阿之歌 以助士氣 巡騎 至摩利山 登塹城壇 親祭三神 亦用天樂"(『태백일사』(「고구려본기」)

269) 윤내현, 「이은봉교수님의 '단군의 참성단과 홍익인간사상'을 읽고」『누리와 말씀』5, 인천가톨릭대학교 출판부, 1999, 54~55쪽.

인 BCE 2,280년에 친히 천제를 올렸다(완공 기념?)는 기록[270]을 보더라도 단군은 이 참성단 제천단을 부도의 축소판으로 생각하고 정성을 들인 것이 아닌가 추측해 볼 수 있다. 부도의 완전한 회복을 위해 오늘의 우리 세대가 그 짊을 져야 할지 모른다.

끝으로 우리의 참성단은 하루속히 성역화 되어야 한다. 강화도 마니(마리)산 해발 468m 정상에 위치하고 있다. 돌로 쌓은 제단이라 그 규모는 작은 편이다. 참성단이란 명칭은 성을 파서 제단을 쌓았다는 데서 유래하고 있으며, 초대 단군왕검이 참성단 축성을 명하고 이곳에서 직접 천제를 올렸다. 고려시대와 조선시대에도 제천을 이어왔다. 참성단의 아랫단은 지름이 8.7m, 윗단은 한 변이 6.6m, 윗단의 동쪽에는 21개의 돌계단이 있는데, 이처럼 모양이 아래가 둥글고 위가 네모난 천원지방(天圓地方)의 형상은 하늘과 땅, 그리고 인간이 하나 되는 천지인 일체의 고유한 우주관을 반영하고 있는 것으로 해석할 수 있다.

참성단에 우리의 정통성이 있다

그럼에도 우리는 훌륭한 참성단을 소홀히 대하였을 뿐만 아니라, 그런 훌륭한 역사성을 세상에 알리기를 꺼려하고, 오히려 우리 역사를 숨기고 감춘 자학(自虐)의 모습을 보여왔다. 우리 스스로 우리 민족의 정통성을 부인하는 결과를 자초했던 것이다.

더욱 시급한 것은 우리의 참성단이 일개 지방의 사적지 정도로 취급되어 보존관리 상태가 엉망이라서 언제 어떻게 훼손될지 모르는 위험에 노출돼 있다는 것이다. 수천 년 민족성지를 하루빨리 안전하게 보존 관리하기 위해서라도 성역화는 필수 불가결한 조건이다. 그런 다음에 인류 문화유산

---

270) "檀君王儉五十一年 天王 命雲師倍達臣 築三郎城于穴口 設祭天壇于摩璃山 發江南民丁八千人 以助役 辛酉三月 天王 親幸摩璃山祭天"(『태백일사』「삼한관경기, 마한세가 상」)

으로 등재해야 할 것이다.

광개토태왕은 단군복본의 계승자로 볼 수 있다

한 가지 특기할 것은 앞에서 말한 광개토태왕의 참성단 제천 참배이다. 매우 중요한 의미를 지닌다. 태왕이 요동과 요서를 정벌한 것도 단군조선의 회복에 목적이 있었을 것이다. 단순히 영토확장만을 의미하는 것이 아니고, 복본의 계승이라는 의미까지도 우리가 염두에 둘 때, 태왕의 업적이 빛날 것이다. 이를 통해 부도의 본래 건립 취지가 세계가 하나 되는 화합에 있었다는 것도 짐작하기 어렵지 않다.

특히 태왕의 '천악'(天樂)은 『부도지』(14장)에서 말한 부도의 '천웅의 악'(會歌而奏天雄之樂)을 계승한 것으로 볼 수 있다. 태왕이 부도의 정신을 계승했다는 유일한 근거라고 본다. 또 태왕은 18세에 등극할 때도 광명전에서 천악(天樂)을 연주했고, 어아가(於阿歌)를 부르게 했다.

여기서 『태백일사』의 어아가(於阿歌)가 앞에 나온 『부도지』에서 모르는 회가(會歌)의 '가(歌)'임을 알려주고 있고, 『부도지』의 '천웅의 음악'이 『태백일사』가 모르는 '천악'임을 알려주고 있다.

또 『부도지』에 수차례 나오는 사해(四海)라는 말을 태왕은 릉비에서 사용하고 있다. 사해는 임검씨를 상징하는 전용어 같다. 이처럼 『부도지』와 『태백일사』가 서로의 부족한 정보를 보완해 주고 있다. 진정으로 태왕이 참성단에 올라 부도 재현을 맹세한 것일까? 우리 역사에서 태왕 이후에 참성단에 올라가 제를 지낸 왕으로는 고려 24대 원종이 있다. 원종(元宗: 재위 1259년~1274년)은 1264년 6월에 직접 삼랑성을 다녀 참성단에서 초제(醮祭)를 지냈다.[271] 역사상 마지막으로 제천을 올린 왕이 되었다.

---

271) "元宗5年6月 丙午(日) 幸三郎城 五星道場 庚戌(日) 移御妙智寺 又親醮于磨利山塹城"(『고려사』 권26, 元宗2)

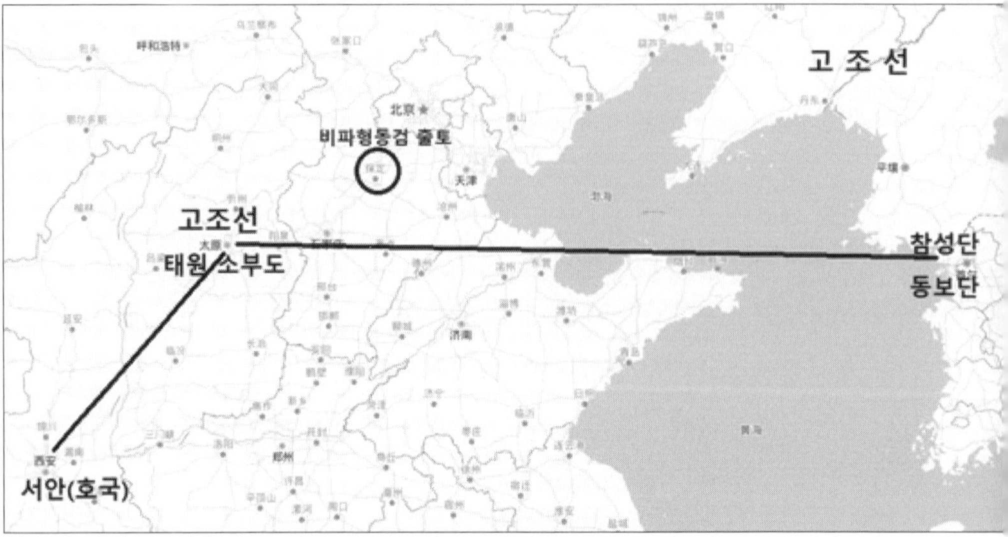

[그림 15] 1,200년 간 고조선의 부도였던 태원의 소부도(小符都)

▶ 『부도지』의 체계로 보아서 단군부도는 본부인 천부단(天符壇)이 있고, 이를 보조하는 4보단(堡壇)과 소부도(小符都)가 있었을 것이다. 아직 4보단과 소부도의 관계를 정확히 규명할 수는 없다. 다만 소부도는 단군부도의 축소판으로 필요한 곳에 설치하였을 것이다. 저자는 강화 참성단은 4보단 중의 동보단(東堡壇)으로 추정한다. 뒤에서 언급하겠지만 기자가 도망 온 27장의 태원(太原)은 소부도일 것으로 보며, 다만 서보단(西堡壇)을 알 수 없는 상황에서 태원의 소부도가 서보단을 겸한 것으로 추정하고자 한다. 특히 서보단은 요(堯)가 서보단의 책임자로부터 도를 공부한 인연이 있다. 또 다른 소부도는 29장에 나오는 박혁거세의 남태백산 천부소도(天符小都)이다. 원문에는 소부도라고 하지 않고 '천부소도'라고 했다.

먼저 27장의 기자(箕子)와 관계된 소부도를 알아보자. 이를 간략히 요약해 보겠다.[272]

272) "殷之亡人箕子이 率敗軍難民하고 逃來於符都之西하야 爲名行唐虞之法하고 用五行三正하야 施洪範巫咸하니 與天雄之道로 固不相容이라 殷之軍民이 武壓符都之遺衆하니 遺衆이 遂封禁明地

㉠ 은(殷)의 망명자 기자(箕子)가 패군과 난민을 이끌고 부도의 서쪽에 도망하여 왔다(BCE 12세기 경으로 추정). 그들은 요순의 오행삼정(五行三正)을 쓰며 난법을 일삼으며 조선의 부도백성을 위협했다.

㉡ 조선의 남은 백성들이 명지(明地)의 단(壇)을 봉해 버리고 동해의 물가로 피해 옛날의 사례벌(斯禮筏)의 공지(空地)로 들어갔다.

㉢ 사례벌에 곧 육촌(六村)을 설치하고, 인접의 제족과 분담하여 함께 지키되 각각 한(韓)이라 하고 보위(保衛)를 맡았다.

㉣ 북의 마한(馬韓)과 남의 변한(卞韓)과 동의 진한(辰韓)의 삼한이 부족의 자치를 행하고, 선세(先世)의 도를 굳게 지키며 방비에 전념하자 하토(夏土)와의 쟁탈이 격심하였다.

㉤ 마침내 경계를 정하고 요새(要塞)를 세워 혁거세(赫居世)를 추대하여 통어(統御)하는 일을 위임하였다. 남은 백제(百濟)요, 북은 고구려(高句麗)였다. 고구려가 곧 부도의 북보(北堡)의 땅을 회복하였다.

이상에 대해 저자의 견해를 요약하면 다음과 같다.

㉠ 기자(망명국)가 곽말약 지도에서 보듯 태원(太原) 남쪽[273]에 들어온 당시까지 조선의 부도는 단군이 태원에 세운 이래 1,200년 간 보존된 것을 알 수 있다. 일단 이를 '태원 소부도'로 부르고자 한다. 25장에도 유호씨가 떠나자 태원지역(天山之南太原地域)이 주인없이 뒤숭숭하다고 했으니 소부도의 소재지는 본래부터 태원이 맞다. 김은수도 기자가 처음에 태원에 숨어 살았다고 했다.[274] 이곳에는 조선의 유중(遺衆: 유민遺民)들이 남아서 마

之壇하고 避住於東海之濱하니 卽昔世斯禮筏之空地也라 斯禮筏者는 長旆니 曠野之謫人이 朝揭暮藏하야 使遠居之守者로 知其不逃也라 乃設六村하고 與隣接諸族으로 分擔共守하고 各稱韓而保之라 韓者는保衛之意니 北馬南弁東辰之三韓이 自行部族之治하고 固守先世之道하야 爾來千年之間에 不納殷箕之法하고 專以保防爲事하야殆無餘力이러라 於是에 夏土爭奪之風이 漸次激甚하야 動搖混亂이 波及於三韓하니 是時에六村之人이 相謀以爲西禍漸迫하야 保守將危하니 不可不統合防備라하고 遂限境設塞하야 推擧赫居世하야 委任統御之事하니 諸族이 亦擧首領而防備라 南曰百濟요 北曰高句麗니 高句麗이 仍卽恢復北堡之地하야 驅逐西侵之人하고 完保其域이러라"(『부도지』 27장)

273) 郭沫若, 『중국사고지도집』(상) 중국지도출판사, 1996, 12쪽.

지막까지 소부도를 보존하였고, 그 와중에 기자의 망명자들이 급습해 온 것이다.

㉡ 조선의 유민들은 부도를 보존하기 위해 봉금(封禁)하고 동해의 사례벌빈 땅에 들어가 육촌(六村)을 세웠다. 하토민(夏土民)들과 쟁탈전을 벌였으므로 조선의 유민들은 서해를 건너지 않은 것이고, 오늘의 산동성과 하북성과 강소성에 자치부락을 만들어 각각 부도를 지키는 한(韓)을 세웠다.

㉢ 북의 마한(馬韓)과 남의 변한(卞韓)과 동의 진한(辰韓)의 삼한이 각기 섰다. 남의 변한은 백제(百濟)의 전신이며, 북의 마한은 고구려(高句麗)의 전신이며, 동의 진한은 신라의 전신이었다.

㉣ 특히 고구려는 부도의 북보단(北堡壇)을 회복하여 스스로 정통성을 지녔다.

이런 『부도지』의 결론을 뒷받침해 주는 두 문헌이 있다. 『삼국유사』「마한」「변한」에서 최치원이 지적한 대로 마한은 고구려이고, 진한은 신라이고, 변한은 백제가 맞다. 또 『삼국사기』의 「박혁거세조」에 "이미 조선(朝鮮)의 유민이 산골짜기 사이에 나누어 살면서 6촌(六村)을 이루고 있었다"[275]고 했는데, 오늘날 이 조선의 유민을 『위략(魏略)』의 기사에 근거해서 위만조선이 망할 때에 흩어진 유이민들로 규정하고 있으나, 이는 시기적으로 착오이며 『부도지』 27장이 더 정확한 것 같다. 6촌도 부도의 6부(部)를 본뜬 것이다. 이들 유민(본문에 遺衆)은 기자가 망명했던 기원전 12~11세기[276]에 태원의 부도를 지키다가 갑자기 몰려온 기자의 난민에 쫓긴 단군조선의 유민이었다고 보아야 할 것이다. 따라서 삼한의 형성은 한반도가 아니라, 중국 본토에서 기자의 망명사건과 부도의 자체 봉금으로 인해 피해 나왔다고 보는 새로운 시각이 요청된다.

274) 김은수, 『부도지』 한문화, 2002, 98쪽.
275) "先是, 朝鮮遺民分居山谷之間, 爲六村" (『삼국사기』卷第一 新羅本紀 第一赫居世 居西干)
276) 『삼국유사』에 나오는 대로 따져보면, 기자 망명은 주무왕 기묘년 곧 BCE 1122년으로 추정할 수 있다. 周虎王卽位己卯(주호왕즉위기묘) 封箕子於朝鮮(봉기자어조선).

[그림 15-1] 곽말약 지도 위에 저자가 그린 태원부도와 삼한(추정도)

그러면 소부도의 의미는 무엇인가? 일단 천부의 소도로 추정할 수 밖에 없다. 태원의 소부도와 참성단의 동보단은 거의 같은 시기에 단군에 의해 조성되었을 것이다. 특히 단군의 북보단을 고구려가 회복했다는 것은 고구려의 정통성을 튼튼히 해 주는 매우 중요한 의미를 지닌다. 고구려는 전욱고양씨와 관계가 있다. 후에 박혁거세가 천부소도를 건설했다고 하지만 지금은 그 장소를 알 수 없다.

○ 강화도 마니산 참성단: 37.618039도 N, 126.428251도 E

○ 태원의 소부도 위도: 37.89289293222775 N, 112.52083935510571 E

○ 두 부도 간의 거리: 1,222.34km

7. 단군부도의 종합적 의의

마고성이 오늘의 우리에게 주는 교훈은 무엇일까? 그리고 이를 계승하여 건설한 단군의 부도성(符都城)은 우리에게 무엇을 남겨주고 있는가?

마고성은 우리에게 순결성, 청정성, 책임성이 얼마나 중요한지를 알려주고 있다. 단군의 부도성은 미완으로 끝난 당시의 부도성을 우리 세대가 이어 완성하길 바란다. 우리에게는 강화도 참성단이 유일하게 보존되어 있다. 소부도인 참성단이 있기에 본부도를 재건할 수 있다. 새 천부단을 재건할 때 세계인류도 함께 성숙할 것이며, 세계일가(世界一家)를 이루려는 노력에도 진전이 있을 것이다. 부도의 기본정신이 인간이 신인(神人) 일체요, 자연(自然) 일체라는 점에서 인류의 희망이 될 수 있다.

이제 ① 단군부도, ② 고조선문자와 고조선문명, ③ 단군의 사해 동포주의, ④『산해경』의 부도(浮屠)와 부도(符都), ⑤ 요순우와의 대전쟁에 대한 종합, ⑥ 참성단 보존, ⑦ 단군조선의 부활과 역사복본, ⑧ 미래의 오행과 달력에 대한 설명으로 마무리하고자 한다.

강화도 참성단과 태원의 소부도가 부도의 역할을 했다

1) 단군부도는 어디에 있었는가?

부도에는 단군의 본부도(本符都)인 천부단이 있고, 사방으로 네 곳에 보단(堡壇)이 있다. 그리고 필요한 곳에 작은 소부도들이 있었다고 본다. 소부도로는 태원을 예로 들었고, 동보단은 참성단을 예로 들었다. 문헌상으로는 박혁거세의 천부소도가 추가로 전한다.

13장에 의하면, "태백(太白) 밝은 땅의 정상에 천부단(天符壇)을 짓고, 사방에 보단(堡壇)을 설치하였다"[277]고 했다. 그 태백의 밝은 땅(太白明地)은 단군왕검이 선택한 곳이다. "임검씨(壬儉氏)가 돌아와 부도(符都)를 건설할 땅을 택하니 동북의 자방(磁方)이었다"고 했고, 또 "밝은 산과 맑은 물이 만리에 뻗어 있고, 바다와 육지가 서로 통하여 물줄기가 시방(十方)

277) "乃築天符壇於太白明地之頭하고 設堡壇於四方이라. 堡壇之間에 各通三條道溝하니 其間이 千里也오"(13장)

으로 나간다"[278]고 했다. 이는 마고본성(麻故本城)에서 취한 것이다. 이상 세 구절을 종합하여 저자가 판단한 결과는 다음과 같다.

㉠ 태백명지가 동북의 자방이란 말은 그 중심을 서안의 태백산으로 본 것이다. 저자는 환웅의 신시가 있었던 곳은 섬서성 서안의 태백산(3,767m)이었다고 추정한다. 그때 본부도를 건설할 땅을 바라볼 때, 서안의 태백산에 나침반을 놓고 그곳으로부터 동북방이었다는 뜻으로 해석한다.

㉡ 본문에 '태백의 밝은 땅(太白明地)'이라고 했을 뿐, '태백산(太白山)'이라고 명시하지 않았다는 점을 유의할 필요가 있다. 태백산과 태백명지는 구별해야 한다는 점이다.

㉢ 바다와 육지가 서로 통하는 곳이라 했으므로 우선적으로 바다에 가까워야 한다.

㉣ 서안 태백산에서 보아 동북방은 대동(大同), 북경(北京), 천진(天津) 사이라고 할 수 있다.

㉤ 그런데 해수면의 변수가 있다. 4,000년~5,000년 전의 해수면[279]이 지금보다 9m 정도 높다.[280] 이때 산동반도는 섬으로 되며, 발해만에서 보정시까지 침수지역이 내륙으로 약 200km나 되어 해안선이 현재와 현격히 다르다(지도의 검은색 부분). 그러면 태백의 밝은 땅(太白明地)을 어디에서 찾을 수 있을까?

'태백의 밝은 땅(太白明地)'이 태백산이거나 아니면 태백(太白)의 밝은 땅의 정상(太白明地之頭) 어디쯤에 천부단(天符壇)을 지었을 것이다. 이 천부단이 있는 중앙부도를 '태백부도' 또는 '단군부도'라고 부른다.

---

278) "壬儉氏ㅣ歸而擇符都建設之地하니 卽東北之磁方也라. 此는 二六交感懷核之域이오 四八相生結果之地라. 明山麗水ㅣ連亘(긍)萬里하고 海陸通涉이 派達十方하니 卽九一終始不咸之基也라." (13장)

279) http://flood.firetree.net/(해수면 시뮬레이션 프로그램)

280) 우실하는 약 5500년 전의 홍산문화 후기 이후를 약 10m로 보았다.(우실하, 『고조선문명의 기원과 요하문명』 지식산업사, 2018, 144~145쪽) 저자는 시뮬레이션에서 +9m, +7m중에서 +9m를 택하였다.

서안 태백산에서 동북방으로 바라본 북경 일대	옛 발해연안 해안선(검은 색 침수지역)
	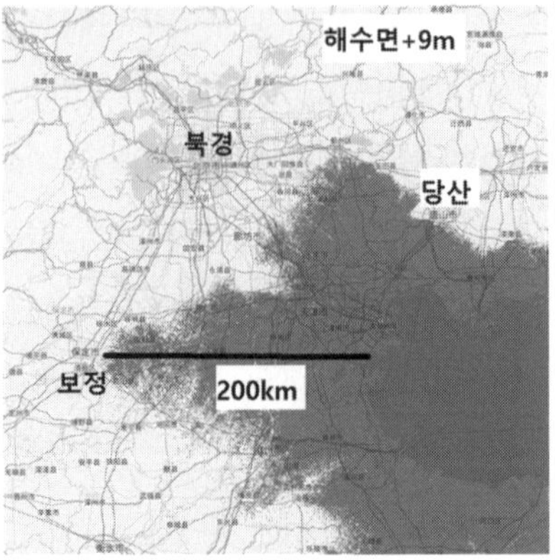

저자는 역사의 난제인 갈석산과 단군유적을 찾기 위해 낭아산(狼牙山) 일대를 2,017년 3월에 직접 찾아간 적이 있다. 당시에는 특별한 것을 발견하지 못했으나 최근 관련 유적이 있다는 것을 알게 되었다.

북쪽으로 가서 훈육족(葷粥族)을 내쫓고, 부산(釜山)에서 제후들을 소집하여 부절(符節)을 확인하고, 탁록(涿鹿)의 산기슭에 도읍을 정했다. 여러 곳으로 옮겨 다녀 정해진 거처가 없었으므로 군영을 지어 지켰다.(『사기』「五帝本紀」)[281]

사마천이 말한 부산(釜山)이 어디인지는 모르지만, 이름으로 보면 산이 솥을 뒤집어 놓은 형상일 것이다. 황제가 제후들을 소집하여 부절(符節)을 확인하고 회맹(會盟)을 했다고 한다. 중국에서는 이 '합부부산(合符釜山)'을 황제의 치적을 상징하는 고유명사로, 최초의 중국 출발지이며 중국의 대통합을 상징하는 대명사로 사용하고 있다. 현재 부산의 위치를 회래현

281) "北逐葷粥(북축훈육), 合符釜山(합부부산), 而邑于涿鹿之阿(이읍우축록지아), 遷徙往來無常處(천사왕래무상처), 以師兵為營衛(이상병위영위)" (『史記』 本紀권1「五帝本紀」)

(북경 서북쪽) 동쪽으로 비정하는데, 그 위에 순(舜)의 사당이 있다(「정의」)고 한다.

사마천이 말한 '합부부산'은 단군의 사적이 아닐까

황제의 합부부산에 대해 중국 문헌들은 우(禹)가 제후들을 도산(塗山)에 모이게 한 것과 같다(「색은」)고 했지만, 우가 제후들을 도산에 모이게 했는지 의심스럽다. 사실은 부루가 제후들을 소집한 것인데, 이 말 자체가 거짓일 뿐만 아니라, 황제 이후에 요(堯)―순(舜)―우(禹)가 부절을 사용했다는 말조차 『사기』에는 없다. 단지 부절이라는 말은 진시황 때 처음 등장한다. 따라서 부절은 중국의 왕실문화와 관계있다고 말할 수 없다. 『부도지』가 증거하는 것처럼 이런 부절문화는 단군조선의 문화로 보아야 한다. 그러므로 사마천의 '합부부산'은 우리의 부절문화에서 빼앗아간 것인지도 모른다. 단군이 천부합부를 한 근거는 『단군세기』에 나오는 천범유일(天範惟一)을 선포한 8개의 조칙에서 알 수 있고, 아래에서도 의혹을 없애는 해혹을 통해 천부와의 합부를 확인할 수 있다.

> 천부의 이치를 밝히고 믿음을 닦아 해혹복본(解惑復本)할 것을 맹세하며, 부도(符都)의 건설을 약속하니, 이는 지역은 멀고 소식은 끊어져서 여러 종족들의 언어와 풍속이 점차로 변하여 서로 달라져 가기 때문에, 함께 모여 화합하는 자리에서 천부의 이치를 익혀 밝게 알도록 하기 위함이다(12장).[282]

이처럼 이웃 땅을 복속한 다음에 제후들을 강압적으로 모이게 하는 것이 합부가 아니라, 지역에 멀리 떨어져 있는 관계로 언어와 풍속이 서로 변해

---

282) "照證天符修信하고 盟解惑復本之誓하며 定符都建設之約하니 此는 地遠信絶하야 諸族之言語風俗이 漸變相異故로 欲講天符之理於會同協和之席 而使明知也라."(12장)

가는 것을 막기 위해 한 자리에서 스스로 자기 점검을 하여 제족을 일체화 시키는 일이 합부의 목적인 것이다. 단군의 입장에서는 일일이 세계 곳곳을 순행할 수 없으므로 바닷가 교통 좋은 곳에 여러 종족들을 위한 공통의 천제단을 만들겠다는 것이다. 인류가 하나 되는 세계일가(世界一家)는 강압으로 이루어지는 것이 아니라 천부의 이치를 스스로 체득함으로써 자율적으로 이루어진다고 믿었기 때문이다.

합부(合符)의 원형은 단군의 천부합부에 있다

단군이 말하는 합부(合符)의 중심은 천부의 이치를 밝혀 민심을 하나로 모으는 일이다. 그러나 황제가 말하는 합부는 군인들이 암호표시를 서로 맞추어보는 것과 같은 저급한 부절(符節) 행위에 지나지 않는다. 합부(合符)의 원형은 천부의 합부에 있는 것이므로 황제의 합부는 단군의 천부합부를 모방한 것에 지나지 않는다. 합(合) 자에는 여럿을 한 데 모은다, 만난다는 뜻이 들어있다.

따라서 『사기』가 말한 '합부부산'은 천부로서 합부한 단군의 부도의식을 훗날에 차용하여 문장을 꾸민 것에 지나지 않는다. 이처럼 천부의식은 수천 년을 이어온 단군문화의 정수이며, 황제나 요순은 이를 말하거나 행한 적이 한 번도 없었다. 요순은 끈질기게 부도를 거부하였다.

이 글을 쓰면서 머릿속에 맴도는 것이 있다. 단군조선의 수도 아사달은 어디일까? 부도의 천부단이 있는 곳이 수도였을까 아니면 부도와 수도는 분리되었을까?

파미르고원 이래 우리 조상들은 주로 고산지대를 이용했다고 본다. 황궁씨와 환인시대에는 천산산맥의 한등격리봉, 환웅시대는 섬서성 서안의 태백산으로 보기도 한다.[283] 홍수의 영향이 있어서 고산으로 이동했다고 보는 것인데, 저자가 환웅의 도읍지로 추정되는 서안의 신시 태백산을 기준 삼아 볼 때, 단군의 아사달은 현재의 북경(北京)을 넘어가지 않는다. 북경 이남은 이미 유인씨 후손들의 거점이었기 때문에 유리한 조건일 수 있다.

참성단은 동보단이며, 북보단은 고구려가 회복했다

이제 단군의 부도가 어디 있었는지 밝힐 차례이다. 몇 군데 추정되는 장소가 있다. 이에 대하여는 한기 5년(2024년, 갑진) 3월 1일에 발표할 예정이다(https://blog.naver.com/lee291838: 신시문화연구원 블로그에 게시).

지금 발표하고 싶어도 그곳이 중국 땅이기 때문에 부도의 보존이 더 우선한다고 생각하여 발표를 보류한다. 양해를 바랄 뿐이다. 다만 궁금증을 해소하기 위해 다음의 지도 그림을 공개한다. 저자는 현재까지의 자료를 기준으로 할 때, 강화도 참성단이 부도의 동보단(東堡壇)이고, 태원(太原)이 소부도이지만, 서보단(西堡壇)을 알 수 없는 상황이라 참성단과 마주보고 있는 점에서 잠정적으로 서보단으로 간주하려고 한다. 북보단과 남보단의 위치는 정확히 알 수 없다. 북보단은 나중에 고구려가 확보했다. 남보단은 서안(西安) 태백산쪽으로 추정할 수 있다. 단군부도의 중심인 천부단(天符壇)은 동보단과 서보단 사이에 있었을 것이다. 이 천부단의 위치를 찾는 것이 중요한 과제이다.

단군왕검 재위 51년인 BCE 2,283년에 참성단을 건설한 것이『단군세기』에 의해 확인되었으므로 중앙 천부단 건설은 그 이전에 먼저 완성되었을 것이다. 단군왕검이 등극하며 처음으로 한 일이 삼신께 천제를 올리는 일(奉祭于三神)이었다. 이어서 신시의 옛 규범을 되살리고(復神市舊規), 아사달에 도읍을 정(立都阿斯達)하였다. 여기서 우리가 주목할 것은 복구입도(復舊立都)이다. 그냥 도읍을 정하는 것이 아니고, 옛 규범을 회복하여

283) 정연규,『한겨레의 역사와 문화의 뿌리를 찾아서』한국문화사, 2008, 61쪽.

도읍을 정했다는 말이다. 따라서 저자는 이 말이 부도를 재건(再建)했다는 말로 이해할 수 있다고 본다. 입도(立都)란 일반적인 도읍지를 정했다는 말이 아니라, 여기서는 부도(符都)를 세웠다는 뜻으로 해석할 수 있다. 앞에 복구(復舊)라고 단서를 붙였으므로 마고성의 부도를 재건했다는 말로 이해할 수 있다. 환웅이 신단수에 내려온 것과는 다른 차원이다. 이렇게 해석해야 『부도지』와 『환단고기』가 만날 수 있는 길이 열린다. 이처럼 『부도지』가 놓친 참성단의 건설연대를 『단군세기』가 알려주었고, 『단군세기』가 놓친 천부단의 건설을 『부도지』가 암시해 주고 있다. 두 책은 서로 보완관계에 있다. 결론적으로 단군이 세운 부도인 중앙 천부단은 바로 서보단과 동보단의 사이에서 찾을 수 있다.

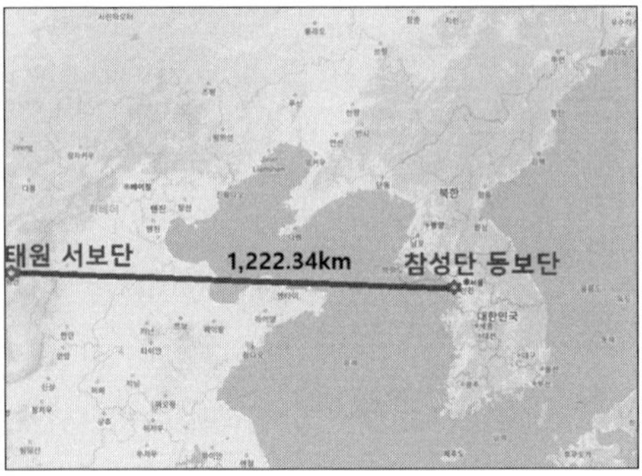

동보단인 참성단과 서보단(추정)인 태원사이(네이버 지도)

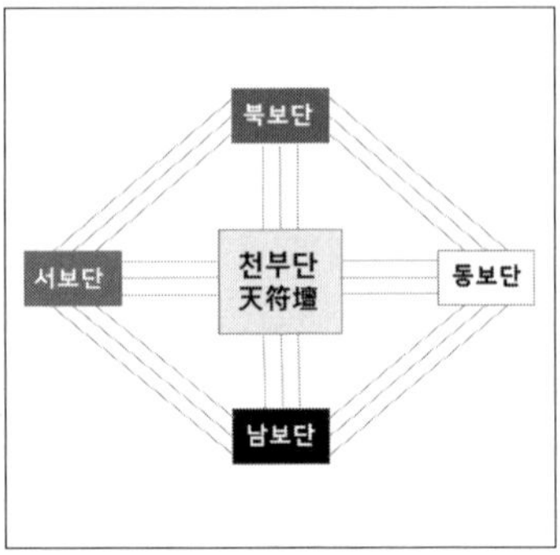

부도의 1 + 4구도(추정)

2) 고조선문자와 고조선문명

그런데 요즘 '고조선문명'[284]을 많이 말하고 있다.

간혹 단군조선이 문명으로서 인정받고 싶으면 문자를 제시하라고 요구한다. 고문자가 있어야 한다는 점이다. 단군조선을 말할 때마다 아쉬운 것이 문자였다. 이런 차원에서 저자가 중국 보정(保定)에서 입수한 원시문자(原始文字)를 공개하고자 한다.[285] 195개 중에 중복되지 않는 글자로 109자

284) 신용하 · 우실하 외, 『왜 지금 고조선문명인가』 나남, 2019.

이다. 아무리 보아도 낯익은 글자처럼 보인다. 중국에서는 황제가 천지에 고한 축문(祝文)이라고 해석하고 있고, 이 축문을 창힐이 지었다고 한다.

109자 원시문자는 황제의 것이냐 단군의 것이냐

그러나 단군의 고조선문자라고 할 수 있을지는 더 연구가 이루어져야 하겠지만, 일단 저자는 그 보정 일대가 고조선 비파형 동검의 출토와 연관되는 점에 유의하였다.[285-1] '고조선 초기문자로 추정되는 109자'라는 이름으로 소개한다. 단군조선에서 가림토문자가 창제된 것이 3세 가륵단군 때(BCE 2,181년)이므로 그 이전 문자로 볼 수 있을 것 같다. 그 때 가림토를 만든 이유가 "이때 풍속이 일치하지 않고 지방마다 말이 서로 달랐다. 비록 상형, 표의문자인 진서(眞書)가 있어도 10가구 정도 모인 마을에서도 말이 통하지 않는 것이 많고, 땅이 100리가 되는 나라에서는 서로 문자를 이해하기가 어려웠다"[286]고 했으니 그 이전의 문자 생활이 어떠했나를 짐

고조선 원시문자로 추정되는 109字(보정 발견)

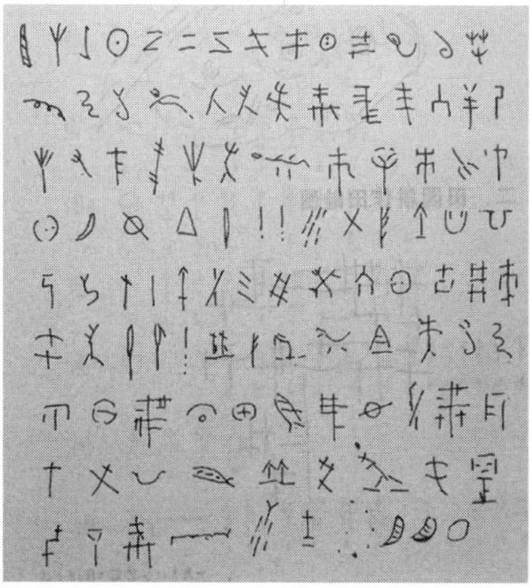

109자에 일련 번호부여

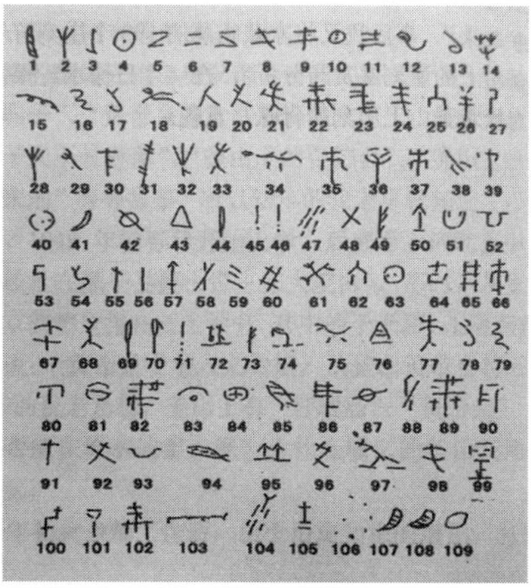

285) http://www.cssn.cn/kgx/zmkg/201701/t20170123_3395377.shtml(周長富)

285-1) 윤내현, 『고조선연구』 상, 만권당, 2015, 354쪽.

작할 수 있다.

예를 들어 22번은 임금 帝(제), 43번은 山(산), 76번은 合(합), 95번은 符(부)로 보는 견해들이 있다. 저자가 보기에 95번의 부(符)자는 갑골문이나 금문에 없는 글자이다. 35번이나 37번은 시(市)와 유사한데, 이 글자는 갑골문에는 없고 금문에 1회 나오는 드문 글자이다. 단군조선의 시에는 신시(神市), 조시(朝市), 해시(海市) 등 3시가 있었다. 또 22번이 임금 帝(제)자인지, 하느님 제(帝)자인지 모르겠으나, 83번과 결합하여 '천제(天帝)'의

서안 반파 도부문자(30자)	앙소문화 강채 도기 도부문자(38자)
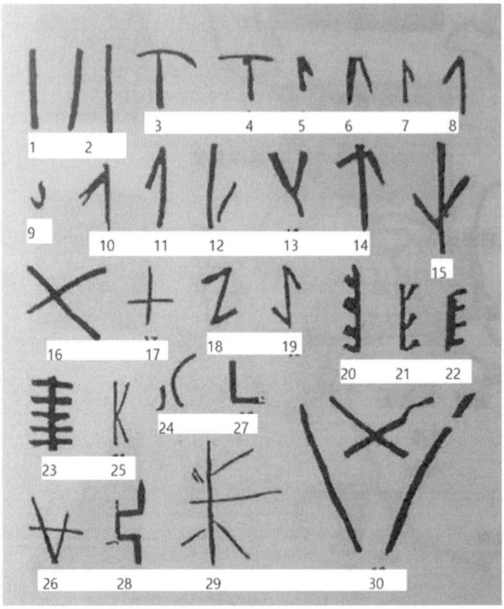	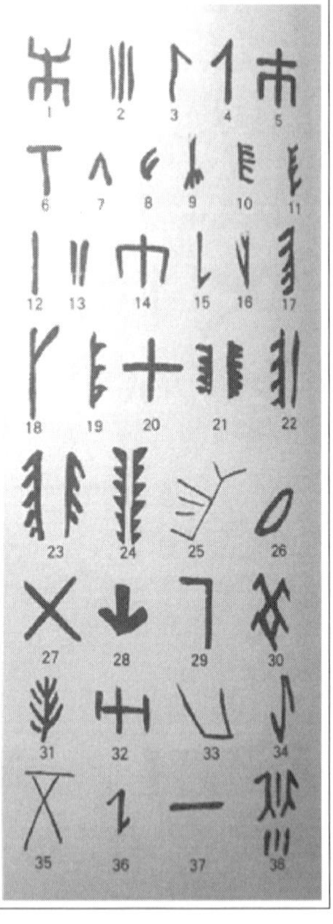

286) "時俗尙不一 方言相殊 雖有象形表意之眞書 十家之邑語多不通 百里之國字難相解"(『단군세기』 3세가륵단군)

뜻이 맞을 것 같다. 이 글자를 사용할 수 있는 임금이 그 당시에 누구였을까? 저자가 보기에 천제지자(天帝之子)인 단군이 유력해 보인다. 99번을 단군으로 보는 것은 5단(壇, 正)의 주재자(삼신의 대행자)가 곧 황(皇)이기 때문이다. 중국 황제가 스스로 천제의 아들이라고 말한 적은 없다. 또 사마천의 「본기」에도 천제라는 말이 나오지 않는다.

그리고 95번이 符(부)자 라면, 符(부)의 연원은 오로지 단군조선의 『부도지』를 통해 전수되어 왔으므로 황제나 요순에 있지 않다. 2, 29, 47, 48번은 신지전자와 흡사하고, 23번은 소하연 문자와 흡사하며, 61번은 무(巫)자나 계(癸)자로 보이며, 첨수도나 명도전에 나오는 여러 화폐글자도 보인다.[287] ○ □ △원방각이 한 자리에서 보이는 것도 신기하다. 특히 태양(오전 정오

지리산 삼신봉 원시문자 52자(신유승 채자)[288]

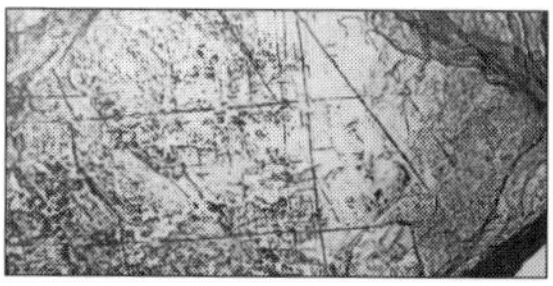
삼신봉에서 발견된 돌

[287]) 더 연구하고 싶은 분은 이찬구 『돈—뾰족돈칼과 한글연구』 동방의 빛, 『고조선의 명도전과 놈』 동방의 빛 참조.

[288]) http://www.newskr.kr/news/articleView.html?idxno=17097(강정태 기자). 문자에 번호는 저자가 부여하였음. 신유승 선생의 강의는 유튜브 참조(삼신봉스톤의 원시문자).

오후)과 관계있을 원(○)을 사용한 원시문자가 많이 보인다. 106번은 북두칠성이다. 『부도지』 19장에 북두성이 나온다. 칠성신앙의 원조가 누구인지를 알려주는 중요한 단서이다. 그런 의미에서 이 원시문자 109자는 단군조선과 연관된 문자일 가능성이 높다. 만약 그렇다면 단군조선사 연구에 획기적인 전기가 마련될 것이다. 참고로 섬서성 서안 반파(半坡) 도기 부호문자(30자)와 앙소문화의 강채(姜寨) 도기 부호문자(38자), 2018년에 신유승이 돌에서 채자(採字)한 지리산 삼신봉 원시문자(52자)를 비교할 수 있도록 소개한다. 신유승은 그 중에 6번을 용(用), 7번을 여(余), 19번을 사(事), 31번을 우(又), 36번을 망(亡)으로 본다. 또 신유승은 삼신봉문자와 앞의 고조선문자 중에 서로 유사성이 있는 문자로 2-7, 31-29, 34-48, 55, 91, 35-43, 51-56을 들고 있다.

3) 단군의 사해동포주의와 홍익인간

그러면 단군왕검은 왜 부도를 건설하였을까?

본부도(本符都) 즉 천부단을 건설한 목적은 무엇이었을까? 천손에는 의무가 따른다. 하늘을 모시는 일이다.

> 부도가 이미 이루어지니 웅장하고 아름다우며 빛나고 밝아서, 사해가 모두 화합하고 모든 종족이 생동하는 맥박이 되기에 충분하였다(13장).[289]

앞에서 말한 것처럼 온 세상에 흩어져 있는 종족들이 만나지 않으면 각자 제 생각만이 옳다고 제 갈 길만 가기 때문에 나중에 모이면 싸움만 일어난다. 그래서 10년마다 한 곳에 모여 천부의 이치를 같이 깨닫게 하고, 혹시라도 진리에서 이탈하여 딴 길을 가고 있는 것이 아닌지 스스로 반성하

289) "符都旣成하니 雄麗光明하여 足爲四海之總和요 諸族之生脈이라"(13장).

며 자기 점검의 기회를 갖는 것이다.

단군은 마고본성의 부도를 재건하여 '사해동포주의'를 실천하였다

그러면 한 곳에 같이 모여 세상을 어떻게 바꾸겠다는 것인가?

13장 본문에서는 웅려광명(雄麗光明), 사해총화(四海總和), 제족생맥(諸族生脈)으로 표현하고 있다. 말 자체가 어렵지만 그 의미는 심장하다. 이 말들을 한 마디로 묶으면 사해광명(四海光明)이라고 요약할 수 있겠다. 그 당시는 사해라는 말을 즐겨 사용했으므로 이를 '사해동포주의'로 이해할 수도 있고, 또 요즘 말로 하면 세계일가(世界一家), 만방일가(萬邦一家)도 좋을 것 같다. 류승국은 광개토태왕의 비문에 나타난 정신을 '영락사해(永樂四海)'라고 표현했다.[290] 사해를 영원히 복되고 행복하게 만들겠다는 뜻이다. 단군의 사해동포주의를 가장 잘 계승한 말로 보인다.

이처럼 단군은 마고본성의 부도를 이 땅에 재건하여 사해동포주의를 실천하고자 하였다. 그것이 단군의 꿈이요, 이상이었다. 이런 꿈과 이상을 머릿속에만 둔 것이 아니라, 실제로 땀흘려 실천한 점에 임금으로서 위대함이 있다. 단군조선 사람만을 위한 생각이나 실천이 아니었다. 환웅이 물려준 홍익인간의 진정한 구현을 부도에서 찾았다. 그리고 황궁씨의 복본맹약(復本盟約)을 실천하였다. 황궁씨 이후 7천 년만에 이루어진 인류사적 쾌거였다. 단군은 실천하는 세계평화주의자였다. 아니 단군조선 사람들이 모두 평화인이었는지도 모른다. 이런 평화노선을 요순은 끝까지 반대하였다. 요(堯)는 부도에서 나오는 '잣'도 먹지 않았다.

사해동포(四海同胞)란 천하(天下)의 모든 사람들이 모두 동포(同胞)요, 동포란 또 형제(兄弟)라는 말과 같다. 『논어』의 「안연편(顔淵篇)」에 나오

290) 류승국, 『한국사상의 연원과 역사적 전망』 성균관대 유교문화연구소, 2008, 친필 휘호.

는 말이다.

君子敬而無失(군자경이무실)-군자가 공경하여 실수가 없고
與人恭而有禮(여인공이유례)-사람을 사귀는 데 공손하고 예의를 갖추면
四海之內(사해지내)-사해 안의 사람들이
皆兄弟也(개형제야)-다 형제이다
君子何患乎無兄弟也(군자하환호무형제야)-군자가 어찌 동포 형제가 없음을 근심하겠는가

사해의 사람들이 동포가 되고 형제가 되는 데도 조건이 따른다. 사람에 대한 공경심과 예의가 있어야 한다. 그것을 기본적으로 전제하지 않은 사해동포주의는 무의미할 것이다. 김구도 「나의 소원」에서 "세계 인류가 네오 내오 없이 한 집이 되어 사는 것은 좋은 일이요, 인류의 최고요, 최후인 희망(希望)이요, 이상(理想)이다. 그러나 이것은 멀고 먼 장래에 바랄 것이요, 현실의 일은 아니다. 사해동포(四海同胞)의 크고 아름다운 목표를 향하여 인류가 향상하고 전진하는 노력을 하는 것은 좋은 일이요, 마땅히 할 일이나, 이것도 현실을 떠나서는 안 되는 일이니, 현실의 진리는 민족마다 최선(最善)의 국가(國家)를 이루고 최선의 문화(文化)를 낳아 길러서, 다른 민족과 서로 바꾸고 서로 돕는 일이다. 이것이 내가 믿고 있는 민주주의(民主主義)요, 이것이 인류의 현 단계에서는 가장 확실한 진리다"라고 말했다. 김구가 제기한 전제조건은 나라의 독립이었다. 억압과 간섭이 없이 각 민족이 자주독립을 이룬 상태에서 사해동포주의는 가능하다고 보았다.

단군이 사해동포주의의 실현을 위해 제기한 전제조건은 종족마다, 지역마다 교역이 활발히 이루어져야 민생이 안정된다고 생각했다. 그래서 생활 교류는 신시(神市), 육산물 교역은 조시(朝市), 해산물 교역은 해시(海市) 등을 각각 열고, 국제무역항 같은 성황(城隍)을 바닷가 곳곳에 열어(14

장) 생산과 교역의 활성화를 도모함으로써 천하가 넉넉하도록 했다(15장).[291] 이것이 단군이 제시한 사행홍산(四海興産)에 의한 사해동포주의였다. 단순한 구호가 아니었다. 홍익인간 재세이화의 실현이었다.

황제와 요순은 부절(符節)문화를 모르는 사람들이다

그러나 요(堯)와 순(舜)은 이런 단군의 이상, 단군의 부도를 반대했다. 이런 요순을 반대한 자가 요의 아들 단주(丹朱)였다.

요순도 모자라 우(禹)와 그 아들 계(啓)에 이르도록 끈질기게 단군의 부도를 거부했고 전쟁까지 치러야 했다. 말로는 사해동포를 내세웠으나 뒤에서는 전쟁을 일삼았다. 황제(黃帝)의 역사는 이웃 부족에 대한 침략사로부터 시작한다. 백성들이 처음 익힌 것은 습용간과(習用干戈)였다.[292] 방패와 창쓰는 법을 배워 공물을 바치지 않는 자[不朝享부조향]들을 정벌하는 일에 나서게 했다. 천부의 이치를 가르치고 교역으로 민생을 안정시킨 단군과는 대조적이다. 어찌 보면 공자의 사해동포주의는 황제나 요순의 사상이 아니라, 단군의 사상인지도 모르겠다. 공자가 '사해동포'를 말한 것 자체가 공자의 창안이 아니라, 그 이전 시기에 이런 주의나 사상이 있었다는 방증이기도 한 것이다. 이런 단군의 사해동포주의에서 합부(合符)가 나왔을 것이다.

그런데 이웃 부족들을 정복한 다음에 제후들의 조회를 받았다는 소위 황제의 '합부부산' 이 사실일까? 평소에 천부는 고사하고 천부의 부(符)자도 사용하지 않고 부절(符節)문화도 모르며, 이를 거부한 자들이 어떻게 합부(合符)를 한다는 말인가? 이 '합부부산' 은 사마천이 조작한 상고사 최대의 거짓말 사건임을 거듭 밝힌다.

---

291) "自此로 四海興産하야 交易殷盛하니 天下裕足이러라"(15장)
292) "於是軒轅乃習用干戈, 以征不享, 諸侯咸來賓從"(『사기』「오제본기」)

사마천은 합부사건으로 단군의 부도역사를 지웠다

그런데 이런 거짓말의 이면에는 너무도 큰 진실이 숨어 있었던 것이다. 단군의 부도역사의 진실을 가리기 위해 사마천은 그것에 대응할 만한 큰 거짓말이 필요했던 것이다. 이 합부부산 사건으로 인해 단군 부도역사는 급기야 지하로 들어가고 말았다. 단군의 부도역사를 말하는 것이 곧 황제를 모독하는 것이 되기 때문에 사마천 이후의 모든 사가(史家)나 학자들은 스스로 알아서 모든 역사에서 단군을 지우고 황제만을 높여온 것이다. 마치 치우를 '최포자(最暴者: 가장 포악한 자)'로 만들어 역사에서 황제에 대적한 영원한 죄인으로 만들어 놓은 것과 같다. 이처럼 단군과 치우의 이름을 거명하는 것 자체가 황제를 거역하고 모독하는 것이 되었다.

그래서 모든 역사책에서 단군의 이름은 사라지고, 치우는 죄인이 되지 않을 수 없었다. 중국이 얼마나 무서웠는지는 김부식의 『삼국사기』를 보면 능히 알 수 있다. 김부식은 고구려의 용감한 장수들이 수나라, 당나라에 대적하여 용감하게 물리친 것을 두고 "오히려 천자(天子)의 명을 거역하고 순종하지 않았다"고 대신 사죄하는 언동을 했다. 을지문덕, 양만춘이 중국 천자의 명을 거역하며 출전해 근심 걱정을 끼쳐드렸으니 이제라도 용서해 달라는 것이다.

『부도지』가 유일하게 단군의 부도역사를 살려냈다

그러나 이런 칠흑 같은 사대(事大)의 악조건 아래에서도 한 줄기 빛이 있었다. 『환단고기』가 치우를 살려냈고, 『부도지』가 단군의 부도역사를 살려냈다. 결코 쉬운 일이 아니다. 그때는 자기 목숨을 담보하지 않고는 엄두도 못 내는 큰 용기였다. 아무도 가르쳐주지 않았던 그분들의 역사를 이제 알고 보니, 치우는 최포자가 아니라 세계에 빛나는 군신(軍神)이었고, 단군은 국수주의자가 아니라 홍익인간으로 사해동포주의를 실천한 임검씨였다. 우리는 중국 중심의 사고를 탈피하여야 한다. 단군의 부도역사가 바로 단군조선의 원형문화였다. 부도역사가 사라지면서 단군조선의 원형문화는 방향을 잃고 말았다.

그런데 어찌하여 부도의 훌륭한 역사가 『부도지』에만 실리고 다른 책에는 한 줄도 실리지 않았을까?

4) 『산해경』의 부도(浮屠)와 부도(符都)

이런 '부도역사'가 『부도지』에만 실리고 다른 문헌 어디에도 없으니 참말이라고 할 수도 없고, 거짓말이라고 할 수도 없게 되었다. 『환단고기』에도 실리지 않았으니 더 이상 할 말이 없다. 그러나 유일하게 증언해 줄 문헌을 저자가 찾았다. 바로 『산해경(山海經)』이다.[293]

『산해경(山海經)』 중 「해내경(海內經)」에 따르면, '조선(朝鮮)'에 관하여 아래와 같이 기록되어 있다. 시기적으로 보아서 단군조선이 틀림없을 것이다.

> 동해의 안쪽, 북해의 모퉁이에 조선(朝鮮)과 천독(天毒)이라는 나라가 있는데, 그 사람들은 물가에 살며 남을 아끼고 사랑한다.(정재서의 해석)[294]
>
> "東海之內, 北海之隅, 有國名曰朝鮮
>
> 天毒, 其人水居, 偎人愛之."

293) 이 책의 작자에 관해서는 하(夏)나라 우왕(禹王) 또는 백익(伯益)이라는 설과 BCE 4세기 전국시대 후의 저작이라는 설이 대립하고 있다. 원래는 23권이 있었으나 전한(前漢) 말기에 유흠(劉歆)이 교정(校定)한 18편만 오늘에 전하고 있다. 그 가운데 〈남산경(南山經)〉 이하의 〈오장산경(五藏山經)〉 5편이 가장 오래된 것이며, 한(漢)나라 초인 BCE 2세기 이전에 되어 있었다고 추정된다. 그 다음으로 〈해외사경(海外四經)〉 4편, 〈해내사경(海內四經)〉 4편이 이어졌고, 한대(漢代)의 지명을 포함하였으며, 〈대황사경(大荒四經)〉 4편, 〈해내경(海內經)〉 1편은 가장 새롭다.[네이버 지식백과] 산해경 [山海經](두산백과)

294) 정재서 역주, 『산해경』 민음사, 1996, 327쪽.

그런데 이 구절에서 보듯이 진(晉)의 학자 곽박(郭璞, 277~324년)이 '조선(朝鮮)'과 '천독(天毒)'에 관하여 주석(註釋)을 붙였는데, 낙랑군(樂浪郡) 문제는 차치하고, '천독(天毒)'과 '부도(浮屠)'에 대해 언급한 것을 해석해 보겠다.[295)]

> 조선은 지금의 낙랑군이다.
>
> 천독(天毒)이란 바로 천축(天竺)을 말한다.
>
> 도덕을 귀하게 여기며, 문자와 책과 금은전화(화폐)가 있다.
>
> '부도(浮屠)'가 이 나라에서 나왔다.(곽박 注)
>
> 천축국은 일명 신독이라 한다. 그 나라는 큰 강에 임해 있다. 부도의 도를 닦아서 죽이거나 싸우지 않는 풍속이 있다.
>
> [郭璞云, 朝鮮今樂浪郡也.]
>
> [郭璞 天毒即天竺國.貴道德 有文書金銀錢貨, 浮屠出此國中也]
>
> [漢書 西域傳云 天竺國 一名 身毒 其國臨大水 修浮圖道 不殺伐]

원문은 천독(天毒)인데 곽박이 조선을 설명하는 중에 낙랑군도 엉뚱하지만, 천축국을 엉뚱하게 끌고 와 부도를 인도의 불교탑으로 둔갑시켰다. 장벽파도 천독(天毒)은 고죽국을 뜻하는 천죽(天竹)의 잘못이라고 했고, 천축(天竺)을 인도라고 하면 중국의 서남쪽인데, 책의 원문은 동북쪽이라 하였으니 의심이 간다고 주장했다.[296)] 이것은 분명히 의심이 가는 주석이므로 새로운 해석이 필요하다. 『사기』의 「서남이열전」이나 「대완열전」에는 신독국(身毒國)[297)]이라는 말이 나온다.

---

295) 저자가 이미 이 구절을 고죽국과 연결하여 해석한 바 있으나 그 해석은 오류라고 생각해 부도(符都)로 시정하고자 한다. 이찬구, 『돈』 동방의 빛, 2012, 180~181쪽.

296) 張碧波, 「古朝鮮文化探源」『北方論叢』 2000. 1기(159호), 3쪽.

297) 동북아역사재단의 『사기 외국전 1』 동북아역사재단, 2009, 234, 267쪽. 여기서도 인도를 지칭하는 것으로 해석한다.

따라서 곽박 주석의 핵심은 천축이 아니고 천독과 부도에 있다. 천독(天毒)은 그대로 '하늘이 기른다'는 뜻이다. 독(毒)은 기르다, 키우다는 육(育)의 뜻으로 보는 것이 맞다. 그 다음에 부도는 浮屠, 浮圖로 쓴다. 도(屠)는 짐승을 죽인다는 뜻인데, 도대체 무슨 뜻인가? 단군조선시대에 불교가 말하는 사리탑의 의미로서의 부도(浮屠)라는 용어는 있지도 않았었다. 그러면 부도는 무슨 뜻인가?

불교의 부도(浮屠)는 고조선의 제단이었을 것이다

『삼국지』에 의하면, 마한(馬韓)은 귀신을 믿기 때문에 국읍(國邑)에는 한 사람씩을 세워서 천신의 제사를 주관하게 하는데, 이를 천군(天君)이라 부르고, 여러 나라에 각각 별읍(別邑)을 두어 이름을 소도(蘇塗)라 하며, 그 곳에 큰 나무를 세워 방울과 북을 달아놓고 귀신을 섬겼다고 했다. 그들이 소도를 세운 뜻은 부도(浮屠)와 같으나, 행하는 바의 좋고 나쁜 점은 다르다고 했다.[298] 또 이규경도 『오주연문장전산고』(五洲衍文長箋散稿)에서, 소도(蘇塗)는 마한(馬韓)의 귀신에 대한 제사법이며, 그 소도는 부도(浮塗, 浮圖)로서 탑(塔)이라고 했다.[299] 따라서 부도는 사리탑이 아니라, 중국 사람들이 말하는 탑(塔)은 우리가 말하는 제단으로 보아야 한다. 즉 부도(浮塗, 浮圖)는 일언이폐지하고 '소도' 또는 '부도(符都)'가 아닐까. 중국 사람들이 이 말을 시기하여 온갖 억설을 갖다 붙여 눈을 막았던 것이다.

그런데 천독(天毒)을 또 천독(天篤)[300]으로 적는 것을 보면, 이것은 음독(音讀)일 가능성이 높다. 천독의 '독'은 도가니, 물동이처럼 가두어 보호하

298) "信鬼神 国邑各立一人主祭天神 名之天君 又諸国各有別邑 名之為蘇塗 立大木 縣鈴鼓 事鬼神…其立蘇塗之義 有似浮屠 而所行善惡有異"(『三國志』「魏書東夷傳」,馬韓)

299) "《通典》馬韓祭鬼神立蘇塗之遺俗也歟【《演繁露》云《通典》馬韓祭鬼神 立蘇塗建大木 以垂鈴鼓注蘇塗有似浮塗 按浮塗 卽浮圖 浮圖 卽塔也】"(『五洲衍文長箋散稿』 天地篇,天地雜類,鬼神說)

300) "西南至烏秅國千三百四十里, 南與天篤接"(『한서』「서역전 상」)

는 것이고, 제방의 '둑'과도 통하는데, 막아서 보호하는 제방, 성(城), 울타리 같은 것이다.[301] 우리말의 독, 둑을 표현하기가 곤란하니까 독(毒), 독(篤)이라는 말을 차용한 것 같다. 부도는 성(城)으로 일견 소도(蘇塗)와도 같으며, 중앙에 천부단과 4방에 보단이 있고, 세 겹의 도랑물이 흐르는 특색이 있다. 그러므로 이 구절의 본문 해석은 "동해의 안쪽, 북해의 모퉁이에 조선(朝鮮)이 있다. 하늘이 보호하는 나라인데, 그 사람들은 물가에 살며 하늘을 가까이 공경(偎)하고, 사람을 사랑한다"로 바로잡혀야 한다. 외(偎)는 가까이 공경하고 사랑한다는 말이다. 그것은 천손민족으로서 하늘에 대한 관계를 설명한 말이다. 그래서 천독은 부도의 해석과 연결해서 풀어야 한다. 조선은 천독의 나라이며, 부도가 있는 나라이다. 부도가 있기 때문에 천독이 가능했다.

『산해경(山海經)』의 '부도(浮屠)'는 부도(符都)의 음사(音寫)였다

山海經第十八　晉 郭璞傳　棲霞郝懿行箋疏
海內經
東海之內北海之隅有國名曰朝鮮 朝鮮今樂浪郡也懿行案朝鮮已見海內北經
天毒其人水居 天毒即天竺國貴道德有文書金銀錢貨浮屠出此國中也晉大興四年天竺胡王獻珍寶懿行案史記大宛傳云有身毒國索隱云身音乾毒音篤孟康云即天竺也所謂浮圖胡也案大宛傳說身毒云其人民乘象以戰其國臨大水焉後漢書西域傳云天竺國一名身毒其國臨大水修浮圖道不殺伐水經注引康泰扶南傳曰天竺土俗道法流通金寶委積山川饒沃恣所欲大意與郭注同也
僾人愛之 僾亦愛也音隱愛反懿行案愛之藏經本作愛人是也列子云列姑射山有神人不偎不愛仙聖爲之臣義

또 『한서 서역전』에 '수부도도(修浮圖道) 불살벌(不殺伐)'이라는 말이 나온다. 부도(浮圖)는 인도의 불도(佛圖)로 범어의 불타(佛陀)를 음역한 말로 해석한다. 그러나 단군조선시대로 바꾸어 보면, 부도(浮塗, 浮圖)는 불타(佛陀)의 연관어가 아니라, 탑(塔)의 연관어 정도로 볼 수 있다.[302] 이때의 탑은 단군조선의 부도(符都) 또는 부도의 제단(祭壇)을 가리킨 말로 이해할 수밖에 없다. "부도의 도를 닦아서 죽이거나 싸우지 않는다." 또는 "부도의 도인 불살벌을 닦는다"로 볼 수 있

301) 조옥구의 자료.

302) "「浮屠」, 即浮圖, 佛圖, 皆梵語, 佛陀之音譯, 見後漢書云: 「修浮圖道,不殺伐」, 又, 即塔也"(『歐文觀止』—文史叢書19, 185面)

는데, 부도의 사람들은 결국 죽이거나 싸우지 않는다(不殺伐)는 풍속이 있다는 표현이 정곡을 찌른 말이다. 이 말은 『부도지』에도 나오지 않지만, 부도에서의 삶이 어떤 것인가를 알려준 보배이다.

그러나 삼국시대에 불교가 들어오면서 단군조선의 부도(符都)는 불교의 부도(浮屠)라는 말에 가려서 자취를 감추고 말았다. 안타까운 일이다. 앞에서 말한 Vrang stupa(브랑스투파), 부디스트스투파(Buddhist stupa, 불교 사리탑, 불탑)는 다 불교 용어인데, 이도 부도의 제단이 와전되어서 나온 말들로 유추할 수 있다.

따라서 『산해경(山海經)』 중 「해내경」에 나오는 조선(朝鮮)의 '부도(浮屠)'는 후대에 불교의 용어로 차용되기는 했으나 단군조선 초기의 기록으로 본다면, 불교 용어와는 무관하게 제단(祭壇), 탑(塔)의 원형으로서의 부도(符都)의 음사(音寫)였다고 이해해도 무방할 것이다.

그 밖에 『산해경』에는 단군의 부도를 연상할 만한 또 다른 구절들이 등장한다. 「대황남경」에는 "네모꼴 모양의 물이 있어서(有水四方) 그 이름을 준단(俊壇)"이라고 했다. 네모꼴 모양으로 물이 흐른다는 것이 단군부도의 4보단을 상징한 말이다. 주석에 이 준단을 또는 순단(舜壇)이라고 했다. 이 말이 더 단군부도임을 입증해 주는 단서가 된다. 왜냐하면 『부도지』(18장)에는 순이 단군부도를 관리하는 환부(鰥夫)였다고 했기 때문이다. 환부로서 단군부도를 출입한 것이 후세의 눈에는 그곳이 순의 부도처럼 인식이 되었을 것이다. 이런 의미에서 준단, 순단은 다 단군의 부도임이 틀림없다고 본다. 이 앞 구절에 나오는 '소호생배벌(少昊生倍伐)'의 배벌(倍伐)이 배달(倍達)의 이칭이라고 본다. 소호가 배벌(배달)족을 낳았다는 말은 배달족과 함께 살았다는 말이다.

그리고 「해내서경」에 곤륜의 터(崑崙之墟)에 "상제의 지상 도읍(帝之下都)이 있다"고 했다. 곤륜산에 있다는 상제의 지상 도읍지가 마고성을 상징한 것으로 생각된다. 곤륜산과 파미르고원은 인접한 곳이라서 같은 곳으로 추정했을 수도 있다.

5) 요순우와의 대전쟁에 대한 종합

『부도지』는 두 개의 변(變)을 말한다. 5장은 오미의 변이고, 17장은 오행의 변이다. 오미의 변은 마고성 안에서 일어난 포도 미혹사건이고, 오행의 변은 단군과 요(堯)와의 정치사상 충돌사건이다. 두 사건은 같은 선상에 있다. 오미의 변이 요의 조상인 지소씨(支巢氏)가 일으켰다는 점에서 그 뿌리를 같이 한다. 지소씨가 발단이 된 오미의 변을 수습한 맏 어른이 황궁씨(黃穹氏)였다. 누군가는 이 변에 대해 책임을 지지 않을 수 없었다. 수습 방안으로 제시된 것이 마고성을 다시 회복하겠다는 황궁씨의 복본서약(復本誓約)이었다.

두 번째 오행의 변에 대한 책임은 단군이 맡게 된다. 역시 요(堯)가 오행과 역법을 문란시킨 것을 단군이 수습에 나선다. 단군왕검인 임검씨는 황궁씨의 후손으로 복본서약을 지키기 위해 조선에 부도(符都)를 건설한다. 그러자 요(堯)는 부도에 대항하여 당도(唐都)를 건설한다. 별도의 나라를 세운 것이다. 요(堯)가 내세운 통치이론이 5중(中)에 입각한 오행이다. 이는 단군이 말하는 (1)+4의 오행론과 다른 것이다. 단군은 요의 5중(中)을 안에서 밖을 통제(以內制外)하려는 술책으로 본 것이다. 이어 역법도 단군이 13월 28일 달력을 창안하자, 요(堯)는 12월 30일을 주장하여 혼란을 일으켰다. 달력 제작은 임검씨의 고유 권한이었다. 단군은 신하인 유호씨를 보내 요를 설득하고, 경고도 한다.

5중(中)의 중앙에는 하늘을 모신 부도의 천부단(天符壇)이 있고, 1달은 30일이 아니라 28일이다

단군임검씨의 목적은 오직 하나 사해동포가 하나로 평화롭게 사는 것이다. 임검씨가 요(堯)를 수차례 설득한 이유도 사해(四海)가 평화롭게 살 수 있도록 동참하라는 것이었다. 부도의 입장에서 볼 때, 5중(中)의 중앙 자리는 단군부도에서 천부단(天符壇) 즉 하늘을 모신 천제단이 있는 곳이다. 인간이 어찌 이 중앙 자리를 탐할 수 있겠는가. 요가 5중(中)을 내세운 것은 스스로 제왕(帝王)이 되고 천자(天子)가 되겠다는 야욕일 뿐이다. 요가 죽자 순(舜)이 일어나고 우(禹)가 일어나 동북아는 부도세력과 반부도 세력의 대결장이 되었다.

요(堯)는 순(舜)에게 중(中)을 잡으라는 '윤집궐중'(允執厥中)을 말했다. 요순에게 있어서 중(中)은 자기 나라를 다스리는 제왕권(帝王權)을 말하는 것이었다. 단군이 말한 중(中)은 사해를 하나로 만드는 천제권(天祭權)이었다. 진정한 윤집궐중의 중은 하늘이며, 천도(天道)여야 한다. 이것이 단군이 말한 홍익인간이요, 화백정치이다. 그러나 요순은 스스로 왜곡하였다. 중(中)을 보지 않고 극(極)만 바라보며 패도(覇道)의 길로 들어섰다.

이런 요순(堯舜)의 5중(中)은 기자의 「홍범」을 거쳐 5황극(皇極)으로 발전하여 토의 본성을 해쳤다. 토의 본성을 인위적으로 해치면 토가 보복을 한다. 훗날 진시황, 유철 한무제 같은 절대권력자들을 출현시킴으로써 천하를 전쟁의 분탕질에 빠지게 했다. 이어 주자는 「홍범」 오황극(五皇極)의 세주(細注)에서 사변의 중앙을 극(四邊中央是極)이라 했고, 요의 도읍지 평양(平陽)과 순의 도읍지 포판(蒲坂)은 지붕의 꼭대기(屋之極)로 가장 높은 곳(極高之處)이라고 주장하여 권력 우상화의 극치에 이르렀다. 이는 변(變)과 극(極)을 구별하지 않는 중(中)에 대한 모독이다. 또 지붕은 네 기둥에 의해 유지되고, 네 기둥은 바닥의 토에 의해 유지되는데 지붕 꼭대기만 높이는 것은 토(土)의 본성을 배반하는 것이다. 이렇게 본말이 전도된 행태를 놓고 볼 때, 본래 '윤집궐중'의 중(中)은 요순이 말할 자격이 없는 것이었다. 어쩌면 '윤집궐중'의 진정한 주인은 단군조선인들이 아니었을까? 요순으로부터 무제 유철에 이르기까지 5황극론은 철저한 어용학설이 되

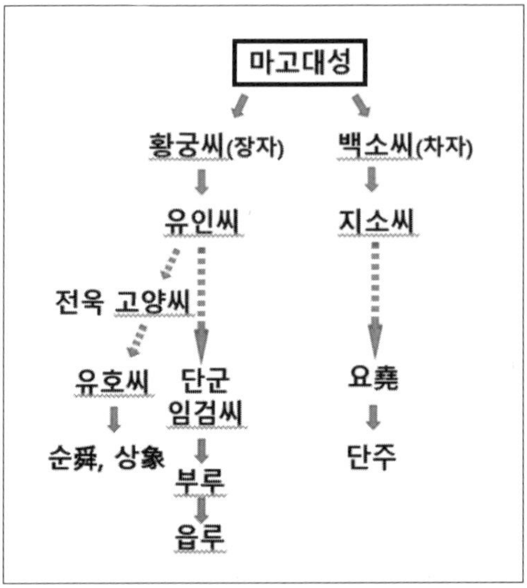

단군임검씨, 요, 유호씨 계보도(축약도)

었다. 단군이 전해준 오행 치수설을 가져다가 부도의 5중(中) 사상을 모독하였다. 단군은 거듭되는 설득으로 요순이 부도에 들어와 하나 되길 바랐다. 그들도 마고성을 나온 같은 천손의 후예였다. 요(堯)는 둘째 백소씨의 일파인 지소씨 후예였다. 다만 요의 선조들은 마고성에서 1차 퇴출(退出)된 자들로 천부(天符)의 신표를 받지 못하고 나온 사람들이다. 그것이 같은 천손이지만 다른 점이다. 그래서 요는 부(符)에 대한 인식이 전혀 없다. 그래도 순(舜)은 큰아들 황궁씨와 유인씨의 후예였다. 하지만 순은 단군을 반대하고 요에게 충성을 다했다. 순(舜)을 유우씨(有虞氏)라고 부르는 것은 유호씨(有扈氏)의 아들이기 때문이다. '유(有)'자는 동이족인 유인씨(有因氏)의 후손들임을 알려주는 돌림자라고 밝힌다. 유인씨의 후손들은 유호씨를 비롯하여 많은 인물들이 중원과 동부에 등장한다.

곽말약(郭沫若)의 지도(10쪽)에는 하(夏)시기에 유역씨(有易氏), 유격씨(有鬲氏), 유궁씨(有窮氏) 유잉씨(有仍氏), 유신씨(有莘氏), 유민씨(有緡氏) 등이 중원대륙에 포진해 있다. 당시 요가 순을 택한 것은 사방이 유인씨 후손들이 둘러싸고 있기 때문이었다. 그 중에 유우씨(순)와 연대한 것으로 보인다. 도덕만을 숭상한 유인씨 후손들은 순(舜)을 제외하고는 오래 유지하지 못했던 것 같다. 유역씨 일대에서는 비파형 동검이 출토되었다.

사마천은 「오제본기」에서 순(舜)의 족보를 보고 '미천한 서인'(微爲庶

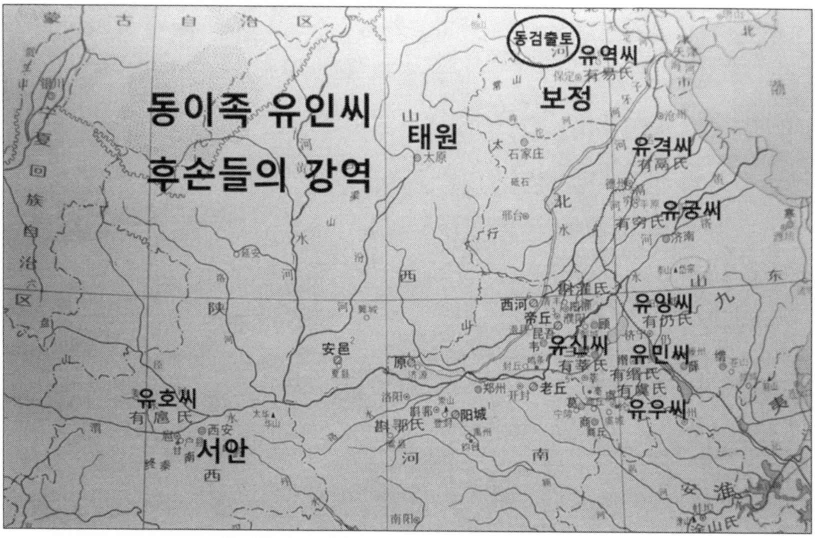

동이족 유인씨 후손들의 강역(곽말약지도 10쪽)

人) 출신이라고 비하했다.

다시 말해 동이족에 대한 멸시의 뜻이 들어있다. 처음에 순은 단군조선의 분조(分朝)에 있었다. 사마천은 부인했지만, 그 근거가 「순전(舜典)」에 있는 '사근동후(肆覲東后)'라는 말에 있다. 이 '근覲'자는 '아랫사람이 윗사람을 알현한다'는 뜻이다. 또 동후(東后)는 동쪽 제후(諸侯)의 오기가 아니라, 동방의 군후(君后), 군주(君主)라는 뜻이다. 동방의 단군을 찾아뵈었다는 뜻으로 그가 단군의 신하였음이 확실하다.

〈1차 요순과의 전쟁〉

그럼에도 요(堯)와 순(舜)은 끝내 단군의 부도를 거부하고 독자적으로 당도(唐都)[303]를 세웠다. 하지만 단군은 더 이상 천손족의 분란을 두고 볼 수

303) 요가 처음 다스리던 것이 도(陶) 땅이고, 뒤에 나라를 세운 것이 당(唐) 땅이므로 흔히 요의 나라를 '도당(陶唐)'이라고 부르는데서 당도라 한 것 같다. 그러나 사마천은 당도(唐都)라는 이름은 사용하지 않고 천문학자 이름으로 쓰고 있다.

없었다. 이에 단군은 사자(使者) 유호씨와 아들 유상(有象)으로 하여금 당도를 혁파토록 하였다. 이때 요는 순에 의해 감옥에 갇혀 있다가 죽었다.[304]

요가 감옥에서 그냥 죽었는지, 고조선의 군사들에게 죽임을 당했는지에 대한 기록은 자세하지 않다. 순은 도망가다가 자기의 후계자가 된 우(禹)에게 죽임을 당했다. 둘 다 사망연대를 정확히 추정하기는 어렵다. 사마천 스스로 이들의 불행한 죽음을 감추기 위해 재위 연대를 억지로 짜 맞추었기 때문이다. 이와같이 요의 당도(唐都)를 혁파한 것이 단군조선의 대당(對唐) 1차 전쟁의 결과이다.

단군이 요순의 당도(唐都)를 혁파하다

여기서 기억할 것은 요(堯)의 아들 단주(丹朱)와 유호씨의 아들 순(舜)과의 관계이다. 순은 단군의 신하인 유호씨(有戶氏)의 큰아들이었고 단군부도를 지키는 환부(鰥夫)였다. 그러나 순은 단군과 자기 아버지를 거부하고 요의 진영에 가담하여 요의 사위가 되었다. 반면에 요(堯)의 아들 단주는 요의 당도에 가담하지 않았다. 혈육이라는 면에서는 단주도 불효자고, 순도 불효자이다. 그러나 정치적 대의(大義)라는 면에서 단주는 순과 달리 아버지 요의 당도를 배척한 것으로 해석할 수 있다. 사마천조차도 단주를 개명(開明)한 인물로 평가했는데도 그가 요의 후계자가 되지 못하고, 사위인 순이 요의 후계자가 된 것은 단주가 요의 정치노선을 따르지 않았다고 보아야 할 것이다.

사마천은 단주를 개명한 사람이라고 했다가 또 탐욕스런 사람이라고 이중적으로 표현했다. 그 당시는 군주 세습제는 아니었다 하더라도 단주가 가장 유리한 입장에 있었을 것이 분명하다. 『맹자』(만장)는 "요의 궁전에

---

304) 사마천은 요의 죽음을 '임금에서 물러난 지 28년 만에 죽었다'(「오제본기」)고 했다. 그러나 청나라 고증학자들은 믿을 수 없다고 했다.

서 살면서, 순(舜)이 요(堯)의 아들을 핍박하였다면 이는 찬탈이지 하늘이 주신 것이 아니다"라고 하면서 찬탈이 아니라 하늘이 순에게 천하를 주었다고 변호했다. 『급총기년』에는 "후직이 제왕의 아들인 단주를 내쫓았다"고 했고, 『죽서기년』에는 "단주(단저)가 순(舜)을 피해 방(房) 땅으로 갔다"라고 말해 요가 순에게 선양하기 전에 단주가 미리 왕위를 사양하고 피한 것으로 이해할 수 있다.[305]

맹자가 단주의 사양을 칭찬하는 것이라면 몰라도 순이 하늘로부터 천명을 받았다는 표현은 단주의 진심을 몰라주는 말 같다. 공자가 끝내 구이에 가서 살고 싶다(子欲居九夷)고 한 것은 비록 요순을 성왕(聖王)으로 칭송했다 하더라도 그 속마음은 요순의 왕위 찬탈에 대한 깊은 회의가 있었던 것 같다. 아울러 진실한 성군(聖君)이 있는 조선 땅을 그리워하며 한 말이 아닐까?

단주(丹朱)는 요순을 반대하고 동이의 삼묘족(三苗族)과 연합하다

한편 순으로부터 유배를 당한 단주(丹朱)가 동이(東夷)의 삼묘족(三苗族)과 연합하여 순에 반란을 일으켰다가 실패하고 자결했다는 기록이 있다. 삼묘족을 다른 말로 삼한족(三韓族)이라고 하는데, 4천 년 전에 이미 중국(오늘날의 호북, 호남, 강서지역 등)에 진출해 있었다.[306] 중국학자가 밝힌 삼묘족과의 관계에 대한 중요한 구절을 인용해 보겠다.

> 단주 집단과 삼묘족은 반란을 일으켰는데, 그 기세는 아주 대단했다. 황제 순(舜)은 군대를 파견해 단수(丹水) 기슭에서 삼묘족과 단주 집단을 무찔렀다. 황제 순은 삼묘족 중에서 반란을 획책한 괴수를 징벌하고 지금의

305) 『신주사기』 「오제본기」, 한가람역사문화연구소, 2020, 242~243쪽.
306) 박병식, 『한국상고사』 최봉렬 역, 교보문고, 1994, 104~105쪽.

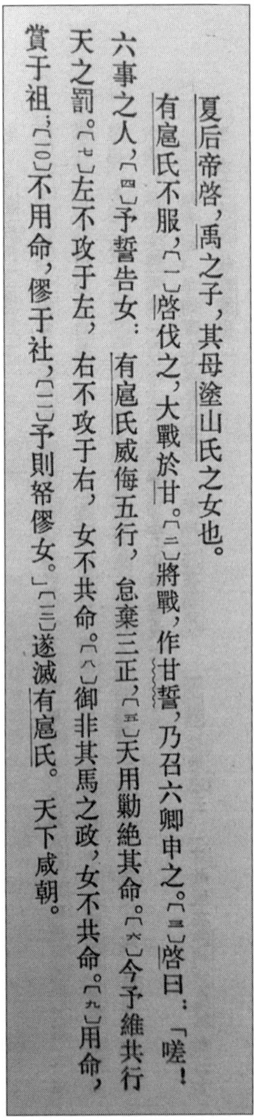
夏后帝啓，禹之子，其母塗山氏之女也。
有扈氏不服，〔一〕啓伐之，大戰於甘。〔二〕將戰，作甘誓，乃召六卿申之。〔三〕啓曰：「嗟！
六事之人，〔四〕予誓告女：有扈氏威侮五行，怠棄三正，〔五〕天用勦絕其命。〔六〕今予維共行
天之罰。〔七〕左不攻于左，右不攻于右，女不共命。〔八〕御非其馬之政，女不共命。〔九〕用命，
賞于祖，〔一〇〕不用命，僇于社，〔一一〕予則帑僇女。」〔一二〕遂滅有扈氏。天下咸朝。

계(啓)의 전쟁 선포(「하본기」)

감숙성 돈황 일대로 유배를 보냈다. 단주는 반란에 실패하자 물에 빠져 스스로 목숨을 끊었다.[307]

〈2차 하(夏)와의 전쟁〉

이러한 상황을 종합하면 단주는 단군의 부도를 지지했다고 추측할 수 있다. 그러면 그 이유는 무엇이었을까? 무력으로 전쟁을 일삼는 아버지 요(堯)와 형벌로 세상을 지배하려는 순(舜)에 반대하고,[308] 단군의 부도가 내세운 사해동포주의, 즉 홍익인간의 평화정신을 단주가 지지했다고 보는 것이다.

단주의 행동을 요즘 말로 평가한다면, '반전(反戰) 평화주의자' 였다고 볼 수 있다. 이런 평화애호사상이 단주라는 인물로 투영된 것으로 이해할 수 있고, 단주가 받은 천명[309]은 '평화의 사도'로서 모든 전쟁을 종식시키는 일에 함께 한 것으로 본다. 그에게 사무친 원한은 왕이 되지 못한 것보다도 동북아의 평화를 이루지 못한 것에 있었을 것이다.

---

307) 양산췬 · 정자룽, 『중국을 말한다1—동방에서의 창세』 김봉술 · 남홍화 역, 신원문화사, 2008, 117쪽.

308) "요는 천하를 무력으로 쳐서 얻었고, 형벌은 순으로부터 나왔다" (『도전』 4:30)

309) 이를 단주수명(丹朱受命)이라고 표현한다. (『도전』 5:250) 이에 대한 설명은 『증산도의 진리』 2014(개정판), 344~353쪽에 상세하다.

단군부도와 우(禹)의 도산단이 격돌하다

이렇게 동북아에 평화(平和)의 세상을 이루려는 단군의 노력에도 불구하고 반(反)부도세력은 날로 팽창해 갔다. 요(堯)가 뿌린 5중(中)의 씨는 독버섯처럼 자랐다. 요순을 이은 하(夏)나라 우(禹)의 아들 계(啓)가 수만 명의 대군을 이끌고 고조선을 공격해 왔다. 이유는 양편이 똑 같았다. '서로 오행을 업신여긴다'는 것이다.

지금으로서는 상상할 수 없는 대의명분이다. 원래 우는 도산(塗山)에 단(壇)을 세워 놓고 단군의 부도에 반대했다. 단군은 요순의 당도(唐都)에 이은 우의 도산단(塗山壇)을 용서할 수 없었다. 단군조선과 하나라의 대격돌이다. 부도의 정통성에 대한 모독이고, 오행에 대한 악용이었다. 이렇게 하여 단군조선의 대하(對夏) 2차 전쟁이 벌어졌다.

단군의 신하 유호씨, 유상 부자가 두 차례 전쟁에서 단군부도를 지키다

그러면 2차 전쟁의 결과는 어떤가? 규모로 보면, 고조선은 유호씨와 유상 부자가 이끄는 군대는 중앙에서 파견된 인원으로 수천 명이었고, 하(夏)나라는 『사기』에 있는 것처럼 6군(軍)이 총 출전했으므로 수 만이었을 것이다. 『부도지』는 이 전쟁의 결과를 24장에서 "하나라 군사는 패하여 한 번도 전적을 드높이지 못했다, 계(啓)가 두려워 퇴진했다"고 적고 있고, 『사기』의 「하본기」는 "계가 유호씨를 멸(滅)했다"고 짧게 적고 있다. 이 점이 수상하다. 최근의 중국사 자료는 『여씨춘추』(「선기」)를 인용하여 다음과 같이 객관적으로 적고 있는 점에서 『부도지』의 진실성이 잘 드러나고 있다.

계(啓)는 선전포고 후 유호씨(有扈氏)를 향해 맹렬한 공격을 퍼부었다.

양군(兩軍)은 소택(沼澤)에서 결전을 벌였다. 이 대전에서 유호씨의 손실도 컸지만, 계의 군대도 큰 타격을 입었다. 계는 '나의 영토는 크고 백성 또한 많다. 싸워서 이기지 못한 것은 나의 덕이 얇고 교육이 따르지 못한 것이다'라고 하면서 싸움을 정지시킨 다음에 군사를 거두어 돌아갔다.[310)]

이처럼 2차 전쟁은 이름 그대로 대전쟁이었다. 하(夏)나라 2대왕 계(啓)와 단군의 사자 유호씨가 오행(五行)의 대의(大義)를 놓고 벌인 혈전이었다. 고조선 건국 이후 벌어진 두 나라 사이의 대전쟁을 우리는 왜 이제까지 몰랐을까? 하나라의 내전(內戰) 정도로 인식한 것일까? 그렇다면 사마천의 역사 조작에 우리가 속은 것이다. 『사기』의 주석집인 「정의」는 유호씨의 호국(扈國)을 하나라의 제후국으로 숨겼으나, 『좌전』 「소공 원년」에는 "순(舜) 때에는 '삼묘족'이, 하나라 때에는 '관(觀), 호(扈)나라'가, 상(商)나라 때에는 '선(姺), 비(邳)나라'가, 주(周)나라 때에는 '서(徐), 엄(奄)나라'가 각기 국경의 일로 정벌되었다"[311)]고 했다. 여기에 등장하는 삼묘족, 서(徐), 엄(奄)나라와 같이 호(扈)나라도 동이족이었기 때문에 국경을 놓고 전쟁을 했던 것이다. 대만대 총장을 역임한 부사년(傅斯年)도 이들 관(觀)과 호(扈)는 하나라 변경에 있던 적국(敵國)이라고 규정했다.[312)]

따라서 '호국'은 고조선의 분조(分朝)이거나 거수국(渠帥國)으로 보아야 한다. 분조(分朝)란 말은 『단군세기』(「1세 왕검」)에 처음 나타나는데, 우와 전쟁을 벌인 호국은 단군의 명을 받는 분조로 볼 수 있다. 분조는 중앙정부에서 멀리 떨어진 지방의 제후에게 통치권을 위임하거나 자치권을 부여하여 다스리는 고조선의 통치 형태이다. 또 유호씨는 『단기고사』에 고조선의 곡식을 주관하던(농림부장관 격) 고시(高矢)[313)]의 친형 고수(高叟)라고 분

310) 양산췬 · 정자룽, 『중국을 말한다1—동방에서의 창세』 김봉술 · 남홍화 역, 신원문화사, 2008, 158쪽.

311) "虞有三苗 夏有觀扈 商有姺邳 周有徐奄"(『左傳』 「소공 원년」)

312) 부사년(傅斯年), 『이하동서설』 우리 역사문화재단, 2011, 134쪽.

고조선의 1, 2차 전쟁

구분	1차 전쟁	2차 전쟁
피아	고조선: 유호씨, 유상 당국: 요(堯) 순(舜)	고조선: 유호씨 하: 우(禹), 계(啓)
원인	요가 5중(中) 제왕 자처, 당도(唐都) 건설, 30일 달력사용	단군의 오행과 부도를 업신여김 (亥월세수냐, 寅월세수냐)
경과	단군의 사자 유호씨와 유상이 출전, 요의 당도 혁파	계의 수만 대군과 고조선 유호씨 군사 수천 명 격돌, 양측 철수
전장	요의 평양(임분)	서안 감(甘)
결과	요, 순 사망	우 사망

명히 적고 있는 것이다. 유호씨라는 이름은 유인씨(有因氏)의 후손으로서 받은 것이다. 이와 같이 유호씨와 아들 유상 부자가 탁월하게 전쟁을 수행해 단군부도를 지켰다.

오늘날 말하는 문화전쟁[314]이나 문화충돌은 무혈(無血)의 개념인데, 이 두 차례의 전쟁을 문화전쟁의 개념으로 본다면 세계 최초로 오행과 역법(曆法)을 놓고 싸운 유혈(流血) 문화전쟁이라고 할 수 있다.

---

313) "高矢氏 亦世掌主穀之職" (『규원사화』「태시기」)

314) 윤재근은 1969년 『문화비평』이란 계간지를 창간하면서 "문화는 인간생존의 부산물이 아니다. 그것은 생존의 원동력이다. 문화는 생존의 기호품이 아니다. 그것은 생존의 필수품이다. 문화는 눈썹 같은 것이 아니다. 그것은 앞을 내다보는 눈과 같다. 문화교류는 겉치레이고 그 실속은 치열한 문화전쟁이다"라고 말했다. 그는 1996년에 낸 『문화전쟁』이란 책에서도 여전히 문화 접촉은 "교류하는 것이 아니라 전쟁하는 것이다. 그러므로 자문화는 강(强)문화가 되어야 한다"라고 주장했다.(선샤인 논술사전, 2007. 12. 17. 네이버, 강준만) 또 문화전쟁(culture war)이나 문화충돌(culture conflict)은 전통주의자(보수주의적 가치관)와 진보주의자(사회민주주의, 진보주의, 자유주의적 가치관) 사이의 충돌을 말한다. 1990년에 시작된 문화전쟁은 미국의 공립 학교 역사와 과학 커리큘럼 뿐만 아니라 많은 다른 주제에 대한 논쟁에 영향을 주었다. 문화전쟁이라는 표현은 미국의 제임스 헌터가 1991년 출판한 책(James Davison Hunter, *Culture Wars*: The Struggle to Define America)에서 시작되었다. 헌터는 낙태, 주와 연방정부의 총기법, 기후 온난화, 이민, 교회와 국가의 분리, 사유화, 오락용 마약 사용, 동성애, 그리고 검열과 같은 주제를 포함한 미국의 정치와 문화를 변형시키는 재편성과 양극화를 인식하였다. (위키백과) 이런 것에 비해 오행문제는 그 당시에 생사를 결정하는 중대한 범주에 속했다.

〈예고된 3차 전쟁〉

그러나 단군의 입장에서는 두 차례 전쟁에서 승리를 거두었다고 하더라도 그것으로 끝나는 일이 아니었다. 임검씨는 마지막까지 중국 땅인 하토(夏土)를 심히 걱정하고 해혹복본(解惑復本)의 도(道)[315]를 닦았으며, 또 읍루씨(가륵)도 도탄에 빠진 하족(夏族)을 불쌍히 여겼다.[316]

요(堯)는 본래 둘째인 백소씨의 일파였던 지소씨의 무리였고, 단군은 큰아들인 황궁씨의 후손이었다. 그래서 마고성의 같은 후예로서 일찍이 사해의 인류가 하늘과 한 몸으로 살았던 부도의 땅을 회복하는 동시에 그 하나 되는 정신을 회복하여 다시 사해가 평화(四海通和)를 이루자는 것이 단군의 뜻이었으나, 요(堯)와 순(舜)이 거부함으로써 모든 비극이 잉태되었던 것이다. 요순이 지배정치를 강요했다면 단군은 무지배(無支配)의 평화를 주창했다. 유호씨는 이오니아의 소크라테스 같았다.

처음에 단군이 걱정한 요의 5중(中)은 중앙에서 밖을 통제와 제어(以內制外)를 한다는 것이었다. 지금도 중국은 4천년 이래로 중앙의 통제와 제어로 나라를 다스리고 있다. 이렇게 역사는 뿌리가 깊은 것이다. 한 번 뿌리가 내리면 뽑아 내기가 어렵다. 동북아는 점점 부도의 정신에서 멀어져 갔고, 복본의 기회는 사라져 가고 있다. 단군은 이 점을 안타까워했다. 단군이 이 땅에 부도를 건설할 수 있었던 것은 장자인 황궁씨가 흰 띠풀로 몸을 묶어 오미의 책임(五味之責)을 스스로 짊어지고(自負) 복본서약을 했을 뿐만 아니라, 황궁씨의 직계 후손으로서 그 복본서약을 승계받았기 때문에 가능했다. 스스로 짊어진 고난이 얼마나 클지를 잘 알고 있었지만, 나머

315) "是時에 壬儉氏이 甚憂夏土之形勢하야 遂入山專修解惑復本之道러라 壬儉氏之子夫婁氏繼受天符三印하고 證天地之爲一理하며 人生之爲一族하야 大興父祖之道하고 普行天雄之法하야 專念人世證理之事러라"(26장). 해혹복본(解惑復本): 모든 어리석음을 풀고 근본으로 돌아감.

316) "夫婁氏傳符於子浥婁氏하고 入山이라 浥婁氏生而有大悲之願하야 繼受天符三印하고 哀憫夏族之陷於塗炭之中하고 悲痛眞理墜於詐端之城하야 遂封鎖天符於明地之壇하고 乃入山專修復本之大願하야 百年不出하니 遺衆이 大哭이라"(26장).

지 청궁씨, 백소씨, 흑소씨의 후손들도 마고성의 다 같은 동포들이었기 때문에 회피하지 않은 황궁씨의 그 정신을 단군임검씨가 그대로 받아들여 실천한 것이다.

우리는 불의(不義)의 값을 지는 자다. 우리 불의냐, 남의 불의냐를 물을 것 없다. 벌써 말하지 않았나? 불의(不義)도 의(義)도 역사의 것, 인류의 것이지, 네 것도 내 것도 아니다.[317]

우리가 중국을 먼저 깨우쳐 주어야 서로 상생할 수 있다

일찍이 최수운은 한국과 중국은 '순망치한(脣亡齒寒)'[318]의 관계라고 말했다. 입술(脣)이 없으면 이(齒)가 시리다는 말로 서로 떨어질 수 없는 밀접한 관계라는 뜻이며, 나아가 천하가 진멸할 때 너와 나의 구별 없이 존망(存亡)을 같이 하게 되니 가까이 있는 중국을 철저히 알고 중국과 서양의 갈등에 대비해야 우리 국권을 지킬 수 있다는 뜻이다. 김용옥은 이 말을 서양의 열강과 중국과 조선을 절묘한 관계로 파악한 민중의 언어로 보았다.[318-1] 뒤를 이어 최해월은 "중원(中原, 중국)에 들어가서 그들을 교화할 때가 되어야 포덕천하를 달성하리라" 고 내다보았다.[319] 왜 120년 전에 일본도 아니고 미국도 아니고 중국이었을까? 요순의 중국이기 때문이다. 단군의 부도를 거부한 요순의 불의(不義)가 쌓여 있고, 그 불의가 오늘은 동북

---

317) 함석헌, 『뜻으로 본 한국역사』 한길사, 1983, 326쪽.

318) "天下盡滅 亦不無脣亡之歎 輔國安民 計將安出"(『동경대전』 「포덕문」). 천하가 다 멸망한다면 (우리도 무사하지 못하니) 또한 순망의 탄식이 없지 않을 것이다. 보국안민의 계책이 장차 어디에서 나올 것인가?

318-1) 김용옥, 『동경대전』2, 통나무, 2021, 97쪽.

319) "吾道는 至於中原布德之時라야 能達布德天下矣리라"(『해월신사법설』 「15 개벽운수」). 포덕천하(布德天下)란 온 세상에 하늘의 어짊과 사랑을 펴는 것. 현대적으로는 '영구적인 평화 세계'를 구축하는 것을 의미하는데, 중국을 먼저 구해야 천하의 포덕이 가능해진다는 뜻이다.

공정으로 이어지고 있다. 이제 그들이 불의하지 않도록 우리가 먼저 가르쳐야 진정한 동북아의 운명공동체로서 상생할 수 있다.

그리고 강증산은 요순의 시대에 단주가 세상을 다스렸다면, 요복과 황복이 없으며 남쪽 동쪽 오랑캐라는 이름이 없고, "만리가 지척 같이 되어 천하가 한 집안이 되었을 것이니, 요와 순의 도는 오히려 좁은 것"[320]라고 명쾌히 지적했다. 지금까지 우리는 요순을 이상적인 태평성대로 묘사해 왔는데도, 그 '요순의 도가 좁았다'는 말은 단주만도 못하게 자기 땅, 자기 백성밖에 몰라 더 큰 세상을 크게 보지 못하고 전쟁만 일삼은 것을 에둘러, 점잖게 표현한 것이다. '만리지척'과 '천하일가'라는 말은 그때 일개 왕자인 단주가 실행할 수 있는 사상이 아니다. 이 말은 단군임검씨가 주창한 사해총화(四海總和: 13장)를 다시 반복한 말에 지나지 않는다고 보아도 무리가 아니다. 당시 동이족인 삼묘족이 단군의 평화노선을 지지하였고, 여기에 단주도 함께 연대한 것으로 받아들일 수 있다.

한-중-일의 묵은 과거를 청산하여 동북아전쟁을 막아내자

그런데 이런 역사 해석들은 누가 한 것인가? 유감스러운 말이지만, 식민사학이 춤추고 민족사학이 사라진 자리를 그나마 민족종교가 지켜준 느낌이다. 한국과 중국은 입술과 이와의 관계이니 '중국을 먼저 교화해야 평화가 온다'는 말과 단주(丹朱)에 대한 새로운 이해를 통해 단군이 편 사해동포주의의 위대함을 생각할 수 있도록 실마리를 제공한 '요순의 도가 오히

320) 『증산도 도전』 4:31. "唐虞之世 丹朱爲之 要荒 無服 蠻夷無名 萬里咫尺 天下一家 堯舜道隘也" (이중성, 『천지개벽경』권3, 계묘편 5장; 용봉출판, 1992, 102~103쪽) 요복은 오랑캐가 산다는 곳, 황복은 유배지를 일컫는 말로 천하가 일가 되면 이런 말들이 필요 없는 세상이 된다는 뜻. 당우(唐虞)란 중국(中國)의 도당씨(陶唐氏)와 유우씨(有虞氏), 곧 요와 순의 시대(時代)를 함께 이르는 말로 그동안 중국(中國) 사상(思想)의 이상적(理想的) 태평(太平)시대(時代)로 묘사했으나 이는 허구의 역사였다. 또 증산도 『도전』 4:30은 "정말로 단주가 불초하였다면 조정의 신하들이 단주를 계명(啓明)하다고 천거하였겠느냐"라고 지적해 단주의 진실이 심하게 왜곡되었다고 했다.

려 좁았다'는 100여 년 전의 이 한 마디가 요순에 대한 우리의 모든 환상을 일격에 격파해 주고 있다.

그리고 요순 이래 전쟁에 속아온 백성들의 쌓인 원한과 단군을 도와 대동세계를 이루려다 죽은 요(堯)의 아들 단주(丹朱)와 그와 함께 희생된 수많은 동이족들의 원한을 동시에 풀어줄 때가 되었다는 것을 『부도지』가 확인하고 있는 것이다.[321] 그러므로 우리는 장자(長子) 민족의 후손임을 회피할 수 없다면, 복본의 사명자로서 우리의 잘못이 아니더라도, 남의 잘못까지 짊어지고라도 복본의 사명을 다 해야 한다. 그러기 위해 우리는 초종교, 초정치적으로 협력하여 한중일 사이의 잘못된 과거를 청산하고, 동북아와 세계의 평화 지키기에 동의하는 모든 분들이 연대하여 동북아의 불행을 막아야 할 것으로 본다.

6) 동보단인 참성단 보존 – 인류공통의 문화유산

우리가 알고 있는 참성단은 현재 '강화 참성단'으로 명칭이 변경되었다.(2,011.07.28. 고시) 문화재청의 공식 자료는 참성단을 이렇게 소개하고 있다.

> 마니산에 있으며 단군이 하늘에 제사를 올리기 위해 쌓은 제단이라고 전한다. 고려 원종 11년(1,270)에 보수했으며, 조선 인조 17년(1,639)과 숙종 26년(1,700)에도 고쳐 쌓았다. 여러 번 고쳐서 쌓았기 때문에 본래의 모습은 찾아볼 수 없다. 제단은 자연석으로 둥글게 쌓은 하단(下壇)과 네모반듯하게 쌓은 상단(上壇)으로 구성되어 있는데, 둥근 하단은 하늘, 네모난 상단은 땅을 상징한다고 한다. 이런 모습은 경주의 첨성대와 비슷하다. 고려와 조선왕조는 때때로 이곳에서 도교식 제사를 거행하기도 하였다.

321) 이는 한국의 민족종교가 근본적으로 중국문제를 선결적으로 해결해야 한다는 사명을 가지고 있다는 뜻이다. 이것은 종교만의 문제가 아니요, 다만 먼저 깨달은 자가 그 일을 한다는 뜻이다.

조선 후기에는 단군에 대한 관심이 높아지면서 참성단을 단군시대의 종교와 관련시켜 이해하는 경향이 나타났는데, 일제시대에 단군을 숭배하는 대종교가 생기고 난 이후에는 민족의 성지로서 주목받게 되었다. 지금도 해마다 개천절에 제천행사가 거행되며, 전국체전의 성화는 이곳에서 태양열을 이용하여 붙이고 있다. 참성단이 과연 단군의 제천단인지는 단정할 수 없으나, 강화도에는 청동기시대의 고인돌이 있고, 단군과 연관된 전설이 전해 내려오고 있어 상고시대에 무시 못할 정치세력이 형성되어 있었던 것을 짐작할 수 있다.[322]

이 안내 글은 읽으면 읽을수록 답답한 느낌을 갖게 한다. "여러 번 고쳐서 쌓았기 때문에 본래의 모습은 찾아볼 수 없다", "참성단이 과연 단군의 제천단인지는 단정할 수 없으나~" 등의 구절이 불쾌한 생각은 물론 남의 나라 역사학자들이 몰래 써 놓고 간 것이 아닌가 의심이 날 정도이다. 차라리 "여러 번 고쳐서 쌓았지만 본래의 모습은 변하지 않은 것으로 보인다", "참성단이 단군의 제천단으로 오래 전부터 민간에 알려져 왔으며~" 등으로 고치면 어떨까? 참으로 애정없이 쓴 글 같다. 『세종실록』(「지리지」)에도 "세상에 전하기를 조선 단군이 하늘에 제사 지내던 석단(石壇)"이라고 했다.

『규원사화』(「단군기」)는 참성단이 단군의 제천단임을 명확히 하고 있다.

후에 부소(夫蘇)와 부우(夫虞)를 아울러 파견하여 갑비고차에 성을 쌓아 이로써 남쪽을 순행할 때를 대비하게 하니, 지금의 강화 삼랑성(三郞城)이다. 마리산(摩利山)에는 또한 참성단(塹城壇)이 있는데 이곳이 바로 단군이 제단을 설치하고 하늘에 제사를 지내던 두악(頭嶽)이다.[323]

---

322) http://www.heritage.go.kr/heri/cul/culSelectDetail.do?pageNo=1_1_1_1&ccbaCpno=1332301360000 (문화재청)

이어 「단군기」는 동방의 여러 산에는 '마이(馬耳)'나 '마니(摩尼)' 등의 산이 있는데, '마이'와 '마니'는 모두 두(頭)의 머리라는 뜻에서 나왔다고 했다. '백두'나 '두악'이라는 이름이 있는데, 단군이 하늘에 제사 지내던 곳은 반드시 '머리'라는 이름을 가지게 되었다는 것이다.

요즘도 마리산의 이름에 대해 논란이 많다. 「단군기」의 마리산(摩利山) 외에도 『단군세기』는 마리산(摩璃山)이라 하였다. 『고려사절요』에는 마리산(摩利山), 『태종실록』에는 마니산(摩尼山), 마리산(摩利山)이 혼용되었다. 『정조실록』에는 마니산(摩尼山) 참성단(參星壇)이라고 적었다.

그런데 한자 표기는 어떻게 하든지 간에 공통점은 '마'로 시작한다는 점이다. 황우연은 마고성은 곧 마니산이라 하고, '마니'는 천지간에 높은 어머니를 부르는 말[324]로 보았다. 마고와 웅녀를 예로 들고 있는데, 저자는 마니산을 마고와 부도를 연결해서 설명하는 것이 타당하다고 본다. 단군과 연결해서 사용하는 '머리'라는 개념보다는 가장 높은 어머니로서의 '마니'가 더 설득력이 있다고 본다. 정호완은 마(摩)는 거룩하다, 니(尼)는 태양의 뜻으로 보고, 마니산은 '거룩한 태양신을 제사하는 곳'으로 해석했다.[325] 자칫 마리산이라는 이름이 마고 또는 마고성을 지우기 위해 나온 것이라면 거부되어야 한다. 마니산(摩尼山)의 이름이 차라리 '마니산(麻尼山)'으로 된다면 그런 오해는 받지 않아도 될 것이다. 마립간(麻立干)이라는 왕호(王號)도 마고의 '마'와 연결된다. 『고려사』(「세가」 제36, 충혜왕, 甲申)에는 고려를 마고지나(麻姑之那)라고 부른 기록이 있다.

그리고 참성단과 관련하여 특기할 것은, '제단은 자연석으로 둥글게 쌓은 하단(下壇)과 네모반듯하게 쌓은 상단(上壇)으로 구성되어 있는데, 둥근 하단은 하늘, 네모난 상단은 땅을 상징한다'는 말은 천원지방(天圓地

323) "後益遣夫蘇 夫虞, 築城於甲比古次, 以備南巡, 今江華.三郎城, 是也. 摩利山又有塹城壇, 此卽檀君設壇祭天之頭嶽也." (『규원사화』 「단군기」)

324) 황우연, 『천부의 맥』 우리출판사, 1990, 59, 65쪽.

325) 정호완, 『가야의 언어와 문화』 보고사, 2007, 92~95쪽.

方) 사상이다. 이 천원지방 사상은 홍산문화에서 뚜렷이 나타나고 있다. 같은 천원지방이지만, 참성단은 땅의 모양[方]을 위로 올리고 하늘의 모양[圓]을 아래로 내렸다. 아래 천원(天圓)에서 하늘과 사람이 한 몸으로 되었다는 것을 알려주고 있다. 그래서 비로소 참성단에서 천지인이 완전한 합일을 이루게 된다.

강화도는 고인돌과 함께 고조선을 지켰다

또 이곳은 행촌 이암(1,297~1,364)이 『단군세기』를 편찬한 곳이다. 1,358년에 고려 수문하시중이 되었다. 계연수의 서문에, 『단군세기』는 백관묵 본과 이형식 본이 있는데, 두 본이 한 글자도 다름이 없다고 했다. 지금 우리가 보고 있는 『단군세기』는 의심의 여지없이 진본임에 틀림없다. 이 『단군세기』에 참성단의 건설 역사가 고스란히 전해 오고 있다. BCE 2,283년이다. 『단군세기』는 우리 민족과 함께할 불후의 사서이다.

복기대는 「고조선 연구 세계화」라는 세미나에서, "강화도 참성단은 고조선 건국과 제천문화의 상징적 유적이고 고조선 연구에 있어서 중요한 사료적 가치를 갖고 있다"고 했다. 특히 "세계 문화유산으로서의 인류 사상사적 의의가 크다"(2013.9.25.)고 밝혔다. 그러나 지금 참성단은 보수라는 이유로 2019년 4월 이래 2년째 문이 잠겨 있다.

국가 사적 136호인 '강화 참성단'은 인천 강화군 화도면 흥왕리 산 42-1번지에 소재하고 있다. 이 참성단은 단군이 남긴 유일한 부도의 하나이다. 지상에 남아 있는 유일한 동쪽 소부도(小符都)이다. 인류가 공통으로 지켜내야 할 문화유산이다. 특히 강화도에는 9곳의 신석기 유적과 고인돌 27기가 자리잡고 있다는 것을 유념할 필요가 있다.[325-1)]

325-1) 복기대 · 박진호, 「강화도 참성단의 역사적 이해를 위한 시론」 『고조선연구』 4.

7) 단군조선의 부활과 역사복본

조선을 고조선(古朝鮮)이라 이름 붙인 것은 『삼국유사』의 최대 실수였다. 조선의 명칭에 대해 윤명철은 '원조선(原朝鮮)'이란 말을 썼는데, 이 말은 타당성이 있다. 저자는 조선을 단군조선이라 하여 후대의 이씨조선과 구별할 필요성이 있다면, 환국(桓國)의 정신을 계승한다는 차원에서 '단조선(檀朝鮮)'이라고 부를 것을 제안한 바 있다.[326] 하지만 아직도 단군에 대한 인식이 초보적인 단계라서 '단군'의 이름을 더 자주 불러야 할 것 같다. 고등학교 국사교과서는 여전히 단군을 못 미더워 한다. 아직도 믿지 못하겠다는 뜻이다. 왜 그런가? 가르치는 교사가 자신 없으니 배우는 학생은 더 자신이 없는 것이다. 가르치는 교사가 자신이 없는 것은 교과서 이외의 새로운 사실을 가르칠 수 없는 한계 때문이고, 자기도 잘못 배운 것을 속으로 느끼고 있기 때문이다.

단군조선만이 진짜 고조선이다

본래 고조선이란 이름은 '단군조선', '기자조선', '위만조선'을 염두에 둔 말이다.

그런데 조선총독부의 '조선사 체계'는 단군조선을 부정하는 데 1차 목적을 두고 서술됐다. 구로이타 가쓰미(黑板勝美)를 필두로 오다 쇼고(小田省吾), 이마니시 류(今西龍) 등이다. 외형적으로는 중국 사료에 단군이 나타나지 않기 때문에 인정할 수 없다는 것이 이유였다. 그러면서 속으로는 단군조선을 세 조선의 일부로 취급하려고 한다. '단군조선'이라는 이름은 일제에 의해 탄압의 대상이었기에 더하다. 그래서 지금 우리에게 '단군조선'이라는 국호가 더 목마른 것이고, 그 국호를 부활시켜야 한다. 저자는 이런

326) 이찬구, 『고조선의 명도전과 놈』 동방의 빛, 2013, 105쪽.

이유에서 이 글에서 '단군조선'이라고 적었다. 단군조선만이 고조선이다. 고조선은 곧 단군조선일 뿐이다. 단군조선은 기자조선이나 위만조선과 비교될 상대가 아니다.

윤내현에 의하면 기자조선은 단군조선의 지방에 있는 변방의 일개 거수국에 지나지 않았다고 하였고, 위만조선이나 한사군은 성격이 전혀 다른 별개의 나라임을 분명히 했다. 즉 위만조선은 서한(西漢)의 망명객이 세운 나라였고, 한사군(漢四郡)은 서한의 행정구역의 일부였던 것이다.

따라서 위만조선이나 한사군은 단군조선과 전혀 무관한 것이므로 우리가 단군조선과 기자조선과 위만조선을 하나로 묶어서 보는 것은 대단히 잘못된 사관이다. 전형적인 식민사관이다. 그래서 윤내현은 '단군조선'만을 '고조선'으로 인정한다고 단언했다.[327] 특히나 한사군은 위만조선이 망한 다음에 그 자리에 설치한 것이기 때문에 단군조선과도 무관한 것임이 명백하다. 그럼에도 이병도는 한사군을 한반도 안으로 끌어들이기 위해 위험한 도발을 감행했다. 위만조선과 한사군을 국사교과서에서 추방해야 한다. 잘못된 역사가 왜 무서운 것인지 그 단적인 예를 들어보겠다.

동북공정이 세계인을 혼란시키고 있다

최근까지도 중국 지도자가 '한국은 역사적으로 중국의 일부'라고 하여 동북공정의 극치를 보여줬다. 그런 착각은 어디서 나왔을까? 바로 그들이 그린 지도 한 장에 있다. 중국은 2천 년 전 한(漢)나라 시기의 영역에 한반도의 한강을 포함하여 충청, 경북 이북을 아예 중국 땅으로 색칠했다. 이 지도가 세계 곳곳에 퍼지고 있다. 그 지도 한 장으로 인해 세계인들은 한국이 과거에 중국의 속국이었다고 인식하고 있고, 단순히 이 지도만 보면 오

327) 윤내현, 『고조선 연구』(상) 만권당, 2015, 21~22쪽.

서한(西漢)시기의 지도(담기양[328])	카렌 암스트롱의 『축의시대』에 실린 원본 지도[329]
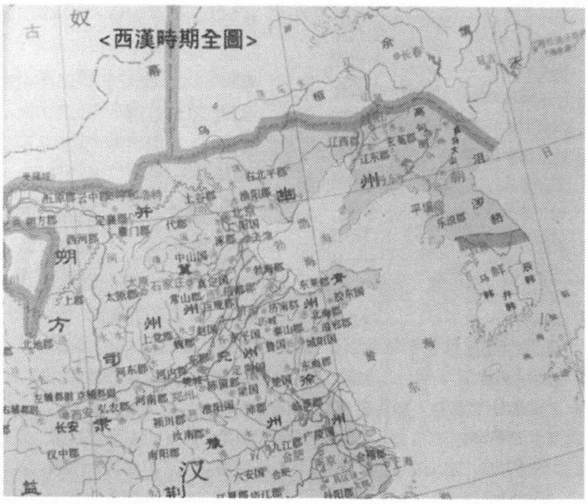	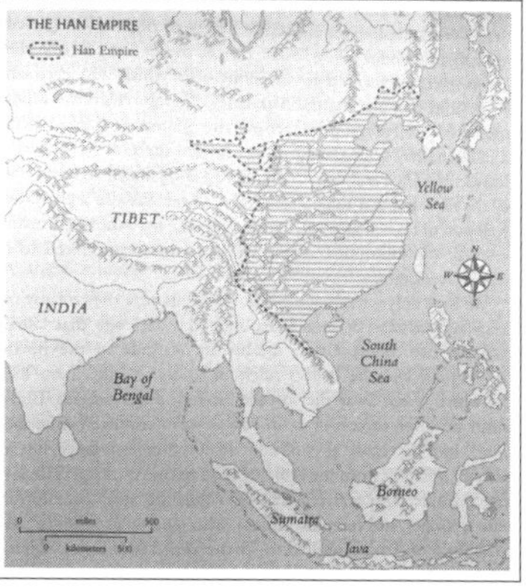

늘날도 한국의 영토의 반(半) 이상이 중국 것으로 착각하기 쉽다. 요서(遼西)의 변방에 있던 위만(衛滿)이 한(漢)에 망한 것을 마치 단군조선이 망한 것으로 침소봉대(針小棒大)를 하여 역사를 혼란시키고 있다. 「조선열전」의 마지막 구절인 '정조선(定朝鮮)'은 한(漢)이 전쟁의 상대였던 위만조선을 평정했다는 뜻이지, 결코 단군조선이 아니다. 단군이라는 말은 한 마디도 나오지 않는데, 어떻게 이때의 조선이 단군조선이라는 말인가? 이미 단군조선은 북부여로 계승되었다. 세계적인 작가인 카렌 암스트롱도 이 지도 한 장으로 실수를 범했다. 지도 오용의 대표적인 사례이다.

그런데 부끄럽지만, 이 지도의 원조가 한국이라는 사실이다. 이 잘못된 지도의 원조는 한국인 이병도이다. 그는 한국인이라면 차마 해서는 안 되는 선을 넘고 말았다. 1,956년 『한국사 대관』(보문각)의 칼라 사진이 바로 그것이다. 그가 그린 칼라 지도는 낙랑군을 평양 대동강, 현토군을 압록강,

328) 담기양(譚其驤), 『簡明中國歷史地圖集』 중국지도출판사, 1996, 17~18쪽.

329) 카렌 암스트롱(Karen Armstrong), 『축의시대』 정역목 옮김, 교양인, 2010, 631쪽. 그녀는 공자가 "요순시절, 나아가 초기 주 왕조시절에는 천도(天道)가 완벽하게 실천되었고, 인간들은 조화를 이루며 함께 살았다"(350쪽)고 믿었다고 말한 적이 있다.
원본 지도 『GREAT TRANSFORMATION』 p.445

진번군을 한강에 그려 놓은 것이다. 아무런 문헌의 근거도 없었다. 단지 조선총독부에서 배운 대로 해방 이후에도 그대로 사용한 것이다. 이병도의 주변에서 이병도에게 '아니다'라고 말해 줄 사람이 없었다. 일본인들이 물러난 빈 자리에 그는 이미 국사학계의 태두(泰斗)가 되었다. 그는 서울대학교 교수를 거쳐 문교부 장관까지 역임하였다. 학계(學界)와 관계(官界)를 모두 장악한 최고의 남자였다. 위당 정인보가 납북(拉北)만 되지 않았어도 감히 이병도가 그렇게 하지는 못했을 것이다. 이병도를 위해서도 불행한 일이었고, 대한민국의 장래를 위해서도 대단히 불행한 일이었다.

아직도 이병도가 저승사자보다 무서운가

태두에 대한 예우는 각별했다. 2,021년도 현행 고등학교 교과서까지 낙랑군을 빼놓지 않고 실어주고 있다. 이것이 이병도에 대한 최소한의 예의라고 생각한다. 만약 그가 살아있다면 국사편찬위원회는 그에게 '낙랑군 대동강 브랜드'에 대해 사용료를 지불했을 것이다. 세상 어디에도 없는 독창적인 창작품이기 때문이다. 이 낙랑군을 대동강에서 지우면 이병도에 대한 인간적인 배신으로 생각하는 것 같다.

이것이 우리나라 국사학계의 아름다운 인정(人情)이고, 역사에 대한 애정(愛情)이다. 대단하다. 전쟁 한 번 하지 않고 조상 땅을 팔아먹고 수작(酬酌)을 하고 있다. 수작이란 술잔을 주고받는 것을 말한다. 역사와 영토를 팔아먹고 술잔을 기울이고 있다. 역사에는 진보도 보수도 없다. 술 앞에 누가 진보 보수를 따지겠는가. 가히 이병도라는 세 글자는 저승사자보다 무서운 이름이 됐다. 앞을 다투어 '이병도 지키기'에 혈안이다. 그래야 충성심을 인정받는다. 중국이나 일본에서 외적이 침입해도 이병도만 지키면 된다. 정작 국사(國史)는 뒷전이다. 국사편찬위원회, 동북아역사재단, 서울대학교국사학과, 한국학중앙연구원 등등.

이 중에 한 곳이라도 제대로 정신이 박혀 있으면 시민들이 믿고 살겠다. 자기들끼리는 우군(友軍)이 많아서 좋겠지만, 시민의 입장에서는 분노가 4배로 쌓여간다. 지금 아무 말이 없다고 시민들을 바보로 알면 안 된다. 한 번 분노하면 누구도 막을 수 없을 것이다.

BTS도 손흥민도 류현진도 졸지에 야만인의 후손이 되었다

여기 한 예를 들겠다. 한국학중앙연구원의 영어 한국사(『A History of Korea』(2,019년 판)[330]에는 우리 자신을 동이(東夷)의 야만인(barbarian)이라고 적고 있다. 우리가 모두 야만인의 후손이라는 것이다. BTS도 손흥민도 류현진도 졸지에 야만인의 후손이 되었다. 이것은 번역이 아니라 고의적인 역사 왜곡이다. 한국의 역사학자들이 모두 제정신이 아니다. 중국 역사책도 아니고 우리가 쓴 우리 역사교재에 우리가 우리를 야만인(野蠻人)이라고 쓴 것이다. 단단히 미쳤다. 그것도 외국인을 위한 한국사 안내서인데 말이다.

이 영문판의 우리 말 원고는 한국교원대학교 교수 송호정 등이 정리한 것이다. 중국 사람들이 참고한 동이전(東夷傳)을 그대로 'Dongyi zhuan'이라고 쓰면 될 것을 아주 친절하게 "동쪽 야만인들 기록"("동이전")= "the Eastern Barbarians"("Dongyi zhuan")라고 풀이까지 해 준다. 중국인이 과거에 우리를 '동이족'이라고 했던 것이 사실이지만, 그렇다고 그 말을 한 술 더 떠 '야만인'으로 재해석한 사람이 더 나쁜 사람들이다. 우리가 중국을 간혹 지나(支那)[331]라고 부르기도 하는데, 중국사람이 이 말을 번역

---

330) https://www.aks.ac.kr/cms/usr/wap/selectAplctnData.do?siteAplctnId=koreaReferenceAks&referenceSeq=131016&menuNo=2010330000(한국학중앙연구원/ 출판자료/ 자료/ 한국이해자료). 이 자료는 회원의 제보에 의해 알게 되었다.

331) 단재 신채호 선생은 『조선상고사』에서 중국(中國)이라 쓰지 않고 지나(支那)라고만 썼다. 지나대륙, 지나인, 시나사 등으로 표기했다.

한다면 '중국'으로 그대로 번역할 것이다. 그것이 자국민에 대한 기본적인 예의 아닐까? 이런 더럽고 폭력적인 야민인들, 야만족(barbarians)이라는 표현의 원조는 이기백(Ki-baik Lee)의 영문판 한국사인 『A New History of Korea』(1,984, 29쪽)에 나온다. 다음은 2,019년판 영어 『A History of Korea』의 한국사의 원문 중에서 몇 구절을 골라 보았다.

At first, Gojoseon maintained only loose control over various ethnic groups, but over the course of the 4th and 3rd centuries BCE, its power increased to rival the Chinese state of Yan. The Chinese people were dismissive of the people of Gojoseon, calling them barbarians. They referred to the populace of Gojoseon as the Yemaek, to mean people inhabiting dirty and wild lands, and described them as "haughty and violent." (24~25쪽)

〈해석〉 고조선(古朝鮮)은 처음에 여러 종족들에 대해 느슨한 관계를 유지했으나 기원전 4세기와 3세기에 중국의 연(燕)나라와 겨룰 정도로 국력이 증가하였다. 중국인들은 고조선 사람들을 야만인이라며 경멸했다. 중국인들은 고조선 사람들을 예맥이라고 하면서 더럽고 거친 땅에 살고 '거만하고 폭력적인' 사람들이라고 묘사했다.

그렇게도 야만인이라는 말을 그토록 하고 싶었으면 '군자불사지국'이나 '동방예의지국'이라는 말도 함께 쓰면 안 될까? 그 다음 이어지는 문장은 더 가관(可觀)이다. 중국의 선진문화를 고조선이 받아들여서 겨우 야만을 벗어나 나라 구실을 하였다는 뜻이다.

From the 5th to 4th centuries BCE, the diffusion of the more advanced culture of China along with movement of peoples led to a cultural change in the region of Liaodong and on the Korean Peninsula, to include the emergence of iron culture and so-called pit burial(ummudeom). Gradually, Gojoseon came to be perceived as a political entity or state by polities in China and by surrounding ethnic groups.(25쪽)

〈해석〉 기원전 5세기에서 4세기에 사람들의 이동으로 선진 중국 문화가 보급되어 요동과 한반도에 철기 문화와 구덩이 매장(움무덤)이 출현하는 문화의 변화가 이루어졌다. 점차 고조선은 중국의 정치계와 주변 종족들에게 정치체 또는 국가로 인식되었다.

『설문해자』가 쓰여질 당시만 해도 이(夷)[332] 자에 오랑캐라는 뜻은 없었다. 원래 평평하다, 동방사람이라는 뜻이다. 그래서 동(東)과 이(夷)는 같은 말의 중복에 지나지 않는다. 오늘날 우리 스스로 '야만족'이라고 자기비하를 하듯이, 과거에도 사대주의자들이 '오랑캐'라고 자기비하를 한 것이다.

아직도 단군과 위만을 구별 못하는 색맹일까

그리고 고조선은 한(漢)나라에 망한 적이 없다. 한(漢)과 전쟁을 한 상대는 고조선의 변방을 침입한 위만(衛滿)이지 고조선이 아니다. 우리나라 역사학자들은 위만과 단군을 구별 못하는 색맹일까? 망한 것은 위만이지 단군조선이 아니다. 평소에 단군을 부정하면서 이런 때는 위만을 단군으로 둔갑시켜서 이중적인 비하를 한다.

332) "平也, 從大從弓, 東方之人也"(『설문해자』). 평(平)에는 물레의 뜻도 들어있다.

After the fall of the first Korean state of Gojoseon to Han China, a strong political entity did not appear on the Korean Peninsula or Manchuria for some time. In this period(around the third century CE), according to the description of historical conditions on the Korean Peninsula as described in the "Record of the Eastern Barbarians"("Dongyi zhuan") of the "Book of Wei"("Weishu") in the Sanguozhi(Chinese Record of the Three Kingdoms), the primary Korean political groupings were the Buyeo, Goguryeo, the Eastern Okjeo, the Ye, and the Han. (33쪽)

〈해석〉 최초 국가 고조선이 중국 한(漢)나라에 멸망한 후, 일정기간 한반도와 만주에 강력한 정치 집단이 출현하지 않았다. 이 시기(3 세기경) 삼국지(중국 삼국 기록) 위지 "동쪽 야만족 기록"("동이전")에 따르면, 주요 한민족(韓民族)의 정치 집단은 부여, 고구려, 동옥저, 예(濊), 한(韓) 등이었다.

한국의 국사학과 교수들은 일제 식민통치를 살아오면서 자기 비하(卑下)를 하나의 생존전략으로 활용해 왔다. 자기 스스로 어리석은 척하면 살아남고, 잘난 척하면 죽는다는 처세술을 터득한 것이다. 자기 조상의 무덤에 침을 자주 뱉어야 주변에서 인정을 받는다.

그런데 해방 이후에도 그것을 못 버리고 있다는 데 문제가 있다. 일본이 완전히 이 땅을 떠난 것이 아니라 잠시 출장 간 것으로 알고 언제 올지 모르니까 그때를 대비하며 열심히 자기검열을 하면서 신랑이 오기를 기다리는 것과 같다. 식민사관을 극복하기 위해 노력하는 것이 아니라, 그것을 더욱 공고히 하려고 혈안인 된 것이다.

두렵다. 우리는 그들의 역사 애착이 오히려 두렵다. 그들의 조국이 밖에 있는지, 안에 있는지 알 수 없다. 해방 70년이 넘었는데도, 일본이 또 오리라고 믿고 기다리는 사람 같다. 중국학자나 일본학자는 개인이 아니다. 자기 국가의 목표를 위해서 헌신하는 사람들이다. 반면에 우리나라 학자들은 국가에 대한 소속감이나 애국심이 적기 때문에 개인의 친분관계로 그들과 교류나 거래를 하고 있다. 위험한 일이다. 나중에 그들에게 발목 잡히면 패가망신한다. '위안부는 자발적 매춘부'라는 하버드대 교수 존 마크 램지어에 대해 당사국인 우리나라 학자가 말 한 마디 못하고 있는 이유가 거기에 있는 것이다. 어느 미국인이 "위안부 역사를 부정하는 것은 유대인의 학살을 부정하는 것과 같다"고 말했다. 이런 말은 우리 학자들 입에서 나왔어야 했다. 군인은 총으로 자국민을 보호해야 하고, 학자는 붓으로 자국민을 변호해야 한다. 우리가 언제까지 웅크리고 있을 것인가?

역사의 복본이 백척간두에 서 있다

그러나 누군가는 해야 한다. 이병도를 깨야 한다. 저들 눈에 4천 년 전에 단군과 요순이 전쟁을 했다는 말이 가당키나 한 것인가? 그 말이 사마천의 『사기』에 있다고 말해도 믿지 않을 것이다. 사마천이 미쳤다고 할 것이다. 사마천이 단군의 역사를 기록해 주지 않은 것이 얼마나 고마운지 모르는 사람들이다. 저들은 자기비하가 몸에 밴지 오래 되어서 그것이 무슨 잘못인지도 모른다.

왜왕의 특명으로 식민사관 정립을 위해 조직된 조선총독부 조선사편수회가 천문학적인 자금과 관변사학자와 친일파 매국노를 동원하여 짜깁기한 소위 식민사관의 원조인 『조선사 37권』(1,937년)과 조선총독부의 충실한 분신인 이병도, 신석호 같은 이들이 해방 후에도 국고를 물 쓰듯이 낭비하여 만든 수만 권의 쓰레기 책들과 보고서들을 일격에 격파할 때, 그 소리가 우리 시민의 눈과 귀를 뜨게 할 것이다. 이것이 중국과 일본으로부터 역사주권을 지켜 묵은 과거사를 청산하는 길이요, 역사의 복본대열에 그들을 참여시켜 또 다시 있을지 모를 동북아에서의 전쟁을 미리 방지하는 길이다.

이제 우리 고대사는 단군과 요순의 관계부터 바르게 정립하는 데서 새 출발하는 것이다. 역사의 복본(復本)은 여기서부터 시작한다. 우리 역사의 원형을 다시 찾아야 한다. 이제 역사광복의 복본서약을 이룰 때이다. 우리 역사에서 기자조선, 위만조선, 한사군의 망령을 폐기하고, 제발 곰 한 마리, 범 한 마리라는 동물 타령은 그만하자. 앞으로 국사의 서두는 이렇게 당당하게 시작하여야 할 것이다.

단군임검이 신시의 옛 법을 이어 아사달에 조선(朝鮮) 나라를 세웠다. 조선의 오행과 역법의 원리에 의해 13월 28일 달력을 베풀고 삼신(三神)을 받들고자 부도(符都)를 건설하여 사해동포가 홍익인간으로 살아가도록 교화하였다. 때는 여요동시(與堯同時)라 변방에서 요(堯)가 일어나더니 부도에 반대하고 별도의 당도(唐都)를 세워 사해의 질서를 파괴함이 심하였다. 이에 단군이 유호씨로 하여금 오행의 5중(中)을 함부로 사용하지 말 것과 12월 30일 달력이 장차 하늘의 화가 될 것을 염려하여 그 사용을 중지하도록 수 차례 경고하였으나 끝내 듣지 아니하므로 요순(堯舜)의 당도를 혁파하여 평정하였다.

뒤이어 우(禹)가 하(夏)나라를 세우고 도산단(塗山壇)을 건설하여 역시 부도의 뜻을 어기며 반항하다가 일찍 죽자, 아들 계(啓)가 일어나 조선에 보복을 하겠다고 수만 명의 대군을 거느리며 전쟁을 일으켰으나 유호씨가 슬기롭게 막아내어 조선의 부도를 굳게 지켰다.

단군의 부도는 중앙에 천부단(天符壇)을 세우고 사방에 보단(堡壇)과 필요한 곳에 소부도(小符都)를 두어 천부(天符)를 받들었으며, 수천 년 동안 전승해 온 천부(天符)의 본맥을 회복하여 마침내 조선국이 복본(復

本)을 이룬 중심 나라임을 널리 알렸다. 사해의 여러 종족들이 차별없이 부도에 찾아와 복본을 서약하고 천부의 가르침을 받았으며, 사람마다 본래 우리 모두가 하나의 천손 민족임을 깨달아 사해의 총화(總和)를 이루어 갔다.

지금 우리는 매우 급하다. 안으로는 춘천 중도의 선사(고조선) 유적지에 대한 보존문제로 갈등이 계속되고 있으며, 국사 교과서는 '홍익인간'을 삭제한 채, 여전히 식민사관을 답습하고 있다. 설상가상으로 동북공정과 임나일본부설이 우리를 협공해 오고 있다. 독도에 이어 이제는 김치와 한복까지도 위협받고 있다. 우리 한국의 역사가 중국의 속국사로 전락하느냐, 일본의 속국사로 전락하느냐의 중대한 기로에 서 있다고 뜻있는 사람마다 걱정이다. 백척간두(百尺竿頭)요, 풍전등화(風前燈火)이다.

지금이 그때이다. 역사의 복본이 모든 복본의 출발선이다.

부도의 재건 여부는 우리의 도덕성 회복 여하에 달렸다

그런데 우리 사회는 건전한가?

복본을 말하고 부도의 재건을 말할 준비가 되어 있는가?

천부의 역사는 『부도지』 26장에서 황궁씨로부터 읍루(3세 단군 가륵)까지 '7세, 7천년'으로 마무리되었다. 그 이후에는 무엇이 달라졌는가? 4세 오사구 단군이 '패전(貝錢) 주조'를 한 것이다. 오사구 단군은 3세 가륵(읍루) 단군의 태자였다. 부루, 가륵을 거쳐 오사구 태자까지는 '태자'가 등극했다. 그러나 5세 구을단군부터 오가제(五加制)로 왕권이 넘어갔다. 정상적인 상황이었다면 부도의 정통성이 오사구 단군까지 갈 수 있었을까? 그러나 오사구가 BCE 2,133년에 원공패전(둥근 구멍 뚫린 조개 모양)을 만들면서(戊子五年 鑄圓孔貝錢) 경제사회적 변화를 피할 수 없었다. 돈을 만들면서 고조선은 대변혁을 맞이한다.

부도의 정신세계가 물질세계로 대전환을 이루게 되면서 사람들의 마음에서 부도가 점점 떠나게 된 것이다. 오늘날에는 부도는 고사하고 민족의 주체성이나 정체성도 필요 없는 양, 황금 만능주의와 물질적 쾌락 추구가 한국사회를 도덕적으로 크게 병들게 하고 있다. 한국은 물론이요, 인류가 돈과 도덕문제를 어떻게 해결하느냐에 복본과 부도 재건의 운명이 달려 있다 해도 과언이 아니다. 이것이 '부도사관'으로 바라본 동북아의 복본공동체, 내지는 세계의 복본공동체에 대한 미래전망이다.

8) 미래의 오행과 달력

오행과 달력문제로 야기된 단군과 요순과의 문화전쟁은 단순히 과거의 역사로 끝나는 것은 아니다. 오늘은 오늘대로 또 다른 형태의 문화충돌이 일어날 수 있다. 지금 우리가 사용하고 있는 오행과 달력은 이상이 없는가?

먼저 오행을 살펴보면, 지금 우리가 사용하고 있는 오행은 단군의 오행이 아니고 중국화된 오행이다. 요(堯)의 주장처럼 5토중(土中)은 영원히 중앙에 고정되는 것이 아니다. 중앙 토의 자리는 본래 하늘의 자리였다. 단군 부도에서는 천부단이 자리잡은 곳이었다.

그래서 단군은 5중을 신성시했다. 그러나 부도를 거부한 요는 스스로 5중에 들어가 권력을 강화했다. 단군의 관점에서 보면, 그것은 인간의 타락이었다. 단군조선은 2천 년 동안 부도의 정신을 갖고 나라를 다스렸다. 기본 이념은 홍익인간이었다. 반면에 중국은 2~3백 년마다 왕조가 바뀌며 혼란을 겪었다. 그런 혼란이 백성에게는 다 고통으로 돌아왔다.

5토중(土中)이 바뀌는 대혁명은 한국에서 일어났다. 20세기 초 대종교 지도자 백포 서일(徐一, 1881~1921)은 중앙의 자리에 6을 넣었다. 청산리 대첩의 영웅이자 독립전쟁을 승리로 이끈 백포종사는 5중(中)을 '선천수'라 칭하고, 6중(中)을 '후천수'라고 칭하여 선후천을 분명히 구분함으로써

백포 서일의 선후천수(『회삼경』)

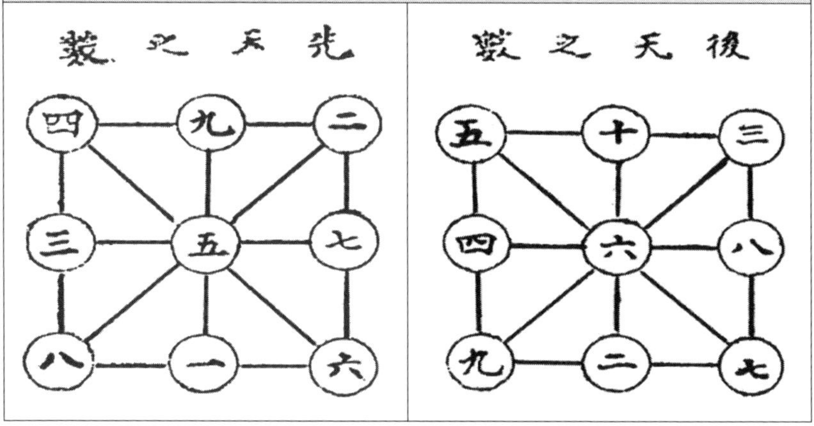

4천 년을 군림해 온 5토중에 종지부를 찍었다. 탈(脫) 중앙화가 이루어진 것이다. 그가 지은 『회삼경』은 1917년(정사)에 편찬되었다. 우리가 확인할 수 있는 후천수의 원조라 할 수 있다. 그는 선천은 1로 시작하고 5가 중(中)이 되며 9로 마친다는 것과 후천수는 2로 시작하여 6이 중이 되고 10으로 마친다는 원리를 표명하였다.[333] 이와 비슷한 생각은 송나라 유염(兪琰)의 『독역거요讀易擧要』에도 있었지만[334], 백포는 5중(中)과 다른 6중(中)을 각각 선후천으로 분명하게 인식했다는 점이 다르다. 고조선의 화백공화정이 대한민국의 민주공화정으로 바뀌는 순간이다.

그리고 이보다 앞서 김일부의 『정역(正易)』(1885년 완성)에 이르러서 5황극은 지배의 개념이 아닌, 화순(和順)의 개념이라는 역(易)사상의 대혁명이 일어난다. 세상사람(世之人) 모두가 이 뜻을 안다면 사람마다 올바르게 되어 천하가 화순할 것(天下和順矣)이라고 재해석하였다.[334-1] 다시 말해 황극은 1인 군주에 의한 지배가 아니라 민중 스스로가 천인합일을 이루어

333) "先天之數는 始一中五하야 而終於九하고 後天之數는 始二中六하야 而終於十하나니"(서일, 『회삼경』「삼회」)

334) 『흠정사고전서』 『독역거요』(권3, 15면)

334-1) 김정현, 『正易註義』 양재학 역주, 상생출판, 2015, 71~74쪽.

서 그 황극을 실현하는 주체가 된다는 말과 같다.[334-2] 이것이 단군이 말한 (1)+4 부도철학과 자재율의 진면목이 아니겠는가.

그런데 6중(中)의 사상적 근원은 천부경의 중앙 6수(대삼합륙의 六)에 있고, 1860년대 최수운의 『동경대전』(「절구」)에서도 발견할 수 있다.

> 龍潭水流四海源　　용담의 물이 흘러 사해의 근원이 되고
> 龜岳春回一世花　　구악에 봄이 돌아오니 온 세상이 꽃이로다.
>
> (『동경대전』「절구」)

이 용담의 물을 수리 오행으로 표현하면 중앙 1 · 6수(水)가 된다. 용담(龍潭)의 용(龍)은 1을 상징하고, 담(潭)은 6을 상징한다. 1은 용수(龍水)가 되고, 6은 담수(潭水)가 된다. 용수는 하늘 물이고, 담수는 땅의 물이다. 용수는 조화의 비요, 담수는 완성된 물이라 할 수 있다.[335] 또 용담수(龍潭水)는 1이고, 사해수(四海水)는 6이라 할 수 있다. 사해(四海)라는 말은 『부도지』에 즐겨 쓴 단군의 전용어이다. 한편 달력은 어떠한가?

지금 우리가 사용하고 있는 달력은 서양의 '그레고리력'이다. 그레고리력은 12월 30일 체제라는 측면에서 요(堯)의 달력과 같은 것이다. 저자의 달력에 대한 생각은 다른 저서[336]에 잘 나타나 있기 때문에 여기서는 생략하고자 한다. 다른 기회에 별책으로 달력 개정의 문제를 거론하고자 한다. 코로나19는 우리에게 모든 것에 대해 전면적인 재검토를 요구하고 있는데, 그중에 하나가 인류가 사용하고 있는 현행 달력이라고 생각한다.

앞으로 우리가 사용할 달력의 형태는 고조선의 부도역법인 13월 28일(364) 달력을 어떻게 계승할 것인가에 의해 결정될 것이다.

334-2) 김지하, 『디지털 생태학』 이룸, 2009, 104～105쪽.
335) 박일문, 『증보 순천도 법문경전』 순천도본부, 2010, 231～232쪽.
336) 김상일, 『부도지 역법과 인류세』 동연, 2021.

[부록] 『부도지』 장별 요약 설명

부도지 장명	사건명	내 용
1장	마고 짐세탄생(朕世誕生)과 봉수천부(奉守天符)	마고가 짐세에 태어나 마고대성에서 천부를 봉수하고 선천을 계승하다. 황궁씨, 백소씨, 청궁씨, 흑소씨가 태어나 음(音)을 조절하는 일을 맡다.
2장	팔려(八呂)와 천지창세(天地創世)	팔려의 음으로 마고대성과 마고가 태어나고, 궁희와 소희가 오음칠조를 맡다. 네 천인과 네 천녀가 지유(地乳)를 먹고, 려(呂)와 율(律)을 맡다.
3장	육해병렬과 역수(曆數) 시작	후천이 열리자 땅과 바다가 나란히 늘어서고 산천이 생기며, 여러 번 거듭하여 역수(曆數)가 시작되었다. 기, 화, 수, 토가 조화를 이루다. 인간의 언어가 나오다.
4장	마고성과 인간 시조 출현	마고성의 네 천인과 네 천녀가 결혼하여 각각 3남3녀를 두니 처음으로 지상에 인간의 시조가 되었다. 열두 사람의 시조는 각각 성문(城門)을 지키고(성문마다 3명씩), 그 나머지 자손은 울림소리(響象)를 나누어 관리하고 수증(修證)하니, 비로소 역수(曆數)가 규칙적으로 조절되었다.
5장	오미의 변(變)	지소씨가 지유를 먹지 않고 포도의 열매를 먹었다. 인간의 본성을 잃다. 이에 포도를 먹는 자들이 많아졌다.
6장	폐문철멱(閉門撤冪)	자재율이 깨지고, 포도를 먹는 사람들이 늘어나다. 마고성의 문을 폐쇄하고 멱을 거두다.
7장	지소씨의 1차 출성(出城)과 황궁씨의 복본 고별사	지소씨가 부끄럽게 여겨 먼저 성을 나가 숨다. 또 2차로 출성하는 자들이 나오다. 법을 어긴 자들을 성밖으로 내보내고 복본의 기회를 주다.

부도지 장명	사건명	내 용
8장	마고성 분거(分居) 결정	모든 마고성 사람들이 사방으로 출성(出城)하고, 천부를 신표로 나누어 갖다. 큰아들 황궁씨가 복본서약을 하다. 청궁씨 운해주, 백소씨 월식주, 흑소씨 성생주, 황궁씨는 가장 추운 천산주로 나가다.
9장	마고대성 보수(補修)와 지축의 이동	모든 종족이 밖으로 나간 후에 마고가 마고대성을 보수하고 청소하자 지축의 변화가 생기다. 지계(地界)의 무게 중심(重心)이 변하여 역수(曆數)에 차이가 생기니 처음으로 삭(朔)과 판(眅)의 현상이 있었다.
10장	3세 수증과 천부삼인 계승	황궁씨가 자손들에게 해혹복본을 지키도록 하다. 천산에 들어가 돌이 되고, 유인씨, 환인씨에게 천부삼인을 전하다. 3세 3천 년의 공력을 들이다.
11장	환웅 천부삼인 계승과 역법제정	환인씨로부터 천부삼인을 계승받다. 환웅씨가 돌아와 8개 지방의 소리(말)와 2개의 글(八音二文)을 다듬고, 역법(曆法)을 정하고 의약(醫藥)을 다듬으며 천문(天文)과 지리(地理)를 저술하여 홍익인세(弘益人世)하였다.
12장	임검씨의 사해순방과 부도건설의 약속	단군임검씨가 환웅의 천부삼인을 계승받아 사해를 두루 방문하다. 해혹복본을 맹세하고 부도의 건설을 약속하다.
13장	임검씨의 부도건설	임검(壬儉)씨가 돌아와 부도(符都)를 건설할 땅을 택하였다. 즉 동북의 자방(磁方)이었다. 태백의 밝은 땅 꼭대기에 천부단을 짓고 사방에 보단을 설치하다. 부도의 아래에 마을 만드니 사해가 총화(總和)를 이루었다.
14장	황궁씨 후예 이주와 임검씨의 신시	황궁씨 후예 6만을 이주시키고 사해 여러 종족을 초청하다. 임검씨가 神市를 열어 천부의 음에 준하여 말과 글을 정리하다.

부도지 장명	사건명	내 용
15장	조시와 해시 설치	중심지에 조시(朝市)를 설치하고 해시(海市)와 조선제(朝鮮祭)를 열다. 사해에 산업이 일어나고 천하가 넉넉하여졌다.
16장	불함삼역의 특산물	영주해삼, 방삭초가 유명하다. 인삼, 잣, 칠색보옥의 부인이 불함삼역(不咸三域)의 특산품이 되다.
17장	요(堯)의 배반과 오행의 변(變)	요가 명협(蓂莢)이 피고 지는 것을 보고, 신의 계시라 착각하여 그것으로 인하여 역(曆)을 만들고 천부(天符)의 이치를 폐하여 부도(符都)의 역(曆)을 버리니, 이는 인세 2차의 큰 변(變)이다. 요는 1차로 마고성을 나간 사람들의 후예였다. 요가 단군의 부도를 배반하고 5중(中)을 내세워 부도의 역법을 어기는 두 번째 큰 변이 일어난다. 요가 유인씨의 고향 땅을 습격하였다.
18장	단군임검씨의 사자 유호씨 등장	단군임검씨가 사자인 유호씨를 보내 요(堯)를 설득하게 하다. 아들 순이 요의 딸을 아내로 맞아들이다.
19장	유호씨의 요순토벌 (1차전쟁)과 하의 건국	유호씨가 순에게 꾸짖어 말하다. 오미의 재앙이 아직 다 끝나지 않았는데, 또 다시 오행(五行)의 화(禍)를 만들어내니 죄는 땅에 가득하다. 북두성은 하늘을 가리고 수사(數事, 역법)가 많이 어그러져 세상이 고통스러워졌다. 이는 가히 바로잡지 않을 수가 없다. 유호씨가 요의 당도(唐都)를 혁파하다. 요순이 죽고 우가 하(夏)를 세우다.
20장	우의 부도 배반과 요의 첫 번째 잘못	유호씨가 사신을 보내 우에게 명하다. 요는 하늘의 수리(天數)를 잘 몰랐다. 농사짓는 땅을 제멋대로 나누고 천지 이치도 제멋대로 하였다. 기회를 틈타 홀로 제단(獨壇)을 만들고, 사사로이 개나 양을 기르기 위하여 사람을 내쫓고 자칭 제왕(帝王)이 되어 혼자만의 독단(獨斷)에 빠졌다. 우도 도산에 단(壇)을 설치하여 단군을 배반하다.

부도지 장명	사건명	내 용
21장	요의 '오행의 변'에 대한 논박	유호씨가 또 우에게 명하여 말하다. 소위 요가 말하는 오행(五行)이라는 것은, 천수(天數)의 이치에 있는 법이 아니다. 즉 방위(方位)의 중앙 5는 교차(交叉)의 뜻이요, 고정되어 변하여 다니지 못함을 이른 것이 아니라고 논박하다.
22장	요 역법이 화(禍)가 되는 이유	요의 역법의 체제(曆制)는 천수(天數)의 근본을 살피지 못하고, 거북이나 명협의 미물(微物)에서 근본을 취하였다. 천지의 만물이 다 수에서 나와 각각 수를 상징하고 있는데, 하필 거북과 명협을 만든 역법(曆法)으로 인한 화(禍)가 장차 천세(千世)의 진리에 나쁘게 미칠 것이다.
23장	역수(曆數)의 완성과 요의 세 가지 잘못	13월 28일 364일 달력이 완성되다. 성수, 법수, 체수로 인해 종시가 차차 중력(中曆)과 대력(大曆)에 미쳐서 역의 이수(理數)가 완성되는 것이다. 대저 요(堯)의 이 세 가지 잘못은 허위(虛僞)의 욕망에서 나온 것이니, 어찌 가히 부도의 참된 실위(實爲)의 도에 비교하여 말할 수 있겠는가.
24장	하(夏)와의 전쟁(2차전쟁)	유호씨가 모든 법(諸法)을 폐지하고 부도로 돌아올 것을 권하였으나 우(禹)가 듣지 아니하고, 도리어 사납게 업신여기는 것(威侮)이라 하여 곧 무리를 이끌고 유호씨를 거듭 공격하였다. 그러나 이기지 못하고, 마침내 모산(茅山) 진지(陣地)에서 죽었다. 아들 계(啓)가 6군을 출전시켰으나 이기지 못하고 돌아가다.

부도지 장명	사건명	내 용
25장	하(夏)의 타락과 유호씨의 이동	부도를 지키지 않은 하나라의 타락을 말하다. 유호씨가 월식, 성생의 땅으로 들어가다. 여러 종족들에게 천부의 이치를 전하다. 천부(天符)의 본음(本音)을 잊어버리고, 탑을 만드는 이유를 깨닫지 못하여, 도를 와전하여, 이도(異道)가 되고, 서로 시기하고 의심하여, 싸우고 정벌하는 것으로 일을 삼았다.
26장	단군임검씨 천부전수와 읍루의 천부 봉쇄	임검씨가 하토(夏土)의 형세를 심히 걱정을 하고, 마침내 입산(入山)하여, 해혹복본(解惑復本)의 도를 전수(專修)하였다. 이어 부루씨(夫婁氏)가 천부를 아들 읍루씨에게 전하고 입산하였다. 읍루씨가 하족(夏族)을 불쌍히 여기고 명지(明地)의 단에 천부를 봉쇄하다. 마고 분거(分居) 이래로, 황궁씨, 유인씨, 환인씨, 환웅씨, 임검씨, 부루씨, 읍루씨의 7세에 천부가 전해진 것이 7천 년이었다.
27장	은의 기자 난민과 부도백성이 삼한을 세움	은의 군민(軍民)이 무력으로 부도의 유중(遺衆)을 억압하므로, 유중이 마침내 명지(明地)의 단(壇)을 봉해 버리고, 동해의 물가로 피하여 살았다. 곧 육촌(六村)을 설치하고, 인접의 제족과 분담하여, 함께 지키되, 각각 한(韓)이라 하고, 보위(保衛)하였다. 한은 보위의 뜻이다. 북의 마한(馬韓)과, 남의 변한(卞韓)과, 동의 진한(辰韓)의 삼한이 부족의 자치를 행하다.
28장	박혁거세 거서간 등극	박(朴)으로써 성을 삼고, 이름을 혁거세(赫居世)라 하니 광명으로써 암흑세상에 사는 사람들을 구원한다는 뜻이다. 육촌의 사람들이 함께 양육하니, 13살에 여러 사람이 추거(推擧)하여, 거서간(居西干)이 되다.

부도지 장명	사건명	내 용
29장	박혁거세 남태백산에 천부소도 건설	박혁거세가 능히 여러 부족을 통솔하여, 선세(先世)의 도를 행하며, 제시(祭市)의 법을 부흥하고, 남태백산(南太白山)에 천부소도(天符小都)를 건설하였다. 중대(中臺)에 천부단을 축조하고, 동서남북의 사대에 보단(堡壇)을 설치하여, 계불의 의식(儀式)을 행하고, 금척(金尺)의 이치에 따라, 천지시원의 근본을 증리(證理)하다.
30장	마랑(馬郎)의 원행	남아 나이 20살이 된, 아름답고 말을 잘하는 사람을 택하여 마랑(馬郎)이라는 직을 주고, 명령을 받들어 원행(遠行)하게 하였다. 천부는 거의 망각하기에 이르고, 혹 그것을 아는 사람이 있어도, 다 변형(變形)하여, 음이 다르니, 마랑들의 원행이 심히 어려워, 순절(殉節)하는 사람들이 많았다. 천문(天文)과 지리(地理)와 역수(曆數)와 박물(博物)을 공부하다.
31장	부도법의 고수와 새 국왕추대	세상의 풍조가 크게 변하여 보수하기가 어려워졌다. 이에 국왕(國王)을 세워, 대권을 행사하게 하자는 여론이 대두하여, 세상이 시끄러웠다. 그 반대자들은 선세의 유법이 밝고 밝게 천부를 비추니, 지금 비록 시대가 어려우나, 보수하고 튼튼히 방비하여, 그 때를 기다리는 것이 옳다고 주장하다.
32장	석씨, 박씨, 김씨의 등장	마침내 중론(衆論)이 새 국왕을 추대하는 것으로 결정되었으므로 인망(人望)이 왕국 수립을 주장하는 석(昔)씨에로 돌아왔다. 대중의 여망에 따라, 자리를 이어 탈해왕(脫解王)이라 칭하니, 즉 보수(保守)의 질곡에서 벗어난다는 뜻이었다. 이어 박씨 김씨가 왕위에 오르다.

부도지 장명	사건명	내 용
33장	부도건설과 사해통화의 꿈	정치가 갈팡질팡하는 중에도 천부의 도는 살아 있었다. 장차 후인으로 하여금 때를 만나 그것을 행하게 하여, 능히 부도를 다시 건설하고, 사해를 통화(通和)하며, 인세가 복본(復本)하여, 진리를 명증(明證)하게 하리라. (끝)

보주(補註)1. 오행에 있어서 5중(中)을 밖으로 내세워 권력을 탐하는 요순에 대해 단군은 수차례 경고를 보내며 5중을 사용하지 말라고 요구했다. 단군임검씨가 요(堯)에게 권력을 탐하면 안 되는 이유를 들어 아래와 같이 훈계한 것이 『노자』 24장의 기록이 아닌가 생각된다. 이를 '기과(企跨)6불(不)' 이라고 한다. (번역문은 도올 『노자가 옳았다』 인용)

企者不立　기자불립

발꿈치를 올리고 서 있는 자는 오래 서 있을 수 없고

跨者不行　과자불행

가랑이를 벌리고 걷는 자는 오래 걸을 수 없다

自見者不明　자현자불명

스스로 드러내는 자는 밝지 아니하고

自是者不彰　자시자불창

스스로 옳다 하는 자는 빛나지 아니하고

自伐者無功　자벌자무공

스스로 뽐내는 자는 공이 없고

自矜者不長　자긍자부장

스스로 자만하는 자는 으뜸이 될 수 없다.

보주2. 『산해경』「해내남경」에 단주(丹朱)를 동경하여 '단주임금(帝丹朱)'이라고 호칭했다. 요는 갇혀 있는 중에 죽었다. 그의 장지는 명확하지 않다. 순(舜)은 창오산(蒼梧山)의 남쪽에, 단주는 창오산의 북쪽에 장사 지냈다고 했다. 특히 후기 도사유지가 많이 파괴된 것이 단군과의 전쟁(당도 혁파)에 기인한 것인지는 더 연구가 되어야 할 것이다.

[참고문헌]

1. 원전

『고려사』

『管子』

『歐文觀止』

『규원사화』

『노자』

『논어』

『단군세기』

『路史』

『담헌서』

『동경대전』

『부도지』

『史記』

『산해경』

『삼국사기』

『삼국유사』

『三國志』

『삼성기』
『서전』
『설문해자』
『세조실록』
『세종실록』
『습유기』
『악학궤범』
『列女傳』
『吳越春秋』
『五洲衍文長箋散稿』
『五行大義』
『越絶書』
『爾雅』
『日度議』
『정역』
『정조실록』
『제왕세기』
『좌전』
『천문류초』
『태백일사』
『포박자』
『한서』
『황극경세』
『해월신사법설』
『회남자』
『회삼경』

2. 논문(국내외)

기경량, 「단군조선 시기 천문관측기록은 사실인가」 『한국고대사와 사이비 역사학』 ㈜역사비평사, 2017.

김규현, 『파미르고원의 역사와 문화산책』 글로벌콘텐츠, 2015.

김동일, 「증산군 룡덕리 10호 고인돌무덤의 별자리에 대하여」 『조선고고연구』 104, 1997, 3호.

김백현, 「신선사상의 연원으로 본 동이족의 봉황문화」 『중국학보』 47.

리준걸, 「단군조선 천문학은 우리나라 천문학의 시원」 『단군과 고조선』 살림터, 1999.

武家璧, 「陶寺觀象台與考古天文學」 『科學技術與辯證法』 25권 5기, 2008.10.

박석재 · 황보승, 「천문류초의 오성개합 기록 등 오성결집현상 분석」 『세계환단학회 춘계학술대회자료』 2017.6.

박창범 · 나대일, 「단군조선시대 천문현상기록의 과학적 검증」 『한국상고사학보』 14, 1993.

복기대 · 박진호, 「강화도 참성단의 역사적 이해를 위한 시론」 『고조선연구』 4.

宋玉波, 「陰陽五行說的發展演變與中華民族思維方式的基本形成」 『管子学刊』 2011, 2期.

송인창, 『선진유학에 있어서의 천명사상에 관한 연구』 충남대 박사학위논문, 1987.

신용하, 「고조선 아사달문양이 새겨진 산동 대문구문화 유물」 『한국학보』 102호, 2001.

심백강, 「치우에 대한 새로운 고찰」 『2016 세계환단학회 춘계학술대회 자료집』 2016.6.

여상범, 『사물놀이의 텍스트언어학적 분석』 고려대학교 대학원(석사논문), 2014.
王樹明, 「談凌陽河與大朱村出土的陶尊文字」 『山東史前文化論文集』 中國, 齊魯書社, 1986.
王震中, 「陶寺與堯都: 中國早期國家的典型」 『南方文物』 2015.3.
于省吾, 「關于古文字硏究的若干問題」 『文物』 北京: 1973년 2기.
유남상, 「역학의 역수성통원리에 관한 연구」 『인문과학 논문집』 11권 1호, 충남대 인문과학연구소, 1984.8.
윤내현, 「이은봉 교수님의 '단군의 참성단과 홍익인간사상'을 읽고」 『누리와 말씀』 5, 인천가톨릭대학교 출판부, 1999.
윤이흠, 「세계종교사의 맥락에서 본 한국민족종교」 『민족종교의 개벽사상과 한국의 미래』 한국민족종교협의회, 2004.
이문규, 「하늘에 새긴 우리 역사를 잘못 읽다」 『고조선연구자료총서』 20, 거산, 2015.
이병도, 「단군설화의 해석과 아사달문제」 『서울대논문집』 제2호, 1955.
이보형, 「악학궤범 향악7지 시용궁 지시 12음의 생성 원리 연구」 『한국음악사학보』 제54집 한국음악사학회, 2015.
이은봉, 「단군의 참성단과 홍익인간사상」 『누리와 말씀』 5, 인천가톨릭대학교 출판부, 1999.
이하우, 「한국 윷판형 바위그림 연구」 『윷문화자료집』 한국민족종교협의회, 2013.
鄭紹宗, 「河北省發現的青銅短劍」 『고고』 1975.4기.
M. 엘리아데, 『성과 속』 한길사, 1998.

3. 단행본(국내외)

가라타니 고진(柄谷行人), 『철학의 기원』 조영일 옮김, 도서출판b, 2015.
강상원, 『사라진 무제국』 조선세종태학원, 2013.

『고등학교 한국사』 금성출판사, 2020.
『고등학교 한국사』 미래엔, 2020.
『고등학교 한국사』 비상교육, 2020.
『고등학교 한국사』 천재교육, 2020.
권영준, 『우리말 천부경과 부도지』 환타임스(하늘기호), 2012.
『신주사기』 「하본기」 한가람역사문화연구소, 2020.
ミランコヴィッチ(Milanković)(著), 柏谷健二(翻訳) 気候変動の天文動理論と氷河時代(日本語) 1992.
顧頡剛, 『古史辨(第五冊,下)』 上海古籍出版社, 1982.
郭沫若, 『중국사고지도집』(상) 중국지도출판사, 1996.
권덕규, 『조선유기』 상문관, 1924.
김동석, 『고전천문역법 정해』 한국학술정보, 2009.
김상일, 『한밝문명론』 지식산업사, 1988.
김상일, 『악학궤범 신연구』 솔과학, 2019.
김상일, 『호모 데우스 너머 호모호모』 동연, 2020.
김상일, 『부도지 역법과 인류세』 동연, 2021.
김용길, 『한자로 풀어본 한국고대신화』 정신세계사, 2004.
김용옥, 『노자가 옳았다』 통나무, 2020.
김용옥, 『동경대전』 2, 통나무, 2021.
김재섭, 『금문 창세기문자』 라무, 2019.
김정현, 『正易註義』 양재학 역주, 상생출판, 2015.
김주미, 『한민족과 해 속의 삼족오』 학연문화사, 2010.
김주성, 『정역집주보해』 신역학회, 1999.
김지하, 『디지털 생태학』 이룸, 2009.
낙빈기, 『금문신고(하)』 김재섭 외 역, 한국금문학회, 2020.
다케우치 가오루, 『소수는 어떻게 사람을 매혹하는가』 서수지 옮김, 사람과 나무사이, 2018.
대야발, 『단기고사』 김해암 역, 조선복음사, 1949.
동북아역사재단, 『사기 외국전 1』 동북아역사재단, 2009.
렴정권, 『악학궤범』 평양, 1956.
佘平, 『中國史前文明』 중국문사출판사(북경), 2012.
류영모, 『노자』 박영호 옮김, 두레, 1998.
박병식, 『한국상고사』 최봉렬 역, 교보문고, 1994.
박석재, 『개천혁명』 동아앰엔비, 2017.
박석재, 『하늘의 역사』 동아앰앤비, 2019.
박제상, 『부도지』 한문화, 2002.
박제상, 『선도문화의 근원 부도지』 선교, 4349(2016).
박찬영 · 정호일, 『한국사를 보다』(1), 리베르스쿨, 2011.
박창범, 『하늘에 새긴 우리 역사』 김영사, 2002.
복기대, 『홍산문화의 이해』 우리역사연구재단, 2019.
부사년, 『이하동서설』 우리역사문화재단, 2011.
謝浩範 외 역주, 『管子全譯』 귀주인민출판사, 1996.
徐亮之, 『中國史前史話』 亞洲出版(홍콩), 1956.
서욱생, 『중국전설시대와 민족형성(상)』 조우연 역, 학고방, 2012.
서천복, 『우주시간의 비밀』 삼양, 2002.
蕭吉, 『五行大義』 김수길 · 윤상철 역, 대유학당, 1998.
송래선, 『금척 천부경』 천부도원, 2006.
신용하 · 우실하 외, 『왜 지금 고조선문명인가』 나남, 2019.
신채호, 『조선상고문화사』
신채호, 『조선상고사』
안경전, 『증산도의 진리』 상생출판, 2014년판.
梁啓超, 『陰陽五行說之來歷』 1923.

양상쥔 · 정자룽, 『중국을 말한다』1, 김봉술 · 남홍화 옮김, 신원문화사, 2008.
양재학, 『홍범사상』 상생출판, 2020.
왕휘, 『상주금문(상)』 학고방, 2013.
우실하, 『고조선문명의 기원과 요하문명』 지식산업사, 2018.
袁珂, 『중국의 고대신화』 정석원 역, 문예출판사, 1997.
유소홍, 『오행이란 무엇인가』 송인창, 안유경 옮김, 심산, 2013.
윤내현, 『고조선 연구』 일지사, 1994.
윤내현, 『고조선 연구』(상) 만권당, 2015.
윤상철 역, 『천문류초』 대유학당, 1998.
이덕일, 『이덕일의 한국통사』 다산북스, 2019.
이은성, 『역법의 원리분석』 정음사, 1985.
이은희, 『칠정산내편의 연구』 한국학술정보, 2007.
이정자, 『동식물의 수학적 설계』 북스힐, 2015.
이정희, 『마고력』 단군문화원, 2016.
이중성, 『천지개벽경』 용봉출판, 1992.
이찬구, 『돈』 동방의빛, 2012.
이찬구, 『고조선 명도전과 놈』 동방의 빛, 2013.
이찬구, 『주역과 동학의 만남』 모시는 사람들, 2010.
임명진, 『주역참동계』 상생출판, 2013.
張碧波, 「古朝鮮文化探源」 『北方論叢』 2000. 1기(159호)
장주근, 『제주도 무속과 서사무가』 역락, 2001.
장한결 역, 『부도지 이야기』 좋은 땅, 2019.
정재서 역주, 『산해경』 민음사, 1996.
정연규, 『한겨레의 역사와 문화의 뿌리를 찾아서』 한국문화사, 2008.
정재서 · 전수용 외, 『신화적 상상력과 문화』 이화여대출판부, 2008.

정호완, 『가야의 언어와 문화』 보고사, 2007.
中國社會科學院考古研究所' 山西省臨汾市文物局, 『襄汾陶寺(양분도사): 1978~1985年發掘報告』 1,2,3,4책, 北京: 文物出版社, 2015.
조옥구, 『천부경의 신비』 백암, 2019.
증산도, 『증산도 도전』 대원출판사, 2003.
탄허, 『부처님이 계신다면』 교림, 1988.
탄허, 『탄허록』 휴, 2012.
태산, 『숨겨진 상고사(상)』 CO2, 2015.
함석헌, 『성서적 입장에서 본 조선역사』 성광문화사, 1950.
함석헌, 『뜻으로 본 한국역사』 한길사, 1983.
화이트헤드, 『과장과 실재』 오영환 옮김, 민음사, 1991.
황우연, 『천부의 맥』 우리출판사, 1990.

4. 기타

https://www.youtube.com/watch?v=EMldTld--lU (송준희 강의)
http://sillok.history.go.kr/id/kva_12204019_002
http://www.chinanews.com/tp/hd2011/2018/09-16/841393.shtml(중국 뉴스)
https://www.youtube.com/watch?v=78PBTUXGNcU&t=510s {도올 김용옥 노자 68회, 2021. 1.29}
https://db.itkc.or.kr/dir/
https://m.cafe.daum.net/tibetsociety/pFFi/17 (김규현 카페)
https://lilandjohnincentralasia.blogspot.com/2017/08/yamchun-tajikistan.html
https://ko.wikipedia.org/wiki/%ED%8C%8C%EB%AF%B8%EB%A5%B4%EA%B3%A0%EC%9B%90(위키백과)

https://blog.naver.com/ugiandyoung6/222243681973 (이어령 대담)
https://www.youtube.com/watch?v=eKIy-hhnokw&t=637s(단군자손 TV)
http://flood.firetree.net/(해수면 시뮬레이션 프로그램)
http://www.cssn.cn/kgx/zmkg/201701/t20170123_3395377.shtml(周長富: 徐水釜山岩刻解析)
구글지도, 중국 백도지도, 네이버 지도, 문화재청
[네이버 지식백과](두산백과)
[한국민족문화대백과사전]
KBS 1「TV 책을 말하다」(제127회) 고등과학원 박창범 저『하늘에 새긴 우리 역사』 방송일시: 2004년
위키백과
정길선 이메일 자료(2021.3.8)
임채우 전언(2021.1)
조옥구 해석 자료(2021.2.16)
조옥구 이메일 자료(2021.2.20)

제 2 부

원동중 『삼성기』 63,182년에 대한 역사 이해

– 『부도지』와 소강절의 황극연표를 중심으로 –

1. 『삼성기』 63,182년설에 대한 문제제기
2. 『환단고기』의 석유환국(昔有桓國)과 전환국(前桓國)
3. 『부도지』의 황궁씨와 7세 7천 년
4. 「삼일신고 봉장기」(「고조선기」) 366 갑자에 의한 역년
5. 『황극경세』로 본 천지개벽과 역사연표
6. 『부도지』에 의한 63,182년의 실체적 접근
7. 『삼성기』에 의한 역사연표와 『황극경세』와의 관계
8. 『부도지』 마고대성과 『환단고기』 삼신산의 비교 이해
9. 7만 년 인류창세 연표와 우리의 미래

1. 『삼성기』 63,182년설에 대한 문제제기

『환단고기』 중 원동중(元董仲)의 『삼성기전 하편』(이하 『삼성기』)에는 우리 민족 태고사의 역년을 찾을 수 있는 중요한 단서가 나온다.

> ㉠ (古記云)桓國 … 傳七世(전칠세) 歷年(역년) 共三千三百一年(공삼천삼백일년)
>
> 고기에 이르기를, 환국은 … 7세를 전하여 역년이 공히 3,301년이고
>
> ㉡ 或云(혹운) 六萬三千一百八十二年(육만삼천일백팔십이년)
>
> 혹은 63,182년이라고 하는데
>
> ㉢ 未知孰是(미지숙시)
>
> 어느 것이 맞는지 알 수가 없다.(『삼성기』 하)[1]

본래 이 구절은 원동중이 고기운(古記云)이라 밝혔지만, 『고기』의 정확한 이름을 알 수 없다. 같은 내용이 실려 있는 『태백일사』(「환국」)에서는 그 출전을 『조대기(朝代記)』라고 밝혔다. 이것으로 미루어 보아 발해의 비장서로 전하는 「조대기」의 말을 원동중이 재인용한 것으로 추정할 수 있다. 다만 원동중이 그 출전을 명기하지 않은 것으로 보아 『조대기』 이외의 다른 『고기』에서 인용했을 개연성도 없지 않다. 두 문헌의 인용 내용이 일치하기 때문에 일단 『삼성기』를 이 논문의 저본으로 삼아 논의를 전개하고자 한다.

『삼성기』에는 환국 7세의 역년에 대해 3,301년설과 63,182년설이 있는데, 어느 것이 옳은지 알 수 없다. 왜 이런 두 가지 설을 제기하고 의문을 남

1) "古記云 波奈留之山下有桓仁氏之國天海以東之地亦稱波奈留之國其地廣南北五萬里東西二萬餘里摠言桓國分言則卑離國養雲國寇莫汗國句茶川國一羣國虞婁國(一云畢那國)客賢汗國句牟額國賣句餘國(一云稷臼多國)斯納阿國鮮禾卑 國(一稱豕韋國或云通古斯國)須密爾國合十二國也 天海今曰北海 傳七世歷年三千三百一年 或云六萬三千一百八十二年 未知孰是"(『삼성기』하)

긴 것일까?

『삼성기』에 혹설 63,182년이 전한다

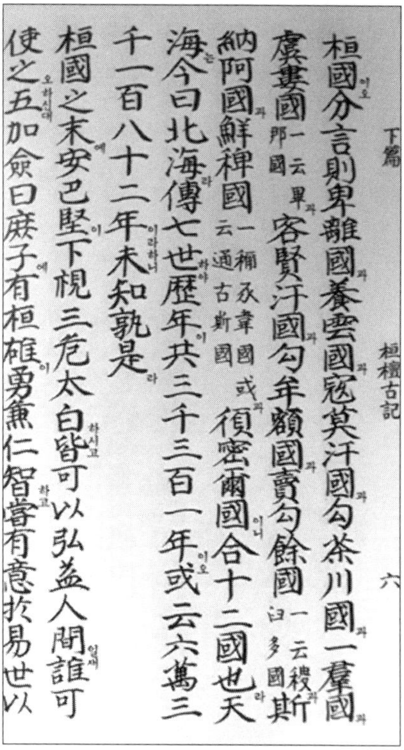
下篇 桓檀古記 六
桓國分言則卑離國養雲國寇莫汗國勾茶川國一羣國
虞婁國(一云畢那國)客賢汗國勾牟額國賣勾餘國(一云稷臼多國)斯
納阿國鮮稗國(一稱豕韋國 一云通古斯國)須密爾國合十二國也天
海今曰北海傳七世歷年共三千三百一年或云六萬三
千一百八十二年未知孰是
桓國之末安巴堅下視三危太白皆可以弘益人間誰可
使之五加僉曰庶子有桓雄勇兼仁智嘗有意於易世以

원동중 『삼성기』 원문

일반적으로 역년 3,301년설(이하 原說)은 환국 7세를 말한 것으로 알려져 있다. 반면에 63,182년설은 혹설(或說)인데, 이 혹설이 앞의 원설 3,301년을 스스로 부정하는 것이 아니라면, 다른 견해를 제시한 것으로 볼 수 있다. 왜 원동중은 환국의 역년을 3,301년이라고 단언하지 못하고, 혹설을 붙여 스스로 애매한 입장을 취하였을까? 이는 보기에 따라 무의미한 역년이거나 군더더기에 지나지 않는 역년이라고밖에 볼 수 없다. 오히려 3,301년의 의의를 반감시키면 시켰지 도움이 되지 않는 말이다. 그러나 원동중은 의문투성이의 혹설을 삭제하지 않고 우리에게 그대로 전수해 주고 있다.

저자는 이 혹설을 이해하기 위해서는 신중한 접근이 필요하다고 본다. 우선 원설 3,301년에, 혹설이 따라다니는 것은 원설 이전의 역사에 대한 인식이 따로 있었다는 것을 의미한다고 가정해 본다. 63,182년이 3,301년설을 보완하는 것인지, 아니면 독립된 역년인지에 대해 고찰함으로써 그 의미가 드러날 것이다.

역년 3,301년설과 63,182년설에 대한 논의는 다양하다. 임승국은 63,182년은 아예 취할 것이 없다고 도외시한다.[2] 그런데 조홍근은 이 3,301년에

---

2) 임승국, 『한단고기』 정신세계사, 1986, 29쪽.

앞서는 별도의 전(前)시대가 있었다는 전제하에 63,182년설을 제기하고, 이 연대가 마고성시대라고 한다.[3] 반면에 임균택은 천제환인 7세 3,301년의 앞에 59,881년의 다른 역사가 있었기 때문에 63,182년이 나온 것으로 본다.[4] 그리고 김상기는 인도반도에 상륙한 환족의 이동으로부터 환국 3,301년을 포함한 전체 63,182년을 환국의 전체 역년으로 설명하고,[5] 지승도 63,182년을 환국의 전체 역년으로 인정한다.[6] 김은수는 환족의 전체 역년으로 63,182년 또는 3,301년의 두 가지를 동시에 인정한다.[7] 또 송부웅은 환국의 역년을 63,182년으로 단정하고, '7세(世) 공(共) 3,301년'을 23,107(3,301x7)년으로 새롭게 해석하고 있다.[8]

이상을 종합하면, 63,182년에 3,301년을 포함할 것인가 여부와 환국과 전(前)환국을 구별할 것인가의 여부가 중요한 문제로 된다. 이를 위해 저자는 『환단고기』보다 앞선 역사를 기록한 『부도지』 등 다른 문헌의 도움을 받아 이 문제를 해명하고자 한다.

환국(桓國)과 전환국(前桓國)시대로 나눈다

『부도지』는 최초의 나라를 마고성이라 한다. 이에 대해 『환단고기』는 최초의 나라를 환국(桓國)이라고 하고, 그 이전 나라를 삼신(三神)이라고 한다. 그러면 이들 나라는 어떤 관계인가? 『부도지』가 밝혀주는 부도(符都) 나라의 역사는 얼마나 되는가? 김지하는 『부도지』를 근거로 마고성(麻姑城)을 인류 시원(始原)의 문명이라고 규정한다. 또 그는 마고성은 14,000년

---

3) 조홍근, 『마고할미로부터 7만 년』 글로벌콘텐츠, 2015, 16~17쪽.
4) 임균택, 「韓國古代思想考察(V)」 『社會科學論文集』, Vol.11 No.1, 대전대학교,1992, 5쪽.
5) 김상기, 『우리 뿌리는 파미르고원이다』 등대, 2004, 103쪽.
6) 지승, 『우리 상고사 기행』 학민사, 2012, 234쪽.
7) 김은수, 『주해 환단고기』 기린원, 1985, 389쪽.
8) 송부웅, 『한민족의 대륙역사』 한문화배달민족, 2009, 111쪽.

전 파미르고원에 있었다고 한다.[9] 그러나 이 연대를 고정(考定)하기 위해서는 먼저 환인의 환국역사가 바르게 규명되어야 한다.

저자는 이 글에서 임균택의 관점을 참고로 63,182년 안에 3,301년이 포함된 것으로 보고, 환국(3,301년)과 그 이전의 전환국(前桓國)시대(59,881년)에 전개된 민족의 역사를 논의할 것이다. 다시 말해 『삼성기』의 63,182년을 태초의 전환국(前桓國)시대부터 환국 말기(환웅 개천 BCE 3,897년)까지로 볼 수 있을지 규명해 보고, 이 전환국(前桓國)과 환국시대를 전체적으로 규명하기 위해 『부도지』, 「삼일신고 봉장기」(「고조선기」), 소강절의 『황극경세』 등을 검토할 것이다. 이로써 역사 이전인 우리 민족의 태고사를 계량화(計量化)하여 역년에 포함시키고, 이를 연표로 정리해 보고자 한다. 아울러 문헌 정보가 전무한 상태에서 유전학이나 고고학의 활용이 요청되나 이 글에서는 본격적으로 다루지 못하고 문헌 중심으로만 고찰할 것이다.

2. 『환단고기』의 석유환국(昔有桓國)과 전환국(前桓國)

최근 손보기(1,922~2,010년) 전 연세대 박물관장의 유가족이 조선 초기 판본으로 알려진 『삼국유사』를 연세대 박물관에 기증했다는 보도가 있었다. 1,281년(충렬왕 7년)경에 일연스님이 펴낸 『삼국유사』는 1,512년(조선 중종 7년) 경주에서 발행한 목판본인 '중종 임신본(中宗 壬申本)' 혹은 '정덕본(正德本)'이 완전한 형태로 전하는 가장 오래된 판본인데, 손보기 기증본은 이보다 100년은 앞설 것이라는 보도도 있었다.[10] 이 판본에서 가장 궁

9) 『경향신문』 1999.9.27.

10) http://news.kbs.co.kr/news/NewsView.do?SEARCH_NEWS_CODE=2598510(KBS 2013.1.17. 뉴스)

금한 것은 환국이 어떻게 쓰여졌는가 하는 점이다. 그 후 단행본으로 발간된 판본을 확인해 본 바, 나라 국(囗) 안에 선비 사(士)자라고 国이라고 써 있었다.[11] 현재 송석하 소장본에는 나라 국(囗) 안에 흙 토(土)자가 들어가 있고, 만송문고본에는 나라 국(囗) 안에 임금 왕(王)자가 들어있다. 이렇게 약간씩 차이가 난다. 이것이 '이체국자(異體國字)' 문제이다.

손보기 파른본	석남 송석하본	만송문고본
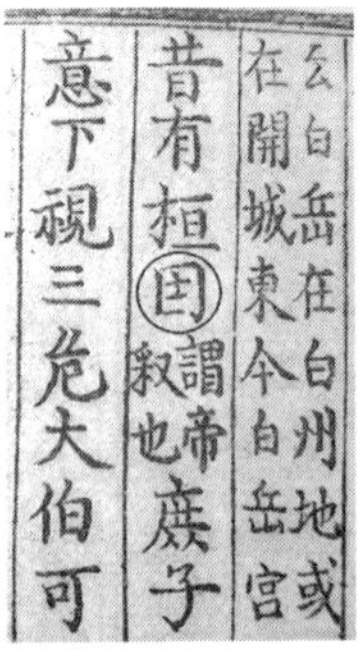	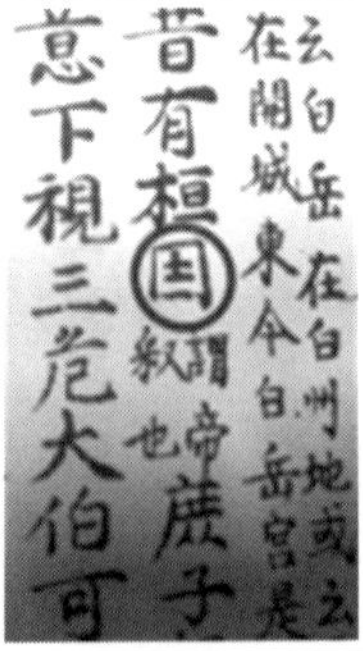	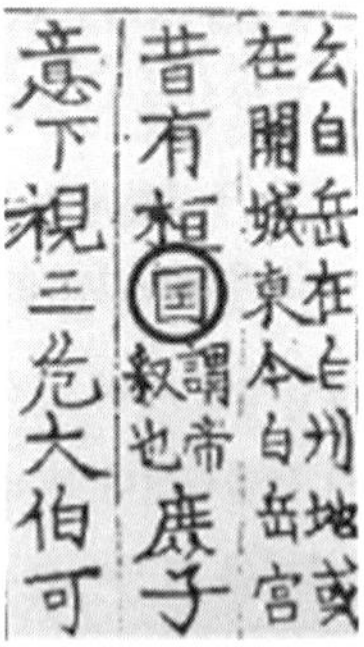

왜 석유환국의 국(國)자는 유독 이체자로 표기한 것이 논란의 중심이 되고 있는가? 같은 문장 안에 있는 개국호(開國號) 조선(朝鮮)의 국(國)자는 나라 국(國)자가 분명한데, 왜 앞뒤에 쓰인 나라 국자가 같은 글꼴이 아니고, 서로 다른 것인가? 이에 대해 저자는 석유환국의 '국'자에 대해 재검토가 필요하다고 본다. 원문과 인용문헌을 살펴본다.

魏書云 乃往二千載有壇君王儉 立都阿斯達 開國號朝鮮

古記云昔有桓国(因)(謂帝釋也)

첫째, 환인(桓因)의 기록이 나오는 문헌들

11) 『파른본 삼국유사 교감』 연세대박물관, 2016, 33쪽; 성삼제, 『고조선, 사라진 역사』 동아일보사, 2005.

『왕조실록』 昔有桓因庶子桓雄
『동사강목』 昔有桓因帝釋庶子桓雄
『동사보유』 昔有桓因帝釋庶子雄
『동국여지지』 桓因桓雄檀君之祠
『기언』 上古九夷之初 有桓因氏
『해동이적』 昔有天神桓因命庶子雄
『수산집』(11권) 桓因有庶子曰桓雄

둘째, 환국의 기록이 나오는 문헌들[12]
『약천집』 昔有桓國帝釋 庶子桓雄
『수산집』(12권) 朝鮮之初有桓國帝釋 庶子桓雄
『해동악부』 昔桓國君帝庶子雄

환인(桓因)이건 환국(桓國)이건 해석상 뒤에 붙은 위제석야(謂帝釋也)를 어떻게 해석할 것인가 하는 점이 중요하다. 昔有桓因謂帝釋也(석유환인위제석야)에 대해 이민수는 "옛날에 환인(제석을 말함)"[13]으로 해석한다. 이병도도 "옛날의 환인(제석을 이름)"[14]이라고 하였다. 둘 다 "桓因을 제석이라 하였다"는 의미가 된다. 이것은 桓因에 대한 별칭이 '제석'이라는 것을 말한다. 이때의 환인(桓因)과 제석(帝釋)은 동일인임을 의미하는 것이다.

반면에 『약천집』과 『수산집』은 昔有桓國帝釋(석유환국제석)으로 나온다. 저자인 남구만은 자신의 『약천집』에서 "삼국유사의 고기설을 인용하여 昔有桓國帝釋"이라고 적고 있다. 18세기 인물인 남구만은 『삼국유사』의 昔有桓因을 분명히 昔有桓國으로 인식하였고, 帝釋을 주석에 넣지 않

12) 문치웅, 「삼국유사 고조선 기록에 나타나는 환인과 그 연대기」 『선도문화』 19권, 2015.9, 258쪽.
13) 일연, 『삼국유사』 이민수 역, 을유문화사, 1983, 44쪽.
14) 일연, 『삼국유사』 이병도 역, 명문당, 1987, 75쪽.

고 본문에 같이 넣고 있다. 桓國(환국)과 帝釋(제석)을 동등하게 놓고 있는 것이다. 이럴 경우 해석은 "환국의 제석"이라고 풀 수 있다. 안함로의 『삼성기(三聖紀)』의 다음 구절은 이런 해석의 가능성을 열어 놓고 있다. 謂之桓國是謂天帝桓因氏亦安巴堅也를 "환국이라고 하는데, 이분이 천제환인씨이고 또한 안파견이다"라고 해석하는 것과 같다. 따라서 '천제환인', '안파견'은 환인의 이칭임을 알 수 있다.[15)]

삼신(三神)은 공동체적 의미를 지닌 '삼신나라'가 아닐까

그러나 환인의 이칭으로서의 '제석'이라는 말은 『환단고기』에는 나오지 않는다. 이런 면에서 『삼국유사』와 달리 『환단고기』의 『삼성기』는 그 계통이 다른 문헌임을 알 수 있다. 물론 제석이라는 말에도 임금으로 군장의 의미가 있지만, 『삼성기』가 이 의미를 채택하지 않은 것으로 보인다. 나아가 '제석'이라는 할주(割註)를 넣은 판본에는 이체국자가 사용되었으나, 『삼성기』처럼 제석이라는 할주가 없는 판본에는 이체국자가 사용되지 않는 점도 유의할 필요가 있다.

안함로의 『삼성기(三聖紀)』(상)는 그 서두를 환국(桓國)을 먼저 말하고 이어 일신(一神)과 환인(桓因)을 다음에 말하고 있다. 이는 환국>환인을 의미하는 것으로써 환국의 나라를 하늘의 나라로써 신성시한 것임을 알 수 있다.

이렇게 환국에 대한 문헌적 고찰에 이상이 없다면, 환국과 전환국(前桓國)이 의미하고 있는 본질은 어디에 있으며, 또 그 석유(昔有)가 의미하고 있는 역년(歷年)의 진실은 무엇인가? 『태백일사』(「삼신오제본기」)의 말을 요약하면, "삼신(三神) 이후를 환국이라 한다. 삼신은 환국보다 먼저 있었

15) 문치웅, 「삼국유사 고조선 기록에 나타나는 환인과 그 연대기」 『선도문화』 19권, 2015.9, 262쪽.

다(먼저 있었던 나라이다). 나반이 죽어서 삼신 나라의 조상이 되었다. 나반 다음에 환인이 나왔다"[16]고 했다. 『태백일사』는 환국 이전의 전환국(前桓國)을 삼신(三神)이라고 했다. 특히 삼신을 환국과 대비한 것은 삼신을 환국 이전의 어떤 나라로 인식한 것으로 볼 수 있다. 물론 그것이 나라인지 아니면 다른 형태의 공동체인지는 알 수 없으나 삼신을 단순한 신앙대상으로서가 아니라 공동체적 의미가 강하게 느껴진다. 이런 의미에서 삼신을 '삼신나라'로도 볼 수 있겠다. 이에 대하여는 뒤에서 상술할 것이다.

3. 『부도지』의 황궁씨와 7세 7천 년

『부도지』(1장)에 따르면, 마고성(麻姑城)은 마고가 사는 성으로 지상에서 가장 높은 성이며, 천부(天符)를 받들어 선천(先天)을 계승하였다고 한다.[17] 또 임검씨는 가운데에 천부단(天符壇)을, 사방에는 각각 보단(堡壇)을 세워 부도(符都)를 건설하였다.[18] 천부(天符)는 천음(天音)과 천수(天數)로써 우주법칙을 설명한 것이라 할 수 있다. 천부는 두 가지로 해석된다. 하나는 황궁씨가 네 천인에게 준 천부의 신표(天符爲信: 8장)가 있고, 또 황궁씨(黃穹氏)가 유인씨에게 전해준 천부삼인(天符三印: 10장)이 있다. 천부삼인(天符三印)이란 '천지본음의 상으로 참 하나(眞一)가 근본임을 알게 하는 것'[19]이라는 설명은 천부삼인의 근원을 알려주는 말이다. 세 개

---

16) "傳曰 三神之後 稱爲桓國 桓國天帝所居之邦 又曰 三神在桓國之先 那般死爲三神 夫三神者永久生命之根本也故曰人物同出於三神 以三神爲一源之祖也"(『태백일사』(「삼신오제본기」)

17) "麻姑城 地上最高大城 奉守天符 繼承先天 城中四方 有四位天人 堤管調音 長曰 黃穹氏 次曰 白巢氏 三曰 青穹氏 四曰 黑巢氏也 兩穹氏之母曰穹姬 兩巢氏之母曰巢姬 二姬 皆麻姑之女也 麻姑 生於朕世 無喜怒之情 先天爲男 後天爲女 無配而生二姬 二姬 亦受其情 無配而生二天人二天女 合四天人四天女…"(『부도지』 1장)

18) "乃築天符壇於太白明地之頭하고 設保壇於四方이라. 保壇之間에 各通三 道溝하니 其間이 千里也오 道溝左右에 各設守關하니 此取法於麻故之本城이라"(『부도지』 13장)

중의 하나는 천지 본음(本音)을 본뜬 것이라 하였으므로 '5음7조'나 '기화수토'의 네 본음의 소리가 적혀 있을 것이며, 두 번째는 참 하나(眞一)라 하였으니 '일시무시일, 일종무종일'의 이치가 새겨 있을 것이며, 마지막에는 '마고대성'의 상징물로서 복본(復本)의 의미와 이유가 적혀 있을 것으로 추정해 본다.

『부도지』는 환인 이전의 태고역사에 천도의 의미를 부여한다

『부도지』는 한민족의 역사 개시를 마고성에 근원하여 설명한다. 그리하여 마고성에서 출발한 한민족은 마고 · 궁희 · 황궁씨 · 유인씨 · 환인 · 환웅 · 단군(임검씨)에 이르는 동안 천산 · 태백산과 청구를 거쳐 만주로 들어 왔으며, 이렇게 시작한 한국의 태고역사는 하늘과 함께해 온 천도적(天道的) 의미를 지닌다는 것이다.

보통 『부도지』의 부도(符都)란 하늘의 뜻에 부합하는 지상의 나라라는 뜻으로 해석된다. 이 부합의 근거는 천부 또는 천부인이 기준이 된다. 이를 받은 나라는 하늘에 부합한 나라로 천부(天符)가 전해 온 심법(心法) 전수의 역사를 갖게 된다. 또 그곳에는 상징적인 천부단(天符壇)이 세워져 있다.

그런데 『부도지』(26장)는 『환단고기』와 달리 환인과 환웅과 단군의 이전 역사를 말해 주고 있다. 다시 말해 마고성에서 나온 최고 지도자가 황궁씨였다. 마고성시대는 영성적 신화로 이해한다고 해도, 마고성 밖으로 나온 황궁씨가 천산주(天山洲)로 떠나면서 고난의 역사는 시작된다(8장).

황궁씨가 모든 사람들 가운데 어른이었으므로 흰 띠풀(白茅)로 머리를 묶어 마고(麻姑) 앞에 사죄하고 오미(五味)의 책임을 스스로 짊어지고, 근

19) "於是에 有因氏 ㅣ 繼受天符三印하니 此卽天地本音之象而使知其眞一根本者也라."(『부도지』 10장)

원으로 돌아가고자 복본할 것을 서약하였다.~~ 황궁씨는 권속을 이끌고 북쪽 사이의 문을 나가 천산주(天山洲)로 가니 천산주는 매우 춥고 매우 위험한 땅이었다. 황궁씨가 이곳을 택한 것은 스스로 어려움으로 나아가 고통을 참아내는 중에 복본(復本)의 맹세를 이루고자 함이었다.(8장)[20]

황궁씨는 매우 춥고 위험한 땅인 천산주를 향해 긴 여정에 들어간다. 장자인 황궁씨가 스스로 나서서 복본의 고통을 이겨내겠다는 맹세를 한다. 흰 띠풀(白茅)은 주역(「대과」초육)에도 있는 말로 정성을 상징한다. 이 맹세의 발단은 사람들이 지유(地乳)를 먹지 않고 임의로 포도를 따먹다가 인간이 천성을 잃자 마고성의 문이 굳게 닫기면서 생긴다. 무미건조한 지유만을 먹다가 포도를 먹고 오미(五味; 신맛, 단맛, 짠맛, 쓴맛, 떫은 맛)를 알게 되자, 사람의 성품이 변해 동물화 되어가는 참상이 벌어지니, 이를 '오미의 변(變)'이라 한다(5장).

이런 전대미문의 변란에 대한 책임을 스스로 짊어지고(自負五味之責), 스스로 어려움에 나아가(自進就難) 고통을 이겨내 복본을 이루겠다(忍苦復本)는 맹세를 한 것이다.

일찍이 함석헌이 말한 '고난의 사관'으로 보면 더욱 그 뜻이 분명해진다. 고난(苦難)은 결코 무감각한 자연현상도 아니요, 잔혹한 운명의 우롱도 아닌 신의 섭리이기 때문에 인간은 고난을 통해 자기가 지은 죄를 씻을 수 있다고 했다.[21] 이것이 일제강점기 시대에 깨닫고 나온 이른바 '고난의 짐'이라는 것이요, 남이 저지른 불의(不義)의 짐까지 짊어진 고난이야말로 '조선이 쓰는 가시면류관'[22]이라는 것이다.

---

20) "黃穹氏ㅣ爲諸人之長故로 乃束身白茅하고 謝於麻故之前하야 自負五味之責하여 立誓復本之約이러라. ~~黃穹氏ㅣ率眷出北間之門하야 去天山洲하니 天山洲는 大寒大險之地라. 此는 黃穹氏ㅣ自進就難하야 忍苦復本之盟誓러라."(『부도지』 8장)

21) 함석헌, 『성서적 입장에서 본 조선역사』 성광문화사, 1950, 256~257쪽.

22) 함석헌, 『성서적 입장에서 본 조선역사』 성광문화사, 1950, 52쪽.

> 그러나 설명을 못할지라도 이 역사에 위대한 세계사적 의미가 들어있다는 감은 금할 수 없다. 우리는 불의(不義)의 값을 지는 자다. 우리의 행한 일에 대하여서만 아니라 세계의 죄값을 진다. 눈을 들어 세계지도를 보라.[23]

이처럼 황궁씨가 오미의 변란으로 생긴 자기와 타인의 죗값을 스스로 짊어진 인고(忍苦)의 맹세를 저자는 '자아와 타자의 발견'인 동시에 인류 공동체에서 처음으로 일어난 '인문의식과 책임의식의 발아'라고 본다. 나아가 이것이야말로 진정한 선천의 '인문개벽'이 시작된 것이라고 생각한다. 황궁씨의 천부인과 훗날의 천부경이 인문개벽의 상징물로 되는데, 천부경 계열이 포도와 같은 식물 신기성(神奇性)의 외단(外丹)에 빠지지 않고, 내단(內丹)이라는 내면 수련으로 나아간 것은 오미의 변란에서 얻은 처절한 자각의 결과일 것이다.[24]

특히 황궁씨의 씨(氏)는 부계(父系) 혈통의 시작을 의미하며,[25] 모계에서 서서히 벗어나 남성 중심의 권력사회가 형성되는 것을 말한다. 황궁씨부터 단군을 거쳐 읍루까지의 7세(世: 黃 因 桓 雄 儉 夫 婁) 동안 천부(天符)가 전해 온 역사를 7천 년이라고 서술('7세 7천 년설')[26]한 것의 의미가 여기에 있다고 본다. 물론 황궁씨의 앞 역대인 마고와 궁희의 역년은 제외한 것이나, 역사 연표에는 반드시 포함될 것이다.

여기서 중요한 것은 마고성 밖에서 세상을 주관하는 자가 누구냐는 것이다. 황궁 → 유인 → 환인 → 환웅 → 단군에 이은 승계의 정통(正統)은 부도(符都) 나라의 승계를 상징하고 있다. 그 증거는 천부인의 전수이다. 『부

---

23) 함석헌, 『성서적 입장에서 본 조선역사』 성광문화사, 1950, 266쪽.(『뜻으로 본 한국역사』 한길사, 1983, 326쪽.)

24) 김상일, 『부도지 역법과 인류세』 동연, 2021, 41쪽.

25) 김용길, 『한자로 풀어보는 한국고대신화』 정신세계사, 2004, 286쪽.

26) 박제상, 『부도지』 김은수 역해, 한문화, 2002, 93쪽: "麻姑分居以來 黃因桓雄儉夫婁 七世傳七千年" (26장). 『부도지』에서는 이름 뒤에 씨(氏)자를 붙이고 있다. 환인, 환웅은 『환단고기』에 따라 쓰고 있으나 여기서는 단군(또는 단군왕검, 임검씨)으로 쓴다.

도지』는 단군의 정통이 2세 부루, 3세 가륵으로 끝난 것으로 본다. 원문에는 단군 즉 단군왕검이 태자 부루에게 전했고, 다시 부루는 태자 읍루에게 전했다는 것이다.[27] 이 읍루가 누구인지는 『환단고기』에서 중요한 비중을 차지하고 있는 『단군세기』의 도움을 받아야 알 수 있다. 『단군세기』는 1세 단군을 왕검, 2세 단군을 부루, 3세 단군을 '가륵'이라고 적고 있다. 곧 부루(夫婁)의 아들이 '루(婁)'로 이어진 읍루(浥婁)이고, 이 읍루가 곧 가륵단군인 것을 알 수 있다.[28] 사실 환인 이전인 유인씨, 황궁씨도 『환단고기』의 독자들에게는 낯설은 분이다. 16세기 조여적이 쓴 『청학집』에는 환인이 명유(明由)로부터 업을 받았다고 했다.[29] 환인 이전에 명유, 광성자가 있었다는 말인데, 이 명유가 유인과 어떤 관계가 있는 것으로 보인다. 환인이 이전 사람으로부터 도를 전수 받은 후계자였다는 것을 두 자료를 통해 확인할 수 있다.

황궁씨(黃穹氏)로부터 읍루(가륵)까지의 7세 7천 년은 국혼의 본맥이다

따라서 황궁씨(黃穹氏)로부터 읍루(가륵)까지가 7세이다.

즉 황궁씨(黃穹氏) → 유인씨(有因氏) → 환인(桓因) → 환웅(桓雄) → 단군(檀君, 임검씨) → 부루(夫婁) → 가륵(읍루)의 '7세(世) 7천 년' 역년에 의거하여 상고사 역년을 다시 추산할 수 있다고 본다. 이 '7세 7천 년설'은 누구도 빼앗을 수 없고(不可奪), 바꿀 수도 없는 한민족의 불가역적(不可逆的)인 '국혼의 본맥(國魂本脈)'이다. 여기에 천부인은 단전(單傳)단수(單

---

27) 가륵은 태자 오사구에게 전했기 때문에 저자는 오사구까지 전수된 것이 아닌가 생각해 본다. 그러나 부도지 26장에 읍루가 산으로 들어갔다고 했기 때문에 읍루(가륵)로 끝나는 것이 맞다.

28) 이 읍루를 고조선의 마지막 단군인 고열가로 보기도 한다(정경희, 「한국선도와 징심록」 『선도문화』 14, 국학연구원, 2013.2, 76쪽) 그러나 연대를 압축해서 서술하고 있다는 점에서 47대 고열가가 아닌 3세 가륵이 맞다고 본다.

29) "桓因眞人 受業于明由 明由受業于廣成子" (『청학집』 1)

受)로 계승되어 왔다. 천부경은 대중에서 대중으로 전승되어 오며 그 근원인 천부인을 지켜왔다. 천부경으로 천부인을 지키는 것이 우리에게 천업(天業)이 되었다.

수리적으로 1세는 오늘날 30년이나 여기서는 정신적 혼맥(魂脈) 전수를 기준으로 1천 년씩 계산한 것을 알 수 있다. 단군의 경우 3세 단군인 가륵까지만을 기준으로 삼은 것은 이 『부도지』의 역사서술이 단군조선 초기의 기록물임을 말해 준다.

그런데 문제는 『부도지』는 구체적인 인물의 생몰연대를 간지(干支)로 표기하지 않고 있다는 점이다. 이 점을 보완하기 위해서는 『단군세기』에 의존하지 않을 수 없다. 즉 1세 단군왕검은 재위연도가 BCE 2,333년~BCE 2,241년, 2세 단군 부루는 BCE 2,240년~BCE 2,183년, 3세 단군 가륵(읍루)은 BCE 2,182년~BCE 2,138년[30]이다.

먼저 3세 단군 가륵(읍루)의 BCE 2,182년~BCE 2,138년에서 사망연대인 BCE 2,138년을 기준으로 7세 7천 년설을 적용하여 소급할 경우 BCE 2,138+7,000년 하면 BCE 9,138년이 된다. 이때를 황궁씨의 시원 연대로 추정할 수 있다. 그러나 이렇게 단순 합산으로 나온 황궁씨 BCE 9,138년은 과연 신뢰할 수 있는 연대인가? 하는 의문이 제기된다. 황궁씨 연대인 BCE 9,138년은 『단군세기』의 단군가륵의 사망 연대(BCE 2,138년)를 근거로 하여 『부도지』의 7천 년설을 단순히 합산한 것이라는 문제가 제기될 수 있지만, 이런 문제는 다른 방법의 교차 검증으로 사실 여부에 대한 입증도 가능할 것이다.

『환단고기』는 환인의 건국 연대를 BCE 7,197년으로 고정한다

30) BCE는 국제적으로 기원전(紀元前) 표기를 의미함. 연대를 기원전(BC: Before Christ)과 기원후(AD: Anno Domini)로 표기하여 구분하던 것을, 종교적 색채가 덜한 BCE(Before Common Era)와 CE(Common Era)로 대체(replace)한 것임. 한자로는 公元前, 公元으로 쓸 수 있음.

그런데 『부도지』(10장)는 또 다른 정보를 제공해 주고 있다.

즉 '유인씨로부터 1천 년을 지나 자손인 환인에게 천부를 전했다'[31]고 한 말이 또 다른 근거로 될 수 있다. 그렇다면 『환단고기』가 말한 환인의 개시연대로부터 1천 년을 올라가면 유인씨를 만날 수 있을까? 이것이 맞으려면 『환단고기』의 연대가 정확성을 유지해야 한다. 만약 『환단고기』상의 환인의 개시연대가 너무 멀거나 너무 가까워도 유인씨의 연대 산정은 아무런 의미를 찾을 수 없기 때문이다.

『환단고기』는 환인(안파견)의 건국 연대를 BCE 7,197년으로 고정하고 있다. 이 BCE 7,197년에 1천 년을 단순 가산하면 BCE 8,197년이 나온다. BCE 8,197년이 유인씨의 개시연대가 된다. 이는 앞에서 말한 황궁씨의 BCE 9,138년과 환인의 BCE 7,197년 사이의 중간에 해당된다는 점에서 의의가 있다. 이는 유인씨로부터 1천 년 앞에 황궁씨가 있었고, 유인씨로부터 다시 1천 년 뒤에 환인씨가 있었다는 것으로 연대를 추산할 수 있다.

이 하나만으로도 『부도지』의 기록 자체를 어느 정도 신뢰할 수 있게 해준다. 따라서 유인씨 1천 년설은 환인 BCE 7,197년과 함께 『환단고기』와 『부도지』가 소통할 수 있는 연대적 근거가 마련된다는 점에서 중요한 뜻이 있다.

따라서 『환단고기』의 환인 건국연대인 BCE 7,197년설은 『부도지』에 비교해도 크게 어긋남이 없는 연대고정이라고 볼 수 있고, 이 BCE 7,197년은 한국사 연표의 또 다른 기준이 될 것으로 본다. 만약 읍루를 3세 가륵이 아닌 47대 고열가로 볼 경우, 마지막 연대가 BCE 238년인데, 여기에 7,000년을 더하면 BCE 7,238년이 된다. 환인의 BCE 7,197년(갑자)에 근접하는 모순에 빠져 유인씨와 황궁씨 연대를 산정할 수 없게 된다. 따라서 왕통은 고

31) "此卽天地本音之象而使知其眞一根本者也 有因氏 哀憫諸人之寒冷夜暗 鑽燧發火 照明溫軀 又敎火食 諸人大悅 有因氏千年 傳天符於子桓因氏 乃入山 專修禊祓不出"(『부도지』10장; 박제상 『부도지』 김은수 역해, 한문화, 2002, 45쪽)

세(世)	인물	등극 또는 재임 연대	적요
1	황궁씨	BCE 9,138년(계묘)	부도지 26장 근거
		BCE 9,197년(갑신)	부도지 10장 근거
		BCE 9,177년(갑자)	갑자년 적용
2	유인씨	BCE 8,197년(갑신)	부도지 10장 근거
		BCE 8,217년(갑자)	갑자년 적용
3	환인	BCE 7,197년(갑자)	환단고기 기준년대
4	환웅	BCE 3,897년(갑자)	환단고기 신시개천
5	초대단군 왕검	BCE 2,333년~BCE 2,241년	환단고기 조선건국
6	2세단군 부루	BCE 2,240년~BCE 2,183년	환단고기(단군세기)
7	3세단군 가륵(읍루)	BCE 2,182년~BCE 2,138년	환단고기(단군세기)

열가 단군으로 끝나는 것이 맞지만 부도의 역사는 읍루로 끝나는 것으로 본다.

그런데 『부도지』(10장)는 또 다른 관점에서 '삼세(三世) 수증(修證) 3천 년설'을 제기하고 있다. 여기서 3세는 황궁씨, 유인씨, 환인을 지칭함을 쉽게 알 수 있다.

> 환인씨가 천부삼인을 이어받아 인세에서 이치를 증거하는(證理) 일을 크게 밝히니, 이에 햇빛이 고르게 비추고, 기후가 순조로와 생물들이 거의 편안함을 얻게 되었으며, 사람들의 괴상한 모습이 점점 본래의 모습을 찾게 되었다. 이는 3세(황궁, 유인, 환인)가 수증하신 삼천 년 동안 온 공력을 다해 거의 없어질 만큼 다 바친 정성의 결과였다.(10장)[32]

32) "桓因氏 繼受天符三印 大明人世證理之事 於是 日光均照 氣候順常 血氣之類 庶得安堵 人相之怪 稍得本態 此 三世修證三千年 其功力 庶幾資於不咸者也"(『부도지』10장: 박제상 『부도지』 김은수 역해, 한문화, 2002, 46쪽)

수증 3천 년 동안 천도의 수증을 위해 정성을 다 바친 결과 국태민안을 이루었다. 이 역년도 매 1천 년씩 계산하여 3천 년설이 나온 것으로 이해할 수 있다. 그래서 3천 년설이란 황궁씨 1천 년, 유인씨 1천 년에 환인 1천 년을 의미하게 된다. 이에 따라 황궁씨의 개시연대를 추정하면 유인씨의 BCE 8,197에 1천 년을 더하면 BCE 9,197년이 된다. 그런데 이 환인 1천 년설이 자칫 『삼성기』에서 말한 환국 역년 3,301년과 충돌할 수 있다. 그러나 여기서 말한 환인 1천 년설은 선대(先代)인 황궁씨와 유인씨의 수증(修證)의 공력(功力)에 견주어서 같이 1천 년이라 한 것이지, 통치 3,301년을 부정할 수 있는 것은 아니다. 다만 '삼세(三世) 3천 년설'이 황궁씨와 유인씨의 연대를 각기 1천 년으로 서술할 수 있는 근거가 된다는 점이다.

이처럼 『환단고기』의 BCE 7,197년을 토대로 추산(推算)된 유인씨의 개시연대는 BCE 8,197년이 된다. 그러면 황궁씨의 개시연대도 추산된 BCE 9,138년(계묘: 『부도지』 26장)와 BCE 9,197년(갑신: 『부도지』 10장) 중에서 어느 것을 취해야 할까?

환웅 이전 시대를 태고사(太古史)라 칭한다

환인이 건국한 BCE 7,197년이 갑자년이다.

저자는 여기에 2,000년을 더하여 가까운 갑자년을 황궁씨의 태세 간지로 차용하려고 한다. 두 연대 사이에서 갑자년에 해당하는 연대는 BCE 9,117년(갑자)이나 또는 BCE 9,177년(갑자)이 있다. 이 중에서 가까운 연대를 하나를 택한다면 BCE 9,177년(갑자)이 될 것이다. 이렇게 하는 것을 뒤에서 말하게 될 갑자기년(甲子紀年) 또는 갑자신원(甲子新元)법이라 할 수 있는데, 이에 따라 이 BCE 9,177년(갑자)을 황궁씨의 개시연대의 기준으로 삼으면, 그로부터 1천 년 뒤의 유인씨의 BCE 8,197년(갑신)은 BCE 8,217년(갑자)을 택할 수 있고, 환인씨는 『환단고기』에 있는 그대로 BCE 7,197년

(갑자)이 개시연대가 된다. 이로 보면 『환단고기』도 이미 갑자신원법을 적용했다는 것을 알 수 있다.

이에 따라 태고사를 재정리하여 다음과 같이 연대를 새롭게 고정(考定)할 수 있다. 저자가 말하고자 하는 시대 구분은 환웅을 기점으로 하고, 환웅 이전인 태고로부터 환인시대까지를 태고사(太古史)라 칭하고, 환웅부터 단군시대까지를 상고사(上古史)라 칭한다.

세(世)	시대구분	인물	등극 및 재임 연대	저요
1	태고사	황궁씨	BCE 9,177년(갑자)	갑자신원법을 적용
2		유인씨	BCE 8,217년(갑자)	갑자신원법을 적용
3		환인	BCE 7,197년(갑자)	환단고기 기준년대
4	상고사	환웅	BCE 3,897년(갑자)	신시개천 배달국
5		초대단군 왕검	BCE 2,333년(무진) ~BCE 2,241년(경자)	조선건국
6		2세단군 부루	BCE 2,240년(신축) ~BCE 2,183년(무술)	단군세기 기준
7		3세단군 가륵	BCE 2,182년(기해) ~BCE 2,138년(계미)	단군세기 기준

이처럼 황궁씨의 BCE 9,177년은 우리의 머릿속에 없는 낯선 연표이다. 고대사를 말하는 사람 중에 하프구트는 "1만 년 전의 태고시대에 고도로 발달한 문명이 있었는데, 그 문명은 중국에서 아메리카까지 지구 전역에 퍼져 있었다. 그런데 그 고대문명은 갑자기, 또는 서서히 사라져 갔으며, 너무나 오래 전의 일이어서 잊혀지게 된 것"[33]이라고 적고 있다. 우리는 지금 잊혀질 수밖에 없는 우리의 옛 역사를 연표로써 복원을 시도하고 있는 것이다.

33) 박제상, 『선도문화의 근원 부도지』 선교, 4349(2016), 140쪽.

4. 「삼일신고 봉장기」(「고조선기」) 366 갑자에 의한 역년

『환단고기』와 『부도지』에 의한 태고사(太古史) 연표는 환인(안파견)의 개시연대인 BCE 7,197년에 따라 유인씨의 개시연대는 BCE 8,217년(갑자)이 되고, 황궁씨 개시연대는 BCE 9,177년(갑자)이 된다고 추산하여 정리하였다. 이처럼 『부도지』와 『환단고기』의 태고사 역대(歷代)는 '불일치하지 않고' 일맥(一脈)으로 상통한다는 점을 발견할 수 있다.

앞에서 말한 갑자에 의한 역년 산정은 이미 단군조선 시기에 유래했음을 다음에서 알 수 있다. 그 유일한 근거가 「삼일신고 봉장기」의 「고조선기」에 있다. 그 번역문과 원문을 소개한다.[34] 여기서 주목할 것은 바로 '366 갑자'이다.

「삼일신고 봉장기」(三一神誥奉藏記: 세 한얼말, 감춘적음)

삼가 상고하건대 「고조선기(古朝鮮記)」에 가로대, 삼백 예순 여섯 갑자(甲子)에 한배검께서 천부삼인(天符三印)을 가지시며, 운사(雲師), 우사(雨師), 풍백(風伯), 뇌공(雷公)을 거느리시고, 태백산(太白山, 今白頭山) 배달(박달) 나무 아래에 나리사, 땅을 개척하시며, 사람과 만물을 낳아 기르셨다.

두 돌인 무진(戊辰)해 상달[十月] 초사흗날에 이르러서, 배달대궐(영궁)에 계시사 크게 『신고』를 가르치시니, 때에 팽우(彭虞)는 삼천(三千)단부의 무리들을 거느리고, 머리를 구부려 받으며, 고시(高矢)는 푸른 돌을 동해 가에서 얻고, 신지(神誌)는 그 돌에 그려서 전하였다 하며, 또 「후조선기(後朝鮮記)」에는 가로대, 기자(箕子)가 일토산(一土山) 사람 왕수긍(王受兢)을 맞아서 은문(殷文)으로써 『신고(神誥)』를 배달나무 자귓밥에 써서 읽었다 하니(이하 생략)… 대흥(大興) 3년(739년) 3월 15일에 간직하노라.[35]

34) 『譯解倧經四部合編』 대종교총본부, 1949, 42~45쪽.

나철은 1,906년 1월 24일(음력 1,905년 12월 30일)에 서대문역에서 백두산 도인인 백봉(白峯)이 보낸 백전(伯佺)이라는 도인으로부터 『삼일신고』와 『신사기』를 받았다. 이후 김교헌(金敎獻)이 『삼일신고』를 활자본의 한문 원본으로 1,912년 4월 7일 서울에서 간행했다. 서일(徐一)은 『삼일신고』를 도해 강의한 『도해삼일신고강의(圖解三一神誥講義)』를 1,916년에 완성하였다. 이때 『신사기』, 『신리대전(神理大全)』, 『회삼경(會三經)』 등을 하나로 엮어 대종교동도본사에서 『사책합부(四册合附)』를 출간했다.

그리고 광복 후 서울에서 단애(檀崖) 윤세복(尹世復, 1,881년~1,960년)이 『도해삼일신고강의』의 내용의 일부를 발췌하고 여러 사람들의 번역을 첨가한 『삼일신고』와 『신리대전』, 『신사기』, 『회삼경』 등과 합본하여 1,949년 『역해종경사부합편(譯解倧經四部合編)』을 출판하였다. 여기에 「삼일신고 봉장기」가 실려 있는 것이다.

발해 문왕 대흠무가 「삼일신고 봉장기」를 짓다

「삼일신고 봉장기」에 의하면 『삼일신고』는 석본(石本)과 단본(檀本)이 전해 왔다.

그러나 병화로 소실되고 발해 문왕이 봉장한 『삼일신고』는 고구려에서 번역한 것이라고 한다. 이후 백봉이 십 년 동안 태백산에서 하늘에 기도하여 경전과 역사책을 석함(石函)에서 얻었다고 한다. 나철이 백전으로부터 받은 『삼일신고』는 백봉이 백두산 보본단(報本壇) 석실(石室)에서 얻은 것

---

35) "謹按古朝鮮記 曰三百六十六甲子 帝握天符三印 將雲師雨師風伯雷公 降于太白山檀木下 開拓山河 生育人物 再週甲子之戊辰歲十月三日 御靈宮 誕訓神誥 時彭虞率三千團部衆 [兆＋頁]首受之 高矢採青石於東海濱 神誌畵其石而傳之 後朝鮮記 箕子聘一土山人王受兢以殷文 書神誥于檀木[木＋市]而讀之 然則神誥原有石檀二本而世傳 石本藏於夫餘國庫 檀本則爲衛氏之有 竝失於兵燹 此本乃高句麗之所譯傳 而我高考之讀而贊之者也 小子受誥以來 恒恐失墜 又感石檀二本之爲世波所盪 玆奉靈寶閣御贊珍本 移藏于太白山報本壇石室中 以爲不朽之資云爾 大興三年三月十五日藏"(『三一神誥奉藏記』)

이다.

석실본에는 발해시조 고왕 대조영(大祚榮, 재위 698년~719년)의 동생 대야발(大野勃)이 지은 서문과 대조영이 지은 「어제삼일신고찬」이 있다. 그 다음에 본문으로 「천훈(天訓)」, 「신훈(神訓)」, 「천궁훈(天宮訓)」, 「세계훈(世界訓)」, 「진리훈(眞理訓)」 5개의 가르침으로 분장되어 있고, 각 장마다 임아상(任雅相)이 대조영의 칙명을 받고 쓴 주해와 대조영 어찬이 함께 실려 있다. 또 고구려의 개국공신인 극재사(克再思)가 지은 「삼일신고독법」이 있고, 맨 끝에 발해 문왕 대흠무(大欽茂, 재위 737년~793년)가 지은 「삼일신고 봉장기」가 첨부되어 있는 것이다.

이 「봉장기」는 발해 문왕이 즉위 3년째(서기 739년)에 쓴 것인데 1,281년경에 쓴 일연(一然)의 『삼국유사』보다도 500여 년이 앞선 것인데도 불구하고 그 진가를 인정받지 못하고 있다. 봉장기에는 「고조선기(古朝鮮記)」를 인용하여 개천과 개국에 관한 중요한 정보를 제공하고 있다. 등장하는 주체는 제(帝)이다. 이 기록상으로는 어느 임금인지 알 수 없지만 천부삼인을 가지고 등장한다. 그리고 운사(雲師) 우사(雨師) 풍백(風伯) 뇌공(雷公)을 거느리고 태백산(太白山) 박달나무 아래로 하강한다. 뇌공이라는 말이 『삼국유사』에는 없는데 이곳에 기록되었다는 것이 문헌의 신뢰성을 높여주고 있다. 또 『삼국유사』에 근거할 때 환웅천왕이 분명하다. 이어 366 갑자(甲子)로부터 두 돌 갑자(再週甲子)를 지나 무진년(戊辰年) 10월 3일 영궁(靈宮)에 이르러 『삼일신고』를 최초로 가르친다고 했다. 이때 등장하는 제(帝)는 단군왕검으로 보인다. 그러나 이 가운데는 몇 가지 의문이 남아 있다. 항을 나누어 설명하겠다.

① **「고조선기(古朝鮮記)」**: 이 「봉장기」에 등장하는 「고조선기(古朝鮮記)」는 세인으로부터 주목을 받지 못했다. 저자가 보기에 이 「고조선기」는 『삼국유사』(고조선조)에 나오는 고기(古記)의 또 다른 실체가 아닌가 생각

된다. 우선 내용상으로 보면, 「고조선기」는 『삼국유사』(고조선조)에 공통적으로 나오는 것 즉, 천부인(天符印), 운사우사풍백뇌공(雲師雨師風伯雷公), 태백산(太白山) 등 세 가지가 그대로 나온다. 다만 약간씩 그 표현이 다를 뿐이다. 뒤에서 언급하겠지만, 단군의 무진 건국설을 말한 것으로 보면 『동국통감』이 인용한 '고기'와 같을 수도 있다.

366 갑자는 창세로부터 21,901년(갑자)이고, 한민족의 창세갑자는 BCE 24,357년에 시작되다

② 366 갑자 개천: 366 갑(甲)이란 1갑이 60년(1~60년)이므로 366갑의 갑자년이므로 366×60=21,960이나 365 갑자 다음 해부터 계산하여 21,901년(갑자)~21,960년(계해)에서 21,901년이 갑자년이 나온다. 사람 나이로는 1갑이 61년이나 간지 연표로는 1갑자가 1년~60년이 된다. 또 같은 이치로 368 갑이란 22,021년~22,080년을 뜻한다. 이로 보면, 과거에도 우리 조상들은 역사 이전인 태고사를 계량화(計量化)하여 역년에 포함시켰다는 것을 알 수 있다. 정확히 말하면, 366 갑자년은 갑자 원년으로부터 21,901년이 되는 해이고, BCE 2,457년(갑자)이 된다.[36] 이것이 원전인 「고조선기」가 말하는 갑자 개천이다. 소급하여 말하면 BCE 24,357(갑자)년[37]이 우리가 인식한 인류 창세(創世) 갑자가 된다. 이때 조화주가 나반과 아만을 보냈다고 한다.[38]

앞에서 알아본 것처럼, 환웅의 신시개천이 BCE 3,897년(갑자)이고, 환인의 환국건국이 BCE 7,197년(갑자)인 것은 모두 갑자년을 역년의 개시 원년으로 삼았다는 것을 알 수 있다. 현재(2,021년) 우리는 440갑(CE 1,984년~

---

36) 『대종교 요감』 대종교총본사, 1983, 366쪽.
37) 『대종교 요감』 대종교총본사, 1983, 366쪽.
38) 『대종교 요감』 대종교총본사, 1983, 366쪽.

CE 2,043년 사이)에 살고 있고, 올해는 이 창세연표로는 26,378년이다. 특히 '三百六十六甲子'라는 말이 어느 문헌에도 나오지 않는 것으로 보아 「고조선기」를 재평가할 필요성이 제기되고 있다.

〈「삼일신고 고조선기」에 의한 창세연표〉

갑수	창세연표	기원(紀元)	적요
원년	1년	BCE 24,357년(갑자)	창세 갑자 나반과 아만
1갑	1~60년		
2갑	61년(~120년)	BCE 24,297년(갑자)	
3갑~	121년~	BCE 24,237년(갑자)	
366갑~	21,901년	BCE 2,457년(갑자)	신인(환웅) 개천
367갑~	21,961년	BCE 2,397년(갑자)	
368갑~	22,021년	BCE 2,337년(갑자)	
	22,022년	BCE 2,336년(을축)	
	22,025년	BCE 2,333년(무진)	단군왕검 건국
406갑~	24,301년	BCE 57년(갑자)	
	24,357년	BCE 1년(경신)	
	24,358년	CE 1년(신유)	
407갑~	24,361년	CE 4년(갑자)	
440갑	26,341년	CE 1,984년(갑자)	1,984년~2,043년
	26,378년	CE 2,021년(신축)	현재

※ BCE 2,457년은 『환단고기』와는 다르다

그러면 「고조선기」가 말한 366 갑자(甲子)인 21,901년은 무엇을 의미하는가? 이때 제(帝)가 천부삼인(天符三印)을 가지고 내려왔다는 것은 갑자

21,901년에 천부인(天符印)으로 개천을 하였다는 뜻이 된다. 「고조선기」는 이를 우리의 개천 원년으로 삼고 있다. 이 제(帝)와 개천 원년은 『환단고기』로 보면 환웅의 개천일 것인데, 김교헌은 『신단민사』에서 이 제(帝)를 누구라고 구체적으로 언급하지 않고 다만 신인(神人)이라고만 표현하고 있다. 그래서 신인이 내려와서 무진년(BCE 2,333년)에 건국하기 전까지 다스린 124년을 신시(神市)시대라고 말한다.[39] 따라서 여기서 말하는 개천원년은 『환단고기』와는 무관하게 무진년(BCE 2,333년)으로부터 124년 전인 BCE 2,457년을 의미한다. 대종교에서는 124년 전에 환웅이 강림했다고 말한다.[40] 이는 『환단고기』와 다른 연대이다.

이처럼 366 갑자(甲子)년인 21,901년(BCE 2,457년)에 '개천'하였다는 것은 단군의 개국사를 강조하기 위한 도입부의 성격을 갖는다고 보는 것이다. 어디까지나 「고조선기」는 단군조선 단대사의 역사서로만 기능한 것으로 이해할 수 있다. 물론 「고조선기」가 선대인 환웅의 신시역사를 부정할 의도는 없었을 것이다. 『환단고기』에서 말하는 18세 환웅 중에서 사실상 환웅의 마지막 인물인 축다리 환웅이나 혁다세 환웅의 역년을 빌려다가 환웅의 개천사를 124년으로 압축적으로 보여주려 한 것이 아닌가 추정된다. 「고조선기」가 환웅의 이름은 등장시키지 않았지만 그럼에도 천부개천(天符開天)의 역사를 언급한 것은 중요한 의미를 지닌다고 본다.

BCE 2,333년(무진)은 개천 갑자로부터 22,025년이다

③ **再週甲子之戊辰歲(재주갑자지무진세)의 배달 대궐**: 366 갑자(甲子)로부터 두 돌 갑자를 지나 무진년(戊辰年) 10월 3일, 배달 대궐에 이르렀다는

39) 김교헌, 『신단민사』 고동영 역, 한뿌리, 2006, 30~31쪽. 이 책의 원본은 1923년, 또는 1924년 저술이라고 함. 현재의 판본은 1946년 발행본에 의한 것이다. 이 책에서 김교헌은 신인의 신시시대, 단군의 배달시대, 부여시대로 시대구분을 하고 있다.

40) 『대종교 요감』 대종교총본사, 1983, 366쪽.

것은 영궁(靈宮)에서 등극했다는 뜻이다. 366 갑자의 갑자년은 21,901년이고, BCE 2,457년이다. 이로부터 두 돌 갑자를 지났다는 것(즉 368 갑자)은 120년이 지난 이후를 말하는 것이다. 즉 22,021년, BCE 2,337년(갑자)이다. 다시 이로부터 5번째인 무진년이라 하였으므로 368 갑자에서 다섯 번째에 있는 22,025년, 즉 BCE 2,333년(무진)이 된다. 다시 말해 개천 갑자로부터 22,025년＝BCE 2,333년(무진)이다.

앞서 지적한 대로 366 갑자로부터 만 124년 차이가 난다. 이 무진년(BCE 2,333년)을 대종교는 단군의 건국으로 이해하고 있다. 『환단고기』와 「고조선기」가 모두 무진년 단군의 건국설을 말하고 있으나 『삼국유사』만은 경진(庚辰)설 또는 정사(丁巳)설을 말해 혼동이 되고 있다.[41] 오늘날의 무진 건국설은 서거정의 『동국통감』(1,484년 작)에 의한 것이다. 서거정은 "고기(古紀)에 이르기를, 단군이 요와 무진년에 병립하였다고 했으나 요는 갑진년이고, 단군은 25년 뒤인 무진년(BCE 2,333년)에 즉위하였으니 함께 즉위한 것이 아니다"[42]고 역년의 차이를 분명히 했다.

그러나 천문학자 박창범은 "만약 요 원년 갑진설을 받아들인다면 단군조선 개국년도 요 원년과 같은 갑진년인 BC 2,357년으로 정하는 것이 옳다. 반면에 그 이전에 채택하였던 요 원년 무진년설을 받아들이면 단군조선의 개국년은 역시 요 원년인 BC 2,333년 무진년이 되어야 할 것"[43]이라고 주장했다. 그 이유는 단군조선 건국 기사가 처음 나왔던 13~15 세기의 기록에 따르면 간지에 관계없이 단군조선의 개국년을 요의 원년으로 보아

41) 무진년은 BCE 2,333년이다. 정사년은 그보다 49년 뒤인 BCE 2,284년이고, 경인년은 22년 뒤인 BCE 2,311년이다. 당시에 이 무진년보다 앞서 건국했을 것이라는 생각은 하지 못했을 것이다.

42) "古紀云 檀君與堯並立於戊辰 … 此說可疑 今按堯之立在上元甲子甲辰之歲 而檀君之立在後二十五年戊辰則日與堯並立者非也"(『東國通鑑』 外紀). 이 부분에서 서거정은 요(堯)는 무진설이 아니라, 상원 갑자인 갑진년(BCE 2357)에 건국했다고 하여, 단군보다 요가 25년 앞서 건국했다고 높였다. 요의 갑진년 등극설은 이미 소강절에 의해 기초된 것이었다.

43) 박창범, 「개천절 일자(日字)와 단군조선 개국년도 문제 고찰과 제언」 『*The Korean Astronomical Society*』 2015. http://www.koreascience.or.kr/article/JAKO201510665813369.pdf

왔기 때문에 갑진이건 무진이건 그대로 따르는 것이 합당하다고 본 것이다. 그런데 서거정은 『고기』를 근거로 무진설을 말하고 있는데, 구체적인 것은 알 수 없으나 그 『고기』가 바로 「고조선기」가 아닌가 생각한다. 『단군세기』에 의하면, 단군은 갑진년에 나이 14세로 비왕(裨王)에 즉위한 것을 알 수 있다.[44] 이렇게 갑진년에 비왕에 즉위하고, 무진년에 국왕에 즉위한 것이 밝혀짐으로써 오해를 불식할 수 있게 되었다. 아무튼 단군은 이전의 환웅이나 환인과 달리 갑자년 건국이 아니라, 무진년 건국을 택하였다.

그러면 366 갑자 21,901년이나 368 갑자 22,021년은 무엇을 의미하는가? 저자가 보기에 한민족의 형성 역사를 말한 것으로 볼 수 있다. 다시 말해 최초 창세 이래 민족형성사의 뿌리를 2만여 년 전으로 보았다는 것을 의미한다. 5천 년도, 1만 년도 아니다. 2만 년사의 한민족임을 밝힌 소중한 문헌이라고 보는 것이다. 따라서 한민족의 창세는 BCE 24,357년으로 볼 수 있고, 현재로부터 2만6천여 년의 역사기록을 의미한다.[45] 이는 소강절처럼 선사시대도 역사에 포함함으로써 역사에 대한 인간의 인식 지평을 확장시켜 주었다고 본다.

단군조선의 이전부터 단국(檀國)의 역사가 시작되었다

④ 신시 124년 압축의 역사적 의미: 『삼성기』에 의하면, 환웅천왕이 3천의 무리를 거느리고 태백산(太白山) 신단수(神壇樹) 아래에 내려오니 이곳을 신시(神市)라 하고, 인간의 360여 가지 일을 주관하여 홍익인간 이화세계를 이룬다는 기록이 있다. 또 환웅이 『천부경』을 연(演)하고 『삼일신고』를 강(講)하여 크게 무리를 가르쳤다고 했다. 『삼성기』 가 전하고 있는 진

44) "年十四甲辰 熊氏王聞其神聖擧爲裨王攝行大邑國事 戊辰(元年)唐堯時來自檀國至阿斯達 檀木之墟國人推爲天帝子"(『단군세기』1세 단군왕검조)

45) 한편 1921년에 지은 대전 수운교의 장실 상량문에는 '56,435歲 辛酉'라고 적혀 있다. 이 수운교 연표는 어떤 근거로 나왔는지 아직 알 수가 없다.

실의 핵심은 환웅의 신시개천의 역사이다. 그 역년이 18세(世), 1,565년이다. 이 1,565년의 신시 역사를 「고조선기」가 124년으로 압축하여 '천부개천'으로 표현한 것은 역사의 지나친 축소라고 비판도 받지만, 단군조선 건국의 연장선상에서 보면 역사의 압축적 표현으로 이해할 수 있다. 그 단적인 예가 18세 환웅인 거불단(居弗檀)이다. 이 거불단 환웅의 이름에 단(檀)이 등장하는 것 자체가 예사로운 일이 아니다. 거불단의 재위연대는 BCE 2,381년~BCE 2,333년인데, 또 다른 이름이 단웅(檀雄)이라고 했다. 『단군세기』에도 단군왕검의 아버지는 '단웅'이라고 했다. 두 책에 공히 단웅이라는 이름이 등장한다는 것은 나름의 의미가 있다고 본다.

『단군세기』의 입장에서도 단군의 역년을 다소라도 확장하려는 의도가 깔려 있었을 것이다. 이로써 보면, 단군의 실질적인 역사의 개시는 BCE 2,333년 이전부터 이미 시작되었다고 볼 수 있다. 단군조선의 이전부터 있었던 단국(檀國)의 역사를 암시한 것으로도 이해할 수 있다. 『단군세기』에도 무진년 건국 이전에 단국이 있었다고 했다.

그런데 오늘날 우리가 개천절을 말하면서도 단군 이전의 환웅에 관하여는 언급하지 않고 있다. 이런 인식의 근저에는 『동몽선습』식으로 "동방초무군장(東方初無君長)"이 겉으로는 그럴 듯하지만 사실은 잘못된 역사관이 깔려 있는데 기인한다고 본다. 서거정의 『동국통감』도 "동방에 처음에는 군장이 없었는데 신인(神人)이 단목 아래로 내려오자 국인이 세워서 임금으로 삼았다"[46]라고 한 구절과 같이 단군 이전의 역사를 인정하지 않는다. 단군 이전의 역사를 인정한다는 것은 중국과 요임금을 거스르기 때문일 것이다. 그러나 "동방초무군장(東方初無君長)"이라는 패배주의(敗北主義)적 논리는 '석유환국(昔有桓國)'이라는 자주주의(自主主義) 논리와 배

46) "東方初無君長, 有神人降于檀木下, 國人立爲君, 是爲檀君, 國號朝鮮, 是唐堯戊辰歲也. 初都平壤, 後徙都白岳, 至商.武丁八年乙未, 入阿斯達山爲神"(檀君朝鮮《東國通鑑 · 外紀(동국통감 · 외기)》 徐居正 · 崔溥 等 共撰)

치되는 것이기 때문에 역사해석에서 경계하지 않을 수 없다.

5. 『황극경세』로 본 천지개벽과 역사연표

앞에서는 「고조선기」를 근거로 우리의 태고사를 살펴보았다. 이제부터는 역리적인 고찰을 해 보고자 한다. 왜냐하면 1만 년 이전의 역사는 천지개벽의 역사를 포함하여 설명하는 동양의 우주관이 아니면 이해가 불가능하기 때문이다. 이런 의미에서 주역을 수리적으로 구체화한 소강절(1,011년~1,077년)의 『황극경세』(『성리대전』에서는 『황극경세서』라 칭함)를 참고할 필요가 있다.

천도의 생성변화의 이치를 구체적으로 서술한 소강절의 『황극경세』는 본래 12권인데, 일반적으로 원회운세(元會運世)를 활용한 우주의 시작부터 끝까지를 살핀 역사연표, 모든 만물이 소리에서 생겨나고 소리에서 번창하고 소리에서 망했다는 성음창화편, 만물의 이치와 역사를 주역의 이론으로 직접 설명한 관물내편, 만물의 생로병사에 대한 이치를 제자들이 수집해 기록한 관물외편 등으로 설명하고 있다.

『황극경세』에는 개벽(開闢)이라는 말의 출처가 되는 "天開于子(천개우자), 地闢于丑(지벽우축), 人生于寅(인생우인)"[47]이란 구절이 나온다. 일반적으로 쓰는 天開於子(천개어자)라는 말은 자(子)에서 하늘이 열렸다는 선언이며, 또 우주가 처음 시작된 자회 10,800년을 의미한다. 그러면 子는 어디에서 열렸는가? 앞의 해회(前亥會)의 끝에서 열린 것이다. 그래서 다시 자(子)로 들어간다. 여기서 우주순환론을 알 수 있다. 우주의 태초가 열린 첫 시간은 갑자년 갑자월 갑자일 갑자시일 것이다. 경세서는 우주의 태초

47) "惟邵子 天開于子 地闢于丑 人生于寅之義 乃灼然無疑 卽 復見天地之心"(『황극경세』 17쪽). (원문 찾아보기는 윤상철 譯, 대유학당 발간 『황극경세』, 2011년 개정판 1권의 쪽수를 가리킴)

인 일원(一元)의 시작을 자회(子會)라 하고, 이를 다시 64괘로 세분하여 복괘(復卦)－곤운(坤運)－복세(復世)라 한다. 여기서 원(元)－회(會)－운(運)－세(世)라는 말이 나온다. 그래서 복괘에서 시작하여 다시 복괘로 돌아오므로 하늘·땅의 마음을 이 복괘에서 볼 수 있다고 한 것이다.

1원(元) 수인 129,600년을 반씩 나누어 선후천으로 인식한다

소강절이 산정한 1원(元)의 수는 129,600년을 말한다.

이것을 다시 12로 나눈다. 그래서 1원에 12회(會)가 있다고 한다. 회(會)는 12지지로 나눈 것이다. 1회는 10,800년이다. 이것은 소강절의 독특한 학설이다. 같은 이치로 이것을 다시 360운(運)으로 나누면 1운은 360년이 된다. 또 1원을 다시 4,320세(世)로 나누면 1세(世)는 30년이 된다. 보통 1세대를 30년이라 하는 말도 여기서 나온 것이다. 1년이 12월, 360일, 4,320진(辰)이 되는 이치를 우주적인 129,600년으로 확장한 것임을 알 수 있다.

그런데 1원 12회를 선후천으로 나누어 인식하면서 역학적 의미가 부여된다. 앞의 6회는 식(息)으로 양이 자라는 것이고 뒤의 6회는 소(消)로 양이 줄어드는 것이다. 즉 자(子)에서 사(巳)까지는 양이 불어나고 음이 사그라지며, 오(午)에서 해(亥)까지는 양이 사그라지고, 반대로 음이 불어난다. 이런 기본적인 인식을 갖고 天開於子(천개어자), 地闢於丑(지벽어축)하는 우주 개벽(開闢)의 이치를 알아보겠다. 이는 인간이 인식하기 어려운 태초시기를 자회는 천개벽, 축회는 지개벽이라는 관점으로 이해할 수 있도록 틀을 제시했다는 데 의의가 있다.

먼저 천개어자의 자회(子會) 10,800년 동안에 우주에는 어떤 일이 일어나는가? 황기(黃畿)의 주석에 의하면, 이때의 전반기 5,400년 동안에는 혼돈한 기운이 성대히 퍼지다가(混沌龐鴻혼돈롱홍), 후반기 5,400년 동안에 미미한 양이 발동(微陽發動미양발동)하여 어둠 속에서 밝게 빛이 나고(終

則光明종즉광명), 원기가 쪼개져(元氣剖判원기부판), 가볍고 맑은 것은 위로 올라가(輕清上騰경청상등), 일월(日月)성신(星辰)의 네 형상을 이루어 하늘을 만들었다.[48] 이를 '천개벽'이라 한다.

그 다음 두 번째 '지벽어축'의 축회(丑會) 10,800년 동안에는 우주에 어떤 일이 있었나? 전반기 5,400년 동안에는 하나의 기운이 안팎에서 움직이니, 안에서 엉키어 모이는 것(凝聚於內응취어내)은 무겁고 탁해서 아래로 떨어져(重濁墜下중탁추하) 땅이 된다. 땅은 비록 엉겨 붙으나(地雖凝結지수응결) 아직 굳고 단단하지 않았다(猶未堅實유미견실). 후반기 5,400년 동안에는 기운 덩어리가 쌓여 흙과 돌이 되고, 습하고 미끄러운 것은 물이 되고, 건조하고 뜨거운 것은 불 등 4가지 즉 수화토석(水火土石)이 되어 축회(丑會)를 마치게 된다.[49] 이제 차츰차츰 우주에 봄기운이 오게 된다(春意漸來춘의점래). 이를 '지개벽'이라 한다.

그 다음 인생어인의 인회(寅會)는 천개지벽이 일어난 이후의 세 번째 10,800년으로 중요한 의미를 지닌다. 전반기 5,400년 동안에는 기운으로만 변화한 것이 번성한다. 봄기운이 오기 시작한 것이다. 형체가 나타나기 이전이다. 따라서 이때에는 하늘이 열리고 땅이 열린 처음이라 사람이 없기 때문에, 모든 생겨남이 기운으로(其生氣化기생기화) 변화해서 이루어지니, 길짐승은 태로 낳지 않았고, 날짐승은 알로 낳지 않았고, 나무는 씨로 낳지 않았고, 풀은 열매로 낳지 않았으니 모두 기운으로만 변화한 것(皆氣所化개기소화)이다.[50]

후반기 5,400년 동안에 비로소 형체가 나타나기 시작하니 개물성무(開

48) "是時也에 混沌龐鴻이요 積五千四百年하야… 是時也에 微陽發動하야 始則幽闇이라가 終則光明이라. 故로 元氣剖判에 輕清上騰하야 有日有月星有辰하니 四者成象而共爲天이요"(『황극경세』(1) 16~17쪽)

49) "一氣運轉於外者는 輕淸하야 浮於上而爲天하고 則其凝聚於內者는 重濁하야 墜於下而爲地라. … 是時也에 地雖凝結이나 猶未堅實이요"(『황극경세』(1) 22~23쪽)

50) "天開地闢之初에 未有人物이라 其生이 皆氣化하야 如走之生은 不以胎하고 飛之生은 不以卵하며 木之生은 不以核하고 草之生은 不以實하니 皆氣所化者라"(『황극경세』(1) 25쪽)

<table>
<tr><th colspan="6">1원(元) 12회(會)</th><th colspan="6">12회 24절후</th></tr>
<tr><td colspan="6">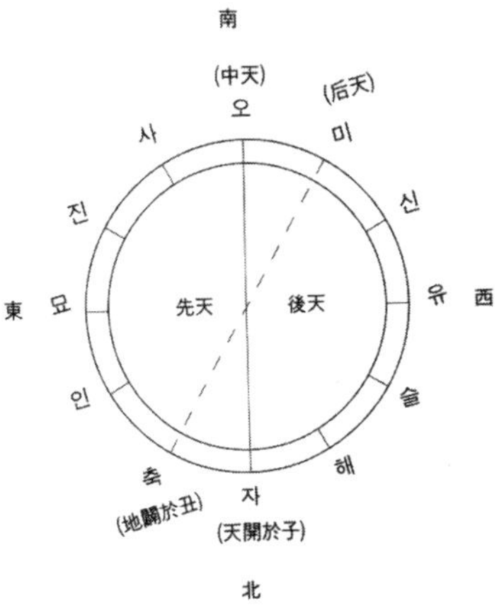
</td><td colspan="6">1원=12회=24절후=129,600년
1회=10,800년
자~오=64,800년/오~자=64,800년
===================
자회(동지, 소한)=10,800년
축회(대한, 입춘)=10,800년
인회(우수, 경칩)=10,800년
묘회(춘분, 청명)=10,800년
진회(곡우, 입하)=10,800년
사회(소만, 망종)=10,800년
오회(하지, 소서)=10,800년</td></tr>
<tr><td colspan="6">선천(64,800년, 양이 주관)</td><td colspan="6">후천(64,800년, 음이 주관)</td></tr>
<tr><td>자회</td><td>축회</td><td>인회</td><td>묘회</td><td>진회</td><td>사회</td><td>오회
(현재)</td><td>미회</td><td>신회</td><td>유회</td><td>술회</td><td>해회</td></tr>
</table>

物成務)라 한다. 건도(乾道)가 남성을 이루고, 곤도(坤道)가 여성을 이루어서 사람과 물건이 있게 된다. 생겨나는 것은 모두 형체로 생겨서(其生形化 기생형화) 길짐승은 태(胎)로 낳고, 날짐승은 알로 낳고, 나무는 씨로 낳고, 풀은 열매로 낳게 되니 모두 형체가 변화되어 가는 것이다. 이처럼 형체로 변화되는 것은 날로 성해지고(形化日盛형화일성), 기로 화하는 것은 점차 줄어진다(氣化漸小기화점소). 사람과 물건이 이미 생겨나게 되면(人物既生인물기생) 형체가 기를 빼앗기 때문에 기로는 적은 것을 변화시킬 수 있으나 큰 것은 변화시킬 수가 없어서, 오직 형체로써 형체를 만들어 내며(形以化形형이화형), 변화하고 변화해서 끝이 없는 것이다(化化無窮화화무궁). 그래서 사람이 인(寅)에서 생겨난다고 하는 것(人生於寅)이므로 '인개벽'이라고 한다.[51]

사람이 나와 비로소 삼재가 자리잡고, 오행(五行)이 순하게 퍼져 사시(四

時)가 운행하게 된다.[52] 주석자 황기는 이때를 반고의 초기(盤古之初)로 보았다.

그 다음 네 번째 묘회(卯會)에는 사농공상이 생기고 임금이 백성을 교화한다. 팔괘를 그린 복희씨가 이때에 해당한다.[53] 원문에 특별히 명칭을 부여하지 않았으므로 저자는 이를 편의상 사농공상의 '생활개벽'이라고 본다. 그 다음 다섯 번째 진회(辰會)에는 교역이 이루어지고, 예법을 익히며, 의약이 나온다.[54] 저자는 이를 부족간, 지역간 교역이 이루어지고 서로가 상대에 대한 예절을 인식한 것을 '사회개벽'이라고 본다.

선천 64,000년에 대한 인식의 틀					
자회 10,800년	축회 10,800년	인회 10,800년	묘회 10,800년	진회 10,800년	사회 10,800년
천개벽 1년~ 10,800년	지개벽 10,801년~ 21,600년	인개벽 21,601년~ 32,400년	생활개벽 32,401년~ 43,200년	사회개벽 43,201년~ 54,000년	나라개벽 54,001년~ 64,800년
소강절의 견해			저자의 명칭 제안		

그 다음 여섯 번째 사회(巳會)에는 마침내 지역마다 나라가 서고 임금이 선다. 인류 역사상 나라가 세워졌다는 것은 일대 개벽이라 아니할 수 없다. 저자는 이를 '나라개벽'이라고 본다. 『황극경세』는 임금과 나라의 주인공을 요임금의 당국(唐國)으로 본다. 주석서에는 "죽서기년에 요(堯)임금의

---

51) "是時也에 形化日盛하고 氣化漸少라. 盖人物旣生이면 形奪乎氣라 故로 氣惟化其小者而大者不復能化하야 惟形以化形而化化無窮焉이라 故로 曰 人生於寅이라"(『황극경세』(1) 26~27쪽)

52) "前此開物於寅中이면 三才肇位하고 而五氣順布하야 四時行焉이라"(『황극경세』(1) 30쪽)

53) "前此四陽之日에 擧趾而耕하니 民有恒産하야 漸趨禮義라. 易에 曰 庖犧氏沒커늘 神農氏作하야 耒耟之利하니 取諸益하고 日中交易하니 取諸噬嗑이라하니 所由來非一世矣라"(『황극경세』(1) 30~31쪽)

54) "前此四陽之日에 擧趾而耕하니 民有恒産하야 漸趨禮義라. 易에 曰 庖犧氏沒커늘 神農氏作하야 耒耟之利하니 取諸益하고 日中交易하니 取諸噬嗑이라하니 所由來非一世矣라."(『황극경세』(1) 34~35쪽)

등극원년은 병자년이라 했고, 장행성은 갑진년에 요가 태어나 무진년에 당후가 되었으며, 병자년에 제위에 올랐다고 했으나, 소강절은 갑진년을 등극원년으로 했고, 주회암도 이 설을 따랐다"[55]고 했다. 앞에서 살펴본 것처럼 요(堯)의 갑진년 등극설은 소강절에 의해 정립되고 고정화되었다. 갑진년은 BCE 2,357년이고 황극기원으로는 64,661년이다. 우주의 1년 129,600년 중에 거의 절반에 이르러서 나라가 세워진 것이다. 이 갑진년은 중국 역사 서술과 해석의 기준이 된다.[56]

『성리대전』의 황극경세서 경세1원소장지수도	당요 건운180
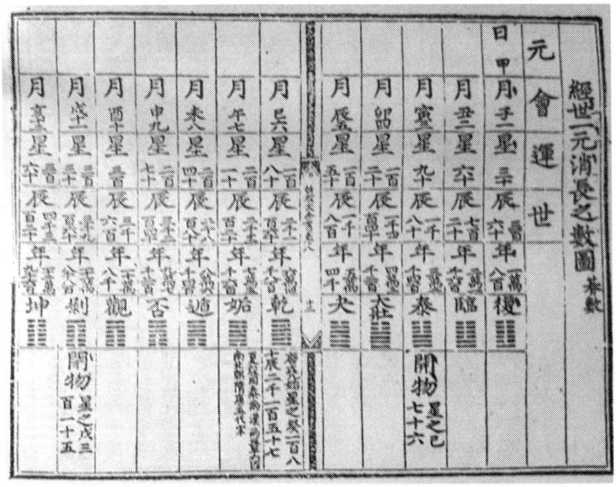	

갑진년을 다시 경세연표로 풀어보고자 한다.

『황극경세』 원문에 "乾(건) 唐堯始(당요시) 星之癸(성지계) 180 辰(신) 2,157"[57]이라고 했다. 즉 요임금의 등극연대는 "건운(乾運)에 180운(運=360년) 경신(經辰) 2,157"에 해당한다는 말이다. 그러면 황극기원으로 계

55) "帝堯卽位之年은 竹書紀年에 云ㅣ 堯元年丙子라하고 張行成이 謂甲辰에 堯始生하고 戊辰에 爲唐侯하고 丙子에 卽帝位라하나 惟邵子ㅣ 以爲元年甲辰而朱子從之라." (『황극경세』(1) 86쪽)

56) "甲辰／帝堯(갑진년에 堯임금이 등극하였다(BCE 2,357년)" (『황극경세』(1) 88쪽)

57) 『성리대전』(권8-12, 「황극경세서」) 148쪽.

산해 보겠다.

건운 180운은 180~181을 의미하므로 179운×360=64,440년에 +1년을 한 황극기원 64,441년부터 360년을 더한 180×360=64,800년 사이에 있게 된다. 그 가운데 경신 2,157이라는 신(辰)이 총 4,320세(1世는 30년)이므로 그 중에서 2,157번째에 해당한다는 뜻이고, 경신(經辰)이란 말 자체가 '신(辰)으로 고찰해 보면'이라는 말이다.[58]

그러니까 1세(世)는 30년이므로 경신 1은 1~30년, 경신 2는 31~60년이므로 경신 2,157은 황극기원 64,681년(2,156×30=64,680년에 +1부터 시작)~64,710년에 해당한다. 이를 현재에 쓰는 역년으로 환산하면, BCE 2,337년~BCE 2,308년이다. 이러한 기록은 「관물편」에 있는 '이원경회(以元經會)'에 나오는 내용이다. 그런데 같은 「관물편」에 있는 '이회경운(以會經運)'[59]과 '이운경세(以運經世)'[60]에는 이와 달리 요임금이 2,156세(世)에 등극한 것으로 기록되어 있다. 30년 앞에다 놓은 것이다. 같은 책 안에서 서로 다른 연대가 표시되고 있다는 것도 특이하다.

즉 '이회경운'과 '이운경세'에 의해 경신 2,156은 2,155×30+1=64,651년부터 64,680년까지 해당된다. 현재 쓰는 역년으로 이를 다시 환산하면, BCE 2,367년(갑오)~BCE 2,338년(계해)이 되는데, 그 중 10년째가 요가 등극한 BCE 2,357년(갑진)이 된다. BCE 2,357년은 원회운세(元會運世)의 경세연표에 의하면, "사회(巳會)-쾌괘-건운-소축세"에 해당한다. 건의 구사효가 변한 소축세는 60년을 단위로 한 것이므로 다시 소축의 초효로부터 변효가 생겨 손(巽)-가인-중부-건(乾)-대축-수(需)로 각각 10년씩 배당된다. BCE 2,357년은 소축세 중에 5효가 동한 '대축'에 해당한

---

58) 소강절은 우주의 시종시간(始終時間)을 '日'로 보면 1원이고, '月'로 보면 12회이고, '星'으로 보면 360운이고, '辰'으로 보면 4320世라고 하였다. 각각의 값은 공히 129,600년이다.

59) 『황극경세』(1) 88쪽: 甲辰唐堯(갑진년에 堯임금이 등극하였다).

60) "甲辰 唐帝堯ㅣ 肇位平陽하시니 號陶唐氏라"(『황극경세』(1) 283쪽): 갑진년(BCE 2,357년))에는 요임금이 평양에서 임금의 자리에 올랐으니, 요임금의 호는 도당씨이다.

다. 따라서 BCE 2,357년(갑진)은 경세연표에 의하면 64,661년이 된다. 소강절은 요임금 등극 시점(황극기원 64,661년)을 후천 인문개벽의 시작으로 삼았고, 사실상 송태조의 송나라 건국(황극기원 67,977년)으로 중국사 연표를 실질적으로 마무리했다.

요의 등극은 황극기원 64,661년, 단군의 등극은 64,685년이다

그러면 단군의 건국연대는 어떠한가?

앞에서 말한 '경신 2,157'로 돌아가야 한다.

단군이 등극한 무진년(BCE 2,333년)을 이런 방식으로 저자가 산정하면, 갑진으로부터 24년 뒤이므로 경세연표로 64,685년이 된다.[61] 다시 살펴보면, 경신 2,157은 BCE 2,337년(갑자)~BCE 2,308년에 해당하고, BCE 2,337년이 64,681년이므로 갑자로부터 4년 뒤인 무진년 BCE 2,333년은 황극기원 64,685년에 해당한다. 건의 구오효가 변한 대유괘 초변인 화풍 정(鼎)괘가 된다.

다시 말하면, 『황극경세』가 처음에 언급한 경신(經辰) 2,157은 요의 등극이 아니라, 단군의 등극이었던 것이다. 어쩌면 단군 등극이 요보다 빠를 수 있는데, 돌연 단군보다 24년 앞에 놓는 바람에 경신 2,157이 경신 2,156으로 뒤바뀐 것이 아닌가 한다. 오늘날 중국학계는 요의 생몰연대를 뒤늦은 BCE 2,162년~BCE 2,093년으로 보기도 한다.[62]

여기서 단군의 무진년을 주역의 괘로 살펴보면, 180번째 운은 중천건괘에 해당하고, 180운 중에 2,157세부터 2,158세까지는 건괘 구오효가 변한 화천 대유(大有)괘에 해당한다. 그러므로 왕식이 "요임금시대가 바로 건(乾)괘 구오에 해당된다"[63]고 주석을 달은 것이나, 사실은 요가 아니라 단

61) 이찬구, 『주역과 동학의 만남』 모시는 사람들, 2010, 130쪽 재인용.
62) 朱小豊, 『中國的 起源』 上海文藝出版社, 2014, 349쪽.

군이 구오대인(九五大人)이었던 것이다.

巳 會(54,001년~64,800년)																														
卦	2,160년 需(수)						2,160년 소축						2,160년 대장						2,160년 대유						2,160년 夬(쾌)					
運 360	정	기제	절	쾌	태	소과	손	가인	중부	건	대축	수	항	풍	귀매	태	쾌	대유	정	리	규	대축	건	대장	대과	혁	태	수	대장	乾

巳會(10,800년)					
夬(쾌; 2,160년) 62,641~64,800					
乾(건; 360년) 64,441~64,800					
姤	同人	履	小畜	大有	夬
BCE 2577	BCE 2517	BCE 2457	BCE 2397	BCE 2337	BCE 2277
2518	2458	2398	2338	2278	2218
경진 2149~2150	경진 2151~2152	경진 2153~2154	경진 2155~2156	경진 2157~2158	경진 2159~2160
			堯(요) 2357	단군 2333	

사회 ➡ 쾌 ➡ 乾운 ➡ { 쾌, 대유, 소축 ➡ { 수, 대축, 건, 중부, 가인, 손(초효) }, 이, 동인, 구(초효) }

사회(巳會)에 이어 오회(午會)가 열린다. 황극연표에 의하면 BCE 2,217년(갑자)에 시작되어 10,800년을 지속한다. 오늘의 우리가 살고 있는 이 시대를 포함한다. 10,800년 중에 4,238년(2,217년+2,021년)을 살았다. 이제 겨우 오회의 반(半)을 살고 있는 중이다. 『황극경세』에는 오회 첫 번째 운(運)인 360년 동안(BCE 2,217년~BCE 1,858년)에 "음이 길어지고 양이 사그러지는 것이 여기서부터 시작된다(陰長陽消 自此始)"[64]고 했다. 음양의

63) "故로 謂堯時正是乾卦九五라"(황극경세(1) 86쪽). 이 부분을 정리하는 데 건원 윤상철 박사의 자문이 있었음.

〈황극연표로 본 동양사〉

경세연표(소강절)	기원	적요
자회 1년~10,800년	BCE 67,017년(갑자) ~	천개벽(元氣剖判)
축회 10,801년~21,600년		지개벽(水火土石)
인회 21,601년~32,400년	전: 21,601년~27,000년 후: 27,001년~32,400년	인개벽(男女生化) 후: 반고
묘회 32,401년~43,200년	전: 32,401년~37,800년 후: 37,801년~43,200년	생활개벽(士農工商) 후: 복희씨
진회 43,201년~54,000년	전: 43,201년~48,600년 후: 48,601년~54,000년	사회개벽(交易去來)
사회 54,001년~64,800년	전: 54,001년~59,400년 후: 59,401년~64,800년	나라개벽(立國君王)
64,661년	BCE 2,357년(갑진)	요임금 등극(기준점)
64,733년	BCE 2,285년(병진)	순임금 등극
64,800년	BCE 2,218년(계해)	
오회 64,801년~	BCE 2,217년(갑자)	오회 시작(후천)
65,896년	BCE 1,122년(기묘)	주 무왕 등극
67,977년	CE 960년(경신)	송태조 등극
69,037년	CE 2,020년(경자)	현재(코로나 대유행)

변화 기운으로 볼 때, 후천은 이때부터 시작된 것이 틀림없다. 그래서 선천은 양(陽)의 주관시대, 후천은 음(陰)의 주관시대라고 표현하기도 한다.[65] 하지만 이것이 현실로 나타나기까지 시간이 소요되므로 이때를 후천은 후천이로되 아직 완전한 후천이 아니므로 중천(中天)이라고 표현하기도 한

64) 『황극경세』(1) 299쪽.

65) 이에 관하여는 저자가 이찬구, 『주역과 동학의 만남』 모시는 사람들, 2010, 330~331 쪽에서 상세히 밝힌 바 있다.

다. 대개 오회의 전반기(5,400년)를 중천이라 하기도 한다.

6. 『부도지』에 의한 63,182년의 실체적 접근

이제 해명해야 할 것은 63,182년설에 관한 것이다. 앞에서 살펴본 것처럼 원동중은 환국의 역년을 말하면서 7세 3,301년 원설과 다른 혹설(或說)로 63,182년을 제기했다. 그가 환국의 역년을 3,301년이라고 단언하지 못하고, 혹설을 붙여 스스로 애매한 입장을 취한 데는 이유가 있었을 것이다. 『삼성기』 또는 원전으로 보이는 『조대기』의 당시에도 '석유환국'의 석(昔)의 상한을 환국으로 보느냐, 아니면 환국 이전으로까지 보느냐로 이설이 있었을 것이다. 또 63,182년에는 3,301년을 포함한 것이냐, 포함하지 않은 것이냐[66]로 견해가 대립되었을지도 모른다.

이 글에서는 문맥상 3,301년이 63,182년에 포함된 것으로 보고 역년을 추산하려고 한다. 왜냐하면, 원동중은 환국 이전의 역사를 인지하고 동시에 환국의 역년에 주목한 것으로 보이기 때문이다. 그렇지 않다면, 군더더기 같은 혹설 6만여 년을 말하지 않았을 것이다. 그렇다고 하여 6만 년의 역사를 기록한 문헌도 없고, 그것을 말한 사람도 없는 터에 하필 63,182년인가? 다시 『부도지』를 살펴보고, 이어서 역리적으로도 고찰할 것이다.

기존의 선천, 후천에 새로운 '짐세'가 등장한다

먼저 『부도지』(1장)는 마고성의 역사로부터 시작한다.

그러나 『부도지』는 황궁씨로부터 가륵에 이르기까지의 7세 7천 년의 역

66) 조홍근은 3,301년을 환국의 이전으로 보고 포함시키지 않았다. 그래서 그 역년을 서기전 70,378년에 역사가 시작한 것으로 보고 있다. http://blog.daum.net/cheonjiinmunhwa(한문화사업단)

사만을 언급하였을 뿐, 그 이전의 역년(歷年)에 대하여는 일체 언급하지 않았다. 그러니까 황궁씨 이전인 궁희와 마고시대의 역년은 막연하여 알 수 없게 된 것이다. 다시 말해 마고 → 궁희 → 황궁씨로 이어져 내려온 마고성 역사는 『부도지』의 문장 속에서 간접적으로 찾아낼 수밖에 없다.

다시 『부도지』(1장)에 의하면, 마고성은 '천부(天符)를 받들어 선천(先天)을 계승하였다'고 했다. 보통 선천과 이에 대(對)가 되는 후천이라는 말은 주역에 나오며, 구체적으로는 소강절의 『황극경세』에도 나오는 말이다. 소강절은 우주의 1년을 129,600년으로써 1元을 설정하고 그 반을 나누어 선천 64,800년, 그 나머지 반을 후천 64,800년으로 설명한다.

2등분	선천	후천
역년(황극경세)	64,800년	64,800년

앞에서 선천을 계승하였다는 말은 즉 마고성은 선천 다음의 후천에 해당한다는 뜻이다. 그런데 '마고는 짐세에 태어났다'는 말이 나온다. 짐세(朕世)가 선천이나 후천의 어느 곳에 해당하는지, 아니면 별개인지는 더 검토해 보아야 한다. 윤치원은 짐세를 서양 점성학의 처녀궁별자리로 보고 그 연대를 BCE 12,960년~10,800년으로 추정하고 있으나,[67] 정확하게 이해하기는 어렵다.

3등분	선천	중천	후천
역년(황극경세)	43,200년	43,200년	43,200년

또 주역은 선후천으로 양분하는 외에도 3등분하기도 한다. 이렇게 나누는 것이 좋은 것은 아니지만, 이해의 편의를 위한 것일 뿐, 그 분류가 절대적인 것은 아니다. 1원수 129,600년을 3등분하여 선천, 중천, 후천에 43,200

67) 윤치원, 『부도지』 대원출판, 2002, 194쪽.

년씩 안배한다. 조홍근도 마고를 중천시대에, 황궁씨를 중천에서 분리하여 후천시대에 안배하고,[68] 마고성시대를 63,182년(BCE 70,378년 계해~BCE 7,197년)으로 산정하였다. 다시 마고시대 43,200년(BCE 70,378년~BCE 27,178년)과 황궁씨 마고성시대 19,982년으로 나누어 설명한다.[69] 그는 우리 역사에서 마고시대는 사실상 BCE 7,197년에 종료된 것으로 본다.

그러나 저자는 『부도지』의 원문에 다시 주목하고자 한다.

마고(麻姑)는 짐세(朕世)에서 태어나 희로(喜怒)의 감정이 없으므로, 선천(先天)을 남자로 하고 후천(後天)을 여자로 하여 배우자가 없이 궁희와 소희를 낳았다. 궁희와 소희도 역시 선천의 정(精)을 받아 결혼을 하지 아니하고 두 천인(天人)과 두 천녀(天女)를 낳았다. 합하여 네 천인과 네 천녀였다.(『부도지』 1장)[70]

오직 8려(呂)의 음(音)만이 하늘에서 들려오니 실달성과 허달성이 모두 이 음에서 나왔으며, 마고대성과 마고도 또한 이 음(音)에서 탄생하였다. 이것이 짐세(朕世)다. 짐세 이전에 율려(律呂)가 몇 번 부활하여 별들(星辰)이 출현하였다. 짐세가 몇 번 종말을 맞이할 때 마고가 궁희(穹姬)와 소희(巢姬)를 낳았다.(『부도지』 2장)[71]

마고는 짐세에 태어났으므로 짐세의 사람이다. 그런데 배우자 없이 선천

68) http://blog.daum.net/cheonjiinmunhwa
http://cafe.daum.net/hanmunhwadan/WbUT/2(한문화사업총단)

69) 조홍근, 『마고할미로부터 7만 년』 글로벌콘텐츠, 2005, 17쪽. 2015년 기준으로 우리 역사 역년을 천부72,392년이라고 설명한다.

70) "麻姑ㅣ生於朕世하야 無喜怒之情하니 先天爲男하고 後天爲女하야 無配而生二姬하고 二姬ㅣ亦受其精하야 無配而生二天人二天女하니 合四天人四天女야라"(『부도지』 1장)

71) "唯有八呂之音이 自天聞來하니 實達與虛達이 皆出於此音之中하고 大城與麻姑ㅣ亦生於斯하니 是爲朕世라. 朕世以前則律呂幾復하야 星辰已現이러라. 朕世幾終에 麻姑ㅣ生二姬하야"(『부도지』 2장)

(先天)을 남자로 하고, 후천(後天)을 여자로 하여 궁희와 소희를 낳았다. 이때의 선천, 후천은 우리가 지금 말하고 있는 선천과 후천이 아닐 것이다. 선천에는 남자의 정(精)을 취하고, 후천에는 여자의 정(精)을 취한 것으로 설명할 수 있으므로 선천적 남자와 후천적 여자의 의미를 찾아보고자 한다.

이어 나오는 2장에서는 "짐세 이전에 율려(律呂)가 몇 번 부활하여 별들(星辰)이 출현하였다"라고 했다. 이것은 일종의 천지개벽인데, 려음(율려)에 의한 천지개벽이라고 할 수 있다. 이를 여성적인 천지개벽이라고 한 것은 의미가 있다.[72] 우선 동학에서 말한 개벽이라는 말을 잘 알고 있는 사람이라도 '려음'으로 개벽했다는 말 자체가 거북스러울 것이다.

예컨대, 만파식적(萬波息笛)과도 같다. 『삼국유사(三國遺事)』(2권)에 의하면 신라 제31대 신문왕(神文王) 때에 있었던 대나무 설화에서 나온 것이다. "대나무가 낮이면 갈라져 둘이 되고, 밤이면 합하여 하나가 되었으며, 산도 대나무처럼 낮과 밤으로 열렸다 합쳤다"를 반복하였다. 이때 나타난 용(龍)에게 왕이 대나무의 이치를 물으니, 용은 "비유하건대 한 손으로 치면 소리도 낼 수 없지만 두 손이 마주치면 능히 소리가 나는지라, 이 대나무도 역시 합한 후에야 소리가 나는 것이요… 또한 성왕은 이 성음(聲音)으로써 천하(以聲理天下)를 다스릴 징조이다. 이 대나무로 피리를 만들어 불면 온 천하가 화평해질 것이다…"[73]라고 사라졌다. 이처럼 신라 당시에도 소리로써 천하를 다스리던 일(以聲理天下)이 전해 온다. 이런 의미에서 저자는 조심스럽지만, 일단 마고와 음(音)에 대한 새로운 인식이 요구된다고 본다. 즉 문자와 수(數)가 발견되기 전의 세상 교화는 음으로 이루어졌다는 것을 먼저 이해할 필요가 있다.

---

72) 智勝, 『우리 상고사 기행』 학민사, 2012, 197쪽.

73) "明日午時竹合爲一, 天地振動風雨晦暗七日. 至其月十六日風霽波平. 王泛海入其山, 有龍奉黑玉帶來獻. 迎接共坐問曰, "此山與竹或判或合如何." 龍曰 "比如一手拍之無聲, 二手拍則有聲, 此竹之爲物合之然後有聲. 聖王以聲理天下之瑞也. 王取此竹作笛吹之天下和平. 今王考爲海中大龍, 庾信復爲天神, 二聖同心, 出此無價大寶令我獻之"(『삼국유사』 권2 기이2)

마고의 짐세(朕世)는 '인생어인'의 인개벽(인회)으로 본다

이제 기존의 『황극경세』에서 말하는 시간관을 다시 보기로 한다.

우선 천개어자(天開於子), 지벽어축(地闢於丑)이라는 우주 시간의 관점을 토대로 삼아 『부도지』를 바라볼 필요가 있다. 다시 말해 『부도지』의 선후천은 '천개어자'(천개벽)를 선천이라면 '지벽어축'(지개벽)이 '천개어자'에 대해 후천이 된다고 보는 것이지 오회의 후천이라는 뜻이 아니다. 따라서 저자는 천개어자, 지벽어축의 다음이 '인생어인'인데, 이때의 인회(寅會)의 인개벽이 곧 마고의 짐세(朕世)라고 보는 것이다. 즉 "모두 이 음(音)에서 나왔으며, 마고대성과 마고도, 또한 이 음(音)에서 나왔다. 이것이 짐세(朕世)다"(2장)라고 한 그 짐세를 『황극경세』상의 '인생어인'으로 보겠다는 것이다. 『부도지』의 핵심은 이 짐세이며, 짐세를 어떻게 이해하느냐에 달렸다. 이처럼 천지 다음에 마고가 태어날 수 있었고, 궁희와 소희를 낳은 것이다. 특히 궁희와 소희를 낳은 것을 '짐세가 몇 번 종말을 맞이했다'는 표현에서 마고에서 궁희시대로 넘어갈 때 엄청난 우주적 변화와 단계가 있었다고 쉽게 추정할 수 있다. "후천의 운이 열렸다"(3장)는 말이 짐세 다음의 새로운 단계를 가리킨다. 그 새로운 단계는 무엇인가?

『부도지』의 이해를 돕기 위해 갈홍의 『신선전』을 인용하려고 한다. 여기에는 마고가 많은 신선 중의 한 사람으로 등장해 왕방평과 대화를 나누는 장면이 나온다.

> 동해가 세 번이나 뽕나무밭으로 바뀌는 것을 보았습니다.
>
> 이번에 봉래(蓬萊)에 갔더니 바다가 다시 얕아져서 이전의 반밖에는 되지 않아 곧 육지가 될 것 같습니다.[74)]

74) "麻姑가 謂王方平曰 自接待以來로 見東海三變爲桑田한대 向到蓬萊하니 水乃淺於往者略半也라. 豈復爲陵乎아. 王方平이 曰 東海가 行復揚塵耳라"(『신선전』 마고편)

유명한 상전벽해(桑田碧海)의 일화이다. 여기서 마고가 말한 삼변위상전(三變爲桑田)은 지구의 지각변동이나 대변혁이 세 차례 있었다는 것을 상징한 말이다. 저자는 이 삼변(三變)을 천개벽(자회), 지개벽(축회), 인개벽(인회)으로 이해하고, 다시 반이 육지로 변하고 있다는 것은 인개벽 다음의 묘회(卯會)로 들어서는 중임을 암시한 것으로 본다.

천개벽, 지개벽 다음에 마고의 인개벽(인회)이 있고, 궁희와 소희의 생활개벽(묘회)이 각각 10,800년 시차 단위로 전개된다

그래서 『황극경세』에서 사람이 태어난다는 인회(寅會)에 마고를 둔다.

다음의 묘회(卯會)에 궁희와 소희와 천인들을 두는 것이다. 『부도지』와 『황극경세』의 만남이 필연적인 것은 아니지만, 동양의 태고문화를 이해하는데 유효하다고 본다. 이러한 관점을 도표로 그리면 다음과 같다.

여기서 말하는 후천은 '짐세' 다음의 후천이라는 의미이지 소강절이 말한 오회(午會)의 후천이라는 뜻이 아님을 이해해야 『부도지』의 시간관을 알 수 있다. 그래서 용어의 혼동을 피하기 위해 선천세(世), 짐세, 후천세(世)로 쓴다.

선천세		짐세	후천세	부도지
선천(남자)	후천(여자)	짐세(마고)	궁희 소희와 4천인	마고
천개벽(자회)	지개벽(축회)	인개벽(인회)	생활개벽(묘회)	12회
1년~ 10,800년	10,801년~ 21,600년	21,601년~ 32,400년	32,401년~ 43,200년	황극기원
BCE 67,017년~ BCE 56,218년	BCE 56,217년~ BCE 45,418년	BCE 45,417년~ BCE 34,518년	BCE 34,617년~ BCE 23,818년	서력기원

이상을 종합하면, 『부도지』에서 말하는 짐세에 마고가 태어났다는 마고

갑자는 『황극경세』상의 황극기원으로는 21,601년~32,400년의 인개벽(인회)에 해당하고, 이를 다시 환산하면, BCE 45,417년~BCE 34,518년이 된다. 문제의 마고갑자는 BCE 45,417년이 개시연대가 되는 것이다. 이때는

황극연표(소강절)	기원	적요(한국사 포함)
자회 1년~10,800년	BCE 67,017년(갑자)	천개벽
축회 10,801년~21,600년	BCE 56,217년(갑자)	지개벽
인회 21,601년~32,400년	BCE 45,417년(갑자) 호모 사피엔스 사피엔스	인개벽=마고갑자
묘회 32,401년	BCE 34,617년(갑자)	궁희소희(이희)갑자
42,661년	BCE 24,357년(갑자)	고조선기 창세갑자
~43,200년	BCE 23,818년(계해)	
진회 43,201년	BCE 23,817년(갑자)	
~54,000년	BCE 13,018년(계해)	
사회 54,001년	BCE 13,017년(갑자)	
57,841년	BCE9,177년(갑자)	황궁씨 갑자 인문의식의 발아
58,801년	BCE8,217년(갑자)	유인씨 갑자 계불의식 수행
59,821년	BCE 7,197년(갑자)	환국건국(환인 갑자)
63,121년	BCE3,897년(갑자)	환국 말, 환웅신시 개천[75)]
64,661년	BCE2,357년(갑진)	(요 즉위)
64,685년	BCE2,333년(무진)	단군조선 건국
~64,801년		
오회 64,801년~	BCE2,217년(갑자)	오회(午會)의 개시

75) BCE 3,897년(갑자)은 환국의 말이면서 환웅이 신시개천한 해이다. 이처럼 같은 해에 두 임금이 재위하게 되는 것을 '즉위년칭원법(卽位年稱元法)'이라 한다.

현대과학에서 말하는 학명으로 '호모 사피엔스 사피엔스'(Homo sapiens sapiens) 즉 직역하면 '슬기롭고 슬기로운 사람'이라는 뜻이다. 이것은 3명법으로 된 것으로 호모는 속명, 앞의 사피엔스는 종명, 뒤의 사피엔스는 아종(亞種)명을 가리킨다. 이들 현생인류는 약 4~5만 년 전에 지구상에 나타났다고 말한다. 마고의 출현과 일치한다.

궁희 소희(즉 二姬)는 짐세 다음의 묘회에 해당한다. 이를 편의상 '생활개벽'이라고 칭하여 앞의 인개벽과 구별하고자 한다. BCE 34,617년은 마고의 뒤를 이은 '이희갑자'라 칭한다. 이때의 후천은 '짐세'의 다음이라는 시간적 선후의 의미임을 거듭 밝힌다. 이 묘회 연대 안에 「삼일신고 봉장기」(고조선기)의 연대인 BCE 24,357년(갑자)년이 포함된다. 이 연대를 '고조선기 창세갑자'라 하였다.

그러면 소강절의 황극연표에 한국사를 대입해 보면 어떤가? 앞에서 단군 등극년은 황극연표로 64,685년이라고 했다. 그러면 환웅의 신시 개천인 BCE 3,897년은 몇 년인가? 이는 "사(巳)회-쾌괘-혁(革)운-수(隨)세"에 해당하고, 황극기원 63,121년이다. 또 환인의 건국 갑자는 BCE 7,197년이고 황극기원으로 59,821년이다.

7. 『삼성기』에 의한 역사연표와 『황극경세』와의 관계

그렇다면 이제 『삼성기』와 『조대기』의 63,182년을 정리할 때가 된 것 같다. 앞에서 『부도지』를 기존의 황극연표로 이해하였듯이 63,182년도 황극연표로 설명이 가능할까?

우선 저자가 전제한 대로 63,182년에서 3,301년을 분리하면, 환국시대 3,301년과 가칭 '전환국(前桓國)'시대 59,881년이 된다. 다시 말해 59,881년이란 환인의 환국 개국(BCE 7,197년) 이전의 역사연대를 말하는 것이다.

환국 역년의 분리와 포함

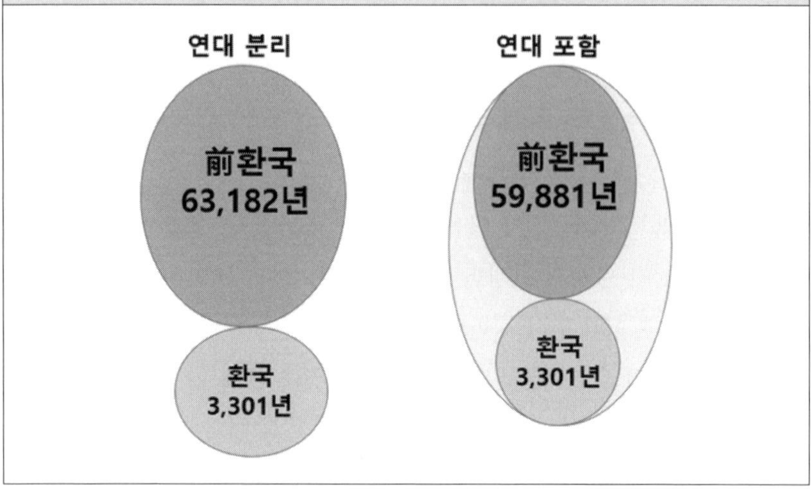

그러니까 BCE 7,197년(갑자)이 59,881년을 말하는 기준이 된다.

그러면 이제 전환국시대 59,881년의 실체를 규명할 차례가 되었다.

우선 지금까지 거론된 것을 정리하면 봉장기 개천갑자인 BCE 24,357년이 있고, BCE 45,417년의 마고갑자와 BCE 34,617년의 이희갑자가 있다.

마고는 선천(천개벽)과 후천(지개벽)의 정을 받아 궁희와 소희를 낳았고, 궁희와 소희는 선천의 정(精)만을 받아 천인들을 낳았다는 것이 두 사람 간의 현격한 차이이다. 이는 생명 진화의 새로운 단계로 들어선 것을 의미하기 때문에 앞에서 인회(寅會)와 묘회(卯會)로 구분했었다. 궁희와 소희가 선천의 정만을 받았다는 것은 여성성이 내재화되기 시작했다는 뜻이고, 이런 의미에서 마고는 물론 이희까지도 중성적 존재 또는 반(半)중성적 존재였다고 가정할 수 있다.

마고대성과 마고는 8려음의 소산이다

그런데 마고의 출생과정은 더 신비하다. "오직 8려(呂)의 음(音)만이 하늘에서 들려오니 실달성과 허달성이 모두 이 음에서 나왔으며 마고대성과 마고도, 또한 이 음(音)에서 나왔다" (2장)는 것이다. 마고대성과 마고도 모두 8려음의 소산이라는 것이고, 그 때가 짐세라고 말한다. '짐세'란 말은 『황극경세』에 없는 『부도지』만의 독특한 시간관이다.

문제는 황극연표에서 얻은 BCE 45,417년, 즉 마고갑자 이전의 시간을 어떻게 이해할 것인가에 있다.

주지하는 것처럼 『황극경세』는 사람의 탄생하기 이전을 천개벽과 지개벽으로 설명하고 있다.

그러면 『삼성기』에도 이와 같은 설명이 있는가? 『삼성기』(하)에는 서두에서 인류의 시조에 관해 설명하고 있다. 인류의 시조로 나반(那般)과 아만(阿曼)[76]이 있었고, 두 사람이 아이사비에서 만나 혼례를 이루었다는 것이 전부이다.[77]

다만 『부도지』만이 그 이전의 선천시대에 8려의 음만이 들려왔고, 이 8려음에 의해 실달성, 허달성이 이루어졌다고 한다. 그러니까 허달성과 실달성은 짐세 이전에 탄생하였다는 뜻이다. 여기서 허달성(虛達城)의 탄생은 『황극경세』의 천개벽(자회)에 해당하고, 실달성(實達城)의 탄생은 지개벽(축회)에 해당한다고 본다. 이를 공(空)과 색(色)으로 구별하면 허달을 공(空)으로, 실달을 색(色)으로 설명할 수 있다.[78]

따라서 BCE 45,417년의 마고갑자 이전의 선천세는 『황극경세』가 말한 천개벽, 지개벽으로써 마고 이전의 선천시간을 이해할 수가 있다는 것이다. 그리되면 마고의 탄생은 인개벽에 해당한다는 것이 저자의 설명이다.

여기서 미리 논의해야 할 것은 나반과 아만의 존재이다. 나반과 아만은 혼례를 치룬 사람으로서 인류의 시조가 되었으므로 시기적으로는 중성적

---

76) 박선식은 아만을 '암(암컷)+한(khan)' 곧 암컷(여성)의 우두머리로 해석하였다.(박선식 『태백진훈과동북아상고문화』 동강, 2019, 195쪽)

77) "人類之祖 曰 那般 初與 阿曼 相遇之處 曰 阿耳斯陀" (『삼성기』 하편)

78) 송래선, 『금척 천부경』 천부도원, 2006, 97쪽.

인 이희(二姬)보다도 뒤에 나온 인물로 보아야 할 것 같다. 이런 차원에서 나반과 아만은 봉장기의 「고조선기」 창세갑자의 연표에 넣는 것이 합당할 것이다.

그런데 앞에서 『삼성기』의 59,881년(당년도를 포함하여 59,882년)이란 환인의 환국 개국(BCE 7,197년) 이전의 역사연대를 말하는 것으로 전제했었다. 본래의 63,182년을 이해하는 방법으로는 3,301년을 떼어내서 보는 법(BCE 7,197년+59,882년)과 환국 말기인 환웅의 신시개천을 통으로 포함(BCE 3,897년+63,182년)해서 그대로 보는 법의 두 가지가 있다. 그 결과는 같다. 이제 63,182년을 이해하기 위해 우리의 역사연표를 작성해 보면 다음과 같다. 이와 같이 『삼성기』를 기준으로 연대를 산정한 것을 잠정적으로 '삼성기연표'라 칭한다.(연표는 항상 당년도를 숫자에 포함)

약 6만 년 시간대를 비교할 수 있는 것은 현재로서는 『황극경세』의 황극기원 밖에 없다고 본다. 그래서 이를 황극기원과 비교해 보면 그 시간의 차이나 의미를 알게 될 것 같다. 그러니까 BCE 7,197년(환인갑자)으로부터 59,881년을 소급해서 시원으로 올라가면 BCE 67,078년이 나온다.[79]

63,182년에서 나온 BCE 67,078년은 무슨 뜻일까? 그 의미는 무엇일까? 황극기원의 원년인 BCE 67,017년(갑자)을 61년을 초과하는 차이가 난다. 상상할 수 없이 놀라운 결과이다.

삼성기연표(원동중)	기원	비고(한국사 연표)
1년(계해)	BCE 67,078년(계해)	
61년(계해)	BCE 67,018년(계해)	
62년(갑자)	BCE 67,017년(갑자)	소강절 황극갑자원년

79) '즉위년칭원법'에 의해 BCE 7,197년(환인갑자)이 포함되어 계산한 것. BCE 7,197년(환인갑자)은 환국의 개시년도이면서 前환국의 末이기도 하다. 이처럼 같은 해에 두 임금이 재위하게 되는 것을 '즉위년칭원법(卽位年稱元法)'이라 하고, 즉위 다음 해를 원년으로 삼는 것을 '일년불양군(一年不兩君)' 또는 '유년칭원법(踰年稱元法)'이라 한다.

삼성기연표(원동중)	기원	적요(한국사 연표)
21,662년(갑자)	BCE 45,417년(갑자)	마고갑자(인개벽, 짐세)
32,462년(갑자)	BCE 34,617년(갑자)	궁희소희갑자(묘회)
42,722년(갑자)	BCE 24,357년(갑자)	민족의 창세갑자 (고조선기) 나반과 아만
57,902년(갑자)	BCE 9,177년(갑자)	황궁씨 갑자
58,862년(갑자)	BCE 8,217년(갑자)	유인씨 갑자
59,882년(갑자)	BCE 7,197년(갑자)	환국건국(환인 갑자)
63,182년(갑자)[80]	BCE 3,897년(갑자)	환국 말, 환웅신시 개천
64,746년(무진)	BCE 2,333년(무진)	단군조선 개국

삼성기연표는 황극연표보다 61년 앞선다

다시 말해 BCE 3,897년(갑자)을 기준으로 볼 때, 앞의 황극연표로는 63,121년이고, 이곳의 삼성기연표로는 63,182년이 되어 결국 61년이 차이가 생긴다는 것이다. 이 앞서는 차이 61년은 원동중이 소강절과 다른 시간관의 차이에서 온 것일 수 있다. 결과적으로 『삼성기』나 『조대기』의 역사 연대인 63,182년이 무의미한 숫자의 나열이 아니라, 소강절의 황극기원과

소강절 황극연표	차이	원동중 삼성기연표	비교 연대
63,120년	+61년	63,181년	BCE 3,898년(계해)
63,121년	+61년	63,182년	BCE 3,897년(갑자)
63,182년	+61년	63,243년	BCE 3,836년(을축)
64,661년	+61년	64,722년	BCE 2,357년(갑진)
64,685년	+61년	64,746년	BCE 2,333년(무진)

80) 61년 차이가 나므로 황극연표로는 63,121년이다.

거의 같거나, 또 다른 의미가 숨어 있다고 추정할 수 있다.

이 63,182년이 실린 원전 중의 하나인 『조대기』는 발해의 사서로 알려져 있고, 『삼성기』와 같이 『세조실록』(1,457년)의 수거 도서 목록에도 올라가 있다는 면을 전제로 추정한다면, 소강절(1,011년~1,077년)보다도 몇 백 년 전에 발해사람들은 우주 1원수 129,600년을 알고 있었다고 말할 수 있지 않을까? 또 발해사람들은 어디에서 그 원리를 전수 받았을까? 다만 61년의 차이가 어디서 왔는지 규명할 수 있다면 불가능한 말도 아니다.

황극연표(소강절)	기원	적요(한국사 연표)
자회 1년~10,800년	BCE 67,017년(갑자)	元氣剖判(천개벽)
축회 10,801년~21,600년		水火土石(지개벽)
인회 21,601년~32,400년		男女生化(인개벽)
묘회 32,401년~43,200년		사농공상(士農工商)
42,661년	BCE 24,357년(갑자)	봉장기 개천갑자
진회 43,201년~54,000년		교역거래(交易去來)
사회 54,001년~64,800년		입국군왕(立國君王)
57,841년	BCE 9,177년(갑자)	황궁씨 갑자
58,801년	BCE 8,217년(갑자)	유인씨 갑자
59,821년	BCE 7,197년(갑자)	환국건국(환인 갑자)
63,120년	BCE 3,898년(계해)	환국말기
63,121년	BCE 3,897년(갑자)	환국 말, 환웅신시 개천[81]
63,182년	BCE 3,836년(을축)	환웅천왕 개천 62년
64,661년	BCE 2,357년(갑진)	요 등극(소강절)
64,685년	BCE 2,333년(무진)	단군조선 건국
오회 64,801년~	BCE 2,217년(갑자)	후천 개시(소강절)

81) BCE 3,897년(갑자)은 환국의 말이면서 환웅이 신시 개천한 해이다.

개시점과 원년의 차이—계해냐 갑자냐

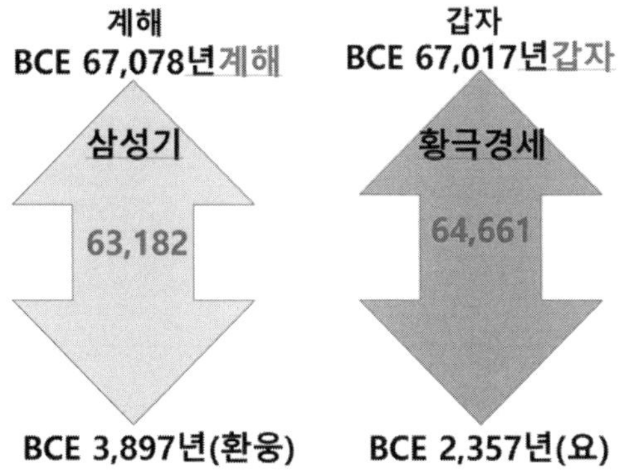

〈삼성기 7만 년 역사연표(갑자신원법 적용)〉

삼성기연표	기원	적요(한국사 연표)
1년(원년)	BCE 67,078년(계해)	율려개벽(上元 계해)
2년	BCE 67,077년(갑자)	
62년	BCE 67,017년(갑자)	소강절의 천지개벽
21,662년	BCE 45,417년(갑자)	마고갑자, 짐세 시작
32,462년	BCE 34,617년(갑자)	궁희소희갑자
42,722년	BCE 24,357년(갑자)	민족의 개천갑자(고조선기) 나반과 아만
57,902년	BCE 9,177년(갑자)	황궁씨 갑자, 인문의식의 발아
58,862년	BCE 8,217년(갑자)	유인씨 갑자, 계불의식 수행
59,882년	BCE 7,197년(갑자)	환인 환국건국(환인 갑자)
63,181년	BCE 3,898년(계해)	환국말 직전
63,182년	BCE 3,897년(갑자)	환웅신시 개천(기준)
64,722년	BCE 2,357년(갑진)	(요 등극, 소강절 황극연표)
64,746년	BCE 2,333년(무진)	단군조선 건국

삼성기연표	기원	적요(한국사 연표)
66,840년	BCE 239년(임술)	해모수 북부여 건국
67,078년	BCE 1년	
67,079년	CE 1년	
67,492년	CE 414년	광개토태왕비 건립
68,470년	CE 1,392년	조선 건국
69,093년	CE 2,015년	
69,094년	CE 2,016년	
69,099년	CE 2,021년	현재

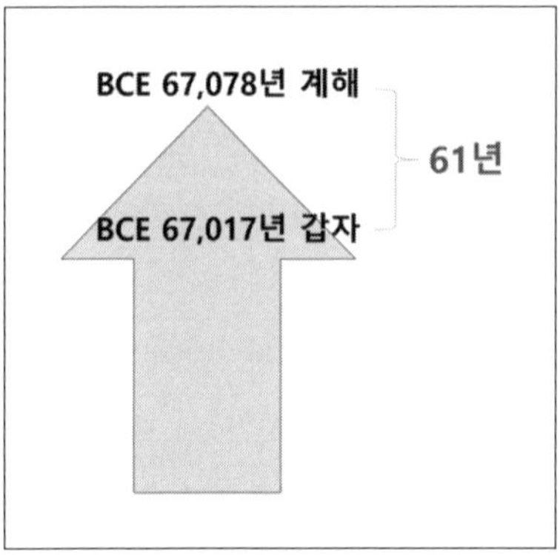

일단 저자는 황극연표나 삼성기연표를 독립적으로 놓고 경우에 따라 둘을 비교하면서 삼성기연표의 함의가 무엇인지 추적해 보고자 한다.

앞에서 말한 대로 삼성기연표는 BCE 3,897년(갑자)의 신시개천의 개시연도를 기준으로 삼은 것이다. 이 때로부터 3,301년 전에 환국의 역사가 시작되고, 63,182년 전에 인류역사와 우주역사가 시작되었다는 뜻이다. 이렇게 『삼성기』의 63,182년을 거꾸로 소급하여 63,182년 전을 찾으면, BCE 67,078(계해)년이 그 원년이 된다. 이처럼 계해년은 현재 60갑자의 끝인데, 이 끝을 역사 연표의 출발점으로 삼았다는 것을 의미한다. 이런 연표를 '육계(六癸)' 또는 '60계해표(癸亥表)'라 칭한다. 반면에 갑자로부터 시작한 연표를 '육갑(六甲)' 또는 '60갑자표'라고 칭한다. 그러면 60계해표는 무슨 의미인가? 10월 상달이 곧 해월(亥月)이므로 계해가 머리로 오는 것이 당연한 이유가 될 수 있다.

삼성기연표의 계해개벽은 『태백일사』의 계해기년과 일치한다

이에 대해 『태백일사』(「신시본기」)는 중요한 정보를 제공해 주고 있다. 환웅시대에는 계해기년(癸亥紀年) 즉 계해(舊用癸亥)를 머리로 썼다는 것이다. 그러다가 단군조선에 들어와서 5세 구을단군 때부터(BCE 2,906년) 비로소 갑자를 머리로 썼다(始用甲子)고 했다.[82] 후자의 갑자를 기년(紀年)으로 삼았다는 말은 『단군세기』에도 똑같이 나온다.[83] 따라서 계해를 머리로 쓴 것은 환웅신시시대의 달력이라는 것이 분명하고, 『삼성기』의 63,182년이 곧 BCE 67,078년으로 계해년이라는 것도 사실에 일치한 것임을 알 수 있다.

반면에 사마천의 『사기』에 대한 장수절의 「정의」주에 "황제가 신책(神筴: 점치는 시초)을 받고 대요(大撓)에게 갑자를 만들라고 명하고 용성에게 역법을 만들라고 명했다"[84]는 구절이 나온다. 단군은 이미 쓰고 있는 신시의 달력을 갑자로 고치라고 했고, 황제는 처음으로 갑자를 만들라고 명령했다는 면에서 보더라도 달력의 역사는 신시의 계해 달력이 앞서 있었다는 것을 유추할 수 있다. 이 부분과 관련하여 『삼성기』에는 대요가 치우 추종세력이었고, 신시배달로부터 간지(干支)의 술법을 배워갔다고 노골적으로 적고 있다.[85]

전욱력은 해월(10월)을 정월로 삼았다

『황극경세』에도 이를 뒷받침할 수 있는 근거가 있다. 즉 "낙하굉(洛下閎)

---

82) "然 舊用癸亥 而檀君邱乙 始用甲子 以十月爲上月 是謂歲首" 『태백일사』(「신시본기」)

83) "乙丑四年 始用甲子作曆" (『단군세기』 5세 단군)

84) "黃帝受神筴 命大撓造甲子 容成造曆是也" (『신주사기』(1) 한가람역사문화연구소, 2020, 163쪽.)

85) "時天下鼎峙峙涿之北有大撓東有倉頡 西有軒轅自相以兵欲專其勝而未也 初軒轅稍後起於蚩尤每戰不利欲依大撓而未得 又依倉頡而不得 二國皆蚩尤之徒也大撓嘗學干支之術 倉頡受符圖之文當時諸侯罔不臣事者亦以此也" (『삼성기』하)

이 전욱력(顓頊曆)을 고쳐서 태초역(太初曆)을 만들었다"(관물외편7장)[86]는 내용이다. 당도(唐都), 낙하굉(洛下閎) 등이 BCE 104년에 한무제의 달력인 태초역을 만들었는데, 진(秦)나라가 세수(歲首)를 해(亥)월을 정월로 삼은 것을 고쳐서 인(寅)월로 정월을 삼았다는 것이다. 해월(10월)을 정월로 삼은 것은 전욱력에서 나온 것이라고 했다.[87] 『한서』(「예문지藝文志」)에는 태초력의 제정 이전에 고육력(古六曆)이라 하여 황제력(皇帝曆), 전욱력(顓頊曆), 하력(夏曆), 은력(殷曆), 주력(周曆), 노력(魯曆) 등이 전해오고, 특히 18가(家)의 역보(曆譜)중에 「전욱력 21권」「전욱오성력 14권」 등이 있었다고 한다.[88] 최초의 통일 국가인 진(秦)은 BCE 222년 이후 전욱력을 국가의 공식 역법으로 사용했고, 한나라도 이를 계승 사용하다가 태초력으로 고친 것이다.

그러면 진(秦)과 전욱은 어떤 사이일까? 사마천의 『사기』(「秦본기」)의 서두에 이르기를, "진(秦)나라 선조는 제전욱의 후예로서 여수(女修)라고 한다. 여수가 어느 날 베를 짜고 있는데, 현조(玄鳥)가 알을 떨어뜨렸다. 여수가 그 알을 받아 삼켜서 임신을 해 아들 대업(大業)을 낳았다"[89]고 했다. 진이 전욱력을 채택한 것은 전욱이 자기들의 선조였기 때문임을 알게 된다. 전욱의 사람들이 '알을 먹고 임신을 했다'는 말이나, '새털 옷을 입었다'는 말에서 환웅과 같은 조이족[90]이었음을 『습유기』(권1 전욱 條)를 통해 알 수 있다.[91] 후에 일어난 진(陳)나라와 제(齊)나라도 전욱의 후손이었다.[92]

여기서 문제는 전욱력의 존재와 전욱(顓頊)이라는 인물이다. 사마천은

---

86) "洛下閎 改顓頊歷(曆) 爲太初曆"(『황극경세』「관물외편」7장)

87) "唐都 洛下閎等所作也 以建寅爲正"(『황극경세』「관물외편」 7장: 대유학당 판본)

88) "黃帝五家曆三十三卷, 顓頊曆二十一卷, 顓頊五星曆十四卷, 日月宿曆十三卷, 夏殷周魯曆十四卷, 天曆大曆十八卷(『한서』권30「藝文志」)

89) "秦之先, 帝顓頊之苗裔孫曰女修, 女修織, 玄鳥隕卵, 女修呑之, 生子大業"(『사기』「秦본기」)

90) 이찬구, 『홍산문화의 인류학적 조명』 개벽사, 2018, 277~279쪽.

91) "人皆衣羽毛, 無翼而飛"(『습유기』 권1 전욱 條)

92) "陳顓頊之族也, 歲在鶉火, 是以卒滅, 陳將如之, 今在析木之津, 猶將復由, 且陳氏得政于齊, 而後陳卒亡, 自幕至于瞽瞍, 無違命"(『春秋左傳』「昭公八年 11월」)

『사기』(「오제본기」)에서 전욱 고양씨(高陽氏)는 황제의 손자로 못 박았으나 서욱생의 말처럼 화하집단과 동이집단간에 혼재돼 있는 것도 사실이지만[93], 역사적으로 전욱은 동이족이라는 설이 유력했다. 그 예가 『국어』(「초어」)에 "전욱이 소호의 뒤를 계승해서 정사를 주관했다"고 했고, 우리의 『삼국사기』(「광개토대왕본기」)에도 고구려의 종족(宗族)인 북연왕 고운(高雲)이 스스로 '고양씨의 후손'[94]이라고 말한 기록에서도 전욱고양씨와 고구려와의 관계를 알 수 있다.[95] 이로 보아 구을단군 때(BCE 2,906년)부터 진시황 때까지도 해월(10월)[96]을 세수로 삼은 단군조선 달력이 존재했다는 것을 입증할 수 있고, 전욱력도 그런 달력의 하나였을 것이다.

계해(癸亥)가 60갑자의 처음이었다

또 어원으로도 계(癸)는 계(啓)요, 해(亥)는 핵(核)으로 해가 뜨는 뿌리라고 했다.[97] 이런 의미에서 보더라도 우리 조상들은 갑자보다는 계해[98]를 해(年)의 뿌리로 보고 먼저 중요시하여 사용하였고, 그에 따라 계해가 60갑자의 처음이 되었고(이것을 계해신원법이라 칭함), 그런 연표가 사실에도 맞는 것이다. 그러므로 삼성기연표대로 환웅신시 개천으로부터 63,182년

93) 서욱생, 『중국전설시대와 민족형성(상)』 조우연 역, 학고방, 2012, 218~219쪽.

94) "十七年, 春三月, 遣使北燕, 且叙宗族, 北燕王雲, 遣侍御史李拔, 報之. 雲祖父高和, 句麗之支 自云高陽氏之苗裔, 故以高爲氏焉"(『三國史記』 卷18 「高句麗本紀」6)

95) 『신주사기』(1) 한가람역사문화연구소, 2020, 225쪽.

96) 10월 해(亥)를 또 돼지띠로 설명한다. 본래 십월을 '시월'이라고 하는 이유가 돼지 시(豕)와 연관있기 때문이다.

97) "然 舊用癸亥 而檀君邱乙 始用甲子 以十月爲上月 是謂歲首 六癸 自神市氏 命神誌所製 而以癸爲首 癸啓也 亥核也 日出之根"(『태백일사』 「신시본기」)
"乙丑四年(238)始用甲子作曆"(『단군세기』 「5세 구을단군」)

98) 수운 최제우도 "意在 新元 癸亥年"(訣詩)이라. 즉 뜻이 신원 계해년에 있다고 했다. 신원이란 대개 계해년 새해 설날을 의미하지만, 운수로 보면, 계해로부터 새해 새 아침이 다시 시작된다는 신원(新元)의 뜻으로 해석할 수 있다. 이 말에 따라 "계해신원", 이에 대응하여 "갑자신원"이라는 개념을 도출하여 사용한다.

전 곧 BCE 67,078년이 계해년이 나온 것만으로도 이 역년은 우리의 문헌에 부합한 것이며, 또 연표상으로도 정확하다고 할 수 있다. 여기에 『삼성기』 63,182년의 특징이 있고 황극연표 63,121년과의 차별성이 있다. 63,182년은 우리에게 인류가 체험한 최초의 시간으로 올라가도록 재촉한다.

『삼성기』 63,182년은 BCE 67,078년으로 인류창세 원년이다

따라서 『삼성기』의 상원(上元) BCE 67,078년은 곧 계해년으로 '계해개벽'이 분명하다. 이것이 인류창세의 원년이다.

이를 또 '율려개벽 원년'이라고도 할 수 있다. 즉 한민족의 시원인 동시에 그 연표의 장구성에서 가히 인류의 시원역사를 포함하며, 현재까지를 적년(積年)할 때 전체 역년 7만 년을 말해 주고 있는 것이다. 이는 갑자기년(甲子紀年)을 쓴 『황극경세』가 갑자년(BCE 67,017년)부터 천지의 시판을 말하는 것과는 달리 『삼성기』가 계해년(BCE 67,078년)으로써 인류의 창세 원형 역사를 독보적으로 담고 있다는 데 근원적 차이가 있다. 즉 『삼성기』가 계해기년(癸亥紀年)으로 '계해(癸亥)개벽'을 말했다면, 『황극경세』는 '갑자개벽'을 말한 것이다. 그렇다고 『황극경세』가 틀리고 『삼성기』만 맞았다는 것은 아니다. 둘 다 계통은 틀리되, 그 근원성에서 원동중[99]의

99)저자는 잠시 본명을 알 수 없는 원동중(元董仲)이 누구인가를 밝혀보고자 한다. 저자는 1908년에 간행된 최익현의 『면암집(勉菴集)』에 나오는 다음의 구절에 주목한다. 즉 "운곡(耘谷) 원천석(元天錫)이 기록한 것을 선배들이 모두 동사(董史)에 비유하였다"는 말에 근거하여 원동중과 원천석의관계를 살펴보고자 한다. 그 1차적 근거는 원천석=동사(董史)라는 말에 있다. 동사(董史)란 동호(董狐)의 직필(直筆)을 두고 한 말인데, 동호(董狐)는 춘추시대 진(晉)의 사관(史官)으로 '임금의 죽음이 신하의 책임이라는 주장을 굽히지 않아' 바른 사초를 쓴 것으로 유명한 인물이다. 공자도 그를 칭송하여 옛날의 양사(良史)라고 불렀다. 원천석(元天錫)을 세칭 동사(董史)라고 불렀다는 『면암집』의 기록은 원동중(元董仲)의 실체를 파악할 수 있는 결정적인 근거를 제공해 주고 있다고 본다. 특이한 글자인 동중(董仲)과 동사(董史)에서 무언가 깊은 연관성을 느끼게 한다. 저자는 여기서 원동중이 자신의 필명을 동중(董仲)이라 칭한 것은 세상 사람들이 알고 있는 세칭 동사(董史)라는 말을 직접 쓸 수 없으나, 또 동호(董狐)와 같은 직필(直筆)의 사관이 되고자 동경한 데서 붙인 것으로 이해할 수 있지 않을까 한다. 중(仲)이란 버금이라는 뜻이니 중국의 동호(董狐)가 아닌, 고

『삼성기』가 『황극경세』 보다 앞섰다는 것을 의미한다. 문헌상으로도 『태백일사』(「신시본기」)와 『단군세기』는 소강절의 『황극경세』를 모방하거나 답습하지 않고 우리 문헌 그대로 기록하였다는 면에서 그 가치는 중국의 『황극경세』에 손색이 없다고 말하고 싶다.

우리 조상들은 처음부터 중국과 달리 상원갑자가 아닌 상원계해를 사용했다

이와 같이 우리의 상원기년(上元紀年)은 갑자개벽이 아닌 계해개벽이다. 그러므로 계해년이 상원이 되므로 상원계해(上元癸亥), 계해기년(癸亥紀年)이다. 또 다른 말로 율려(律呂)개벽이므로 천개어자, 지벽어축도 천개어해(天開於亥), 지벽어자(地闢於子)로 바뀌고, 인생어인도 인생어축(人生於丑)으로 바뀌어야 할 것이다. 본래 해(亥)는 일출지근(日出之根)이라 했으므로 해(亥)가 앞에 오는 천개어해(天開於亥)가 되어야 합당할 것이다. 아울러 계(癸)를 소라(蘇羅)[100]라 하였는데, 소라(蘇羅)는 천축 실담어로 '수라 sula'를 말한다. '수라 sula' 또는 '수리라 surila'는 "태양을 잉태하여, 태양을 인도하다, 태양을 열다" 등의 뜻이라고 한다.[101] 이는 태양이나

려의 동호(董狐)가 되고자 숨어 살았기에 '동중(董仲)'이라 자호한 것 같다. 이런 이유에서 저자는 원동중은 원천석과 동일인물이라고 주장한다. 그렇다면 원동중은 1,330년생으로 고려 말과 조선 초의 인물이며, 야사(野史) 6권을 저술한 것에서 동호(董狐)를 본 받고자 한 그 동사(董史)임이 분명하다고 본다. 또 원천석이 『북부여기』를 쓴 범세동 등과 함께 『화해사전』의 편찬에 이름을 올린 것에서도 『삼성기』의 저자 원동중임에 의심의 여지가 없다.

100) 계(癸)를 소라(蘇羅)라 하고, 갑(甲)은 청차이(淸且伊)라 하고, 을(乙)은 적강(赤剛)이라 하고 ,병(丙)을 중림(仲林)이라 하고, 정(丁)을 해익(海弋)이라 하고, 무(戊)를 중황(中黃)이라 하고, 기(己)를 열호수(烈好遂)라 하고, 경(庚)을 임수(林樹)라 하고, 신(辛)을 강진(强振)이라 하고, 임(壬)을 유부지(流不地)라 한다. 해(亥)를 지우리(支于離), 자(子)를 효양(曉陽), 축(丑)을 가다(加多), 인(寅)을 만량(萬良), 묘(卯)를 신특백(新特白), 진(辰)을 밀다(密多), 사(巳)를 비돈(飛頓), 오(午)를 융비(隆飛), 미(未)를 순방(順方), 신(申)을 명조(鳴條), 유(酉)를 운두(雲頭), 술(戌)을 개복(皆福)이라 한다(「신시본기」)

101) http://koreagoindol.co.kr/xe/index.php?document_srl=93061&mid=board_NoWJ88(강상원 판찰라스 인터넷 강의)

광명을 숭상한 태양토템과도 연결해 이해할 수 있는데, 수릿날을 단오날이라고 하는 데서도 알 수 있다.[102)]

이처럼 우리 고유의 신원법은 계해를 머리로 삼는 '계해신원법'인데, 앞에서 알아본 바와 같이 단군시대에 갑자신원법으로 고쳤던 것이다. 그래서 단군조선은 무진년에 건국했지만 신시배달은 갑자년을 건국 연대로 했고, 환국의 건국도 갑자년으로 맞추었다. 이미 단군조선시대에 갑자신원법으로 정해진 것은 할 수 없으나, 그렇지 않은 유인씨와 황궁씨 등은 저자가 소급해서 계해신원법으로 바로잡아 보려고 한다. 그 연표는 다음과 같다.

BCE 45,417년(갑자) → BCE 45,418년(계해),

BCE 34,617년(갑자) → BCE 34,618년(계해),

BCE 9,177년(갑자) → BCE 9,178년(계해),

BCE 8,217년(갑자) → BCE 8,218년(계해) 등이 그것이다. 연대 수정이 아니라 복원이라고 하는 편이 낫겠다. 단, 고조선기 창세갑자는 그대로 둔다.

참고로 『황극경세』의 주석가인 황기(黃畿)는 '원회운세'의 이름은 소강절로부터 일어났다(起自邵子)고 했다.[103)] 비록 원회운세를 소강절이 창안한 개념이라고 말하지만, 실상 그것이 어떤 개념의 역사를 가지고 있고, 또 어디서 전승되어 온 것인지 아는 사람이 없다. 그가 어떤 단서도 남기지 않았기 때문이다.[104)] 다만 소강절이 보여준 것은 "일(日)은 하늘의 원(元)을 경영하고, 월(月)은 하늘의 회(會)를 경영하고, 성(星)은 하늘의 운(運)을 경영하고, 신(辰)은 하늘의 세(世)를 경영한다"[105)]는 것처럼 하늘의 사상(四象, 日月星辰)이 서로 연결되어 이수(理數)를 부여받는다는 것이고, 구체

102) 이날은 해가 머리 정수리에 오는 날이라는 뜻을 나타낸 말이다. 단오(端午)는 단양(端陽) 또는 천중절(天中節)이라고도 하며 이 말 자체가 정수리 바로 위에 있는 태양을 뜻하는 것임에서도 알 수 있다.

103) 「관물내편」 10장 1절의 황기 주.

104) 이창일, 『소강절의 철학』 심산출판사, 2007, 330쪽.

105) "日經天之元, 月經天之會, 星經天之運, 辰經天之世"(「관물내편」 10장1절)

〈삼성기원 7만 년 역사연표(계해신원법으로 최종수정)〉

삼성기연표	기원(수정)	적요
1년(원년,상원)	BCE 67,078년(계해)	계해개벽(율려개벽)
2년	BCE 67,077년(갑자)	
62년	BCE 67,017년(갑자)	(소강절의 갑자개벽)
21,662년	BCE 45,418년(계해)	마고 신원
32,462년	BCE 34,618년(계해)	궁희소희 신원
42,722년	BCE 24,357년(갑자)	고조선기 창세갑자/ 나반,아만
57,902년	BCE 9,178년(계해)	황궁씨 신원
58,862년	BCE 8,218년(계해)	유인씨 신원
59,882년	BCE 7,197년(갑자)	환국건국(환인 갑자)
63,181년	BCE 3,898년(계해)	환국말 직전
63,182년	BCE 3,897년(갑자)	환웅개천(기준)
64,746년	BCE 2,333년(무진)	단군조선 건국 및 등극
69,099년	CE 2,021년	현재

적으로는 1원은 12회(會), 360운(運), 4,320세(世)인데, 1세(世)가 30년이므로 129,600년이 황극경세 1원수가 된다[106]는 것이 기본 골격일 뿐이다. 그렇다면 『황극경세』와 황극연표의 원조는 누구일까?

8. 『부도지』 마고대성과 『환단고기』 삼신산의 비교 이해

이처럼 63,182년의 비밀이 풀렸다면, 그 다음으로 우리가 해야 할 일은

106) "元之元一, 元之會十二, 元之運三百六十, 元之世四千三百二十； 會之元十二, 會之會一百四十四會之運四千三百二十, 會之世五萬一千八百四十；運之元三百六十, 運之會四千三百二十, 運之運一十二萬九千六百, 運之世一百五十五萬五千二百…"(「관물내편」 10장3절)

마고역사를 이해하여 그 빈 공간을 채우는 일이 될 것이다. 왜냐하면 『환단고기』가 전하는 환인과 환국의 역사는 BCE 7,197년(갑자)에 개시되었다고 하였으나 그 이전 역사는 구체적으로 언급하지 않았기 때문이다. 환국이 건국된 BCE 7,197년은 삼성기연표로 보면 59,882년이라서 그 앞에 있는 미지의 6만 년 역사를 찾을 수 있는 곳은 마고역사 밖에 없기 때문이다. 마고역사는 『부도지』에 등장한다. 하지만 이 『부도지』가 마고의 모든 역사를 해명해 주는 것은 아니다. 삼성기연표가 묶어 놓은 63,182년의 전모를 『부도지』에서 한 가닥이라도 찾을 수 있다면 그나마 다행일 것이다.

『환단고기』와 『부도지』를 서로 쌍벽을 이루는 소중한 자료라고 평가한 바 있는 김은수는 부도지가 밝힌 마고역사를 이렇게 요약하고 있다.

> 파미르고원의 마고성에서 출발한 우리 민족은 궁희, 황궁, 유인, 환인, 환웅, 단군에 이르는 동안 천산, 적석산, 태백산과 청구를 지나 만주로 들어왔으며, 그 사이 지구상의 동서남북에 사방으로 퍼져 나가 천도정치의

지리산 마고할미(마스크 쓴 최근의 모습)

한국문화를 전 세계에 심어 놓았다.[107]

『부도지』의 마고역사에 새롭게 등장하는 인물은 마고, 궁희, 소희, 황궁씨, 유인씨 등이고, 장소는 마고대성이며, 지명은 천산 등이다. 환인, 환웅, 단군과 태백산은 『환단고기』와 『부도지』에 공통으로 등장한다.

문제는 자료가 극히 제한되어 있는 마고를 어떻게 이해할 것인가에 있다. 김은수는 마고성을 소도(蘇塗)성으로 보고, 이 성은 삼신, 산신(産神), 삼시랑과 관계있다고 보았다.[108] 정경희는 "하느님, 삼신, 마고, 삼신할미"를 한국의 전통에서 같은 표현으로 보았고,[109] 또 "마고는 삼신의 상제"[110]라고 했고, 좀 다른 시각에서 마고를 '원시지구의 순수 모태의식', '총체적이고 미분화된 여성의식', '높은 산의 어머니', '모태의 신' 등으로 풀었다.[111]

마고는 우리의 시간을 처음으로 돌려 태초 역사와 만나게 한다

여기서 우리는 우리의 인식 밖에 있을지 모르는 신화 같은 마고가 주는 의미를 되새김할 필요가 있다. 로버트 시걸(Robert A. Segal)은 신화의 의미를 이렇게 말한다.

신화는 한 방향으로 가는 것이지만, 마치 마법의 양탄자처럼 작동한다. 신화는 인간을 최초의 시간으로 되돌려 놓으면서 인간을 신과 재결합시킨다.[112]

107) 김은수, 『부도지』 한문화, 2002, 7쪽.
108) 김은수, 『부도지』 한문화, 2002, 18쪽(주1).
109) 정경희, 「요서지역 홍륭와문화기 마고여신상의 등장과 마고제천」 『선도문화』 22, 국학연구원, 2017.2, 224쪽.
110) 智勝, 『우리 상고사 기행』 학민사, 2012, 157쪽.
111) 윤치원, 『부도지』 대원출판, 2002, 172~174쪽.
112) 로버트 시걸, 『신화란 무엇인가』 이용주 옮김, 아카넷, 2017, 90쪽.

『환단고기』는 마고를 언급하지 않았지만, 마고는 그 이상의 최초의 시간으로 되돌아가길 주저하지 않고 있다. 그러니까 환국의 이전 역사는 전혀 서술되지 않았지만, 그 속에서라도 어떤 신화적 요소라도 붙들면 그것을 통해 시간을 볼 수 있다는 뜻이다. 신화는 인간을 신과도 재결합시키지만 끊임없이 역사와도 재결합시킨다는 사실이다.

그런데 짐작할 수 있는 한 가지 단서가 있다. 바로 천산주(天山洲)의 천산(天山)이다. 천산주가 마고대성의 북쪽이라 하였으므로 자연히 마고대성은 천산의 남쪽이 될 것이다. 천산을 중심으로 환인과 그 이전 사람인 황궁씨와의 연결고리를 찾아보려고 한다.

> 황궁씨(黃穹氏)가 천산주(天山洲)에 도착하여, 미혹함을 풀어(解惑) 복본(復本)할 것을 서약하고~~ 황궁씨가 곧 천산(天山)에 들어가 돌[石]이 되어 길게 조음(調音)을 울려 세상의 모든 어리석음이 빚은 미혹함(惑量)을 남김없이 없애고자 하였다. 기어이 대성(大城) 회복의 서약을 성취하길 기필(期必: 기약)하였다. 이에 유인씨가 천부삼인(天符三印)을 이어받으니,~~ 유인씨(有因氏)가 천 년을 지내고 나서, 아들 환인씨(桓因氏)에게 천부를 전하고 곧 산으로 들어가 오로지 계불만을 닦으며 나오지 아니 하였다.(『부도지』 10장)[113]

마고와 궁희의 뒤를 이은 황궁씨가 마고성을 떠나 정착한 곳은 모두가 가길 꺼린 북쪽의 천산주이다. 사방으로 분거(分居)한 지역은 다음과 같다.

---

113) "黃穹氏 ㅣ 到天山洲하야 誓解惑復本之約하고 告衆勸勉修證之業이라. 乃命長子有因氏하야 使明人世之事하고 使次子三子로 巡行諸洲러라. 黃穹氏乃入天山而化石하야 長鳴調音하야 以圖人世惑量之除盡無餘하고 期必大城恢復之誓約成就러라. 於是에 有因氏 ㅣ 繼受天符三印하니 此卽天地本音之象而使知其眞一根本者也라. 有因氏 ㅣ 哀憫諸人之寒冷夜暗하야 鑽燧發火하야 照明溫軀하고 又敎火食하니 諸人이 大悅이라. 有因氏千年에 傳天符於子桓因氏하고 乃入山하야 專修禊祓不出이라"(『부도지』 10장)

동쪽	청궁씨	운해주
서쪽	백소씨	월식주
남쪽	흑소씨	성생주
북쪽	황궁씨	천산주

천부(天符)의 신표(信標)를 가지고 있는 큰아들 황궁씨가 맨 먼저 한 일은 마고에 대한 복본서약이었다. 이 '복본 서약식'은 본성(本性)의 회복과 마고대성에의 복귀를 다짐하는 것으로, 마고와 황궁씨의 정신적, 역사적 계승 관계를 분명히 보여주는 일대 사건이다. 황궁씨가 처음으로 마고 존재를 자각함으로써 그가 명실상부하게 역사 속의 조상이 되었다. 황궁씨의 뒤를 이은 유인씨도 이곳 천산에 같이 살았는데, 환인씨에게 천부를 전한 다음에는 천산으로 들어가 나오지 않았다는 내용이다. 유인씨의 입산불출(入山不出)은 천산의 문을 닫은 폐문(閉門)이요, 폐관(閉關)이다. 천산에서의 대사건이다. 이때 환인씨가 유인씨로부터 천부인을 전수 받아온다. 이어 유인씨는 계불의식을 본인이 닦기만(專修)하고 밖으로 나오지 않았다. 여기서 문제가 되는 것은 계불의식을 환인에게 전수했느냐의 여부이다.

유인씨의 계불의식은 모든 종교의 뿌리이다

계불(禊祓)이란 고유어로 '푸닥거리'이며, 굿의 원형이다.

또 무(巫)의 근원(根源)이라 할 수 있다. 계(禊)는 악을 없애는(除惡) 제사 이름이고, 불(祓)은 재앙을 없애고 복을 구한다는 뜻과 옛것을 버리고 새 것을 꾸민다는 뜻이 들어있는 푸닥거리이다. 또 이를 다른 말로 수계제불(修禊除祓; 11장)이라고 했고, 또 계사, 불제, 제불이라고도 한다. 계불은 유인씨가 시행하였고, 수계제불은 후에 환웅이 재현하였다. 환웅의 수

계제불은 하늘과 조상에 대한 제천(祭天) 보본(報本)의 제사의식이 주종을 이루었을 것이다. 이처럼 계불의 근원은 천산의 황궁씨로부터 유인씨에게 있고, 환웅에 의해 신시에서 재현된 것으로 볼 수 있다.

> 황궁씨의 후예 6만이 부도에 이주하여 지키고, 곧 나무를 베어 신부(信符)를 새긴 뗏목 8만을 만들어 천지(天池)의 물에 흘려보내 사해의 여러 종족을 초청하였다. 종족들이 그 신부가 새겨진 뗏목을 얻어 보고 차례로 모여들었다. 박달나무 숲에 신시(神市)를 크게 열고, 계불로 마음을 깨끗이 하여 천상(天象)을 살핀 후 마고의 족보를 정리하여 그 족속(族屬)들의 뿌리를 밝히고, 천부의 음(音)에 준하여 그 말과 글을 정리하였다.(『부도지』 14장)[114]

훗날 『삼국유사』(권2 「가락국기」조)에 의하면, 가야(가락국)에서 계욕일(禊浴日)에 의식을 베푼 일화가 있는데, 이 계욕의 '계'와 계불의 '계'가 어떤 연관이 있다고 볼 수 있다.[115] 이는 계불의식이 태고로부터 삼국시대까지 역사적으로 면면히 계승되어온 고유한 의식임을 짐작할 수 있게 한다. 또 그것이 역사상 최초의 종교적 의식이었다고 할 수 있고, 아울러 모든 종교의 뿌리가 되었다고 할 수 있다. 여기서 특히 유념할 것은 유인씨가 10장에서와 같이 천산으로 들어가서 다시 내려오지 않았으므로 환인씨는 천산위로 올라가지 않았고, 천산 아래에서 살았다는 점이다. 『환단고기』의 『삼성기』는 이 순간을 매우 정치하게 설명한다.

---

114) "於是에 移黃穹氏之裔六萬이 守之하고 乃割木作桴八萬하야 刻信符流放於天池之水하야 招四海諸族하니 諸族이 得見信桴하고 次第來集하야 大開神市於朴達之林하고 修禊淨心察干天象하야 修麻姑之譜하야 明其族屬하고 準天符之音하야 整其語文이러라" (『부도지』 14장)

115) 『삼국유사』 권2, 기이2 「가락국기」 편에 건무 18년 임인(壬寅)년 3월이라고 했다. 가락국을 세운 CE 42년 3월이다. 이민수는 이 날짜를 삼원상사일이라고 했다.(이민수, 『삼국유사』 을유문화사, 1983, 172,188쪽)

(고기에) 파내류(波奈留) 산 아래(山下)에 환인씨의 나라가 있으니~~(「삼성기」하)[116)]

(조대기에) 옛적에 환인이 계셨다. 천산(天山) 아래로 내려와 거처하며 천신께 지내는 제사를 주관하였다.(「환국본기」)[117)]

두 문장 모두 유인씨와 환인씨의 인수인계 과정을 표현해 주고 있다. 만약 환인이 천산에 살았다고 할 수도 있는 것이지만, 파내류산[118)](천산, 하나류, 환국)[119)]의 산 아래(山下)라고 정확히 명시하였다. 이미 파미르고원을 떠나 우루무치 부근의 천산에 이른 것 같다. 그리고 환인이 맨 먼저 수행한 것이 천신에 대한 제사였다는 점에서 유인씨의 천부와 계불의식도 함께 전수 받은 것이 아닌가 추정할 수 있다. 한 마디로 이 순간이야말로 유인씨와 환인씨 사이에 정확하게 천부인으로 정통성(국통맥)이 바톤 터치가 이루어지고 있는 역사의 명장면이라 해도 과언이 아니다.

환인씨가 유인씨로부터 천부를 전수 받고 천산 아래에서 천제를 올리다

혹여 「환국본기」의 강거천산(降居天山)이라는 말을 '하늘에서 내려와 천산에 살다'(임승국)라고 풀이하기도 하지만, 파내류산을 곧 천산으로 본다면 천산의 정상이 아니라 천산에서 내려와 아래에 살았다"(안경전)는 것

---

116) "古記云 波奈留之山下 有桓仁氏之國 天海以東之地 亦稱波奈留之國"(「삼성기」하)
안경전은 천산을 우루무치 동북쪽에 있다고 보았다(『환단고기 역주』 보급판, 185쪽). 우루무치는 위구르어로 '아름다운 목장'이라고 하나 우리말 '오르막재'(이원재 교수)라는 뜻 같다.

117) "朝代記 日昔有桓仁 降居天山 主祭天神"(「환국본기」)

118) 평균고도 4000m에 달하는 파미르의 어원은 '파-이-미히르'로 태양신의 궁전, 평평한 지붕의 뜻(김규현, 『파미르고원의 역사와 문화산책』 글로벌콘텐츠, 2015, 22쪽. 그는 이 책에서 '초본아타(금성의 고향 또는 아버지)'에 주목한다) 한편 김용길은 파(波)는 '파'가 아니라 '하'로 발음해야 한다고 했다. 하늘산이 된다(김용길, 『한자로 풀어보는 한구고대신화』 정신세계사, 2004, 51쪽.).

119) 박병식, 『한국상고사』 최봉렬 옮김, 교보문고, 1994, 100쪽. 박병식도 '파'의 소리를 '하'로 보고, 나류를 '나라'로 보아 결국 환국(桓國)이라고 했다.

이 어법상 맞다. 지리산 아래 뱀사골에 사는 사람도 어디 사느냐고 물으면 지리산에 산다고 말하는 것이 통념인 것처럼 문맥상으로 천산 위가 아니고 아래 마을임이 분명한 것이다. 환인씨는 유인씨에 의해 폐관된 천산에 오를 수 없는 상황이었기 때문에 『삼성기』의 설명에 따르는 것이 맞다. 이처럼 『환단고기』는 유인씨에 대한 역사 서술을 생략하고, 역사의 개시를 환인부터 서술한다.

그런데 『태백일사』(「삼신오제본기」)에는 유인씨로부터 천부를 전수 받은 내용이 없지만, 환인의 지위에 관한 중요한 구절이 숨어 있다.

> 삼신의 후예를 환국이라고 부른다. 나반이 죽어서 삼신이 되었다. 삼신이 모든 생명의 근원이 되는 조상이다. 환인이 삼신을 대행(代行)하여 환국의 천제가 되었다. (「삼신오제본기」)[120]

여기서 유의할 것은 환인이 삼신을 대행(代行)하였다는 말이다. 예컨대 환인이 유인씨를 대행하였다고 말하면 쉽게 이해할 수 있을 텐데, 갑자기 삼신이 등장한다. 삼신을 대행하였다고 말한 그 삼신은 누구일까? 그리고 삼신의 후예(후계)를 환국이라고 한 그 삼신도 누구일까? 문맥상으로 『태백일사』는 인류의 시조로 일컫는 나반과 같은 분으로서, 생명의 근원되는 조상을 삼신이라고 본 것 같다. 정경희는 이곳의 '삼신대행'의 삼신을 마고 삼신으로 보았고, 환인을 마고제천 문화권의 통치자로 보았다.[121] 그렇다면 『부도지』에서 말한 마고와 『태백일사』의 삼신과는 상통할 수 있을 것이다. 그래서 삼신일체(三神一體)의 상제(上帝)라고 부르기도 한다.[122]

---

120) "三神之後稱爲桓國桓國天帝所居之邦又曰三神在桓國之先那般死爲三神夫三神者永久生命之根本也故曰人物同出於三神以三神爲一源之祖也桓仁亦代三神爲桓國天帝後稱那般爲大先天桓仁爲大中天"(「삼신오제본기」)

121) 정경희, 「요서지역 홍륭와문화기 마고여신상의 등장과 마고제천」『선도문화』 22, 국학연구원, 2017.2, 234쪽.

『태백일사』(「삼신오제본기」)에서 말하는 삼신의 또 다른 개념이 있다. 즉 "삼(三)은 새롭다(新)는 뜻이고, 새롭다는 말은 희다(白)는 뜻이다. 신(神)은 높다(高)는 뜻이고, 높다는 말은 머리(頭)라는 뜻"(「삼신오제본기」)[123]이라고 했다.

삼신산이 천하의 뿌리 산이 되는 것은 하늘 어머니와 같기 때문이다

마고(麻姑)와 관련하여 우리가 참고할 것이 있다.

삼 마(麻)에서 삼은 곧 3이고, 고(姑)에도 '높은 산, 고원지대'를 뜻하는 구르(쿠르)와 서로 통해 '높을 고(高)'의 뜻이 있으므로[124] 마고의 다른 이름을 '삼신'이라 부르는 것이 무리는 아니다.

또 「삼신오제본기」에 의하면, 삼신은 조화의 권능과 성덕으로 우주에 조화를 베풀었다(化宣三界화선삼계)고 했다. 산에 삼신을 붙여 삼신산이라고 하는데, 삼신산이란 천하의 근원(뿌리)이 되는 산(天下之根山)이며, 신은 뜻대로 자재(如意自在)한다고 했다.[125]

여기서 장황하지만 논의할 것은 '삼신산', '여의자재', '화선삼계' 등이다. 차례로 그 의미를 찾아보고자 한다.

먼저 '삼신산'에 관한 문제이다. 『노자』(6장)에 "곡신(谷神)은 죽지 않는다. 이를 현빈(玄牝)이라 한다. 현빈의 문을 일러 천지근(天地根)이라고 한다"[126]라고 했다. 삼신산의 천하지근(天下之根)과 현빈의 천지근(天地根)

---

122) "故性命情之無機三神一體之上帝也 與宇宙萬物混然同體與心氣身無跡而長存 感息觸之無機 桓因主祖也 與世界萬邦一施而同樂 與天地人無爲而自化也"(『태백일사』 서)

123) "三神惑說有以三爲新新爲白神爲高高爲頭故亦稱白頭山"(『태백일사』(「삼신오제본기」)

124) 윤치원, 『부도지』 대원출판, 2002, 172쪽.

125) "三神山爲天下之根山 以三神名者 蓋自上世以來咸信三神 降遊於此 化宣三界三百六十萬之大周天 其體不生不滅其用無窮無限其檢理有時有境 神之至微至顯神之如意自在 終不可得以知也"(『태백일사』(「삼신오제본기」) 안경전 역주 『환단고기』 상생출판, 2016, 315쪽.

126) "谷神不死. 是謂玄牡. 玄牡之門, 是謂天地之根. 緜緜呵若存, 用之不勤"(『노자』 6장)

은 어떤 상관관계가 있을까? '곡신불사'도 삼신과 관계가 있는지를 알아볼 필요가 있다. 류영모는 곡신을 하느님이라 하고, 현빈을 '하늘 어머님'이라고 했다.[127] 김용옥은 곡신을 계곡의 하느님이라고 했다.[128] 결국 이 구절은 남성성보다는 여성성을 앞세운 말이고, 하늘 어머님, 또는 어머니 하느님이라는 말을 통해 마고할미를 쉽게 떠올릴 수 있을 것이다. 마고는 생명 탄생을 관장하는 별인 북극성(북두칠성; magha constellation)에서 왔다는 말도 참고할 수 있다.[129]

『환단고기』의 삼신산과 『부도지』의 마고대성은 연관 개념이다

삼신산의 삼신은 곡신(谷神), 현빈(玄牝), 천지근(天地根)과 같다.

이는 모계 중심의 창세적 신화소를 가지고 있는 마고와 마고대성과 연관 있다고 볼 수 있다. 이처럼 마고를 신화적으로 이해할 수밖에 없는 것은 마고의 사명이 어머니의 역할에 한계가 있는 것과 같다. 왜냐하면 어머니는 아기를 낳고 젖먹이면 그 책임이 끝나고, 그 이후의 양육 문제는 주로 아버지와 아들들이 이어가기 때문이다. 어느 아기도 훗날 어머니의 젖 먹던 때를 자기 머리로 기억하는 사람은 없다. 그래서 어머니 하느님은 역사에서 일찍 퇴장할 수밖에 없고, 아버지 하느님과 아들 중심으로 역사가 기록됨에 따라 어머니 하느님의 역사는 먼 신화로 전승되어 기억되는 것인데, 『부도지』의 마고 이야기는 유일하고 구체적으로 기억되어 전승되었다는 면에서 인류사에서 보배로운 창세 사건이라 하지 않을 수 없다. 또 다른 면에서 『부도지』는 '하늘－아버지'가 생략되어 있고, 그 대신 아들 황궁씨의 역할이 대단히 강조되어 '어머니－아들' 구조를 갖는다.

127) 류영모, 『노자』 박영호 역주, 두레, 1998, 41쪽.
128) 김용옥, 『노자가 옳았다』 통나무, 2020, 144~145쪽.
129) http://koreagoindol.co.kr/xe/index.php?mid=board_CSXN15&page=6&document_srl=36527 (강상원의 판찰라스)

다음으로 눈여겨봐야 할 말은 '여의자재(如意自在)'이다. 이 자재라는 말이 『부도지』(4장, 6장)에는 내왕자재(來往自在)와 자재율(自在律)이라는 말로 나오는데, 마고성과 삼신산에서는 신의 자재(自在)를 본받아 대중의 자재와 자율성이 강조되었다는 것을 알 수 있다.

끝으로 '화선삼계(化宣三界)'이다. 그런데 『삼성기』(하)에도 화선삼계(化宣三界)와 흡사한 말이 나온다. 초대 환인(안파견)이 하늘을 대행하여 교화를 베풀었다는 '대천선화(代天宣化)'라는 말이 그것인데, 공교롭게도 대천선화(代天宣化)[130]의 네 글자가 서안(西安)의 태백산 천제단(발선대)

서안 태백산 천제단 내부에 있는 편액(대천선화, 1995)

---

130) 중국 기산(岐山) 출신 청나라 시인인 설성태(薛成兌)가 제(題)하였고, 고진(高鎭)이라는 제자가 글씨를 썼다. 중국 경전 및 사서에 '대천선화'라는 말은 검색되지 않는다. 다만 代天과 宣化로 따로 검색되는데, 그 의미가 많이 퇴색된 느낌이다. 즉 可以代天下(관자), 王者代天爵人(『한서』), 所使承流而宣化也(『한서』「동중서전」) 등이다. 반면에 우리에게는 그 원형이 남아 있다. 『세조실록』(5권, 세조 2년 9월 3일, 1,456년)에 "人主代天理物… 如此而望其承流宣化"라는 말이 나온다. 『고종실록』(38권, 35년 11월 20일 1,898년 광무(光武) 2년)에 "대체로 임금은 하늘을 대신하여 사물을 다스리는 것을 의무로 삼습니다(夫人君은 代天理物로 爲義務)"라는 구절이 나온다. 수운 최제우를 "主以代天之靈, 第一出世"(『시천교종역사』 9장)라고 표현하기도 했다. '대천선화'의 원형은 하늘과 임금(천제, 천왕)과의 관계를 설명하는 말이다. 이 편액은 백공스님이 1995년에 촬영한 것이다.

편액에 전해 오고 있다. 정약용의 『목민심서』(13-6)에는 화선(化宣) 또는 선화(宣化)는 지방관리들이 임금의 덕화를 대신하여 널리 펴는 것을 말하고 있다. 그러니까 화선(化宣) 또는 선화(宣化)는 황제나 임금만이 쓸 수 있는 용어이고, 설령 사용하더라도 하늘을 대신하여 쓸 뿐이다.

그러면 삼신의 화선삼계(化宣三界)에 비견할 수 있는 분이 누구일까? 이 점에서 마고를 말하지 않을 수 없다.

지구상에 천하의 근원이 되는 산이 있다면 그것은 마고대성일 것이다. 마고대성 안에는 실달성과 허달성이라는 두 개의 성이 있다. 육해(陸海)와 산천(山川)이 만들어지는 지상의 조화는 실달성에서 일어났다.

> 마고가 실달(實達)과 대성(大城)을 끌어당겨 하늘 물(天水)이 있는 곳에 떨어뜨리니 대성의 기운이 상승하여 물과 구름(水雲)의 위를 덮고 그로 인해 실달의 몸체가 평평하게 열리고 얼음이 녹아 물 가운데에 땅이 생겼다. 땅과 바다가 나란히 늘어서고 산천(山川)이 넓게 뻗었다. 이에 천수의 지역이 변하여 육지가 되고, 수역(水域)이 변하여 지계(地界)가 되는 것이 여러 번 거듭되고, 상하로 움직이던 것이 바뀌어 회전하면서 비로소 역수(曆數)가 시작되었다. 그러므로 기(氣) 화(火) 수(水) 토(土)가 서로 섞여 빛이 낮과 밤 그리고 사계절을 구분하여 초목(草木)과 금수(禽獸)를 살찌게 길러내니 모든 땅에 일이 많아졌다.(3장)[131]

이상을 통해 『부도지』가 말하는 마고의 조화 능력이 펼쳐지는 '마고대성'은 『환단고기』가 말하고자 하는 환국 이전의 '삼신산'처럼 어떤 원형적 의미로서 또는 만물생성으로서의 삼신산에 비정할 수 있다고 보는 것이

131) "麻姑ㅣ引實達大城하야 降於天水之域 하니 大城之氣ㅣ上昇하야 布幕於 水雲之上하고 實達之體ㅣ平開하야 闢地於凝水之中하니 陸海幷列하고 山川이 廣圻이라. 於是에 水域이 變成地界而雙重하야 替動上下而斡旋하니 曆數始焉이라.以故로 氣火水土ㅣ相得混和하야 光分晝夜四時하고 潤生草木禽獸하니 全地多事라"(『부도지』 3장)

다. 앞에서 지적한 대로 『노자』의 저자가 곡신(谷神)과 현빈(玄牝)(6장)을 하늘 어머님, 어머니 하느님으로 인식했다면, 그런 인식의 바탕을 마고대성에서의 마고의 조화권능에서 취한 것이 아닐까 한다.

『부도지』는 마고, 황궁씨, 유인씨를 신(神)처럼 중요시 여긴다

인류의 조상인 나반이 삼신 공동체의 조상이 되었다.

삼신을 이은 나라가 환국이라는 말이다. 삼신산은 마고대성과 같다고 할 수 있고, 나반은 『부도지』의 마고의 역할이라 할 수 있다. 다만, 나반이 상징적 선언에만 그치고 안파견 환인이 대행한 반면에 마고는 구체적인 조화를 베풀었다(化宣三界)는 면에서 더 사실적이다. 『환단고기』의 관점에서 삼신은 나반과 아만, 그리고 안파견이라 할 수 있고, 후대에 환인, 환웅, 단군으로 전해 왔을 것이다. 그리고 『부도지』의 관점에서 마고삼신은 결혼하지 않고 자녀(無配之子)를 둔 '마고와 궁희(穹姬) 소희(巢姬)'의 세 분을 말할 수 있을 것이다.

그런데 삼신을 계승한 나라가 환국이라는 『환단고기』의 관점을 다시 생각해 보면, 삼신은 마고, 황궁씨, 유인씨로 좁혀서 생각할 수 있다. 『환단고기』가 환인 이후만을 서술하고 그 이전의 마고, 황궁씨, 유인씨를 언급하지 않은 이유를 알 수 없으나, 결국 이름을 밝히지 않은 이 세 분을 삼신으로 표현한 것으로 볼 수 있다. 따라서 『환단고기』가 말하지 않은 삼신은 곧 『부도지』가 신(神)처럼 중요하게 여기고 있는 마고, 황궁씨, 유인씨라고 추정할 수 있지 않을까.

특히 이 삼신과 관련하여 한 가지 생각할 것은 중국사에서 거론하고 있는 삼황(三皇)과의 문제이다. 사마천은 『사기』에서 삼황을 제거하고 오제(五帝)만을 거론하였다. 사마천과 동시대 인물인 공안국, 황보밀 등은 오제(소호, 전욱 등) 이전에 일단 삼황이 있었다고 주장했다. 공안국(「상서서」)과 황보밀(『제왕대기』)은 복희, 신농, 황제를 삼황이라 했고, 『백호통』은 복희, 신농, 축융을, 사마정(『삼황본기』)은 복희, 여와, 신농을 삼황으로 들고 있는데,[132] 특히 사마정은 복희, 여와, 신농 외에 천황, 지황, 인황을 덧붙여 설명하고 있다. 그에 의하면, 개벽부터 춘추린필(BCE 481년)까지를 70,600년으로 보고 이를 10기(紀)로 시대 구분하고 있다.[133]

여기서 눈여겨볼 것은 복희와 축융의 관계이다. 소씨 족보책인 「부소보서(扶蘇譜序)」에 "옛날에 적제(赤帝)가 있었으니 휘는 복해(復解)요, 호는 축융(祝融)이니 환국(桓國)의 임금이 되었다"[134]라고 하여 3자간에 어떤 고리를 연결시켜 주고 있는 것 같다. 축융은 불의 신인데, 또 복해(復解)란 해를 회복했다는 뜻으로 불을 가리키니 같은 분을 의미한다고 본다. 이 분이 돌로써 불을 일으킨(부석발화; 棓石發火)[135] 불의 신으로서 안파견(安巴堅)[136] 환인이라는 것이다. 다시 말해 중국사에서 생략된 삼황은 결국 우리의 환국과 환인에 관련된 인물이기 때문에 누락되었을 수 있다.

여기서 환(桓)이라는 글자의 근원을 짚어보고자 한다. 이 글자의 자원이 본래 고대 성곽(城郭)이나 궁전 앞에 세워 놓은 나무 기둥인 환표(桓表)에서 나온 것이다. 글자의 모양도 원형이나 소용돌이 같기도 하고, 사각형의 성곽이나 궁전을 연상하기에 충분하다고 본다. 마고대성이 그런 성곽의 하나일 수도 있겠고, 그런 성곽을 동경의 대상으로 삼은 것과도 연관 있다

---

132) 사마천, 『신주사기(1)』 한가람연구소 번역, 한가람역사문화연구소, 2020, 115~117쪽.

133) "故《春秋緯》稱, 自開闢, 至於獲麟, 凡三百二十七萬六千歲, 分為十紀, 凡世七萬六百年, 一曰九頭紀, 二曰五龍紀, [〈青莊館全書〉 紀年兒覽: 繼人皇而治, 兄弟五人, 分五方, 司五行, 布山岳,《春秋命歷序》〈五龍紀〉曰: 「皇伯, 皇仲, 皇叔, 皇季, 皇少, 五姓同期, 俱駕龍, 曰五龍」] 三曰攝提紀, 四曰合雒紀, 五曰連通紀, 六曰序命紀, 七曰循飛紀, 八曰因提紀, 九曰禪通紀, 十曰疏仡紀, 當黃帝時, 制九紀之間, 是以錄於此補紀之也" (「삼황본기」)

134) "昔有赤帝 諱復解 號曰祝融 爲桓國之帝" (『扶蘇譜序』; 소씨종친회보)

135) 안함로의 『삼성기』(상)에 있는 말.

136) 안파견(安巴堅)의 파는 빠, 바로 태양을 의미하는 '하'의 반탁음이라 한다. 그래서 안파견을 '태양 같은 자', '최초의 태양인 자'로 해석한다(박병석, 『한국상고사』 교보문고, 1994, 30~31쪽). 안파견을 『삼성기』(상)에서는 초대 환인으로 서술했고, 『삼성기』(하)에서는 마지막 7대 환인으로 서술했으나, 전체적인 문맥상 안파견은 초대 환인이며, 7대 환인은 지위리가 맞다.

금문 대전(大篆)	소전(小篆)	예서(隸書)

고 본다.

한 가지 특기할 것은 서안 태백산 중턱에 있는 개천관(開天關)[137]이라는 표지판이다. 우리에게도 없는 이런 표지판이 왜 이곳 태백산에 있을까? 이곳 태백산 정상에는 천제단이 있다. 지금은 그 이름이 발선대(拔仙臺)로 알려져 있다. 이 표지판은 천제단으로 올라가는 중턱 길목에 세운 개천의 안내판이다. 지금은 돌비석이지만, 예전에는 나무판(환표)으로 세웠을 것이고, 그런 오랜 유풍에 따라 최근까지도 이런 표지판을 세운 것으로 추정할 수 있다. '개천'이라는 두 글자가 몸속에 들어와 있는 DNA와도 같았기 때문에 최근까지도 지역 주민들이 잊지 않고 세웠을 것이다. 이 사진은 1,995년 백공스님(밀양 거주)이 촬영한 것인데, 그 후 이 표지판은 사라졌다고 한다. 아마 중국 당국이 동북공정의 일환으로 한국에 관련된 유적유물을 지웠을 것이다.

서안 태백산 입구 개천관 표지판

서안 태백산 정상의 제천단(발선대)

137) 산해관(山海關)이라는 표현과 같은 것이다.

9. 7만 년 인류창세 연표와 우리의 미래

일찍이 소강절은 「관물(觀物)편」이라는 편명을 통해 이 세상 어느 한 물건이라도 관찰대상에서 빠트리면 안 된다(無一物不在所觀中: 소백온)는 의지를 피력했다. 물건이란 하늘 땅의 큰 물건으로부터 가는 실이나 지푸라기까지 물건 아닌 것이 없다는 것을 강조한 말이다.

저자는 선사시대의 아주 먼 역사일지라도 단 1년도 빠트릴 수 없다고 생각하였기 때문에 태고사라는 이름으로 계량화(計量化)하여 처음으로 7만 년 '인류창세 연표'를 만들어 보았다. 이것은 모든 역사를 역년에 포함시켜 그 시작하고 마치는 의미를 탐색해 보려는 시도에서 나온 것이다. 이 시도가 결코 완전한 것은 아니지만, 조상과 인류의 멀고 오랜 기억을 얼마나 많이 연표에 반영할 수 있는지에 대한 도전일 것이다. 이런 역사의 '되새김'으로 조상과 인류가 품었다가 사라져 버린, 그래서 지금은 화석화(化石化)된 의식들을 우리의 내면을 통해 다시 깨우려는 것이다. 이런 과정에서 세 가지를 확인할 수 있었다.

첫째, 소강절이 말한 129,000년이 이 지상에서 몇 번이나 돌고 돌았는지 알 수 없으나, 오늘 우리가 살고 있는 2,021년은 서기 2,021년으로만 끝나는 것이 아니라, 최소한 삼성기연표상으로 69,099년에 와 있다는 것이다. 약 7만 년이다. 이것은 두 가지 상반된 의미를 지닌다. 하나는 오늘이 7만 년 전으로부터 내려왔다는 뜻과, 다른 하나는 오늘로부터 7만 년 전을 올라가 기억할 수 있다는 뜻이다.

『삼성기』와 『조대기』에 실린 63,182년이 어떤 근거에 의해서 어디에 근원을 두고 기록된 것인지는 알 수 없다. 하지만 태고시기에 60갑자 중에 계해년을 머리로 삼은 것은 중국과 다른 우리 민족의 우주관과 시간관을 반영한 것이다. 이를 실증해 주고 있는 『삼성기』와 『조대기』의 문헌적 가치를 재평가하지 않을 수 없다. 그런 면에서 볼 때, 우리 조상들도 당시에 이미 우주의 1년을 129,600년으로 인식한 우주연표가 존재했다고 추정해도 무리는 아닐 것이다. 이것을 전제한다면 도리어 『황극경세』의 원회운세설은 그의 독창적인 것이 아닐지도 모른다. 물론 이 7만 년 연표는 모두가 우리만의 역사연표는 아니다. 다만 우리는 7만 년 역사를 기억하려고 노력한, 그 기억의 방법을 터득한 민족이다. 소강절보다 61년을 더 멀리 보았으니, 역사를 가장 멀리까지 기억한 민족이라고 해도 과언이 아닐 것이다. 『삼성기』와 『조대기』의 역사연표는 환웅신시의 60계해법(계해신원법)을 사용하였고, 『황극경세』는 단군(5세 구을)의 시용갑자나 요의 60갑자법(갑자신원법)에 근원을 둔 것으로 볼 수도 있다.

둘째, 고대사서인 『환단고기』와 『부도지』가 씨줄 날줄처럼 서로 서로 의존적이라는 사실이다. 『환단고기』가 환인의 환국 이후 역사를 상세히 서술한 반면에 그 이전 역사는 인류의 시조로서의 나반이나 아만, 그리고 삼신이라는 말 이외에는 찾아보기가 힘들다. 반면에 『부도지』는 환인의 환국 이전의 역사인 전환국(前桓國) 역사가 마고로부터 궁희－황궁씨－유인씨 등과 육해산천의 탄생까지 상세히 밝혔다. 단지 환인－환웅－단군－부루－가륵의 역사는 소략하여 왕대(王代)나 영토에 관한 기록을 알 수 없는 아쉬움이 있다. 따라서 『부도지』와 『환단고기』가 서로 보완하여 역사의 공백을 메꾸어준다면 우리 민족의 태고사와 상고사가 더욱 풍부해질 것이며, 인류사의 이해에도 기여를 할 것이다.

예컨대, 나반과 아만과 삼신산의 역사와 함께 마고와 마고대성의 역사가 서로 소통될 경우, 우리 역사에 대한 인식의 지평은 그만큼 넓어질 것으로 기대된다. 삼신은 삼신일체의 상제관도 있지만, 조상신의 관점에서 마고삼신의 존재도 중성적 존재였던 마고와 궁희, 소희에서 찾을 수 있을 것이다. 또 선천의 삼신을 마고, 궁희－소희,[138] 나반－아만이라고 할 수도 있

138) 궁희(穹姬), 소희(巢姬)를 합칭하여 이희(二姬)라 한다.

고, 후천의 삼신을 환인, 환웅, 단군[139]이라 할 수 있다. 다만 『환단고기』가 구체적으로 말하지 않은 삼신의 신칭을 『부도지』에서 찾는다면 마고, 황궁씨, 유인씨라 볼 수 있다. 따라서 우리 역사는 마고, '궁희-소희', '나반-아만', 황궁씨, 유인씨, 환인, 환웅, 단군(임검씨), 부루, 읍루(가륵)으로 계승되어 왔다고 할 수 있다. 그래야 우리 역사에서 천부의 맥이 끊어지지 않고 이어지는 것이다.

그리고 『삼성기』의 63,182년(2,021년 현재까지 포함하면 삼성기원 69,099년)의 의미를 인접학문으로도 설명이 가능할 수 있다. 제4 빙하기의 7만 년 전 개시연대와 일치하는 동시에 7만 년 전 현생인류가 로빈 던바의 주장같이 탈(脫)아프리카 하여 아시아로 이주한 '입(入)아시아인'의 이동역사와도 일치하는 것으로 이해할 수 있다.[140] 이는 『삼성기』의 저자 원동중이 7만 년 전의 '입(入)아시아인'을 인류역사 서술의 시원으로 인식했다는 것과 같다. 여기에 인류 언어의 진화 역사를 5만 년 전 또는 그 이전으로 보고 있다는 점도 참고할 필요가 있다.[141]

아울러 『부도지』가 최초의 어머니 마고와 배우자 없이 낳은 두 딸 궁희와 소희의 세 여인 이야기로부터 역사를 서술한 점은 남자보다 이른 최초의 인류 어머니의 역사가 있었다는 유전학의 정보와 관점이 같으며,[142] 이것이 비록 연대의 차이는 있겠지만, 인류역사가 어머니로부터 시작되었다는 것을 의미하는 것이다.

한편 Y염색체의 조사 결과 약 5만 년 전에 태어난 한 남자에 의해, "모든 인류의 아버지는 하나다"[143]라는 결론에 이르렀다는 자료가 있다. 이것으

139) 환인(7대 지위리환인), 환웅(초대 커발한환웅), 단군(초대 단군왕검)을 의미한다.

140) 로빈 던바는 이를 '비(非)아프리카인'이라고 칭했다. 『멸종하거나 진화하거나』 김학영 옮김, 반니, 2015, 236쪽.

141) 로빈 던바, 『멸종하거나 진화하거나』 김학영 옮김, 반니, 2015, 248~249쪽.

142) 이홍규, 「유전자로 찾은 한민족의 뿌리」 『바이칼 한민족의 시원을 찾아서』 정신세계사, 2003, 222쪽.

〈인류창세 연표〉

삼성기원 연표	기원(수정)	적요
1년(원년)	BCE 67,078년(계해)	율려개벽(창세 원년) [고양 도내동 구석기 유적]
2년	BCE 67,077년(갑자)	
62년	BCE 67,017년(갑자)	소강절의 갑자개벽(천개벽)
21,661년	BCE 45,418년(계해)	마고 계해(짐세개벽) [호모사피엔스사피엔스 출현]
32,461년	BCE 34,618년(계해)	궁희소희 계해(부도의 후천) [흥수아이, 승리산 사람 발굴]
42,722년	BCE 24,357년(갑자)	고조선기 창세갑자 나반, 아만
56,079년경	BCE 11,000년경	청원 소로리 벼재배 빙하기 끝남
57,901년	BCE 9,178년(계해)	황궁씨 계해 인문의식의 발아, 복본맹약
58,861년	BCE 8,218년(계해)	유인씨 계해 계불의식 수행
59,882년	BCE 7,197년(갑자)	환인 환국건국(환인 갑자)
63,182년	BCE 3,897년(갑자)	환웅신시 개천(기준)
63,579년	BCE 3,500년(신축)	홍산문화 우하량유적
64,671년	BCE 2,408년(계축)	오성개합(五星皆合)－전욱력
64,746년	BCE 2,333년(무진)	단군왕검 조선 건국
64,839년	BCE 2,240년(신축)	2세 부루단군 등극
64,897년	BCE 2,182년(기해)	3세 가륵단군 등극
64,941년	BCE 2,138년(계미)	3세 가륵단군 붕어(천부 봉쇄)
65,345년	BCE 1,734년(정묘)	오성취루(五星聚婁)－단군세기
66,840년	BCE 239년(임술)	해모수 북부여 건국

삼성기연표	기원(수정)	적요
67,022년	BCE 57년(갑자)	박혁거세 신라 건국
67,042년	BCE 37년(갑신)	추모 고구려 건국
67,061년	BCE 18년(계묘)	온조 백제 건국
67,078년	BCE 1년(경신)	B.C.1년
67,079년	CE 1년(신유)	A.D.1년
67,120년	CE 42년(임인)	김수로 가락국 건국
67,492년	CE 414년(갑인)	광개토태왕비 건립
67,497년	CE 419년(기미)	박제상 일본에서 순절
67,776년	CE 698년(무술)	대조영 발해 건국
67,996년	CE 918년(무인)	고려 건국
68,470년	CE 1,392년(임신)	조선 건국
68,794년	CE 1,446년(병인)	세종대왕 훈민정음 반포
69,242년	CE 1,894년(갑오)	동학농민혁명
69,245년	CE 1,897년(정유)	대한제국 성립
69,259년	CE 1,911년(신해)	계연수 환단고기 발간
69,267년	CE 1,919년(기미)	대한민국 임시정부 수립
69,296년	CE 1,948년(무자)	대한민국 정부 수립
69,298년	CE 1,950년(경인)	6.25 전쟁
69,301년	CE 1,953년(계사)	박금 부도지 프린트본 발간
69,339년	CE 1,991년(신미)	남북한 유엔 동시가입
69,078년	CE 2,000년(경진)	6.15 남북공동선언
69,098년	CE 2,020년(경자)	코로나 19 전염병 대유행
69,099년	CE 2,021년(신축)	현재

로 보면, 원동중의 『삼성기』(하)와 이맥의 『태백일사』(「삼시오제본기」)에 인류의 시조를 '나반'과 '아만'이라고 하고, 두 남녀의 자성혼례(自成婚禮)

로 인류역사가 시작되었다고 한 것은 탁견이다. 최초의 남자와 여자이므로 자성(自成)인 것이다. 이는 조작할 수 없는 정확한 표현이다. 두 문헌의 가치는 훗날 유전학의 발달에 의해 재입증될 것으로 기대된다. 그리고 고(古)한반도에서는 신석기시대가 시작된 약 12,000년부터 단립벼 재배 경작이 시작되었다. 정확히 말하면, 충북 청원 소로리 벼(단립벼)는 측정연대가 BCE 11,950년~BCE 10,500년으로 밝혀졌다는 것을 덧붙인다.[144] 이때쯤은 빙하기가 끝나가는 시점이기도 하다.

끝으로 한 가지 첨언할 것은 황궁씨로부터 시작한 천부(天符)의 맥이 유인씨 → 환인 → 환웅 → 단군(임검씨) → 부루를 거쳐 읍루(가륵)에까지 이르러 전수되어 오다가 마침내 단(壇)의 문이 닫혔다는 것이다. 이름하여 선천 천부 전수(傳授)의 역사가 '7세(世) 7천 년'으로 마무리되었다.

그러나 단군왕검은 이런 상황이 도래할 것을 예견이라도 한 듯 강화도 마리산(마니산)에 참성단을 축조하였다고 생각한다. 지금 우리가 찾는 천부의 본맥은 유일하게 남은 동보단인 참성단의 깊은 지하에 암장되어 있다고 생각한다. 읍루씨가 천부를 봉쇄하며 슬퍼한 것이 두 가지인데, 하나는 하족(夏族)이 도탄에 빠진 것이요, 다른 하나는 진리가 거짓된 땅(夏土)에 떨어진 것이다. 이 두 가지 문제를 해결할 수 있다면 후천 부도의 문은 다시 열릴 수 있지 않을까? 왜 우리가 현재의 중국 사람들까지 걱정해

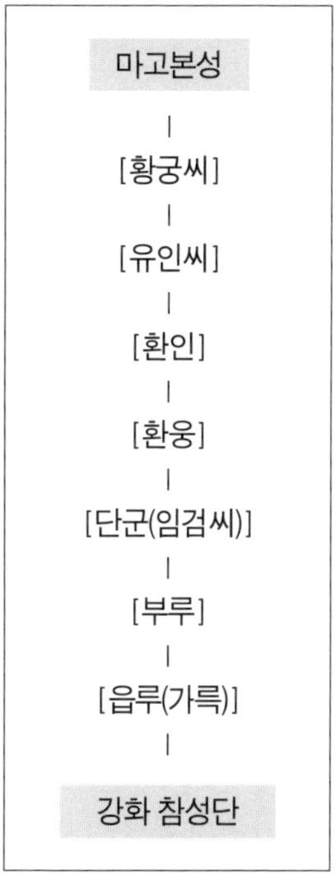

천부의 본맥 전수

---

143) 이홍규, 「유전자로 찾은 한민족의 뿌리」 『바이칼 한민족의 시원을 찾아서』 정신세계사, 2003, 223쪽.

144) 신용하, 『고조선문명의 사회사』 지식산업사, 2018, 33쪽.

야 하는지는 앞의 『부도지』를 통해 알 수 있었을 것이다.

이 글을 마무리하면서 『환단고기』와 『부도지』가 하나 되어야 한다고 생각한다. 63182와 1328에는 1-3-2-8이 공통으로 다 들어있습니다. 빠진 6은 약수가 1, 2, 3이니까 6도 그 안에 들어있는 것과 같다. 틀림없이 두 책은 수리적으로 정신적으로 공통점이 있다. 이러한 공통점을 토대로 두 책의 가치를 서로 높이는 차원에서 '환도(桓-都)운동'이라는 이름으로 역사 찾기를 전개하면 어떨까 한다. 숫자로는 '613'(육일삼)이다.

〈참고문헌〉

1. 원전

『노자』

『단군세기』

『동국통감』

『부도지』

『부소보서(扶蘇譜序)』

『사기』

『삼국사기』

『삼국유사』

『삼성기』

『삼일신고 봉장기』

『성리대전』

『습유기』

『시천교종역사』

『신선전』

『청학집』

『춘추좌전』

『태백일사』

『한서』

『환단고기』

『황극경세』

2. 논문류

문치웅, 「삼국유사 고조선 기록에 나타나는 환인과 그 연대기」『선도문화』 19권, 2015. 9.

박창범, 「개천절 일자(日字)와 단군조선 개국년도 문제 고찰과 제언」『The Korean Astronomical Society』 2015.

이홍규, 「유전자로 찾은 한민족의 뿌리」『바이칼 한민족의 시원을 찾아서』 정신세계사, 2003.

임균택, 「韓國古代思想考察(V)」『社會科學論文集』, Vol.11 No.1, 대전대학교, 1992.

정경희, 「한국선도와 징심록」『선도문화』 14, 국학연구원, 2013. 2.

3. 단행본(국내외)

『대종교 요감』 대종교총본사, 1983.

『신주사기』(1) 한가람역사문화연구소, 2020.

『譯解倧經四部合編』 대종교총본부, 1949.

『파른본 삼국유사 교감』 연세대박물관, 2016.

김교헌, 『신단민사』 고동영 역, 한뿌리, 2006.

김상기, 『우리 뿌리는 파미르고원이다』 등대, 2004.

김상일, 『부도지 역법과 인류세』 동연, 2021.

김용길, 『한자로 풀어보는 한국고대신화』 정신세계사, 2004.
김용옥, 『노자가 옳았다』 통나무, 2020.
김용옥, 『동경대전』2, 통나무, 2021.
김은수, 『주해 환단고기』 기린원, 1985.
로버트 시걸, 『신화란 무엇인가』 이용주 옮김, 아카넷, 2017.
로빈 던바, 『멸종하거나 진화하거나』 김학영 옮김, 반니, 2015.
류영모, 『노자』 박영호 역주, 두레, 1998.
박병식, 『한국상고사』 최봉렬 옮김, 교보문고, 1994.
박선식, 『태백진훈과동북아상고문화』 동강, 2019.
박제상, 『부도지』 김은수 역해, 한문화, 2002.
박제상, 『선도문화의 근원 부도지』 선교, 4349(2016).
서욱생, 『중국전설시대와 민족형성(상)』 조우연 역, 학고방, 2012.
성삼제, 『고조선, 사라진 역사』 동아일보사, 2005.
소강절, 『황극경세』 윤상철 譯, 대유학당, 2011.
송부웅, 『한민족의 대륙역사』 한문화배달민족, 2009.
신용하, 『고조선문명의 사회사』 지식산업사, 2018.
안경전, 『환단고기 역주』 상생출판, 2016(보급판).
윤치원, 『부도지』 대원출판, 2002.
이찬구, 『주역과 동학의 만남』 모시는 사람들, 2010.
이찬구, 『홍산문화의 인류학적 조명』 개벽사, 2018.
이창일, 『소강절의 철학』 심산출판사, 2007.
일연, 『삼국유사』 이민수 역, 을유문화사, 1983.
일연, 『삼국유사』 이병도 역, 명문당, 1987.
임승국, 『한단고기』 정신세계사, 1986.
조홍근, 『마고할미로부터 7만 년』 글로벌콘텐츠, 2015.
朱小豊, 『中國的 起源』 上海文藝出版社, 2014.

지승, 『우리 상고사 기행』 학민사, 2012.
함석헌, 『성서적 입장에서 본 조선역사』 성광문화사, 1950.
함석헌, 『뜻으로 본 한국역사』 한길사, 1983.
황우연, 『천부의 맥』 우리출판사, 1988.

4. 기타

『경향신문』
http://news.kbs.co.kr/news/NewsView.do?SEARCH_NEWS_CODE=2598510(KBS 2013.1.17.뉴스)
http://blog.daum.net/cheonjiinmunhwa(한문화사업단)
http://blog.daum.net/cheonjiinmunhwa
http://cafe.daum.net/hanmunhwadan/WbUT/2
http://koreagoindol.co.kr/xe/index.php?document_srl=93061& mid=board_NoWJ88(강상원 판찰라스 인터넷 강의)

종장. 국사일언(國史一言)

어언 4,400년 전, 단군임검이 신시의 옛 법을 이어 아사달에 조선(朝鮮) 나라를 세웠다. 조선의 오행과 역법의 원리에 의해 13월 28일 달력을 베풀고 삼신(三神)을 받들고자 부도(符都)를 건설하여 사해동포가 홍익인간으로 살아가도록 교화하였다. 때는 여요동시(與堯同時)라 변방에서 요(堯)가 일어나더니 부도에 반대하고 별도의 당도(唐都)를 세워 사해의 질서를 파괴함이 심하였다. 이에 단군이 유호씨로 하여금 오행의 5중(中)을 함부로 사용하지 말 것과 12월 30일 달력이 장차 하늘의 화가 될 것을 염려하여 그 사용을 중지하도록 수 차례 경고하였으나 끝내 듣지 아니하므로 요순(堯舜)의 당도를 혁파하여 평정하였다.

뒤이어 우(禹)가 하(夏)나라를 세우고 도산단(塗山壇)을 건설하여 역시 부도의 뜻을 어기며 반항하다가 일찍 죽자, 아들 계(啓)가 일어나 조선에 보복을 하겠다고 수만 명의 대군을 거느리며 전쟁을 일으켰으나 유호씨가 슬기롭게 막아내어 조선의 부도를 굳게 지켰다.

단군의 부도는 중앙에 천부단(天符壇)을 세우고 사방에 보단(堡壇)과 필요한 곳에 소부도(小符都)를 두어 천부(天符)를 받들었으며, 수천 년 동안 전승해 온 천부(天符)의 본맥을 회복하여 마침내 조선국이 복본(復本)을 이룬 중심 나라임을 널리 알렸다. 사해의 여러 종족들이 차별없이 부도에 찾아와 복본을 서약하고 천부의 가르침을 받았으며, 사람마다 본래 우리 모두가 하나의 천손 민족임을 깨달아 사해의 총화(總和)를 이루어갔다.

저자 소개

〈이찬구의 저작물 소개(최근순)〉

http://www.nl.go.kr/isni/resource/KAC201220099

(ISNI KOREA 참조)

〈저서 목록〉

새로운 광개토태왕릉비 연구/ 개벽사(2020년)

紅山文化と檀君史話: 韓民族の起源を求めて/ 東京: えにし書房(2019년)

홍산문화의 인류학적 조명/ 개벽사(2018년)

통일철학과 단민주주의/ 한누리미디어(2015년)

천부경과 동학/ 모시는 사람들(2007년)

천부경/ 상생출판(2014년)

고조선의 명도전과 놈/ 동방의 빛(2013년)

돈: 뾰족돈칼과 옛 한글연구/ 동방의 빛(2012년)

주역과 동학의 만남/ 모시는 사람들(2010년)

채지가 9편/ 나무의 꿈(2010년)

동양철학 기초강의/ 東易學會(2009년, 자료집)

천부경과 동학/ 모시는 사람들(2007년)

인부경81자 집주(편저)/ 동신출판사(1993년)

72공자제자(편역)/ 동신출판사(1992년)

기초한문 읽기쓰기(편저)/ 명문당(1992년)

인명용 한자사전/ 명문당(1991년)

천부사상과 환단역사/ 동신출판사(1989년)

한단고기선해/ 광개토(1987년) 등 (공저 등은 제외)

〈학술지에 등재된 주요논문〉

고대화폐 첨수도에 나타난 '원시형태 한글'의 이해/ 세계환단학회(2020년)

민속학으로 본 한민족의 기원/ 한민족 기원연구 프로젝트 국제학술회의 운영 위원회(2019년)
광개토태왕릉비에 나타난 왜(倭)와 임나(任那)의 실체/ 바른역사학술원(2019년)
요서 홍산문화와 환웅조이족의 귀속관계/ 바른역사학술원(2018년)
『정감록』에 나타난 역학적 사유에 관한 고찰/ 국학연구원(2017년)
'단(檀)'과 홍익인간에 대한 철학적 이해/ 국학연구원(2017년)
『환단고기』의 삼신 하느님에 관한 고찰/ 국학연구원(2016년)
무량사 화상석으로 본 환인, 환웅, 치우, 단군의 인물상 찾기/ 세계환단학회(2014년)
단군신화의 새로운 해석/ 한국신종교학회(2014년)
주역에 나타난 공공행복: 損益괘를 중심으로/ 한국윤리교육학회(2012년)
孔子의 仁과 崔水雲의 德에 대한 고찰/ 한국신종교학회(2007년)
삼일신고에서의 하늘과 하느님의 관계/ 국제뇌교육종합대학원 출판부(2007년)
동학의 관점에서 본 우주변화의 원리고찰/ 동학학회(2007년)
수운의 天主와 과정철학/ 한국신종교학회(2006년)
水雲敎(東學)에 있어서의 생명사상과 해원상생의 精神/ 한국신종교학회(2005년)
東學 相均論/ 한국동학학회(2005년)
충무공 이순신의 삶에 나타난 天道觀 고찰/ 순천향대학교 이순신연구소(2005년)
수운교의 미륵관 연구/ 한국신종교학회(2004년)
새로운 시간을 찾아/ 한국신종교학회(2003년)
易學과 東學의 관점에서 본 天符經사상/ 한국신종교학회(2003년)
東學天道의 상대성과 유기체적 性格/ 동학학회(2005년)
韓國 易學思想의 槪觀/ 한국신종교학회(2001년)
東學과 桓檀思想/ 단군학회(2005년)

동학의 신관에 관한 문제/ 한신 인문학연구소(2002년)
東學의 無極觀 硏究/ 한국동학학회(2003년)
동학의 역사적 성격과 과제/ 신인간사(2001년)
세 고전자본에 대한 비교분석/ 한배달(1994년)
주역정의 서 역지삼명론 1,2/ 홍역학회(1992년)
한단고기에 나타난 홍익사상/ 동신출판사(홍익사회－1989년) 등

〈저서 내용 요약〉
2020년 한력(韓曆) 발표
2020년 광개토태왕릉비 신묘년조 기사의 이왜이를 이제이(而帝以)로 판독
2018년 홍산문화 우하량유적의 창조집단을 환웅의 조이족으로 해석
2014년 무씨사당의 화상석을 통한 단군신화 재해석
2012년 원시한글형태의 '돈'자 모양의 첨수도 발견공개
2007년 '상균도'와 '청황부' 역학 이론 제시
1994년 31자의 단군시대 신지전자 발견 공개
1993년 금령부팔괘도와 환력 제작에 참여, 1328달력 발표

〈사전 집필 참여〉
한국민족문화대백과사전(보국안민, 부도지, 삼경사상, 순명삼조 등)
한국철학사전(우주변화의 원리, 개벽, 사인여천 등)
한국민족종교 대사전(수운교, 불천심일원, 조이족, 정(井)자문양, 삼칠도수, 창세가 등)
한국신종교사전(천인합일, 풍류도, 단군신화, 삼태극, 다시개벽 등)

〈작사〉
개벽의 노래
겨레얼의 아리랑

색인 목록

ㄱ

가륵/ 100, 147, 187, 201, 202, 241, 273, 274, 275, 276, 278, 298, 335, 336, 337, 339
감(甘)/ 89, 93, 97, 173, 223
갑자기년/ 227, 316
갑자신원/ 227, 276, 318, 335
강증산/ 226
강화도(江華島)/ 12, 103, 175, 185, 188, 193, 194, 199, 228, 230, 339
개천(開天)/ 49, 228, 265, 281, 282, 283, 284, 285, 287, 305, 306, 310, 311, 319, 333
개천관(開天關)/ 333
거수국(渠帥國)/ 93, 102, 119, 134, 173, 222, 232
계(啓)/ 16, 19, 21, 88, 91, 92, 94, 95, 98, 99, 117, 118, 207, 221, 222, 240
계불/ 250, 304, 311, 322, 323, 324, 325
계해기년/ 313, 316, 317
계해신원/ 134, 315, 318, 335
고구려/ 38, 105, 138, 187, 191, 192, 193, 199, 208, 238, 280, 315
고수(高叟, 瞽叟)/ 85, 86, 87, 92, 94, 222
고시(高矢)/ 87, 94, 222, 279
고문자/ 12, 138, 200
고인돌/ 23, 29, 30, 31, 228, 230, 254
고정력/ 146
고조선/ 12, 20, 39, 54, 59, 88, 89, 91, 103, 111, 112, 121, 132, 138, 161, 172, 190, 200, 204, 211, 218, 221, 222, 230～244
고조선기/ 265, 277～288, 305, 318, 279, 283, 304, 309, 311, 319, 337
공전주기/ 66, 151
관상대/ 32, 35～39
광개토태왕/ 67, 189, 205
국사일언/ 344
국혼(國魂)/ 273
궁희/ 41, 42, 47, 58, 60, 61, 63, 270, 272, 299～306, 320～322, 331, 335～336
금문신고/ 92, 172
금척(金尺)/ 164, 250
구(晷)/ 153, 155
구려(九黎)/ 169, 170
규원사화/ 223, 228, 229
김일부/ 65, 140, 243

ㄴ

나반/ 269, 282, 307, 308, 326, 331, 335, 338
남십자성/ 130, 131
남보단/ 199
네본음(四本音)/ 54, 55, 58, 270

ㄷ

단(旦)/ 82, 147, 148, 166
단국(檀國)/ 137, 138, 286, 287
단군/ 10～12, 16, 19, 21, 23, 32, 59, 67, 70～74, 77, 78, 81, 85, 90, 94～96, 98,

100, 102, 103, 106, 110, 111, 114~121, 126, 131, 140, 156, 157, 160, 162, 183, 186~188, 191, 193, 194, 196, 201, 203~209, 213~218, 220~231, 233, 237, 239~242, 244, 247, 251, 252, 270, 272~274, 276, 282, 284~287, 295, 296, 305, 313, 315, 320, 321, 331, 335, 336, 339, 344
단군부도/ 12, 190~195, 199, 213, 215, 218, 221, 223, 242
단군세기(檀君世紀)/ 25, 27, 28, 39, 93, 116, 117, 119, 133, 147, 186, 197, 199, 200, 202, 222, 229, 230, 273, 274, 276, 278, 287, 313, 315, 317, 337
단군왕검/ 16, 81, 95, 98, 100~102, 115~117, 137, 140, 141, 186~188, 194, 199, 204, 214, 273, 274, 281, 283, 287, 336, 337, 339
단군조선/ 12, 23, 25, 27~32, 38~39, 73, 74, 82, 83, 87, 89, 92~95, 100, 106, 109~112, 114, 116, 119, 122, 124, 126, 129, 130, 131~133, 137, 141, 142, 173, 187, 189, 192, 194, 197, 198, 200~202, 204, 205, 209, 211~213, 215, 217, 218, 221, 231~233, 242, 278, 284, 286, 309, 310, 311, 313, 315, 318, 319
단군임검씨/ 214, 216, 225, 226, 240, 246, 247, 249, 251
단주/ 87, 102, 103, 207, 218~220, 226, 227, 252
달력/ 20, 248, 313, 315, 344
당도(唐都)/ 70, 95, 140, 160, 214, 217, 218, 221, 240, 252
당요(唐堯)/ 72, 87, 115, 120
대종교/ 228, 242, 284, 285
도사유지/ 23, 32, 36, 37, 38, 39, 252
도산(塗山)/ 83, 97, 99, 115, 116, 119~121, 197, 221
도산회합/ 99, 116, 118, 119
동경대전/ 225, 244
동보단/ 12, 185, 187, 190, 193, 194, 199, 200, 227, 339
동북공정/ 225, 232, 241, 333
동이(東夷)/ 132, 216, 217, 219, 226, 227, 235, 238, 315
동학/ 51, 301, 338
디지털/ 155, 162~164

ㄹ

려(呂,여)/ 44, 45, 52, 57, 60, 245

ㅁ

마고/ 39, 40, 43, 47, 48, 60, 64, 81, 82, 99, 105, 106, 112, 137, 138, 140, 157, 175, 181, 183, 229
마고갑자/ 303, 304, 306, 307, 309, 311
마고대성/ 12, 43, 47, 48, 58, 98, 105, 106, 174, 175, 245, 246, 270, 300, 302, 306, 319, 321~323, 328, 330~332, 335
마고본성/ 12, 101, 194, 205, 339
마고성/ 12, 40, 45, 58, 63, 64, 69, 70, 71, 75, 81, 99, 100, 101, 105, 106, 114, 157, 175, 177, 179, 180, 182, 183, 193, 200, 213, 214, 216, 224, 225, 229
마고제단/ 6, 8, 12, 173, 175, 177
마고지나/ 229
마고창세/ 50
마니산/ 193, 227, 229, 339

마리산/ 185, 186, 187, 228, 229, 339
말씀(소리)/ 43, 46
묘(眇)/ 153, 154
무가(巫歌)/ 48
무진년/ 133, 281, 284～287, 293, 295, 318
문화전쟁/ 11, 91, 94, 223, 242
문화충돌/ 11, 223, 242
물성(物性)/ 111, 112, 113, 125, 126

ㅂ

박혁거세/ 190～194, 249～250, 338
발선대/ 329, 333
발제국/ 134
발해 문왕/ 280, 281
백소씨/ 41, 54, 64, 99, 101, 176, 181, 216, 224, 225, 245, 323
법수(法數)/ 20, 21, 89, 108, 113, 149, 150, 157, 161, 164, 165, 248
보정(保定)/ 9, 195, 200, 201
복본/ 10, 81, 99～103, 105, 157, 175, 177, 179, 181, 189, 194, 224, 227, 231, 239～242
복본서약/ 183, 214, 224, 240, 246, 323
본부도/ 12, 194, 195, 204
부도(浮屠)/ 194, 209～213
부도(符都)/ 13, 21, 69, 70, 71, 72～75, 78～84, 86, 90, 93, 96, 98～102, 104～106, 108, 110, 113, 114, 128, 132, 138, 156, 157, 160, 168～170, 173, 174, 184～185, 187, 188, 189, 191～193, 194, 197～200, 204, 205, 207～217, 220～221, 223～225, 229, 230, 240～242, 246～251, 264, 269, 270, 324, 344
부도사관/ 242
부도역법/ 7, 12, 55, 59, 82, 89, 92, 113, 122, 129, 130～132, 138～143, 146, 150, 154, 156, 157, 161, 163, 170, 244
부도철학/ 12, 109, 111～114, 122～130, 244
부루/ 99, 100, 102, 114～121, 197, 241, 273, 274, 276, 277, 335, 336, 337, 339
부절(符節)/ 12, 196, 198, 207
북경(北京)/ 195, 197
북극성/ 67, 130, 131, 142, 157, 328
북두칠성/ 30, 31, 47, 57, 130, 131, 141, 142, 204, 328
북보단/ 192, 193, 199
분조(分朝)/ 93, 117, 173, 217, 222
브랑스투파/ 6, 8, 173, 174, 175, 176, 184, 185, 213
브랑제단/ 12, 173, 175, 176, 184
비파형 동검/ 9, 201, 216

ㅅ

사(祀)/ 141, 151
사기(史記)/ 12, 19, 39, 52, 61, 81, 85, 88～90, 92, 94, 95, 117, 118, 135, 140, 153, 169, 170, 196～198, 210～212, 239
사교수/ 147, 165
사마천/ 12, 39, 52, 61, 81, 82, 85, 119, 134, 138, 169, 196, 197, 203, 207, 208, 216～218, 222, 239, 313, 314, 331
사해(四海)/ 66, 104, 189, 215, 244
사해동포(四海同胞)/ 205, 206, 207, 214, 240, 344
사해동포주의/ 102, 204～207, 209, 220, 226
사해통화/ 251
사해총화/ 205, 226
사행(四行)/ 54, 109, 122, 124, 128

사회개벽/ 292, 297
산해경(山海經)/ 45, 46, 194, 209, 212, 213, 252
삼국사기/ 24, 192, 208, 315
삼국유사/ 24, 32, 39, 141, 167, 192, 231, 265, 267, 268, 281, 282, 285, 301, 324
삼묘족/ 219, 222, 226
삼성기(三聖紀)/ 11, 49, 262, 263, 265, 268, 277, 286, 298, 305, 307~310, 312, 313, 316, 317, 324~326, 329, 334~336, 338
삼성기연표/ 308~310, 312, 313, 315, 319, 320, 334, 338
삼성기원/ 319, 336
삼신/ 12, 81, 115, 147, 186, 187, 199, 203, 240, 264, 268, 269, 319, 321, 326~331, 335, 336, 344
삼일신고/ 67, 280, 281, 286
삼일신고 봉장기/ 265, 279~281, 305
삼정(三正)/ 19, 20, 74, 88~90, 97, 105, 138, 150, 156, 161, 191
삼한(三韓)/ 191, 192, 193, 249
삭(朔)/ 63, 108, 150, 246
서보단/ 190, 199, 200
서안(西安)/ 89, 93, 170, 173, 186, 195, 198, 199, 204, 223, 329, 333
서일(徐一)/ 242, 243, 280
석유환국/ 265, 266, 287, 298
선천/ 40, 41, 58, 47, 243, 245, 269, 272, 291, 297~302, 306, 335, 339
선천수/ 242
설날/ 147, 148, 165~167
성법체론/ 157
성수(性數)/ 20, 21, 89, 108, 113, 130, 144, 146, 150, 155, 157, 161, 164, 165, 248
세계일가(世界一家)/ 194, 198, 205
소강절/ 113, 114, 161, 265, 286, 288, 289, 292, 293, 295, 299, 303, 305, 309, 310, 317, 318, 334, 335
소도(蘇塗)/ 175, 211, 212, 321
소리부호/ 46, 50
소부도/ 184, 185, 190~194, 199, 230, 240, 344
소수/ 144, 146, 162
소희/ 40, 41, 42, 43, 47, 58, 60, 63, 245, 300~303, 305, 306, 321, 331, 335, 336
수성(數性)/ 111, 113, 125
순(舜)/ 21, 69, 72, 73, 81~87, 90, 95, 102, 116, 117, 134, 173, 197, 207, 215~220, 222~224, 226, 252
순망치한/ 225
식민사관/ 232, 238, 239, 241
신시/ 66, 67, 68, 93, 166, 167, 195, 198, 199, 202, 206, 240, 246, 276, 278, 282, 286, 287, 308, 309, 311, 312, 313, 315, 324, 335, 337, 344
신채호/ 114, 116
실달성/ 43, 64, 107, 300, 307, 330

ㅇ

아만/ 282, 283, 307~309, 311, 319, 331, 335~338
아사달/ 165, 167, 198, 199, 240, 344
안파견/ 268, 275, 279, 329, 331, 332
야만인/ 235, 236
약수/ 13, 143, 144, 165, 340
얌춘/ 6, 7, 12, 174~176, 183~185
엘리아데/ 174
역(曆)/ 51, 52, 59, 61, 70, 72, 74, 77, 108, 136, 140, 247
역법(曆法)/ 21, 23, 35, 36, 39, 49, 59, 61, 66,

67, 69, 72, 74, 75, 77, 81~83, 90, 95, 96, 98, 102, 105, 108, 113, 130~132, 136~140, 150, 153, 154, 157, 161, 169, 170, 214, 223, 240, 246~248
역법의 화/ 72, 75, 108
역사광복/ 240
역수(曆數)/ 21, 39, 49~54, 58, 59~61, 63, 64, 72~74, 104, 105, 108, 169, 245, 246, 248, 250, 330
오미(五味)/ 72, 75, 80, 90, 95, 180, 181, 224, 247, 270, 271
오미의 변/ 75, 98, 99, 101, 106, 177, 214, 245, 272
오미의 화/ 72, 75, 80
오성결집/ 132, 133, 137
오성취루/ 23, 25, 26, 29, 38, 39, 131, 133, 337
오제본기/ 12, 81, 85, 216, 315
오행(五行)/ 10~12, 19, 21, 22, 26~28, 53, 54, 59, 67, 69~71, 75, 77~80, 84, 88~92, 94, 95, 96, 98, 100, 102, 106, 108~110, 122~125, 127, 128, 131, 136, 140, 146, 156, 160, 169, 170, 172, 194, 214, 221~223, 240, 242, 244, 247, 248, 251, 291, 344
오행설/ 111, 113~116, 122
오행의 난/ 72, 75
오행의 변/ 98, 106, 214, 247, 248
오행의 화/ 90, 91, 111
오행전쟁/ 59, 69, 92, 94
오행치수/ 116, 117, 216
요(堯)/ 21~23, 32~35, 38, 39, 69, 70~90, 95, 99~103, 106, 108~111, 126~128, 131, 141, 156, 160, 173, 190, 197, 205, 207, 214~221, 223, 224, 226, 227, 240, 242, 244, 247, 248, 251, 252, 292, 293, 344
요력(堯曆)/ 80, 156
요순(堯舜)/ 10~12, 19, 21, 22, 69, 77, 78, 82, 84, 85, 94, 103, 114, 140, 157, 169, 191, 198, 203, 205, 207, 215, 216~219, 221, 224~227, 239, 240, 242, 247, 251, 344
요순우(堯舜禹)/ 10, 12, 74, 84, 85, 92, 113, 117, 156, 194, 214
용담수/ 244
우(禹)/ 19, 21, 69, 74, 82, 83~85, 88, 90~93, 95~98, 102, 114~120, 156, 197, 207, 215, 218, 221, 223, 240, 248, 344
웅녀/ 129, 229
원시문자/ 9, 200, 201, 203, 204
울림소리/ 49, 50, 55, 59, 60, 108, 177, 182, 245
유상(有象)/ 83, 87, 90, 94~96, 218, 221, 223
유인(有因)/ 272, 273, 276, 320
유인씨(有因氏)/ 78, 87, 101, 134, 138, 140, 160, 199, 216, 217, 223, 246, 249, 269, 270, 273, 275~279, 304, 309~311, 318, 319, 321~326, 331, 335~337, 339
유호씨(有戶氏, 有扈氏)/ 19~21, 74, 75, 80~83, 86~100, 102, 117, 138, 140, 156, 172, 173, 191, 214, 216, 218, 221~224, 240, 247~249, 344
율려/ 43, 44, 48, 49, 51, 52, 57, 61, 300, 301
율력/ 52, 140
윷/ 112, 122, 142
읍루(읍루씨)/ 100~102, 224, 241, 249, 272~276, 336, 339
음상(音象)/ 50, 54
인개벽/ 291, 292, 302, 303, 305, 307
인류창세/ 11, 316
인류창세연표/ 11, 334, 337

인문개벽/ 272, 295
임검씨/ 98, 101, 102, 160, 189, 194, 209, 214, 215, 224, 246, 249, 269, 272, 273, 336, 339
입간측영/ 152

ㅈ

자재/ 60, 105, 327, 329
자재율/ 105, 157, 182, 245, 329
전(前)환국/ 264, 265, 268, 269, 305, 306, 335
전욱고양씨/ 137, 138, 193, 315
전욱력/ 132, 134, 136, 137, 313, 314, 315, 337
절지천통/ 135
정역(正易)/ 65, 243
제주 무가/ 48
제천단/ 186, 188, 228, 333
조대기(朝代記)/ 262, 298, 305, 309, 310, 325, 334, 335
조선/ 18, 29, 84, 85, 116, 120, 121, 137, 138, 162, 166, 167, 170, 188, 191, 192, 209, 210, 212~214, 219, 225, 227, 228, 230, 231, 233, 240, 265, 344
준단(俊壇)/ 213
중앙화/ 78, 109, 243
중원/ 103, 216, 225
지리산/ 9, 204, 320, 326
지소씨(支巢氏)/ 98, 99, 102, 176, 214, 224, 245
지유(地乳)/ 43, 47, 58, 60, 105, 174, 179, 182, 245, 271
짐세(朕世)/ 40, 41, 43, 48, 299, 300, 302

ㅊ

참성단/ 6, 8, 12, 103, 175, 184~190, 193, 194, 199, 200, 227~230, 339
창세(創世)/ 10, 41, 46, 48, 49, 58, 245, 282, 286, 316, 328
창세갑자/ 282, 283, 304, 305, 308, 309, 318, 319, 337
창세연표/ 11, 283
창수사자/ 115
창조성/ 47, 48
천도(天道)/ 73, 78, 104, 139, 167, 215
천독(天毒)/ 209, 210, 211
천문류초/ 29, 132, 133
천부(天符)/ 12, 43, 46, 58, 66, 70~72, 74, 98, 101, 102, 104, 108, 139, 168, 170, 174, 178, 181, 192, 197, 198, 204, 207, 216, 240, 241, 245~247, 249~251, 269, 270, 272, 275, 284, 287, 299, 322~326, 336, 339, 344
천부경(天符經)/ 67, 139, 146, 164, 168, 244, 272, 274, 286
천부단(天符壇)/ 98, 100, 105, 170, 187, 190, 194, 195, 198~200, 204, 212, 214, 215, 240, 242, 269, 270, 344
천부본음/ 46, 47
천부소도/ 190, 193, 194, 250
천부인(天符印)/ 81, 246, 269, 270, 272~274, 276, 279, 281~284, 322, 323, 325
천부합부/ 197, 198
천산/ 45, 69, 70, 105, 183, 246, 270, 320~326
천산주/ 181, 182, 246, 270, 271, 322, 323
천손(天孫)/ 71, 81, 103, 114, 157, 204, 212, 216, 217, 241, 344

천지개벽/ 288, 301, 311
천지본음/ 71, 139, 269
청궁씨/ 41, 54, 64, 181, 224, 245, 246, 323
청동기/ 123, 128, 129, 171, 172
체수(體數)/ 20, 21, 89, 108, 113, 150, 153, 157, 161, 164, 165, 248
최수운/ 225, 244
최해월/ 103, 225
출성자/ 177, 179, 180
치우/ 76, 127, 168~170, 208, 313, 346
칠회제신력/ 66, 67, 136, 142, 147

ㅋ

코로나19/ 244

ㅌ

태백/ 98, 137, 194, 195, 246
태백부도/ 12, 195
태백산/ 93, 166, 167, 186, 195, 196, 198, 270, 279~282, 286, 320, 321, 329, 333
태백일사(太白逸史)/ 186, 187, 189, 262, 268, 269, 313, 317, 326, 327, 338
태원(太原)/ 190, 191, 199

ㅍ

파미르고원/ 6, 7, 12, 101, 173, 174, 176, 177, 183, 185, 198, 213, 320, 325
판(昄)/ 63, 82, 108, 149~151, 246
팽이도문/ 166, 167
평화노선/ 205, 226
포도/ 80, 98, 99, 177, 179, 180, 182, 245, 271, 272

ㅎ

하(夏)/ 19~21, 35, 82, 83, 85, 87~89, 91, 94, 95, 97, 103, 118, 119, 141, 170, 173, 216, 220, 221, 222, 240, 247~249, 344
하본기/ 12, 19, 20, 88, 92, 97, 117, 18, 220, 221
한력(韓曆)/ 13, 129, 147, 150, 151, 260
합부(合符)/ 198, 207
합부부산/ 12, 196, 197, 198, 207
향상(嚮象)/ 50, 54, 55, 59, 60
허달성/ 43, 63, 64, 107, 300, 307, 330
허실(虛實)/ 106, 107, 124
해혹복본/ 100, 101, 102, 105, 197, 224, 246, 249
호국(扈國)/ 92, 93, 94, 97, 172, 173, 222
호모사피엔스사피엔스/ 337
홍익인간/ 22, 113, 114, 127, 204, 205, 207, 209, 215, 220, 240~242, 286, 344
화백/ 126, 127
화이트헤드/ 47
환국/ 231, 262~269, 277, 298, 306, 312, 318~320, 322, 325, 326, 330, 331, 332, 335
환부(鰥夫)/ 213, 218
환웅(환웅씨)/ 21, 59, 66, 67, 74, 93, 101, 108, 129, 166, 170, 195, 198, 200, 205, 246, 249, 265, 270, 272, 273, 276, 277, 278, 281~284, 286, 287, 304, 305, 308~311, 313, 314, 315, 319~323, 331, 335~337, 339
환인(환인씨)/ 12, 101, 198, 246, 264~282, 286, 304, 305, 308~310, 319~326, 329,

331, 332, 335~337, 339
황궁(黃穹)/ 320
황궁씨(黃穹氏)/ 40, 41, 54, 58, 80, 98, 99, 101~103, 160, 175, 181, 183, 205, 214, 216, 224, 241, 245, 246, 249, 269~279, 298~300, 304, 309~311, 318, 319, 321~324, 328, 331, 335~337, 339
황극(皇極)/ 22, 76, 77, 114, 125, 156, 160, 161, 215, 243, 244
황극경세/ 11, 53, 161
황극연표/ 296, 297, 304, 305, 307, 309, 311, 312, 316, 319
회삼경/ 243
회회첩첩/ 139, 150
후천/ 40, 41, 49, 51, 58, 101, 106, 245, 293, 291, 297~303, 305, 306, 336, 337, 339
후천수/ 242, 243
흑소씨/ 41, 54, 181, 225, 245, 246, 323

숫자

1328/ 13, 104, 132, 146, 161, 340
13월 28일/ 11, 21, 89, 90, 102, 104, 105, 114, 130, 138, 214, 240, 244, 248, 344
13/ 25, 26, 33, 37, 53, 65, 92, 93, 98, 108, 129, 130, 141, 143~147, 158, 162, 170, 194, 204, 205, 226, 246, 249
28/ 27, 72, 82, 92, 129, 130, 136, 141~144, 146, 147, 149, 151, 156, 214, 218, 248
364/ 20, 21, 64, 82, 90, 104, 141, 142, 146, 147, 149, 150, 151, 155, 244, 248
365/ 20, 66, 141, 143, 147, 149, 150, 152, 155, 282
366/ 20, 82, 141, 149, 150, 151, 152, 155, 279, 281~286
63,182/ 11, 13, 262~265, 298, 300, 305, 308~313, 315, 316, 319, 320, 334, 336, 337, 340
61/ 203, 282, 283, 308, 309, 335
2,333/ 39, 162, 274, 296
7,197/ 274, 275, 276, 277, 279, 282, 300, 305, 306, 308, 320,
3,897/ 265, 276, 278, 282, 304, 305, 308~312, 319, 337
129,600/ 289, 291, 293, 294, 299, 310, 319, 335
3,301/ 262~265, 277, 298, 305, 308, 312
12월 30일/ 11, 21, 77, 90, 102, 214, 240, 244, 278, 344
9,633/ 129, 153~155, 158, 159
5음7조/ 47, 57, 58, 60, 61, 139, 270
8려(呂)/ 43, 44, 47, 48, 300, 306, 307
4본음/ 49, 53, 54
4보단/ 190, 213
4요소/ 53, 54, 122, 123
4요(曜)/ 129, 130, 136, 141, 142
5중(中)/ 21, 22, 69, 70, 73, 76~78, 95, 98, 105, 127, 160, 173, 214~216, 221, 223, 224, 240, 242, 243, 247, 251, 344
5토(土)/ 70, 109~111, 113, 114
5토중(土中)/ 22, 77, 102, 242, 243
5중토(中土)/ 71, 125
6중(中)/ 242, 244
147/ 20, 89, 113, 146, 155, 157, 160, 161, 164, 165
258/ 20, 89, 113, 149, 155, 157, 160, 161, 164, 165
369/ 20, 89, 113, 153, 155, 157, 160, 161, 164, 165
(1)+4/ 22, 111, 112, 114, 124, 127~130, 200, 214, 244

■ 편저자: **이찬구**
1956년 논산 출생
『홍산문화의 인류학적 조명』
『새로운 광개토태왕릉비 연구』
「고대화폐 첨수도에 나타난 '원시 형태 한글'의 이해」 등 발표

고조선의 오행과 역법 연구

– 단군과 요순의 문화전쟁 · 인류창세 연표 –

•
지은이 / 이찬구
발행인 / 김영란
발행처 / **한누리미디어**
디자인 / 지선숙
•
초판발행일 / 2021년 5월 1일
•
08303, 서울시 구로구 구로중앙로18길 40, 2층(구로동)
전화 / (02)379-4514, 379-4519
Fax / (02)379-4516
E-mail/hannury2003@hanmail.net
•
신고번호 / 제 25100-2016-000025호
신고연월일 / 2016. 4. 11
등록일 / 1993. 11. 4
•

•
값 25,000원
•

•
ISBN 978-89-7969-836-7 93140